कश्मीर
और
भारत-पाक संबंध

पूर्व सांसद पंडित प्रकाशवीर शास्त्री
के विचारों का संकलन

अमरसत्य प्रकाशन
दिल्ली

कश्मीर
और
भारत-पाक संबंध

प्रकाशवीर शास्त्री

संपादन
राजेन्द्र त्यागी

डॉ० सत्यवीर त्यागी, अध्यक्ष, प्रकाशवीर शास्त्री मेमोरियल ट्रस्ट के सौजन्य से

ISBN—81-88466-13-1

प्रकाशक
अमरसत्य प्रकाशन
109, ब्लॉक बी, प्रीत विहार
दिल्ली-110092

पुस्तकालय संस्करण
2012

आवरण
राजीव शर्मा

मूल्य
पाँच सौ पचास रुपये

मुद्रक
बी०के० ऑफसेट
नवीन शाहदरा, दिल्ली-110032

KASHMIR AUR BHARAT-PAK SAMBANDH (Hindi)
by Prakashveer Shastri
Ed. by Rajender Tyagi
Price : Rs. 550.00

आदरणीय

भाभी

श्रीमती यशोज शास्त्री

के चरणों में सादर

समर्पित

भूमिका

परिवर्तिनि संसारे मृतः को वा न जायते।
स जातो येन जातेन याति वंशः समुन्नति।।—**नीति शतक**

इस परिवर्तनशील संसार में अगणित लोग जन्म लेते हैं और मरते रहते हैं, परंतु उसी का जन्म लेना सार्थक है, जिसके जन्म से संपूर्ण कुल धन्य हो जाता है, उन्नत होकर प्रसिद्धि पा जाता है।

एकेनापि सुपुत्रेण सिंही स्वपिति निर्भयम्।
सहैव दशभिः पुत्रैर्भारं वहति गर्दभी।।—**पञ्चतंत्र**

योग्य और वीर केवल एकमात्र पुत्र के कारण सिंहनी निर्भय होकर सोती है, परंतु गर्दभी (गदही) के दश-दश संतान होने पर भी वह उनके साथ भार ही ढोती रहती है।

इन सूक्तियों के अनुसार देखा जाए तो हमारे चरित्रनायक श्री प्रकाशवीर शास्त्री ने अपने जन्म से स्वयं को ही नहीं, अपितु सारे कुल को निज गुण-गरिमा से विभूषित किया।

आर्यसमाज और भारतीय राजनीति के क्षेत्र में ऐसा कौन है जो अद्भुत वाग्मी, कुशल प्रशासक, नेतृत्व-गुण-संपन्न स्वनामधन्य श्री प्रकाशवीर शास्त्री से परिचित न हो। बहुमुखी प्रतिभा के धनी श्री शास्त्री जी ने आर्यसमाज के मंच से जनता के साथ संपर्क-सूत्र जोड़ते-जोड़ते राजनीति में पदार्पण किया। प्रथम चुनाव में ही गुड़गाँव (अविभाजित पंजाब) से संसद-सदस्य चुने गए और लगभग बीस वर्ष तक लोकसभा और राज्यसभा इन दोनों सदनों में छाए रहे। जब वे बोलने के लिए उठते थे, तो सारा सदन निर्निमेष नेत्रों से उन्हें देखने और सुनने के लिए लालायित हो उठता था। वे सदा स्पष्ट और सीधी बात कहते थे, जिसे पक्ष और विपक्ष के सदस्य भी गर्दन हिला-हिलाकर अनुमोदन किए बिना नहीं रहते थे।

देश-हित को ध्यान में रखते हुए अत्यंत आवश्यक विषयों की ओर दोनों सदनों का ध्यान आकर्षित करने की कला में श्री शास्त्री जी अति निपुण थे। उन्होंने जिन गंभीर विषयों की चर्चा सदन में की थी, आज लगभग 40 वर्ष बाद भी वे विषय, वे प्रश्न ज्यों के त्यों अपने उद्धार की प्रतीक्षा कर रहे हैं। आज राजनीति में सत्य के कहने वाले और सुनने वालों का प्रायः अभाव हो रहा है, ऐसी दशा में लोकोपकारक सत्य को अभिव्यक्त करने का साहस जुटा पाना किसी निर्भय, वीर पुरुष का ही काम है।

श्री शास्त्री जी ने संसद भवन में भी लगभग बीस वर्षों से जिन महत्त्वपूर्ण विषयों पर अनेक बार अपने विचार प्रस्तुत किए उनमें से कुछ का संकेत किया जा रहा है—

1. अयोध्या, काशी, मथुरा आदि शतशः स्थलों पर मुस्लिम शासकों ने हमारे पूर्वजों के जन्मस्थान आदि ऐतिहासिक स्थलों को नष्ट-भ्रष्ट करके उन पर मस्जिदें बनवा दी थीं। भारतीय प्रजा और प्रशासन का यह कर्तव्य था कि स्वतंत्रता प्राप्त करने के बाद इन धार्मिक स्थलों को भी पराधीनता से मुक्त करते, परंतु वोट की स्वार्थमयी दूषित प्रवृत्ति वाली राजनीति ने ऐसा नहीं होने दिया। फलतः वे ऐतिहासिक स्थल हिंदू-मुस्लिम वैमनस्य का कारण बनते चले गए। ऐसी विकट परिस्थितियों से निपटने के लिए श्री प्रकाशवीर शास्त्री ने 27 नवंबर, 1959 ई० को लोकसभा में एक विधेयक प्रस्तुत किया, जिसमें माँग की गई कि हिंदुओं के धार्मिक स्थल, जो कभी बलात् अधिगृहीत कर लिए गए थे, वे पुनः हिंदू जनता को सौंपे जाने चाहिए। वे करोड़ों हिंदुओं की धार्मिक भावना और आस्था के केंद्र हैं, अतः उनकी धार्मिक भावनाओं को और अधिक ठेस नहीं पहुँचानी चाहिए। उन्होंने साथ ही यह भी कहा कि यदि कोई मुस्लिम स्थल हिंदुओं ने अधिगृहीत किया हो तो उसे भी वापस कर देना चाहिए।
2. ईसाई पादरी लोग निर्धन लोगों को धन और नौकरी का लालच देकर उन्हें अपना हिंदू धर्म छोड़कर ईसाई मत स्वीकार कराने के षड्यंत्र में संलग्न रहे हैं। उन पर रोक लगाने के लिए श्री शास्त्री जी ने 19 फरवरी, 1960 को 'पिछड़ी जाति धार्मिक संरक्षण' के नाम से लोकसभा में बिल प्रस्तुत किया। अभी जब एक विदेशी पादरी की हत्या की बात उठी थी, उस समय में भी वर्तमान प्रधानमंत्री ने देश में एक व्यापक बहस कराने की बात कही, परंतु उसका क्रियान्वयन नहीं हुआ।
3. अकाली लोग पंजाब प्रांत को खालिस्तान (खालसा पंथ का प्रांत) बनवाने के लिए भारत सरकार पर चारों ओर से दबाव डलवा रहे हैं। इससे यह भी भय था कि कहीं ये लोग पाकिस्तानियों के साथ साँठ-गाँठ न कर बैठें। उस समय देश को विभाजित करने की नीयत से जुल्फिकार अली भुट्टो पीछे से समर्थन कर रहा था। इसलिए श्री प्रकाशवीर शास्त्री ने प्रधानमंत्री श्री नेहरू को अनेक पत्र लिखकर संत फतहसिंह की विचारधारा का खुलासा किया था तथा परामर्श दिया था कि धर्म के नाम पर पृथक् प्रांत का निर्माण करना घातक होगा, देश इस घातक आयोजन को स्वीकार नहीं करेगा। उन्होंने साथ ही यह सुझाव भी दिया कि भाषा के आधार पर पृथक् प्रांत बनाना पड़े तो उसके पश्चात् भी राष्ट्रभाषा हिंदी का प्रयोग होना चाहिए। उन्होंने चुनावों के बैलेट

पेपर पर अंग्रेजी, गुरुमुखी के साथ-साथ हिंदी भाषा का प्रयोग करने का विचार श्री जवाहरलाल नेहरू को दिया था, जिसका विरोध सरदार प्रतापसिंह कैरों ने किया, परंतु भारतमाता के अखंड मंदिर का पुजारी कब हार मानने वाला था। यह बात 1961 जून की है। और अंततः बैलेट पेपर चुनाव कमीशन को सुझाव देकर दुबारा छपवाए गए, जिसमें अंग्रेजी, हिंदी और गुरुमुखी में सभी प्रत्याशियों के नाम छपे। शास्त्री जी राष्ट्रभाषा हिंदी के ऐसे अनन्य भक्त थे, यह इसका अप्रत्यक्ष प्रमाण है।

4. श्री प्रकाशवीर शास्त्री जी ने कश्मीर-समस्या का समाधान सुचारु रूप से करने के लिए अनुच्छेद 370 की समाप्ति के लिए संसद में बराबर विचार रखे। सन् 1964 में 11 सितंबर को यह प्रस्ताव निर्दलीय सदस्य के रूप में प्रकाशवीर शास्त्री द्वारा अनुच्छेद 370 को समाप्त करने के लिए लोकसभा में रखा गया, जिसका समर्थन न केवल जनसंघ ने किया, बल्कि अपने आपको कट्टर समझने वाले वामपंथी एस०एम० बनर्जी और सरजू पांडेय ने भी किया था (इस विधेयक के समर्थन में राममनोहर लोहिया जी और मधु लिमये जी ने मत भी दिए थे)। शास्त्री जी ने दो पुस्तकें भी कश्मीर-समस्या पर लिखीं—'धधकता कश्मीर' और 'कश्मीर की वेदी पर'। दोनों अद्‍भुत पुस्तकें हैं। प्रकाशवीर शास्त्री मेमोरियल ट्रस्ट इन पुस्तकों को उनके कश्मीर के ऊपर दिए गए भाषणों के साथ प्रकाशित कर रहा है।

5. एक देश के निवासी सभी नागरिकों के लिए एक ही आचारसंहिता समान रूप से लागू होनी चाहिए। मुस्लिम पर्सनल लॉ जैसी छूट देकर विघटन का मार्ग साफ नहीं करना चाहिए। इस लॉ को समाप्त करने के लिए श्री प्रकाशवीर शास्त्री ने ही सर्वप्रथम सुझाव दिया था।

6. संविधान में भारत की राष्ट्रभाषा हिंदी स्वीकृत की हुई है, परंतु 52 वर्ष बीतने पर भी इस भाषा के साथ सौतेला व्यवहार हो रहा है, इसके लिए श्री शास्त्री जी ने 2 सितंबर, 1960 को तत्कालीन कानून मंत्री श्री ए०के० सेन को हिंदी को प्रोत्साहन और उचित स्थान दिलाने की माँग करते हुए लिखा था कि लोकसभा की सारी कार्यवाही का हिंदी में अनुवाद कराकर हिंदीभाषी सांसदों के पास भिजवाने की व्यवस्था की जानी चाहिए।

7. सन् 1957 में पंजाब में आर्यसमाज ने जो हिंदी रक्षा आंदोलन छेड़ा था, श्री प्रकाशवीर शास्त्री इसके प्रचार मंत्री के रूप में देश-भर में उसके उद्देश्यों को लेकर एक शंखनाद कर रहे थे। उस समय के प्रधानमंत्री श्री जवाहरलाल जी ने जब देश को आश्वस्त किया तथा तत्कालीन गृहमंत्री श्री गोविंदवल्लभ पंत को सरकार का पक्ष प्रस्तुत करने को भेजा, तब कहीं पंजाब सरकार की

स्थिति कुछ आश्वासनों के बाद सुधर पाई। उन्होंने राजभाषा के प्रश्न पर देश को उद्वेलित कर दिया था। संयुक्त राष्ट्र में हिंदी को मान्यता दिलाने के लिए भी शास्त्री जी ने नवंबर, 1974 में माँग की थी, जिसमें यह कहा गया था कि 10-11 करोड़ अरबों की भाषा अरबी को संयुक्त राष्ट्रसंघ में मान्यता मिल गई है, परंतु 25 करोड़ (उस समय की जनसंख्या) से भी अधिक व्यक्तियों की भाषा हिंदी, जिसे भारत से बाहर मॉरीशस, फिजी, ट्रिनीडाड, हॉलैंड आदि में रहने वाले प्रवासी भारतीय भी जो अच्छी हिंदी जानते और बोलते हैं, उस भाषा को राष्ट्रसंघ में स्थान क्यों नहीं दिलवाया जा रहा। इसके लिए श्री शास्त्री जी ने 94 संसद-सदस्यों के हस्ताक्षर कराकर एक स्मृति-पत्र श्रीमती इंदिरा गांधी को दिया था और इस स्मृति-पत्र पर हस्ताक्षर करने वाले सांसद अधिकतर दक्षिण भारत के थे।

8. श्री शास्त्री जी बड़े विशाल पैमाने पर सोचते थे। उन्होंने श्रीमती गांधी (उस समय की प्रधानमंत्री) से 5 अप्रैल, 1976 को कहा था कि डी०ए०वी० से संबंधित हजारों स्कूल, कॉलेज देश में चल रहे हैं। इन सबको एक सूत्र में बाँधने के लिए एक दयानंद विश्वविद्यालय की स्थापना की जानी चाहिए। अन्यथा आने वाले समय के मठाधीश इनको निजी संपत्तियों की तरह, अपनी-अपनी कमेटियों की तरह उपयोग करने लगेंगे। जो आज झगड़ों और चुनावों में परिवर्तित हो गया है, प्रत्येक पार्टी अपना प्रभुत्व जमाकर उसके धन का मनमाना दुरुपयोग कर रही है। इसी भाँति भारत में सैकड़ों गुरुकुल चल रहे हैं—इनको भी एक स्वतंत्र विश्वविद्यालय से संबद्ध कर दिया जाए तो संगठन सुदृढ़ हो जाएगा।

9. आज देश भाई-भतीजेवाद से ग्रस्त, गोत्र, जाति, प्रांत, भाषा के आधार पर बँटा हुआ है। हमें अपने नाम के आगे जातिसूचक शब्द नहीं लगाने चाहिए। इसके लिए भी प्रकाशवीर शास्त्री जी ने 5 अप्रैल, 1976 को विज्ञापन दिया था जो उस समय एक अच्छा सुझाव माना गया था, परंतु समय हाथ से निकल गया और राजनीति ने अपना रंग दिखा दिया। समय रहते यदि इस गंभीर समस्या का समाधान नहीं किया गया तो शायद ही इस देश का राजनीतिक इतिहास इस भूल को भुला पाएगा।

10. भारत एक कृषि प्रधान देश है। इसमें गौ का स्थान सर्वोपरि है। भारत में गो-हत्या होना घोर कलंक है। इसे मिटाने के लिए श्री शास्त्री जी ने 'गो-हत्या या राष्ट्रहत्या' पुस्तक भी लिखी। उन्होंने 7 नवंबर, 1966 में संसद के सामने हुए गो-हत्या विरोधी आंदोलन के अवसर पर सरकार को इसे सुलझाने के लिए राष्ट्र की ओर से चेतावनी भी दी थी।

इसी प्रकार के दर्जनों अन्य विषय भी हैं, जिनको इस संक्षिप्त परिचय में समेट पाना बहुत कठिन होगा। श्री प्रकाशवीर शास्त्री जी भविष्य में घटने वाली घटनाओं को बहुत पहले भाँपने की अद्‌भुत प्रतिभा रखते थे और उच्च विचार अत्यंत संयमित भाषा एवं मधुर वाणी में वे लोकसभा और राज्यसभा में रखते रहे। अपनी वाणी की धरोहर से उन्होंने दोनों सदनों को गुंजायमान रखा।

श्री शास्त्री जी का यह स्वभाव था कि वे देशहितैषी लोगों और देशहित के लिए पार्टी विशेष का पक्षपात कभी नहीं करते थे। चाहे व्यक्ति किसी भी दल, जाति अथवा वर्ग-विशेष का हो, यदि वह भला है तो उसके सुख-सुविधा हेतु कुछ भी करने को तैयार रहते थे।

भारत सरकार और भारतीय जनता के साथ-साथ संसार के सभी महत्त्वपूर्ण देश भारत के मूल क्षेत्र कश्मीर की समस्या पर सन् 1947 से ही रुचि दिखाते आ रहे हैं। भारत-पाकिस्तान के विवाद का एक मूल कारण दो विरोधी संस्कृतियों के साथ-साथ कश्मीर प्रांत भी है। दोनों देश इस पर अपना आधिपत्य मानते हैं। भारत ने कश्मीर क्षेत्र पर अपार धनराशि व्यय करके तथा अतिरिक्त सुविधाएँ प्रदान करके वहाँ की मुस्लिम जनता को संतुष्ट करने का पूरा प्रयत्न किया है, परंतु कट्टर संप्रदायवादी मुस्लिम जनता का रुख पाकिस्तान की ओर ही झुका रहता है। विशेष रूप से मिली सुविधाओं का उन्होंने अनुचित लाभ उठाया है।

भारतीय संविधान का अनुच्छेद 370 यदि न होता और सरदार पटेल की बात मान ली जाती तो भारत की यह सिरदर्दी कभी की समाप्त हो गई होती। हम अपने द्वारा बनाए गए जाल में स्वयं ही फँसकर रह गए।

पाकिस्तान की भारत के प्रति गलत नीति और कश्मीर आदि पूर्वोत्तर प्रांतों में भारत-विरोधी गतिविधियों के सर्जनकर्ता पाकिस्तान और चीन की इन कुचालों के प्रति 55 वर्ष पूर्व ही श्री प्रकाशवीर शास्त्री ने भारत सरकार को सावधान करना प्रारंभ कर दिया था। वे लोकसभा से बाहर भी इन समस्याओं के प्रति भारत के सामान्य नागरिक से लेकर प्रबुद्ध वर्ग तक को सचेत करते रहे।

पाकिस्तान की पक्षपातपूर्ण और अन्यापयुक्त कार्रवाई का विरोध श्री शास्त्री जी सदा करते रहते थे। जैसे रेलमार्ग से दोनों पाकिस्तान देशों को जुड़वाने की पश्चिमी पाकिस्तान की इच्छा का विरोध करना, पाकिस्तान से राजनयिक संबंध तोड़ने का परामर्श देना, कच्छ और ताशकंद-समझौते को देश के लिए घातक बताना, पाकिस्तान द्वारा बार-बार युद्ध छेड़ने और सीमा-क्षेत्र में आतंक फैलाने जैसी कार्रवाई को सदा के लिए समाप्त करने हेतु पाकिस्तान को आर-पार की लड़ाई में बिलकुल समाप्त कर देने का सत्परामर्श देकर भारत की समस्या का समाधान करना, पाकिस्तान और चीन द्वारा अमेरिका और रूस के संकेत पर भारत में आतंकवादियों को घुसपैठ करने से रोकने के

उपाय बताना, शेख अब्दुल्ला को जेल से रिहा न करने से कश्मीर में शांति स्थापना होने जैसे अनेक महत्त्वपूर्ण विषयों की ओर श्री शास्त्री जी दोनों सदनों और भारत के सभी नागरिकों को सदा सावधान रहने के लिए परामर्श देते रहते थे।

परंतु यह देश का दुर्भाग्य ही कहा जाएगा कि श्री प्रकाशवीर शास्त्री द्वारा सही समय पर दिए गए उचित, प्रामाणिक एवं देशहित के परामर्श को सरकार ने कभी भी गंभीरता से नहीं लिया। यही कारण है कि वे सभी समस्याएँ आज और अधिक विकराल रूप धारण करके ज्यों की त्यों मुँह बाए खड़ी हुई हैं, क्योंकि अमेरिका अब भी गुप्त रूप से यह चाहता है कि कश्मीर को भारत से अलग करके पृथक् देश बना दिया जाए।

कश्मीर जैसी जटिल समस्या का उचित समाधान श्री शास्त्री जी ने इस ग्रंथ के माध्यम से प्रस्तुत कर दिया है। यदि भारत सरकार भय-शंका त्यागकर इसे क्रियान्वित कर देती है तो भारत की जनता को सुख की साँस आ सकती है अन्यथा बाह्य युद्ध-विभीषिका और आंतरिक जाति-संघर्ष का भय जनसामान्य के हृदयों को उद्वेलित करता ही रहेगा।

पाकिस्तान कितनी ही सौगंध खाता रहे कि हम भारत-विरोधी कार्रवाई नहीं करते या नहीं करेंगे, परंतु हमें पंचतंत्र का नीतिवाक्य स्मरण रखना चाहिए कि—

न विश्वसेत् पूर्वविरोधितस्य।

जो पहले विरोधी रह चुका है, उसका पूर्ण विश्वास नहीं करना चाहिए।

आज श्री प्रकाशवीर शास्त्री जी का अभाव हमारे दिलों को कचोट रहा है। उनकी भाँति पक्षपातरहित, सप्रमाण, नपे-तुले सभ्य शब्दों में सत्य से परिपूरित देशहितकारक परामर्श देने वाला व्यक्ति दृष्टिगोचर नहीं होता। महाभारत के शब्दों में कहा जाए तो यह श्लोक श्री शास्त्री जी पर अक्षरशः खरा उतरता है—

सुलभाः पुरुषा राजन् सततं प्रियवादिनः।
अप्रियस्य तु सत्यस्य वक्ता श्रोता च दुर्लभः।।

प्रिय बोलने वाले मानव तो संसार में बहुत मिल जाते हैं। परंतु अप्रिय और हितकारक सत्य के प्रवक्ता और श्रोता अति दुर्लभ मिलते हैं। श्री शास्त्री जी तो अप्रिय सत्य को भी मधुसिक्त करके बोलते थे, इस बात में वे महाभारत की उपयुक्त उक्ति से भी आगे निकल गए थे।

प्रस्तुत पुस्तक में वर्णित उनके सुस्पष्ट, संतुलित और देशोपकारक गंभीर भाव पदे-पदे इस बात की पुष्टि कर रहे हैं। भारत की सामयिक समस्याओं के समाधान हेतु श्री शास्त्री जी की यह कृति अनुपम चिकित्सक की भाँति देश को नीरोग कर सकती है, जिससे कल्याण और शांति का मार्ग प्रशस्त होकर सभी भारतवासी सुख से रह सकेंगे।

इस ग्रंथ में प्रकाशित शास्त्री जी के इन विचारों से देश की जनता तथा नेताओं को एक नई दिशा मिल पाएगी, जिससे देश की गंभीर समस्याओं से निपटने में सही मार्गदर्शन हो सकेगा और पाठक महानुभाव श्री प्रकाशवीर शास्त्री की विद्वत्ता, देशभक्ति, स्पष्टवादिता, वाक्चातुर्य, वर्णन-शैली तथा विषयों की गंभीरता से सुपरिचित हो सकेंगे, ऐसा मेरा विश्वास है। मैं ग्रंथ के संपादक को इस कार्य को पूर्णता प्रदान करने के लिए बधाई देता हूँ और आशा करता हूँ कि शास्त्री जी के अन्य अप्रकाशित ग्रंथों को भी प्रकाशित करने में अपना महत्त्वपूर्ण योगदान देंगे।

—डॉ० भाई महावीर
(राज्यपाल)

राजभवन
भोपाल (मध्य प्रदेश)
7 अगस्त, 2002 ई०

प्रस्तावना

पंडित प्रकाशवीर शास्त्री भारत की संस्कृति और अस्मिता के लिए जीवनपर्यंत संघर्ष करते रहे। उनके सार्वजनिक जीवन के इतिहास पर यदि नजर डाली जाए तो यह आईने की तरह स्पष्ट हो जाता है कि उन्होंने देश की अस्मिता से जुड़े प्रत्येक विषय पर अपने विचार जोरदार तरीके से अभिव्यक्त किए। मगर संसद की कार्यवाही के दौरान, अवसर चाहे राष्ट्रपति के अभिभाषण पर धन्यवाद प्रस्ताव का रहा हो अथवा गृह-मंत्रालय और रक्षा-मंत्रालय की अनुदान माँगों पर वित्त संबंधी चर्चा का, या रहा हो रेल-मंत्रालय का अनुदान माँगों पर बहस का, वह भारत की विदेश नीति की खामियों पर तत्कालीन सरकार को आगाह करने से नहीं चूके। वह पाकिस्तान के प्रति भारत के लिए घातक सरकार के नरम व्यवहार और भारत के प्रति पाकिस्तान की बदनीयती के दुष्परिणामों से सरकार को समय-समय पर आगाह करते रहे। देश के भीतर और बाहर से कश्मीर के खिलाफ रचे जा रहे नए षड्यंत्रों के प्रति भी वह अपनी चिंता से देश को अवगत कराने का मौका नहीं चूके। तत्कालीन संयुक्त राष्ट्रसंघ के पक्षपातपूर्ण रवैये, भारत के संदर्भ में अमेरिका की कुटिल नीति और रूस के परिवर्तित रुख पर बेबाक अपने विचार व्यक्त कर सरकार की आँखें खोलने का बराबर प्रयास करते रहे। मगर दुर्भाग्य इस देश का कि तत्कालीन सरकार आँखों पर पट्टी बाँधे 'गांधारी' की भूमिका निभाती रही।

भारत के संबंध में पाकिस्तान की बदनीयती का खुलासा करते हुए श्री शास्त्री ने 'भारतीय सीमाओं पर तनाव' विषय पर 12 दिसंबर, 1968 को लोकसभा में दिए गए अपने वक्तव्य में कहा था, 'पाकिस्तान का जन्म ही भारत-विरोध के आधार पर हुआ है। आरंभ से ही जब भी उसके यहाँ कोई संकट उत्पन्न हुआ तो उसने भारत-विरोध का अपना नारा बुलंद किया। इसलिए उससे सद्भावना की कोई आशा बेकार दिखाई देती है।' दरअसल पाकिस्तान से निपटने के लिए श्री शास्त्री 'शठे शाठ्यम समाचरेत' की नीति के पक्षधर थे। विभिन्न मुद्दों पर पाकिस्तान के साथ शांतिपूर्ण वार्ता और उसके साथ सौहार्दपूर्ण संबंध बनाने की कवायद उन्हें बेमानी लगती थी। पाकिस्तान की बदनीयती के मद्देनजर वह पाकिस्तान के साथ राजनयिक संबंध रखने के पक्ष में कभी नहीं रहे। समय-समय पर वह उससे राजनयिक संबंध विच्छेद करने की वकालत भी करते रहे। वर्ष 1965 में जब पाकिस्तान स्थित भारतीय उच्चायुक्त के साथ पाकिस्तान में दुर्व्यवहार किया गया था, तब 24 नवंबर, 1965 को लोकसभा में उन्होंने कहा भी था, 'पाकिस्तान में हमारे

हाई कमिश्नर के साथ पाकिस्तान सरकार के इशारों पर जो गुंडागर्दी की गई, उससे एक बार इंसानियत का माथा भी शर्म से नीचा हो जाएगा…। पाकिस्तान में भारतीय हाई कमिश्नर और उनके सहयोगियों के साथ जो दुर्व्यवहार हुआ है, उससे लगता है कि पाकिस्तान ने सब अंतरराष्ट्रीय कानून उठाकर ताक पर रख दिए हैं और वहाँ पर जंगल का कानून लागू हो गया है।…इसलिए मेरा सुझाव है कि भारत सरकार अपने विरोध-पत्र में पाकिस्तान सरकार से कहे कि पाकिस्तान में जो हमारे प्रतिनिधियों के साथ दुर्व्यवहार किया गया है उसके लिए क्षमा माँगे और आगे के लिए गारंटी दे कि फिर दोबारा पाकिस्तान में भारत के प्रतिनिधियों के साथ या किसी अन्य देश के प्रतिनिधियों के साथ ऐसा दुर्व्यवहार नहीं होगा और जो हमारी संपत्ति की हानि हुई है, उसके लिए उचित मुआवजा दे। अगर पाकिस्तान सरकार इन तीन शर्तों को जल्द से जल्द पूरा करती है तो तब तो भारत सरकार को विचार करना चाहिए कि पाकिस्तान के साथ राजनयिक संबंध रखे या न रखे। अगर इन शर्तों का पाकिस्तान सरकार पालन नहीं करती है तो फिर पाकिस्तान सरकार के साथ राजनयिक संबंध बनाए रखने का कोई औचित्य नहीं है।'

अपनी सौहार्द नीति के तहत भारत सरकार पाकिस्तान के साथ रेल-संबंध स्थापित करने पर विचार कर रही थी और वित्त वर्ष 1962-63 के बजट में सरकार ने इस आशय का एक प्रस्ताव भी पेश किया था। तब विपक्ष के अन्य सदस्यों के साथ श्री शास्त्री ने उस प्रस्ताव का जोरदार विरोध किया था। रेल-मंत्रालय की अनुदान माँगों पर चर्चा के दौरान 2 मार्च, 1962 व 7 मार्च, 1963 को उन्होंने स्पष्ट शब्दों में कहा था कि पाकिस्तान की ओर से जो विरोध-भावना पग-पग पर प्रदर्शित की जाती है, उसको देखते हुए यह आवश्यक हो जाता है कि इस प्रश्न को सदा के लिए समाप्त कर दिया जाए। इसके साथ ही उन्होंने पाकिस्तान के साथ रेलवे का सीधा संबंध स्थापित करने के प्रस्ताव को हमेशा-हमेशा के लिए त्याग देने का तत्कालीन रेलमंत्री से आग्रह किया था। लेकिन सरकार ने उनके आग्रह को नकारते हुए पाकिस्तान को रेलवे के साथ जोड़ा और उसके दुष्परिणाम आज सामने हैं। मसला अकेले रेलवे लाइन का ही नहीं था, उन्होंने पाकिस्तान के साथ किए गए प्रत्येक समझौते का खुला विरोध किया था। कच्छ के संबंध में भारत-पाक समझौते पर 17 अगस्त, 1965 को लोकसभा में चर्चा के दौरान ऐसे समझौतों का विरोध करते हुए उन्होंने स्पष्ट शब्दों में कहा था, 'पाकिस्तान के साथ हमने एक समझौता 1959 और 1960 में किया था। पाकिस्तान ने 1965 में आकर कच्छ की धरती पर आक्रमण किया। जब कच्छ की धरती पर आक्रमण किया तो 1960 का समझौता टूट गया। 1960 के समझौते की कोई कीमत नहीं रही। दूसरा समझौता हमने किया अब (कच्छ-समझौता), जब विल्सन साहब के चक्कर में धोखे से फँस गए और इस समझौते को स्वीकार कर लिया। लेकिन यह समझौता भी उस दिन खत्म हो गया, जिस दिन पाकिस्तान ने कश्मीर में आक्रमण किया। जब पाकिस्तान समझौते के मूड में नहीं है,

युद्ध के मूड में है और उसके साथ हम समझौते-समझौते, शांति-शांति, सद्भावना-सद्भावना की बात करते चले जाएँ तो शांति-सद्भावना कैसे हो सकती है ? जब दूसरा पक्ष भी शांति और सद्भावना प्रदर्शित करे, वह तो तब होगी। जब पाकिस्तान लड़ने के मूड में हो तो उसके साथ शांति और समझौते की बात का क्या लाभ ?' इसी दौरान स्पष्ट शब्दों में उन्होंने यह भी कहा था, 'भुट्टो साहब, जो परसों यहाँ आ रहे हैं, उसके बारे में विदेश मंत्री को स्पष्ट शब्दों में कहना चाहिए और पाकिस्तान को खबर भेज देनी चाहिए कि भुट्टो साहब के आने की कोई आवश्यकता नहीं है। दिल्ली में बैठकर स्वर्ण सिंह और भुट्टो की बातचीत नहीं होगी। अब तो लड़ाई के मैदान में जनरल चौधरी और जनरल अयूब की बात होगी।' लेकिन क्या हुआ, भारत अपनी सौहार्दपूर्ण नीति का अनुसरण करते हुए पाकिस्तान के साथ एक के बाद एक समझौते करता रहा और पाकिस्तान युद्ध की तैयारी। इतिहास गवाह है कि पाकिस्तान ने प्रत्येक समझौते के बाद भारत पर आक्रमण किया और फिर भारत की कमजोरी का लाभ उठाते हुए समझौते की मेज पर अपनी सरजमीं का वह हिस्सा सहज रूप से वापस ले गया, जिसे भारत के जवानों ने युद्ध के मैदान में अपना रक्त बहाकर जीता था। विडंबना तो यह है कि यह सिलसिला आज भी जारी है। शायद 'नोबेल' पुरस्कार प्राप्त करने की लालसा में भारत ने पाकिस्तान के साथ सद्भावना की विदेश नीति पर अभी भी गंभीर विचार नहीं किया है।

श्री शास्त्री ने जहाँ कच्छ-समझौते को दुर्बल व अपमानजनक बताते हुए इसके लिए लोकसभा में सरकार व तत्कालीन प्रधानमंत्री लालबहादुर शास्त्री की कटु आलोचना की थी, वहीं 1965 के युद्ध में विजय प्राप्त करने के बाद समझौते के लिए ताशकंद जाने से पूर्व 10 दिसंबर, 1965 के दिन श्री शास्त्री ने लोकसभा में प्रधानमंत्री लालबहादुर शास्त्री से आश्वासन माँगा था कि वह सुरक्षा परिषद्, अमेरिका और रूस से कहें कि हाजीपीर, उड़ी और पुंछ के अतिरिक्त कश्मीर का वह भाग, जो अभी भी पाकिस्तान के पास है, बिना किसी पक्षपात के उसे वापस कराया जाए। ताशकंद-समझौता हुआ फिर उसी पुराने ढर्रे पर। पाकिस्तान फिर इस समझौते में अपनी भूमि ले गया। दरअसल प्रकाशवीर शास्त्री ने कभी न तो इस समझौते को स्वीकारा और न ही इस बात को कि श्री लालबहादुर शास्त्री ने ताशकंद-समझौते पर हस्ताक्षर स्वविवेक से किए थे। उनका मानना था कि हस्ताक्षर दबाव में किए थे और वही सदमा उनकी जान ले बैठा। इस पूरे प्रकरण की उन्होंने जाँच कराने की माँग की थी। भारत के प्रति पाकिस्तान के इसी नकारात्मक रवैये को देखते हुए प्रकाशवीर शास्त्री ने 12 दिसंबर, 1968 को लोकसभा में कहा था, 'पाकिस्तान से सद्भावना की आशा बेमानी है' और रक्षा-मंत्रालय की कार्यशैली पर चर्चा के दौरान 28 अप्रैल, 1975 को राज्यसभा में कहा था, 'अब की बार युद्ध हो तो निर्णायक होना चाहिए।'

कश्मीर-समस्या के संबंध में श्री प्रकाशवीर शास्त्री के शब्द—'भारत के कुछ ऊँचे

नेताओं की, जिनमें से कुछ अब नहीं हैं, अदूरदर्शिता, राजनीतिक अकुशलता और व्यक्तिगत प्रेम-बंधनों के कारण ही यह सारी स्थिति उत्पन्न हुई है।...सरकार ने इस स्थिति को जल्दी न सँभाला तो मेरा अनुमान है कि यह समस्या सरकार के हाथों से बाहर हो जाएगी और इसके लिए देश की अगली पीढ़ियाँ इस सरकार को कोसेंगी और इतिहास सरकार को कभी क्षमा नहीं करेगा।'

हकीकत भी यही है, कश्मीर-मुद्दा आज उग्र रूप धारण कर एक विकट समस्या में तब्दील हो चुका है और इसके लिए तत्कालीन सरकार को दोषी ठहराना अनुचित न होगा। उस समय की सरकार यदि शेख अब्दुल्ला से प्रेम बंधन त्याग, राजनीतिक कुशलता, दूरदर्शिता और विवेक का परिचय देते हुए अस्थायी अनुच्छेद 370 को संविधान से मिटा देती तो कश्मीर-मुद्दा आज एक उग्र समस्या के रूप में परिवर्तित न हो पाता।

अन्य देसी रियासतों की तरह भारत संघ में कश्मीर राज्य का विलय भी 1935 के गवर्नमेंट ऑफ इंडिया ऐक्ट (संशोधित) के तहत हुआ था। भारत-विभाजन के बीज बोने वाली ब्रिटिश पार्लियामेंट ने भी इस ऐक्ट और भारत संघ में देसी रियासतों की विलय प्रक्रिया पर भी इन शब्दों के साथ 'किसी राज्य के तत्कालीन शासक द्वारा निष्पादित प्रदेश संलेख के अनुसार उस राज्य का भारत संघ में विलय पूर्णतया अंतिम होगा।' इसका स्पष्ट अर्थ है कि कश्मीर राज्य के तत्कालीन महाराजा हरिसिंह के विलय-पत्र पर 26 अक्तूबर, 1947 को किए गए हस्ताक्षर के साथ भारत संघ में कश्मीर का विलय विधिवत् हुआ था। इतना ही क्यों, जम्मू-कश्मीर राज्य के संविधान की प्रस्तावना में भी विलय के समर्थन का स्पष्ट उल्लेख है, 'हम जम्मू तथा कश्मीर राज्य के लोग, इस राज्य के भारत के साथ विलय के, जो 26 अक्तूबर, 1947 को हुआ था, अनुसरण में इस राज्य की भारत संघ के साथ उसके एक अभिन्न अंग के रूप में वर्तमान संबंधों की आगे परिभाषा करने का दृढ़ संकल्प लिए हुए हैं।' इसी संविधान के अनुच्छेद तीन में स्पष्ट लिखा है, 'जम्मू तथा कश्मीर राज्य भारत का अभिन्न अंग रहेगा।' कहने का तात्पर्य है कि भारत संघ में कश्मीर राज्य के विलय की प्रक्रियां विवाद से परे थी। मगर राजनीतिक अदूरदर्शिता के कारण विलय पर उँगलियाँ उठाई जानें लगीं और सरकार उन उँगलियों का कारगर जवाब देने में हिचकिचाती रही। दरअसल विलय पर पहली उँगली लार्ड माउंटबेटन की उठी थी। कहा जाता है कि जम्मू-कश्मीर राज्य के विलय संबंधी पत्र पर हस्ताक्षर होने के बाद लार्ड माउंटबेटन ने महाराजा हरिसिंह को एक पत्र लिखा, जिसमें कहा गया था कि विलय के संबंध में जम्मू-कश्मीर के लोगों की राय जानी जाएगी। इसी संदर्भ में पंडित जवाहरलाल नेहरू ने भी शुरू-शुरू में कह दिया कि राय जानी जाएगी। हालाँकि शायद भूल-सुधार करते हुए नेहरू जी हमेशा ही जनमत-संग्रह के विरोधी रहे। मगर जनमत-संग्रह की बात कुछ ऐसी चली कि गुलाम मुहम्मद सादिक और शेख अब्दुल्ला जैसे लोग भी जनमत-संग्रह का राग अलापने लगे, जबकि ये नेता अनेक अवसरों पर भारत संघ में कश्मीर-विलय

का पूर्ण समर्थन कर चुके थे। शेख अब्दुल्ला ने तो 15 फरवरी, 1948 के दिन सुरक्षा परिषद् में अपने भाषण में कहा था, 'सुरक्षा परिषद् के समक्ष हम लोग यह सिद्ध कर चुके हैं कि कश्मीर और कश्मीर के लोग विधिवत् और संवैधानिक रूप से भारत के स्वामित्व को स्वीकार चुके हैं और पाकिस्तान को विलय के संबंध में चुनौती देने का कोई अधिकार नहीं है।'

प्रकाशवीर शास्त्री सदैव ही जनमत-संग्रह का विरोध करते रहे। संविधान के अनुच्छेद 370 को अप्रभावी बनाने संबंधी अपने विधेयक में श्री शास्त्री ने जनमत-संग्रह के संबंध में लार्ड माउंटबेटन और पं० नेहरू के आश्वासन के जवाब में कहा था, 'लार्ड माउंटबेटन, पं० नेहरू व गोपाल आयंगर का कथन पॉलिटिकल विश है, वह देश का कानून नहीं। देश के या जम्मू-कश्मीर के कानून में ऐसी कोई व्यवस्था कहीं पर नहीं है कि जम्मू-कश्मीर में जनमत लिया जाए।' जनमत-संग्रह के बारे में संयुक्त राष्ट्रसंघ में दिए गए ब्रिटिश प्रतिनिधिमंडल के वक्तव्य का जवाब देते हुए उन्होंने कहा था कि देश का विभाजन करते समय क्या देश की जनता की राय ली गई थी। तब विभाजन-पूर्व के हिंदुस्तान की जनता भी माँग करेगी कि विभाजन पर उसकी राय ली जाए। राय नहीं ली गई तो फिर क्या पाकिस्तान का अस्तित्व माना जाए या नहीं ? क्या इस प्रकार की स्थिति पर ब्रिटेन जाना चाहेगा ? जनमत-संग्रह का यह मुद्दा आज भी किसी न किसी रूप में मौजूद है और पाकिस्तान इसी मुद्दे की आड़ में कश्मीर घाटी में आग बरपा कर रहा है।

जनमत-संग्रह ही नहीं, कश्मीर मुद्दे को समस्या बनाने में संविधान के अनुच्छेद 370 का बड़ा हाथ रहा है। इस अनुच्छेद को अप्रभावी बनाने के लिए प्रकाशवीर शास्त्री ने एक नहीं, दो-दो बार संविधान-संशोधन विधेयक सदन के समक्ष प्रस्तुत किए थे। पहला संशोधन विधेयक लोकसभा सदन में 11 सितंबर, 1964 को पेश किया। विधेयक को लगभग समूचे विपक्ष ने सराहा, मगर सरकार ने देशहित को ताक में रखते हुए विधेयक का पुरजोर विरोध किया और सरकार की तरफ से जवाब देते हुए तत्कालीन गृहमंत्री गुलजारीलाल नंदा ने जम्मू-कश्मीर को भारत का अभिन्न अंग बताते हुए कहा था कि इस अनुच्छेद को हटाने के लिए जब उपयुक्त समय आएगा, निश्चय ही उसको हटा देंगे। साथ ही यह भी आश्वासन दिया था कि आवश्यकता पड़ी तो नए अनुच्छेद भी लागू किए जाएँगे। इस प्रकार सत्तापक्ष के विरोध के कारण विधेयक प्रस्ताव पारित न हो सका। इस विधेयक पर अंतिम चर्चा 4 दिसंबर, 1964 को हुई और सत्तापक्ष का विरोधी रुख भाँपते हुए श्री शास्त्री ने उस दिन बड़े ही मार्मिक शब्दों में कहा था, 'आखिर में मैं यह कहना चाहता हूँ कि जिस ढंग से सरकार इस विधेयक का विरोध कर रही है और अनुच्छेद 370 को संविधान में जारी रखने की बात कर रही है, उसका दुष्परिणाम यह होगा कि जम्मू-कश्मीर में ही आंदोलन नहीं उठेगा। याद रखिए, जिस समय यह विधेयक को गिराएँगे, तो आप मेरे विधेयक को नहीं गिराएँगे, अपनी पार्टी की प्रतिष्ठा को गिराएँगे और

देश की भावनाओं का अपमान करेंगे। मैं चाहता हूँ कि फिर से आप एक बार गंभीरता से विचार कर लें। आज के ये क्षण, ऐतिहासिक क्षण, भारत के इतिहास के लिए हैं। एक बहुत ही महत्त्वपूर्ण प्रश्न के संबंध में हम निर्णय लेने जा रहे हैं। कोई भूल मत कीजिए, सुबह का भूला शाम को घर आ जाए तो उसे भूला नहीं कहते हैं। मैं फिर कहता हूँ नंदा जी से कि आप इसके ऊपर विचार करें।'

जवाब में तत्कालीन गृहमंत्री गुलजारीलाल नंदा ने श्री शास्त्री की सभी शंका-आशंकाओं को नकारते हुए कहा था, 'विधेयक में जो टेक्नीकल सवाल उठाया गया है, उस पर मैं कुछ नहीं कहना चाहता हूँ। उस पर मैं नहीं जाना चाहता, लेकिन कुछ सफाई मैं देना चाहता हूँ, उसके बारे में जो प्रकाशवीर शास्त्री जी ने कहा है। उनके दिल में जो भावनाएँ हैं, जो जज्बात हैं, वे हमारे दिलों में नहीं हैं, यह मैं नहीं मानता हूँ। हमारे ऊपर जिम्मेदारियाँ भी हैं और मैं समझता हूँ कि आप इसको अच्छी तरह जानते हैं। उनमें और हमारे में कोई मतभेद नहीं हैं। हम भी सब कुछ जल्दी करना चाहते हैं, लेकिन करने का तरीका अच्छा होना चाहिए, ठीक होना चाहिए, ज्यादा अच्छा होना चाहिए। पाकिस्तान क्या कहता है या भुट्टो साहब क्या कहते हैं, उसका असर हम पर नहीं पड़ता है। हमारी अपनी पॉलिसियाँ हैं, वे पहले से बनी हुई हैं।'

पाकिस्तान की द्वेषपूर्ण कूटनीति और संयुक्त राष्ट्र के पक्षपाती रवैये के कारण कश्मीर के आंतरिक हालात कुछ ऐसे बिगड़े कि श्री शास्त्री को अनुच्छेद 370 अप्रभावी बनाने के संबंध में 18 मास बाद ही 18 मार्च, 1966 को संविधान-संशोधन विधेयक पुनः लोकसभा के सदन पटल पर रखने के लिए मजबूर होना पड़ा। मगर पिछली बार विधेयक का समर्थन करने वाली कम्युनिस्ट पार्टी ने भी इस बार अपना हाथ खींच लिया। सत्तापक्ष ने इस बार भी समय आने पर इस अस्थायी अनुच्छेद को हटाने संबंधी विधेयक लाने का आश्वासन देते हुए श्री शास्त्री के विधेयक का समर्थन नहीं किया और श्री शास्त्री ने भरे मन से 1 अप्रैल, 1966 को अपना विधेयक वापस ले लिया।

दरअसल श्री शास्त्री का प्रमुख तर्क था कि अनुच्छेद 370 अन्य राज्यों व जम्मू-कश्मीर के लोगों के बीच अलगाव पैदा करता है। अंतरराष्ट्रीय स्तर पर भी यह अनुच्छेद भ्रम की स्थिति पैदा करता है। अलगाववादी स्थिति को स्पष्ट करते हुए उन्होंने कहा था, 'जम्मू-कश्मीर भारत का अभिन्न अंग है, जैसे दूसरे राज्य हैं, तो आप बताएँ कि जब यहाँ कानून बनता है तो आप उसमें यह क्यों लिखते हैं—'एक्सेप्ट जम्मू एंड कश्मीर ?' ऐसी स्थिति में हम कैसे मानें कि आपके कानून वहाँ पर लागू हो रहे हैं।' इसलिए उन्होंने बार-बार इस बात पर जोर दिया कि संविधान में अस्थायी इस अनुच्छेद का अब कोई औचित्य नहीं है। इसके बने रहने से पाकिस्तान और कश्मीर की अलगाववादी ताकतें उसका लाभ उठा रही हैं।

बलरामपुर संसदीय क्षेत्र से सांसद श्री अटल बिहारी वाजपेयी (वर्तमान प्रधानमंत्री) भी अनुच्छेद 370 के पक्ष में कभी नहीं रहे। इसी संदर्भ में जम्मू-कश्मीर की

स्थिति पर चर्चा कराने के लिए उन्होंने 30 अगस्त, 1968 को लोकसभा में चर्चा के लिए एक प्रस्ताव प्रस्तुत किया था। जिस पर 22 नवंबर, 1968 को चर्चा की गई। अपने प्रस्ताव में श्री वाजपेयी ने तत्कालीन सरकार की नीतियों का विरोध करते हुए अनुच्छेद 370 को संविधान से हटाने के पक्ष में अपना मत व्यक्त किया था। अपने प्रस्ताव में श्री वाजपेयी ने जम्मू-कश्मीर का संविधान, ध्वज व नागरिकता अलग होने जैसे मुद्दों पर तीखी प्रतिक्रिया व्यक्त करते हुए अनुच्छेद 370 को समाप्त करने का सुझाव दिया था। जम्मू-कश्मीर को विशेष दर्जा दिए जाने पर प्रतिक्रिया व्यक्त करते हुए उस प्रस्ताव में कहा था, 'प्रश्न यह है कि जम्मू-कश्मीर और शेष भारत के बीच यह द्वैत कब तक चलेगा ? यह दुविधा कब तक चलेगी ? जहाँ द्वैत है, वहाँ दुविधा है और जहाँ दुविधा है, वहाँ पृथक्करण है, अलगाव है। हम आए दिन घोषणा करते नहीं थकते कि जम्मू-कश्मीर उसी तरह भारत का भाग है जिस तरह से अन्य राज्य या अन्य प्रदेश भारत के भाग हैं। लेकिन कुछ भेदभाव हम जम्मू-कश्मीर के साथ कर रहे हैं, जिस पर सदन को विचार करना चहिए।'

अनुच्छेद 370 को औचित्यहीन ठहराते हुए श्री वाजपेयी ने अपने प्रस्ताव में कहा था, 'अनुच्छेद 370 में 'डोमिनियन ऑफ इंडिया' की बात कही गई है। अब भारत गणराज्य बन चुका है। अनुच्छेद में महाराजा का भी उल्लेख है। अब कश्मीर में महाराजा नहीं हैं। अन्य राज्यों की तरह वहाँ भी राज्यपाल है। इन दृष्टियों से यह अनुच्छेद निष्प्रभावी और निष्प्रयोजन हो गया है।...प्रस्ताव लाने का मेरा इतना ही उद्देश्य है कि यह सदन अपनी इस मनीषा को, इच्छा को प्रकट करे। उद्घोषित करे कि अब अनुच्छेद 370 को राष्ट्रपति के आदेश के द्वारा निष्प्रयोजन, इनऑपरेटिव करने का वक्त आ गया है।'

दरअसल श्री शास्त्री व श्री वाजपेयी जैसे समकालीन अन्य अनेक नेताओं ने अनुच्छेद 370 को अलगाव पैदा करने वाला औचित्यहीन अनुच्छेद बताया और इस बात पर जोर दिया कि जब यह अनुच्छेद अस्थायी है तो इसे हटा क्यों नहीं दिया जाता। इन नेताओं का यह स्पष्ट मत था कि यह अनुच्छेद कश्मीर-समस्या को बढ़ाने में सहायक सिद्ध हो रहा है और संविधान से उसे हटाने पर समस्या का निराकरण अवश्यंभावी है। हकीकत में औचित्यहीन इस अनुच्छेद को निष्प्रभावी बनाने के लिए वह उचित समय भी था। क्योंकि तब तक कश्मीर की आग भड़की नहीं थी, चिंगारियों को केवल हवा देने की चेष्टा ही की जा रही थी। वह समय इसलिए भी सुविधाजनक था कि तब संविधान सभा के सदस्य डॉ० गोपालस्वामी आयंगर, तत्कालीन प्रधानमंत्री पं० जवाहरलाल नेहरू व विदेश मंत्री मुहम्मद करीम छागला जैसे कांग्रेसी नेता ही नहीं, शेख अब्दुल्ला और गुलाम मुहम्मद सादिक जैसे कश्मीरी नेता भी इस अनुच्छेद को औचित्यहीन बताकर उसे निष्प्रभावी बनाने के पक्ष में बयान दे चुके थे। परिस्थितियाँ अनुकूल होने के बावजूद उस समय की कांग्रेस सरकार इस अनुच्छेद को निष्प्रभावी बनाने की दिशा में कदम उठाने से परहेज करती रही

और कश्मीर-समस्या को हवा देने में सहायक सिद्ध होती रही।

पं० प्रकाशवीर शास्त्री जम्मू-कश्मीर राज्य के विघटन के भी पक्षधर नहीं थे। उनका मानना था कि जम्मू-कश्मीर राज्य का विघटन पाकिस्तान के इरादों को अमलीजामा पहनाना होगा। अनुच्छेद 370 को अप्रभावी बनाने संबंधी 18 मार्च, 1966 को लोकसभा में पुनः प्रस्तुत प्रस्ताव में उन्होंने जम्मू-कश्मीर के तत्कालीन राज्यपाल डॉ० कर्णसिंह का हवाला देते हुए कहा था, 'कश्मीर राज्य के वर्तमान राज्यपाल, जो पहले सदरे-रियासत कहलाते थे, डॉ० कर्णसिंह ने किसी स्थान पर सुनते हैं कि सुझाव दिया है कि जम्मू-कश्मीर राज्य का वह भाग जो लद्दाख और जम्मू का है, उसको हिमाचल के साथ मिलाकर विशाल हिमाचल बना दिया जाए और कश्मीर को अलग कर दिया जाए। अगर मेरी जानकारी में कुछ भी सच्चाई है तो डॉ० कर्णसिंह के वक्तव्य का क्या मतलब है ? मैं दूसरे शब्दों में कह सकता हूँ कि क्या इस प्रकार के वक्तव्य देकर पाकिस्तान की भावनाओं का समर्थन नहीं कर रहे हैं या पाकिस्तान के केस को और मजबूत नहीं कर रहे हैं…?'

पं० प्रकाशवीर शास्त्री एक प्रखर वक्ता थे। संसद में या संसद से बाहर उन्होंने जो कुछ भी कहा, तर्क के आधार पर कहा, पर्याप्त तथ्यों के आधार पर कहा। भविष्यवक्ता के रूप में उन्होंने जो कुछ भी कहा, वह आज भी उतना ही सत्य है, जितना कि कल था। यही कारण है कि उनके विचार आज भी प्रासंगिक हैं और सोचने के लिए विवश करते हैं। पुस्तक 'कश्मीर और भारत-पाक संबंध' श्री शास्त्री के ऐसे ही वक्तव्यों का संकलन है। कश्मीर और भारत-पाक संबंधों के बारे में संसद व संसद के बाहर दिए गए उनके चुनिंदा वक्तव्यों को इसमें शामिल किया गया है। पुस्तक में समाचार-पत्रों में प्रकाशित और अप्रकाशित लेख भी शामिल किए गए हैं। ऐसे सभी लेख विषय से ही संबद्ध हैं। आशा है कि यह संकलन कश्मीर और भारत-पाक संबंधों के इतिहास की समुचित जानकारी देने में सक्षम होगा। प्रयास यही रहा है कि श्री शास्त्री के ऐतिहासिक वक्तव्यों को शामिल कर इस संकलन को एक ऐतिहासिक दस्तावेज का स्वरूप दिया जाए।

इस कार्य में पं० प्रकाशवीर शास्त्री के अनुज डॉ० सत्यवीर त्यागी का महत्त्वपूर्ण योगदान रहा है। मैं उनका सदैव आभारी रहूँगा। आभारी श्रद्धेय डॉ० कमलकिशोर गोयनका जी का भी कम नहीं हूँ, जिनकी प्रेरणा और मार्गदर्शन लक्ष्य-प्राप्ति में सहायक सिद्ध हुआ। वह मुझे प्रेरित करते रहे और मैं कदम-दर-कदम बढ़ता गया। आदरणीय संपादक जी (श्री नरेंद्र मोहन, मुख्य संपादक, दैनिक जागरण) आज हमारे बीच नहीं हैं, लेकिन कुछ नया करने की उनकी प्रेरणा व आशीर्वाद आज भी हमारे साथ है। यह संकलन उन्हीं की प्रेरणा व आशीर्वाद का प्रतिफल है। जीवनपर्यंत हिंदी, हिंदू व हिंदुस्तान के लिए संघर्षरत् उस महान् व्यक्तित्व के लिए यह पुस्तक उनके चरणों में मेरी विनम्र श्रद्धांजलि है।

—राजेंद्र त्यागी

श्री प्रकाशवीर शास्त्री : परिचय

श्री प्रकाशवीर शास्त्री का जन्म 30 दिसंबर, 1923 को उत्तर प्रदेश के मुरादाबाद जिले के रेहरा (हसनपुर) गाँव में हुआ था। उनके पिता का नाम दिलीप सिंह त्यागी और माता का नाम श्रीमती लीलावती था। उनकी प्रारंभिक शिक्षा गाँव में ही हुई। उसके बाद उन्होंने महाविद्यालय ज्वालापुर, आगरा विश्वविद्यालय और बनारस हिंदू विश्वविद्यालय में शिक्षा प्राप्त की।

श्री प्रकाशवीर शास्त्री 1939 में हैदराबाद आर्य सत्याग्रह में सम्मिलित होने के कारण जेल गए। 1944 में जब सिंध प्रांत में 'सत्यार्थप्रकाश' के प्रकाशन और प्रवेश पर पाबंदी लगा दी गई थी, तो उस पाबंदी के उल्लंघन के कारण उन्हें फिर जेल जाना पड़ा। इसी बीच, उनका विवाह 16 सितंबर, 1946 को सुश्री यशोज से हुआ और उनके गृहस्थ जीवन का प्रारंभ हुआ। शास्त्री जी ने आर्य प्रतिनिधि सभा, उत्तर प्रदेश के महोपदेशक के रूप में चंदौसी (मुरादाबाद) को अपना कार्यक्षेत्र बनाया। इस दौरान उन्होंने सामाजिक कुरीतियों को समाप्त करने के उद्देश्य से जनजागृति का कार्य प्रारंभ किया। उनकी जनसेवा इतनी प्रसिद्धि पा चुकी थी कि दूर-दूर से लोग अपनी समस्याओं के निवारण के लिए उनके पास पहुँचने लगे। उनकी लोकप्रियता का परिणाम यह हुआ कि 1958 में श्री प्रकाशवीर शास्त्री गुड़गाँव क्षेत्र से लोकसभा के सदस्य चुन लिए गए। यह सीट भारत के तत्कालीन शिक्षा मंत्री मौलाना अबुल कलाम आजाद के देहांत के कारण खाली हुई थी। 1962 में वे बिजनौर से और 1968 में गाजियाबाद से लोकसभा के सदस्य चुने गए। 1974 में उन्हें राज्यसभा का सदस्य मनोनीत किया गया। श्री प्रकाशवीर शास्त्री ने गंगा की बाढ़ से हर वर्ष प्रभावित होने वाले करीब 42 किलोमीटर क्षेत्र के लोगों के बचाव के लिए बाँध निर्माण-कार्य बड़े मनोयोग से प्रारंभ कराया। गढ़मुक्तेश्वर से नरोरा तक बाँध बन जाने के बाद इस क्षेत्र के लोगों को बाढ़ की विभीषिका से बहुत राहत महसूस हुई।

श्री प्रकाशवीर शास्त्री एक प्रखर वक्ता थे। संसद में हिंदी में दिए गए उनके भाषणों को सुनकर दक्षिण भारतीय सांसद भी मंत्रमुग्ध हो जाते थे और उनके वक्तृत्व कला की सभी सराहना करते थे। उनके मृदु स्वभाव से कोई भी व्यक्ति प्रभावित हुए बिना नहीं रह सकता था। प्रकाशवीर शास्त्री ने हरिद्वार और गढ़मुक्तेश्वर जाने वाले तीर्थयात्रियों की सुविधा के लिए आर्यसमाज के मंदिरों का भी निर्माण कराया, जहाँ उनके निःशुल्क आवास

और भोजन की सुविधा उपलब्ध रहती है। महर्षि दयानंद के गुरु स्वामी विरजानंद की मथुरा पाठशाला नष्ट हो गई थी। शास्त्री जी ने उसके पुनर्निर्माण का कार्य संपन्न कराया। उन्होंने गो-वध रोकने के लिए प्राणपण से प्रयास किया। इस संबंध में उन्होंने 'गो-हत्या या राष्ट्र-हत्या' नाम से एक पुस्तक भी लिखी, जिसमें इस कलंक की ओर देशवासियों का ध्यान आकृष्ट किया गया।

शास्त्री जी देश की प्रत्येक राजनीतिक समस्या पर खुलकर अपने विचार व्यक्त करते थे। कश्मीर की समस्या के स्थायी समाधान हेतु उन्होंने 'कश्मीर की वेदी पर' और 'धधकता कश्मीर' नाम के दो ग्रंथों की रचना की। शास्त्री जी हिंदी को संयुक्त राष्ट्रसंघ में प्रतिष्ठित करना चाहते थे और इसके लिए उन्होंने बहुत प्रयास भी किया। प्रवासी भारतीयों की सुविधा के लिए उन्होंने 'प्रवासी संगम' नाम से एक संस्था का गठन किया। आर्यसमाज की सेवा की दृष्टि से भी उनका बहुत बड़ा योगदान है। उन्होंने आर्यसमाज के सभी स्कूलों और कॉलेजों को एक दयानंद विश्वविद्यालय के अंतर्गत रखने का संकल्प लिया था और इसमें उन्हें काफी हद तक सफलता भी प्राप्त हुई।

ऐसे महामना शास्त्री जी का निधन 23 नवंबर, 1977 को अचानक ही जयपुर से दिल्ली आते हुए रेवाड़ी के निकट एक रेल-दुर्घटना में हुआ।

क्रम

खंड एक : संसद में

4. कश्मीर और अनुच्छेद 370

5. विविध

खंड दो : संसद के बाहर

खंड तीन : फाइल से

काल-क्रम

खंड एक : संसद में

1

भारत-पाक संबंध

रेलमार्ग के साथ पाकिस्तान को न जोड़ा जाए

कच्छ-समझौता अपमानजनक

5 अगस्त, 1965 नहीं, 5 अगस्त, 1947

पाकिस्तान से राजनयिक संबंध विच्छेद किए जाएँ

पाकिस्तान में हिंदुओं के साथ दुर्व्यवहार

कश्मीर में जनमत का अध्याय बंद किया जाए

ताशकंद-समझौते से क्या मिला ?

ताशकंद-समझौते के प्रति पाक नीयत साफ नहीं

पाकिस्तान से सद्भावना की आशा बेमानी

जवानों व अफसरों के बीच की खाई कम की जाए

अब की बार युद्ध हो तो निर्णायक होना चाहिए

"पाकिस्तान का जन्म ही भारत-विरोध के आधार पर हुआ है। वह आरंभ से ही, जब उसके यहाँ कोई संकट उत्पन्न होता है तो भारत-विरोध का अपना नारा बुलंद कर देता है। इसलिए उससे शीघ्र सद्भावना की कोई आशा बेकार मालूम पड़ती है। जब-जब पाकिस्तान के शासकों को अपनी गद्दी हिलती दिखाई देती है, तब कोई न कोई नारा वह भारत के विरोध में अपने देश में बुलंद करते हैं। पिछले 20-21 वर्षों में लगभग तीन आक्रमण पाकिस्तान ने भारत पर किए हैं। सबसे पहला आक्रमण 1947 में कश्मीर पर हुआ, दूसरा कच्छ के रन में और तीसरा 1965 में राजस्थान और पंजाब के अंदर हुआ। इन तीनों ही आक्रमणों में भारत की स्थिति लगभग वैसी ही रही जैसी मोहम्मद गौरी के साथ पृथ्वीराज की थी। इन तीनों आक्रमणों में भारतवर्ष के साथ पाकिस्तान का जो कहने और निर्णय लेने का ढंग रहा, वह उस पुराने इतिहास की स्मृति को ताजा करता है। 1947 में जब भारतीय तोपों की आवाज रावलपिंडी तक पहुँचने लगी तो उस समय के पाकिस्तान के प्रधानमंत्री श्री लियाकतअली खाँ ने भारत के प्रधानमंत्री से बातचीत की और पहली जनवरी, 1948 को हमने उस लड़ाई को बीच में ही बंद कर दिया। दूसरी इस तरह की भूल उस समय हुई, जब कच्छ की दलदल में पाकिस्तानी सैनिक फँसने लगे तो ब्रिटेन को बीच में डालकर पाकिस्तान ने सारी समस्या को पंच-फैसले के लिए सौंप दिया। तीसरी हिमालय जैसी भारी भूल उस समय हुई, जब 1965 में भारतीय सेना उत्साह से आगे बढ़ रही थी, तो संयुक्त राष्ट्र के महासचिव श्री ऊ थांट बीच में आकर पड़े और जो रही-सही कसर थी वह ताशकंद में जाकर हमने पूरी कर दी।"

('भारतीय सीमाओं पर तनाव' विषय पर 12 दिसंबर, 1968 को लोकसभा में श्री प्रकाशवीर शास्त्री द्वारा प्रस्तुत प्रस्ताव के प्रमुख अंश)

रेलमार्ग के साथ पाकिस्तान को न जोड़ा जाए

[रेल-मंत्रालय की अनुदान माँगों पर चर्चा के दौरान दिए गए वक्तव्य के प्रमुख अंश, लोकसभा, 2 मार्च, 1962 व 7 मार्च, 1963]

पाकिस्तान का निर्माण जिस पृष्ठभूमि में हुआ है, उसके पश्चात् देशवासियों को कोई ऐसा अवसर देखने को नहीं मिला, जिससे यह प्रतीत हो कि पाकिस्तान की ओर से भारत के साथ सौहार्दपूर्ण संबंध स्थापित किए जा रहे हैं। लेकिन फिर भी बीच में भारत की ओर से कुछ इस प्रकार का वातावरण अवश्य तैयार किया गया, जिससे यह प्रतीत हो कि भारत और पाकिस्तान, जिनमें कटुता बढ़ गई थी, धीरे-धीरे एक-दूसरे के निकट आने का यत्न कर रहे हैं। इसी भावना को लेकर अन्य बातों के साथ-साथ पाकिस्तान के साथ सीधा रेल-संबंध स्थापित करने के सुझाव पर भी विचार किया जाने लगा। परंतु इसी बीच कश्मीर के प्रश्न को लेकर या और दूसरे प्रश्नों के कारण, जो वातावरण धीरे-धीरे सामने आया, उसको देखते हुए पिछली बार रेलवे-बजट के इस सदन में प्रस्तुत किए जाने के समय मैंने और बहुत-से माननीय सदस्यों ने बहुत ही उग्र भाषा में उस योजना का विरोध किया था और कहा था कि उसको हमेशा के लिए स्थगित कर दिया जाए। उस समय के रेलमंत्री ने इस बारे में गंभीरता से निर्णय लेने का भी सदन को आश्वासन दिया था। लेकिन इस संबंध में जैसी मेरी जानकारी है—और उस बारे में—जो इस बीच प्रश्न पूछे गए हैं—उससे पता चलता है कि अभी तक यह प्रश्न विचाराधीन है। किंतु पाकिस्तान के साथ हिंदुस्तान के जो कटु संबंध चल रहे हैं और पाकिस्तान की ओर से जो विरोधी भावना पग-पग पर प्रदर्शित की जाती है, उसको देखते हुए यह आवश्यक हो जाता है कि इस प्रश्न को सदा के लिए समाप्त कर दिया जाए। मैं चाहता हूँ कि रेलमंत्री महोदय इन तमाम अनुदानों की स्वीकृति इस सदन से लेते समय अंतिम बार घोषणा करेंगे कि पाकिस्तान से रेलवे का सीधा संबंध स्थापित करने की जो बात वर्षों से चल रही है, अब उसको सदा के लिए छोड़ दिया गया है, क्योंकि इसके पीछे जहाँ देशवासियों की भावना है, वहाँ इस सदन के माननीय सदस्यों की भी वह उग्र भावना है, जिसका समय-समय पर प्रदर्शन होता रहा है।

7 मार्च, 1963

अंतिम बात और कहकर मैं अपने भाषण को समाप्त करता हूँ। हमारे माननीय रेलमंत्री

न केवल रेलमंत्री ही हैं बल्कि भारत सरकार ने उनके कंधों पर इससे भी एक बड़ी जिम्मेदारी सौंपी है जो इस संकट के अंदर, मैं समझता हूँ कि कैबिनेट के एक सीनियर मेम्बर होने के नाते उनके ऊपर केवल इस देश की सरकार ही नहीं, बल्कि देशवासी भी उनकी ओर आशा-भरी दृष्टि से देख रहे हैं कि हमारे देश के संबंध जो पाकिस्तान के साथ इस प्रकार उलझ गए हैं, उन उलझी हुई गाँठों को किस प्रकार हमारे केंद्रीय रेलमंत्री सुलझाते हैं। इसका असर अगली पीढ़ी पर और भारत के अगले इतिहास पर भी पड़ेगा। यह प्रसंग वह नहीं है कि मैं उस चर्चा को उठाऊँ, लेकिन चर्चा जो रेल-मंत्रालय से संबंध रखने वाली है उसके संबंध में मैं अवश्य इस समय निवेदन करना चाहता हूँ और वह यह है कि कई वर्षों से यह चीज सदन के अंदर चर्चा का विषय बनी रही है कि पाकिस्तान के दोनों भागों को मिलाने के लिए भारत से होकर जो रेल लिंक जोड़ी जानी थी उसके ऊपर सरकार ने क्या निर्णय लिया ? हमारे डिप्टी मिनिस्टर शाहनवाज़ खाँ ने कई बार इसका उत्तर दिया है कि अभी इस पर विचार हो रहा है, लेकिन अब जबकि आप यह देख रहे हैं कि पाकिस्तान की नीयत इस तरह की नहीं है कि वह भारत के साथ अपने संबंध अच्छे बनाकर रख सके, मैं समझता हूँ कि भारतवर्ष को वर्षों तक इस समस्या को टाले रखना कोई बुद्धिमत्ता की चीज नहीं होगी। इस बार जहाँ वह और बहुत-सी बातों को करने जाएँ, कम से कम इसका निर्णय कर दें कि यह रेलवे लिंक वाली जो बात है इसको अंतिम रूप से समाप्त कर दिया गया है।

कच्छ-समझौता अपमानजनक

[गुजरात व पश्चिमी पाकिस्तान सीमा के संदर्भ में भारत-पाक समझौते पर चर्चा, लोकसभा 17 अगस्त, 1965]

भारत सरकार और प्रधानमंत्री श्री लालबहादुर शास्त्री ने देश के लिए एक अपमानजनक और दुर्बल समझौता किया है। इसके अनुसार अपनी 3500 वर्गमील धरती को विवादास्पद स्वीकार करके हम अपने घर में अपनी सेनाएँ नहीं रख सकेंगे, जबकि पाकिस्तानी सेनाएँ अपने स्थान पर ज्यों की त्यों डटी रहेंगी। इसके अतिरिक्त इस समझौते के अनुसार हमारी धरती पर डींग और सुराई के बीच में 23 मील के हिस्से में पाकिस्तान की पुलिस गश्त कर सकेगी। दो चौकियों को भी हमने खाली किया है।

इस प्रकार का समझौता पहले करके और बाद में अपने बहुमत के गर्व के आधार पर संसद की स्वीकृति लेने का प्रधानमंत्री और सरकार का यह प्रयास पहली बार नहीं है। इससे पहले भी भारतीय प्रधानमंत्री श्रीलंका के साथ इसी प्रकार का एक अपमानजनक समझौता करके संसद से उसकी स्वीकृति ले चुके हैं। मैं यह चाहता हूँ कि सरकार को काम करने के इस ढंग में अब कुछ परिवर्तन लाना चाहिए। न केवल वर्तमान प्रधानमंत्री, अपितु पहले प्रधानमंत्री भी इसी प्रकार के निर्णय दो बार पहले ले चुके थे—एक, बेरुबाड़ी के संबंध में और दूसरा, पंजाब के सीमा-निर्धारण के संबंध में—कि पंजाब का कितना हिस्सा पाकिस्तान को दिया जाए।

जब भारतीय संविधान में यह स्पष्ट है कि इतना धरती का भाग हमारा है, तो उसका कितना भाग किसी दूसरे को कैसे दिया जाए, इस प्रकार के महत्त्वपूर्ण निर्णय लेते समय सरकार के लिए कोई एक आचार-संहिता का निर्माण अवश्य होना चाहिए। यह सरकार हमारी धरती दूसरे देशों को देते समय इतनी आसानी से निर्णय ले ले और बाद में अपने बहुमत के आधार पर, संसद से उसकी स्वीकृति प्राप्त करे, इस परंपरा में अब अवश्य कुछ न कुछ संशोधन होना चाहिए।

इस समझौते की पृष्ठभूमि में इंग्लैंड और उसके प्रधानमंत्री श्री विल्सन का प्रमुख हाथ है। ब्रिटेन के संबंध में मैं स्वयं अपने मुँह से कुछ न कहकर एक विदेशी विद्वान् के ही शब्दों में यह कहना चाहता हूँ कि यदि इंग्लैंड इस समय दुनिया के पर्दे से हट जाए, तो दुनिया की बहुत बड़ी शरारत बंद हो सकती है। अगर संसार से ब्रिटेन को हटा दिया जाए, तो शांति स्थापित हो सकती है। वे शब्द ये हैं—"वर्ल्ड माइनस ब्रिटेन इज़ इक्वल टु

पीस।" इंग्लैंड का व्यवहार हमारे साथ क्या रहा, अगर हम पौने दो सौ साल के पराधीनता के काले इतिहास को छोड़ भी दें, तो भी हम यह नहीं भूल सकते कि 1947 में किस तरह मुस्लिम लीग की पीठ थपथपाकर इंग्लैंड ने देश का विभाजन करवाया, किस तरह से 1947 में ही कश्मीर पर जब हमला हुआ तो ब्रिटिश जनरल्ज़ ने पाकिस्तानी सेनाओं की कमान अपने हाथ में ले ली, किस तरह कश्मीर का युद्ध बीच में ही रोककर हमारा केस सुरक्षा परिषद् को भिजवाने में ब्रिटेन ने मदद की, किस तरह से सुरक्षा परिषद् में हमारा केस जाने के बाद उसने हमारा विरोध किया और किस तरह से अंतर्राष्ट्रीय राजनीति में इंग्लैंड हमेशा पाकिस्तान का समर्थन करता है। अब कच्छ के इस प्रस्ताव के पीछे ब्रिटेन का जो चाल-भरा हाथ रहा है और समझौते का जो ड्राफ्ट कॉमनवेल्थ सेक्रेटरियट में बैठकर लिखा गया है, इन सारी बातों को देखने के बाद हम सरकार से यह चाहते हैं कि अब कम से कम आगे के लिए वह आँख खोलकर चले, ब्रिटेन को पहचाने और देखे कि भारत के प्रति ब्रिटेन का किस प्रकार का चाल-भरा रुख रहा है।

जहाँ तक ट्रिब्यूनल का संबंध है, 1959 और 1960 के समझौते में यह स्थिति थी कि ट्रिब्यूनल का एक व्यक्ति भारत का होगा और दूसरा पाकिस्तान का होगा। वे दोनों मिलकर अगर किसी चेयरमेन पर सहमत हो गए, तो सभापति की नियुक्ति होगी, और अगर वे सहमत न हो पाए तो वह प्रश्न खटाई में रह सकता था। लेकिन अब इसकी स्थिति बिलकुल भिन्न हो गई है। पाकिस्तान अपना एक प्रतिनिधि रखेगा जो पाकिस्तानी नागरिक नहीं होगा। एक प्रतिनिधि भारत रखेगा, जो भारतीय नागरिक नहीं होगा। वे दोनों मिलकर सभापति का चुनाव करेंगे। लेकिन अगर वे इस संबंध में एकमत न हो पाए, तो यू०एन०ओ० के सेक्रेटरी-जनरल को अधिकार होगा कि वह सभापति का चुनाव कराए। केवल इसी एक बात से अनुमान लगाया जा सकता है कि इस ट्रिब्यूनल का हमारे बारे में जो निर्णय होगा, वह भारत के पक्ष में कितना जाएगा। मैं सेक्रेटरी-जनरल की नीयत पर कोई लांछन नहीं लगाना चाहता, लेकिन यू०एन०ओ० में हमारा कश्मीर-केस पिछले सत्रह सालों से पड़ा हुआ है और उसका जो परिणाम है उसी से हम शंकित हैं। वह जो सभापति होगा उसका झुकाव हमारी ओर होगा या पाकिस्तान की ओर होगा ?

भारत सरकार का कहना है कि हमारे प्रमाण, हमारी दलीलें और हमारे दस्तावेज बड़े पुष्ट हैं। गाँवों में एक कहानी प्रचलित है—किसी गीदड़ को कहीं से एक कागज मिल गया। वह अपनी पत्नी पर रौब जमाने के लिए कहने लगा कि यह यमराज का सर्टिफिकेट है और अब मुझे कोई नहीं मार सकता। बाद में वह किसी के खेत में चला गया। किसान जब डंडा लेकर उसके पीछे चला तो गीदड़ की पत्नी ने कहा कि सर्टिफिकेट दिखाओ न ! तब उस गीदड़ ने कहा कि दिखाऊँ किसको, यह तो पढ़ा-लिखा ही नहीं है ! भारत सरकार के प्रमाण पुष्ट अवश्य हैं, लेकिन जिस ट्रिब्यूनल के सामने वह प्रमाणों को लेकर जाएगी, उनकी नीयत और बुद्धि भी तो पुष्ट होनी चाहिए।

सबसे बड़ी बात यह है कि हम इस ट्रिब्यूनल के निर्णय को कहीं चुनौती नहीं दे सकते। इसलिए आरबिट्रेशन की कहीं अपील नहीं हो सकती है। आम तौर पर आरबिट्रेशन का काम यह होता है कि उसने अपना निर्णय दिया और उसका काम समाप्त हो गया। लेकिन इस ट्रिब्यूनल के संबंध में सबसे बड़ी कठिनाई यह है कि निर्णय भी वही देगा, उसको कार्यान्वित भी वही करेगा, उसको चैलेंज भी कहीं नहीं किया जा सकता। उसके बाद अगर कोई कठिनाई आए, तो वह ट्रिब्यूनल स्वयं आकर कार्यान्वित भी करा देगा। इससे बड़ी दुर्बलता इस समझौते की कोई नहीं हो सकती है। पता नहीं, सरकार ने किस प्रकार इसको स्वीकार कर लिया है।

मैं भारत सरकार पर यह आरोप लगाना चाहता हूँ कि उसने कच्छ के संबंध में शुरू से ही उपेक्षा से काम लिया है। गुजरात की सरकार ने इस संबंध में बहुत पहले ही भारत सरकार को सावधान किया था और कहा था कि हमको इस दिशा में थोड़ा-सा सतर्क रहना चाहिए। अगर मेरी जानकारी गलत नहीं है तो गुजरात गवर्नमेंट ने 1960 में भारत सरकार के पास प्रस्ताव भेजा कि सुरक्षा की दृष्टि से यह आवश्यक है कि वहाँ पर छह सड़कें बनाई जाएँ। 1960 के उस प्रपोजल पर 1962 में यह निर्णय लिया गया कि केवल एक सड़क की, जो खावदा से छाड़बेट जाती है, स्वीकृति दी जाती है। लेकिन इस स्वीकृति के लिए भी यह शर्त रखी गई कि इसका प्लान हम बनाएँगे, इसके बजट एस्टीमेट्स हम देखेंगे। उसके बाद भी चीफ इंजीनियर, गुजरात, यहाँ पर आया, लेकिन 1965 तक उन टेंडरों को स्वीकृति नहीं दी गई। यह सब इस बात के प्रमाण हैं कि भारत सरकार कच्छ की सीमा के प्रति कितनी सतर्क थी। गुजरात सरकार, जहाँ तक मेरी अपनी जानकारी है, केंद्रीय सरकार को बराबर सतर्क करती रही है और कहती रही है कि चीन और पाकिस्तान के एग्रीमेंट के बाद कच्छ की सीमा पर खतरा बहुत बढ़ गया है; आप इस दिशा में भी सावधान हो जाएँ। लेकिन भारत सरकार इस दिशा में भी सावधान नहीं हुई।

एक सबसे बड़ी बात यह है कि जिस डींग और सुराई की सड़क के बीच में भारत के प्रधानमंत्री और भारत सरकार ने पाक-पुलिस की गश्त की बात मान ली है, उसके संबंध में मैं नंदा जी से पूछता हूँ—जरा वह प्रधानमंत्री को और विदेशमंत्री को कहें तो कि जिस समय उन्होंने डींग और सुराई के बीच गश्त की बात स्वीकार की, उस समय क्या उनको पता नहीं था कि एस०आर०पी० एक रजिस्टर मेंटेन करती है ? किस-किस तारीख को गश्त लगाने के लिए वह गए, क्या वे सब प्रमाण उनके सामने नहीं थे ? ये प्रमाण मैं आपको पढ़कर सुनाता हूँ। ये प्रमाण एस०आर०पी० के रजिस्टर में लिखे हुए हैं। 1961 में मई और जून में तीन बार उसने गश्त की। 1962 में पानी और दलदल होने के कारण हम नहीं जा सके। 1963 के जनवरी, मार्च और अप्रैल के महीनों में चार बार हम गए। 1964 में मार्च के महीने में पाँच बार हम गए। अप्रैल, 1964 में हम पाँच बार गए। मई, 1964 में नौ बार गए। जून, 1964 में पाँच बार गए। सितंबर, 1964 में एक बार गए।

नवंबर, 1964 में एक बार और 28 दिसंबर, 1964 को फिर एक बार गए। 25 जनवरी, 1965 से पहले जब कि पहली बार ऊँटगाड़ी के निशान देखे गए, उसके बाद भी तीन बार उस क्षेत्र में हम गए, जो कंजरकोट के दक्षिण में पड़ता है और जिसके बारे में पाकिस्तान कहता है कि हमारी ऊँटगाड़ियाँ और दूसरी गाड़ियाँ वहाँ चलती थीं। जनवरी के महीने में पहली बार ऊँटगाड़ियों के निशान देखे गए। उससे पहले भी असिस्टेंट कमांडेंट एस०आर०पी० छाडबेट गेरीजन 1 जनवरी, 1965 से पहले सात बार कंजरकोट गए और आखिरी बार 7 जनवरी, 1965 को गए, पर कंजरकोट के दक्षिण में तब तक कोई सड़क नहीं थी।

प्रश्न यह है कि जब इतने प्रमाण मौजूद थे तो उन प्रमाणों के होते हुए भी प्रधानमंत्री श्री लालबहादुर शास्त्री ने कैसे यह स्वीकार कर लिया कि 1 जनवरी, 1965 को कंजरकोट के बगल में एक ऐसी सड़क थी जिस पर पाकिस्तान की ऊँटगाड़ियाँ या दूसरी गाड़ियाँ चलती थीं ? या तो सच्चाई यह है कि प्रधानमंत्री को उनके अधिकारियों ने, ऑफिस के कार्यकर्ताओं ने धोखे में रखा, जिस आधार पर प्रधानमंत्री ने यह बात स्वीकार की। अगर उन्होंने प्रधानमंत्री को जानकारी नहीं दी तो आज यह सदन और देश माँग करता है कि प्रधानमंत्री के कार्यालय के उन अधिकारियों को दंडित किया जाए जिन्होंने प्रधानमंत्री को अँधेरे में रखा।

दूसरी सबसे बड़ी बात यह है कि अगर प्रधानमंत्री को यह जानकारी थी, तो फिर मेरा प्रधानमंत्री पर आरोप है कि प्रधानमंत्री ने देश को धोखे में रखा और संसद को धोखे में रखा। जब वह 1 जनवरी, 1965 के पहले की बात कहते थे, उस समय हमारे दिल दहलते थे। हमने संसद में भी कहा था कि पाकिस्तान के साथ एग्रीमेंट करते समय 1 जनवरी, 1965 की बात न कहो, 15 अगस्त, 1947 की बात कहो। लेकिन प्रधानमंत्री जब इतनी हिम्मत के साथ कहते थे तो हम समझते थे कि कोई न कोई मजबूत बात इसके पीछे अवश्य होगी।

प्रधानमंत्री जी व्यक्तिगत चर्चाओं में और दूसरे स्थानों पर भी यह कहते हैं कि यह तो इंटरनेशनल एग्रीमेंट है, अंतर्राष्ट्रीय समझौता है। अंतर्राष्ट्रीय समझौता करने के बाद कोई भी बड़ा देश उससे मुकर कैसे सकता है या पीछे उससे कैसे मुड़ सकता है ? इसी के संबंध में मैं कहना चाहता हूँ कि अंतर्राष्ट्रीय समझौता उसके साथ किया जाए जो व्यक्ति या देश समझौता करने के मूड में हो। एक व्यक्ति तो समझौते के मूड में है और दूसरा युद्ध के उन्माद में पागल है—ऐसी अवस्था में उसके साथ समझौता कैसे हो सकता है ?

पाकिस्तान के साथ हमने एक समझौता 1959 और 1960 में किया था। पाकिस्तान ने उसके बाद 1965 में आकर कच्छ की धरती पर आक्रमण किया। जब कच्छ की धरती पर आक्रमण हुआ तो 1960 का समझौता टूट गया। 1960 के समझौते की कोई कीमत नहीं रही।

दूसरा समझौता हमने किया अब, जब विल्सन साहब के चक्कर में धोखे से हम फँस गए और हमने इस समझौते को स्वीकार कर लिया। लेकिन यह समझौता भी खत्म हो गया उस दिन, जिस दिन पाकिस्तान ने कश्मीर में आक्रमण किया। जब पाकिस्तान समझौते के मूड में नहीं है, युद्ध के मूड में है और उसके साथ हम समझौते-समझौते, शांति-शांति, सद्भावना-सद्भावना की बात करते चले जाएँ तो शांति और सद्भावना कैसे हो सकती है ? जब दूसरा पक्ष भी शांति और सद्भावना प्रदर्शित करे, वह तो तब होगी। जब पाकिस्तान लड़ने के मूड में हो तो उसके साथ शांति और समझौते की बात का क्या लाभ ?

एक निवेदन मैं यह भी कर देना चाहता हूँ कि—भुट्टो साहब, जो परसों यहाँ आ रहे हैं, उसके बारे में विदेशमंत्री को स्पष्ट भाषा में कहना चाहिए और पाकिस्तान को खबर भेज दी जानी चाहिए कि भुट्टो साहब के आने की कोई आवश्यकता नहीं है। दिल्ली में बैठकर स्वर्णसिंह और भुट्टो की बातचीत अब नहीं होगी। अब तो लड़ाई के मैदान में जनरल चौधरी और जनरल अयूब की बातें होंगी। भुट्टो और स्वर्णसिंह की बात नहीं होनी चाहिए, यह तो भारतीय स्वाभिमान की माँग है।

एक अंतिम बात मैं कांग्रेसी मित्रों से कहकर अपना स्थान ग्रहण कर लेना चाहता हूँ। यह बात मैं उनसे इस नाते से कहना चाहता हूँ कि कच्छ-एग्रीमेंट का विरोध कोई विरोधी दलों की जिम्मेदारी नहीं है। देश जितना हमारा है, उतना ही आपका भी है। देश से जितना प्रेम हम करते हैं, उतना ही देश से प्रेम शायद आप भी करते हैं। आपके प्रेम का तो शायद यह नमूना था कि बंगलौर के कांग्रेस-महासमिति के अधिवेशन में जब कच्छ-समझौते के बारे में प्रस्ताव लाने वाला था तो कांग्रेस वर्किंग कमेटी ने ही उस प्रस्ताव के आने की अनुमति नहीं दी। मैं कांग्रेस के साथियों से कहना चाहता हूँ कि देश के इतिहास को उज्ज्वल बनाने के लिए, राष्ट्र की अखंडता और एकता सुरक्षित रखने के लिए जो साहस उन्होंने बंगलौर में दिखाया था, उसी साहस का वे इस सदन में भी, इस प्रस्ताव को, जब यह स्वीकृति के लिए आए, उसे गिराकर परिचय दें।

5 अगस्त, 1965 नहीं, 5 अगस्त, 1947

[भारत-पाक संबंध पर वक्तव्य, लोकसभा, 5 नवंबर, 1965]

चीनी आक्रमण के बाद देश में जिस जागरण और एकता का उदय हुआ था दुर्भाग्य से वह सरकार देर तक उसका उपयोग न कर सकी, लेकिन अब भी प्रधानमंत्री जी के स्वर में यदि दृढ़ता और निर्णय में दूरदर्शिता रही तो मैं विश्वास के साथ कहता हूँ कि देश प्रधानमंत्री जी के साथ रहेगा। कहीं भी यदि वह लड़खड़ाए तो फिर देश को दोष देने का अधिकार प्रधानमंत्री या इस सरकार का नहीं होगा।

देश की भावनाओं का प्रतिनिधित्व करते हुए प्रधानमंत्री से दो आवश्यक बातें भी मैं निवेदन कर देना चाहता हूँ। एक तो यह कि जब वह यह कहते हैं कि लाहौर और सियालकोट के इलाके से हम तब हटेंगे जब पाकिस्तान छम्ब और अखनूर के इलाकों से हट जाए। प्रधानमंत्री जी इन शब्दों को कहते हुए थोड़ा इस बात को न भूल जाएँ कि लाहौर और सियालकोट की एक-एक इंच धरती को लेने के लिए कितनी बहनों को विधवा होना पड़ा है, कितने बच्चों को अनाथ होना पड़ा है। उनकी आँखों में पढ़कर वह देखें और तब इस भाषा का प्रयोग करें।

हमारे प्रधानमंत्री को तो सीधी और स्पष्ट भाषा में कहना चाहिए कि जब तक पूरा कश्मीर खाली नहीं होता तब तक लाहौर और सियालकोट से हटने का विचार भी नहीं किया जा सकता।

दूसरी बात मैं यह कहना चाहता हूँ कि प्रधानमंत्री को देश के गौरव को ध्यान में रखते हुए सुरक्षा परिषद् को यह कहना चाहिए कि पाकिस्तान की तरह हम उस हलकी भाषा का प्रयोग तो नहीं करना चाहते कि अमुक तारीख तक कश्मीर के प्रश्न का समाधान यदि न हुआ तो भारत सुरक्षा परिषद् या संयुक्त राष्ट्रसंघ से हट जाएगा। लेकिन यदि अंतर्राष्ट्रीय न्याय की तराजू इसी प्रकार बराबर हिलती रही और अंतर्राष्ट्रीय न्याय मंदिर से इसी तरह से आस्था उठती चली गई तो हम यह चेतावनी देना चाहते हैं कि यदि भारत ने कभी इस संगठन से हटने का निश्चय कर लिया तो जिस दिन वह ऐसा करेगा उसी दिन उसका वह महल ढहकर धरती पर गिर जाएगा।

अब मैं पाँच अगस्त वाली बात पर आता हूँ। पाँच अगस्त वाली बात को अगर सुरक्षा परिषद् और ऊ थांट ने प्रतिष्ठा का प्रश्न बना लिया है तो मैं देशवासियों की ओर

से प्रधानमंत्री जी से निवेदन करना चाहता हूँ कि शायद देश पाँच अगस्त की बात को एक शर्त पर मान ले। अगर वे कहें कि दोनों पाँच अगस्त वाली लाइन पर डट जाएँ तो आप यह कहें कि हमारा देश पाँच अगस्त की बात को एक शर्त पर मान सकता है। पाँच अगस्त की बात आपकी ही रहे, लेकिन सन् के मामले में केवल थोड़ा परिवर्तन कर दिया जाए। वह यह चाहते हैं कि 5 अगस्त, 1965 हो, हम चाहते हैं कि 5 अगस्त, 1947 हो।

पाकिस्तान से राजनयिक संबंध विच्छेद किए जाएँ

['कराची में भारतीय उच्चायुक्त' विषय पर आधे घंटे की चर्चा, लोकसभा, 24 नवंबर, 1965]

संसद में ऐसे अवसर प्रायः कम आते हैं, जब साठ-सत्तर सदस्य मिलकर कोई एक प्रश्न उपस्थित करें। परंतु पाकिस्तान स्थित भारतीय हाई कमिश्नर और उनके सहयोगियों के साथ पाकिस्तान की ओर से जो दुर्व्यवहार हुआ, उससे न केवल संसद में रोष है, जिसको प्रकट करने के लिए सदस्यों ने बहुत बड़ी संख्या में इस प्रश्न को उठाया, अपितु इसके विरोध में सारे देश में भी भयंकर क्षोभ व्याप्त है। राजदूत और राष्ट्र-ध्वज, ये दोनों किसी देश के गौरव के प्रतीक होते हैं। अगर उनके साथ कहीं दुर्व्यवहार होता है अथवा उनका अपमान किया जाता है, तो उससे देश की संसद और जनता का क्षुब्ध होना स्वाभाविक है।

पाकिस्तान में हमारे हाई कमिश्नर के साथ पाकिस्तानी सरकार के इशारों पर जो गुंडागर्दी की गई, उससे एक बार इंसानियत का माथा भी शर्म से नीचे हो जाएगा। यद्यपि वहाँ पर पहले भी हमारे राजनयिक प्रतिनिधियों के साथ इसी प्रकार के दुर्व्यवहार चलते रहे। लेकिन इस बार पाकिस्तान में भारतीय हाई कमिश्नर और उनके सहयोगियों के साथ जो दुर्व्यवहार हुआ है, उससे लगता है कि पाकिस्तान ने सब अंतर्राष्ट्रीय कानूनों को उठाकर ताक पर रख दिया है और वहाँ पर जंगल का कानून लागू हो गया है।

पाकिस्तान में हमारे हाई कमिश्नर, डिप्टी हाई कमिश्नर और उनके सहयोगियों के घरों की जो तलाशी ली गई और उस तलाशी के दौरान उनके साथ जो बेरहमी दिखाई गई, उससे भी बहुत अधिक कष्टप्रद बात यह है कि हमारे राजनयिक प्रतिनिधियों के प्रति मानवीय सहानुभूति नाम की चीज को भी समाप्त कर दिया गया। यहाँ पर पाकिस्तानी हाई कमिश्नर के कार्यालय की एक महिला को जब बच्चा उत्पन्न होने वाला था, तो हमारे विदेश मंत्रालय की ओर से उनको यह सुविधा दी गई कि अगर वह चाहे, तो उस महिला को पाकिस्तान भेज सकते हैं अन्यथा वह यहाँ पर ही किसी हॉस्पिटल में उसके प्रसव की व्यवस्था कर सकते हैं। उस महिला ने यहीं रहना पसंद किया और उसको हर प्रकार की सुविधा दी गई। इसके मुकाबले में पाकिस्तान में हमारे हाई कमीशन के एक कर्मचारी की पत्नी को जब बच्चा उत्पन्न होने वाला था, तो पाकिस्तान सरकार ने उसके लिए डॉक्टर और नर्स की सेवाएँ प्राप्त करने की अनुमति नहीं दी। बच्चा होते समय जब वह बेचारी

तड़प रही थी, तो हाई कमीशन के अन्य कर्मचारियों की औरतों ने मिलकर किसी प्रकार से उसके जीवन की रक्षा की।

आप दिल्ली मिल्क सप्लाई स्कीम के रिकॉर्ड को उठाकर देखें कि प्रतिदिन कितने-कितने मन और कितनी-कितनी सौ बोतलें दूध पाकिस्तान के हाई कमीशन में पहुँचती रहीं। उसके मुकाबले में पाकिस्तान में हमारे हाई कमीशन के कर्मचारियों के बच्चे महीनों तक दूध के लिए तरस गए।

दिल्ली में पाकिस्तान हाई कमीशन के कर्मचारियों के लिए राशन और पानी की भरमार रही, लेकिन कराची में हमारे हाई कमिश्नर के कार्यालय में काम करने वाले व्यक्तियों के साथ यह व्यवहार किया गया कि उनके रसोइयों को जेल में भेज दिया गया। उनको शाक-सब्जी देने वाले बंद कर दिए गए, दूध देने वाले बंद कर दिए गए और धोबी और नाई को भी वहाँ जाने से रोक दिया गया।

यहाँ पर पाकिस्तानी हाई कमीशन के अधिकारियों को इतनी स्वतंत्रता थी कि वे जहाँ चाहें घूमें, जाएँ, चाहे जैसी जानकारी प्राप्त करें, षड्यंत्र रचें और जहाँ चाहें नमाज पढ़ें। लेकिन कराची में हमारे हाई कमिश्नर पर यहाँ तक प्रतिबंध था कि वे दिन में और रात में किसी भी समय अपने घर से बाहर नहीं निकल सकते थे। बीच में कुछ दिन के लिए उनको यह सुविधा दी गई कि वह अपने कार्यालय जा सकते हैं। लेकिन वह भी पाकिस्तानी पुलिस को साथ लेकर। वहाँ पर हमारे हाई कमीशन के कर्मचारी दो-तीन मकानों में रहते थे। हमारे हाई कमिश्नर को वहाँ पर जाकर उनकी खबर-सुध लेने तक की अनुमति भी नहीं थी।

यहाँ दिल्ली में पाकिस्तान के हाई कमिश्नर को तार, टेलीफोन और वायरलेस की सारी सुविधाएँ प्राप्त हैं, लेकिन पाकिस्तान में हमारे हाई कमिश्नर को तार देने तक की सुविधा उपलब्ध नहीं थी और उनका टेलीफोन कनेक्शन भी काट दिया गया। और तो और, दूसरे देशों के जो राजदूत वहाँ पर रहते थे, जिनके माध्यम से वह अपना संदेश भारत में पहुँचा सकते थे, उनसे मिलने और संपर्क स्थापित करने की सुविधा भी उनसे छीन ली गई। न उनको किसी अन्य देश के राजदूत से मिलने दिया गया और न किसी दूसरे देश के किसी राजनयिक प्रतिनिधि को उनसे ही मिलने दिया गया।

ऐसी स्थिति में आज भारत सरकार के सामने यह प्रश्न है कि वह पाकिस्तान के साथ अपने राजनयिक संबंधों को ज्यादा लंबे अरसे तक जारी रखे या नहीं ?

पहले 11 सितंबर को हमारे हाई कमिश्नर के यहाँ तलाशी हुई। हाई कमीशन के कर्मचारी अलग-अलग स्थानों पर रखे गए थे। एक स्थान पर हमारे हाई कमिश्नर जब पहुँचे और वहाँ पर उन्होंने देखा कि क्या बदतमीजी चल रही है ? उनकी औरतों के कपड़े और जेवर आदि निकाल-निकालकर चारों तरफ फेंके हुए हैं उनके निजी कागजात देखे जा रहे हैं। उन्होंने पाकिस्तान की पुलिस को कहा कि क्या इस देश में कोई कानून है या

नहीं ? इसका जवाब पुलिस की ओर से यह दिया गया कि "शटअप, गेट आउट, नॉनसेंस।" इन शब्दों का प्रयोग हमारे हाई कमिश्नर के प्रति किया गया। जब उन्होंने पाकिस्तान के विदेश मंत्रालय से संपर्क स्थापित किया और कहा कि तुम कम से कम अंतर्राष्ट्रीय कानूनों का तो पालन करो, तो विदेश मंत्रालय जवाब देता है कि हम पुलिस के कार्य में किसी प्रकार का हस्तक्षेप नहीं कर सकते।

हमारे हाई कमिश्नर ने न केवल पाकिस्तान के विदेश मंत्रालय से, बल्कि 'न्यूयॉर्क टाइम्स' जैसे विदेशी समाचार-पत्रों के प्रतिनिधियों से 'रायटर' जैसी विदेशों की समाचार एजेंसियों से और अमेरिका, ब्रिटेन, श्रीलंका और इराक आदि विदेशों के राजनयिक प्रतिनिधियों से भी किसी तरह संपर्क स्थापित किया और उनको कहा कि यह हालत जो हमारे साथ है, कल यह वहशियानापन तुम्हारे साथ भी घट सकता है, इसलिए तुमको अंतर्राष्ट्रीय कानून का पालन कराने में हमारी मदद करनी चाहिए। लेकिन यह दुःख की बात है कि वह कुछ न बोले। बी०बी०सी० ने, जो कि पाकिस्तान की खबरों को उछाल-उछालकर देता है, इन तमाम घटनाओं को छिपाया। 'रायटर' ने एक लाइन भी इन घटनाओं के संबंध में नहीं दी। और भी विदेशी समाचार-पत्रों के जितने प्रतिनिधि वहाँ थे, वे भी इस बारे में चुप हो गए।

11 सितंबर को हमारे हाई कमिश्नर और उनके सहयोगियों के घरों में यह तलाशी शाम छह बजे से लेकर ग्यारह बजे रात तक लगातार पाँच घंटे चलती रही। उसके बाद 13 सितंबर को जो तलाशी चांसरी की हुई–उसमें पाकिस्तान की सशस्त्र पुलिस वहाँ पर थी। पाकिस्तान का जनसंपर्क अधिकारी, जो हमारे हाई कमिश्नर के कार्यालय के साथ संपर्क करने के लिए नियत किया गया था–अगर मैं गलती नहीं करता हूँ, तो उसका नाम चौधरी है, वह भी वहाँ पर उपस्थित था। उसकी उपस्थिति में रात के ढाई बजे तलाशी आरंभ हुई और प्रातः साढ़े छह बजे तक चलती रही। हमारे कूटनीतिक संदूकों की एक-एक चीज को खोलकर देखा गया। लेकिन हमारे हाई कमिश्नर की सावधानी से पाकिस्तान को हमारा एक भी गुप्त कागज नहीं मिल सका। इस अवसर पर अपने हाई कमिश्नर श्री केवल सिंह और उनके सहयोगियों को बधाई देना चाहता हूँ कि इस विपत्ति में उन्होंने जिस बुद्धिमत्ता और दूरदर्शिता का परिचय दिया, उसके लिए वे इस देश की ओर से बधाई के पात्र हैं।

लेकिन जब इतने पर भी पाकिस्तान की सरकार को संतोष नहीं हुआ, तो 21 सितंबर को दो-तीन हजार गुंडे वहाँ पर लाए गए। उनके साथ ट्रकों में पत्थर लादकर लाए गए। उनकी गुंडागर्दी का परिणाम यह हुआ कि पाँच मंजिलों की इमारत की दो सौ खिड़कियों में दस खिड़कियाँ भी साबुत नहीं बचीं। हमारे हाई कमिश्नर पर यहाँ तक प्रतिबंध था कि वह यह देखने के लिए भी नहीं जा सकते थे कि किस तरह से हमारी चांसरी को नष्ट किया जा रहा है। उन गुंडों द्वारा मिट्टी के तेल से भीगे हुए कपड़े आग

लगाकर खिड़कियों में से उस इमारत के अंदर फेंके गए, ताकि किसी तरह से उसमें आग लग जाए, लेकिन सौभाग्यवश वहाँ किसी प्रकार की आग नहीं लग पाई। वहाँ पर भारतीय समाचार-पत्रों के जो प्रतिनिधि थे—टाइम्स ऑफ इंडिया का प्रतिनिधि वहाँ पर था, पी०टी०आई० के प्रतिनिधि वहाँ पर थे, और कई समाचार-पत्रों के प्रतिनिधि वहाँ पर थे—उनको पाकिस्तान की सरकार की ओर से जेलों में भेज दिया गया, जहाँ एक-एक रोटी के लिए उनको कतार में खड़ा किया गया। उनकी महिलाओं के साथ जो दुर्व्यवहार किया गया, उस घटना को मैं अपने मुँह से नहीं कह सकता हूँ।

ऐसी स्थिति में, जबकि पाकिस्तान दुनिया के किसी कायदे-कानून का पालन नहीं कर रहा है, जबकि वहाँ पर जंगली और वहशियाना कानून लागू है, और जब पूर्वी और पश्चिमी पाकिस्तान में अल्पसंख्यकों का खून तक जबरदस्ती लिया जा रहा है, वह भी इतनी मात्रा में लिया जा रहा है कि कई आदमी खून देते-देते मर चुके हैं, भारत सरकार कब तक अपने कानों में तेल डालकर बैठी रहेगी ? जिस अमानवीय ढंग से यह तलाशी ली गई, उसकी हम यहाँ दिल्ली में बैठकर कल्पना भी नहीं कर सकते। शत्रु देश में जो हमारे चार सौ या पाँच सौ आदमी थे उनकी क्या दशा हुई होगी ? उनकी स्त्रियाँ और बच्चे इस तलाशी के दौरान किस प्रकार काँपते रहे होंगे। हम उस भयंकर दृश्य का यहाँ दिल्ली में विश्वास भी नहीं कर सकते। ऐसी स्थिति में मैं सरकार के ऊपर आज कुछ आरोप लगाना चाहता हूँ।

पहली बात तो मैं सरकार से यह पूछना चाहता हूँ कि आपने अपने उत्तर में यह बताया कि 6 सितंबर से घटनाएँ घटनी आरंभ हुईं। अगर मेरी जानकारी सही है तो भारतीय प्रतिनिधियों ने आपको सूचना दी थी कि ऐसा कुछ होने वाला है, इनका रुख ऐसा प्रतीत हो रहा है, लेकिन क्या उसके बाद आपने किसी तरह की, जो आपके चार सौ या पाँच सौ कूटनीतिक प्रतिनिधि वहाँ थे, उनकी जीवन-रक्षा की व्यवस्था की ? हमारे प्रतिनिधियों की तलाशी 11 और 13 सितंबर को ली गई और हमारी चांसरी पर 21 तारीख को साढ़े तीन घंटे पथराव किया गया और आप कहते हैं कि 4 अक्तूबर को हमने पाकिस्तान को एक विरोध-पत्र भेजा और कहा कि पाकिस्तान सरकार इसके लिए क्षमा माँगे। मेरा पहला आरोप तो यह है कि जब 6 सितंबर से ही युद्ध चल रहा था तो 4 अक्तूबर तक भारत सरकार ने क्यों इन लोगों की ओर ध्यान नहीं दिया और क्यों नहीं दुनिया को बताया कि पाकिस्तान अंतर्राष्ट्रीय कानून को तोड़कर हमारे राजनीतिक प्रतिनिधियों के साथ ऐसा दुर्व्यवहार कर रहा है।

दूसरी सबसे बड़ी चीज यह है कि एक महीने तक हमारे लोगों को टेलीफोन की सुविधा नहीं दी गई। 6 सितंबर से यह घटनाएँ शुरू हुईं और 21 सितंबर, जबकि हमारी चांसरी को नष्ट किया गया, और उसके बाद भी हमारे लोगों को तार देने की या टेलीफोन आदि की सुविधा नहीं दी गई। टेलीफोन के कनेक्शन काट दिए गए। दुर्भाग्य से हमारी

दोषपूर्ण विदेश-नीति के कारण किसी विदेशी राजदूत ने भी हमें उनका संदेश नहीं भेजा। मैं पूछना चाहता हूँ कि यहाँ दिल्ली से विदेश मंत्रालय ने उन लोगों का संदेश जानने के लिए क्या व्यवस्था की ? अगर वह संदेश नहीं भेज सकते थे तो आपने क्या व्यवस्था की जो आपको उनकी जानकारी मिल सके। एक महीने तक आपने कुछ नहीं किया। मेरा यह सरकार पर आरोप है।

आप उनसे आशा करते हैं कि वे लोग अपनी जान हथेली पर रखकर देश की रक्षा करें। लेकिन हमारे जो चार सौ से ज्यादा राजनीतिक प्रतिनिधि वहाँ फँसे हुए थे उनके बारे में आपने एक महीने तक कोई समाचार लेने की व्यवस्था नहीं की। क्या इसी पर आप चाहते हैं कि वे अपनी जान खतरे में डालकर देश की रक्षा करें ?

वियाना में जो राजनीति कनवेंशन हुआ था उसमें 28 देशों के प्रतिनिधियों ने भाग लिया और एक संधि-पत्र पर उन्होंने हस्ताक्षर किए। उसमें यह स्वीकार किया गया था कि राजनीतिक प्रतिनिधियों के साथ अंतर्राष्ट्रीय कानून के अनुसार व्यवहार किया जाएगा। उस कनवेंशन पर पाकिस्तान ने भी दस्तखत किए थे। वह संधि-पत्र संयुक्त राष्ट्रसंघ के सचिवालय में मौजूद है। मैं पूछना चाहता हूँ कि जब हमारे विदेशमंत्री सरदार स्वर्णसिंह सुरक्षा परिषद् में गए तो क्या उन्होंने संयुक्त राष्ट्रसंघ में कहा कि किस प्रकार पाकिस्तान ने अंतर्राष्ट्रीय कानून की अवहेलना करते हुए हमारे राजनयिक प्रतिनिधियों के साथ दुर्व्यवहार किया ? यदि नहीं कहा तो क्या यह घटना इतनी साधारण थी कि दुनिया को इसको बताना आवश्यक नहीं समझा गया ?

इसलिए मेरा सुझाव है कि भारत सरकार अपने विरोध-पत्र में पाकिस्तान सरकार से कहे कि पाकिस्तान में जो हमारे प्रतिनिधियों के साथ दुर्व्यवहार किया गया है उसके लिए क्षमा माँगे और आगे के लिए गारंटी दे कि फिर दुबारा पाकिस्तान में भारत के प्रतिनिधियों के साथ या किसी अन्य देश के प्रतिनिधियों के साथ ऐसा दुर्व्यवहार नहीं होगा और जो हमारी संपत्ति की हानि हुई है उसके लिए उचित मुआवजा दे। अगर पाकिस्तान इन तीनों शर्तों को जल्दी से जल्दी पूरा करती है तब तो भारत सरकार को इस पर विचार करना चाहिए कि पाकिस्तान के साथ अपने राजनयिक संबंध रखे या न रखे। अगर इन शर्तों का पाकिस्तान सरकार पालन नहीं करती तो फिर पाकिस्तान सरकार के साथ राजनयिक संबंध बनाए रखने का कोई अभिप्राय ही नहीं है। क्योंकि ऐसा करने से हमारे देश के स्वाभिमान को ठेस लगती है। जैसा कि पाकिस्तान में हुआ वैसे ही पीकिंग में हमारे राजदूत श्री जगत मेहता के साथ भी दुर्व्यवहार किया गया, जिसकी सूचना उन्होंने दी। तो मेरा सुझाव है कि ऐसे देशों से हमें राजनयिक संबंध नहीं रखने चाहिए जहाँ हमारे राजनीतिक प्रतिनिधियों के साथ इस प्रकार का दुर्व्यवहार किया जाता है। इससे उनका व्यक्तिगत अपमान नहीं होता बल्कि सारे देश का अपमान होता है क्योंकि ये प्रतिनिधि हमारे देश के प्रतीक बनकर वहाँ जाते हैं। मेरा सुझाव है कि अगर इन देशों से

राजनयिक संबंध रखने हैं तो इनसे कहा जाए कि जो उन्होंने हमारे राजनीतिक प्रतिनिधियों के साथ दुर्व्यवहार किया है, उसके लिए क्षमा माँगें और आगे के लिए सुरक्षा की गारंटी दें। यदि वे ऐसी गारंटी नहीं देते और अपने दुर्व्यवहार के लिए क्षमा-याचना नहीं करते तो मैं फिर दोहराता हूँ—इन देशों के साथ हमको बिना किसी हिचकिचाहट के राजनयिक संबंध तोड़ लेने चाहिए।

पाकिस्तान में हिंदुओं के साथ दुर्व्यवहार

[पूर्वी पाकिस्तान से निष्कासित हिंदुओं की स्थिति पर आधे घंटे की चर्चा, लोकसभा, 6 दिसंबर, 1965]

जब भारत और पाकिस्तान, एक देश के दो भाग बने तो पाकिस्तान के पूर्वी और पश्चिमी भागों में जो हिंदू या अल्पसंख्यक जातियों के लोग रह गए थे, उनकी संख्या कुल मिलाकर 1,80 लाख के लगभग थी। इन 1,80 लाख लोगों के विषय में उस समय के हमारे नेताओं ने, जिनमें गांधीजी, सरदार पटेल और नेहरू जी प्रमुख थे, विभिन्न स्थानों पर बार-बार इस आशय के वक्तव्य दिए थे कि इन लोगों के हितों की देख-रेख करना हमारी नैतिक जिम्मेदारी है। लेकिन उसके बाद जब पाकिस्तान में उन लोगों का धड़ाधड़ कत्लेआम हुआ और वे वहाँ से निकाले गए, तो सरदार पटेल को एक बार बड़ी स्पष्ट और निर्भीक चेतावनी पाकिस्तान को देनी पड़ी। सरदार पटेल ने पाकिस्तान को यह कहा कि अगर धरती के बँटवारे के बाद भी पाकिस्तान से अल्पसंख्यकों की निकासी इसी प्रकार जारी रही, तो पाकिस्तान को यह चाहिए कि वह उन लोगों के बदले में उतने ही मुसलमान हिंदुस्तान से अपने देश में ले ले, और अगर वह उनको नहीं लेता है, तो फिर वह धरती का उतना हिस्सा हिंदुस्तान को दे, जिस पर यहाँ आने वाले हिंदुओं को बसाया जा सके।

सरदार पटेल की इस ललकार का परिणाम यह हुआ कि भारत और पाकिस्तान में नेहरू-लियाकत पैक्ट हुआ। जहाँ तक भारत का संबंध है, उसकी ओर से इस समझौते की एक-एक शर्त का पूर्णतया पालन किया गया, लेकिन पाकिस्तान ने नेहरू-लियाकत पैक्ट का कहाँ तक पालन किया, उसका प्रमाण पर-राष्ट्र मंत्रालय द्वारा कुछ दिनों पहले जारी किए गए एक वक्तव्य से मिलता है। उस वक्तव्य में बताया गया है कि पिछले चौदह साल में, अर्थात् 1951 से अब तक पाकिस्तान में गैर-मुस्लिमों की संख्या 1,80 लाख से घटकर केवल 90 लाख रह गई है, यानी वह आधे से भी कम बैठती है, जबकि इसकी तुलना में मुसलमानों की संख्या पिछले चौदह साल में साढ़े तीन करोड़ से बढ़कर पाँच करोड़ के लगभग हो गई है।

पाकिस्तान की ओर से वहाँ के अल्पसंख्यकों की जो जाति-हत्या की जा रही है, इस संबंध में उसकी ओर से जो षड्यंत्र किया जा रहा है, उसको देखते हुए हमको यह चाहिए था कि हम दुनिया को इन तथ्यों से अवगत कराते और बताते कि पाकिस्तान किस प्रकार की हरकतों पर उतर आया है।

पाकिस्तान में जनसंख्या की वृद्धि के आँकड़ों को देखने से मालूम होगा कि उस देश में 1951 और 1961 के बीच में कुल मिलाकर 24 प्रतिशत की वृद्धि हुई है। अकेले पूर्वी पाकिस्तान में (पश्चिमी पाकिस्तान के गैर-मुस्लिमों के आँकड़े कहीं उपलब्ध नहीं हैं) 1951 में गैर-मुस्लिमों की संख्या 99 लाख थी और 24 प्रतिशत के हिसाब से 1961 में उनकी संख्या बढ़कर 1,23 लाख के करीब पहुँचनी चाहिए थी, जबकि वास्तव में वह संख्या केवल 1,01 लाख के करीब पहुँची। इसका अर्थ यह है कि पाकिस्तान में कुल जनसंख्या की वृद्धि हुई 24 प्रतिशत और उस देश के हिंदू, बौद्ध, ईसाई आदि गैर-मुस्लिमों की जनसंख्या में वृद्धि हुई केवल 3 प्रतिशत।

इससे अनुमान लगाया जा सकता है कि पाकिस्तान ने अपने यहाँ के गैर-मुस्लिमों को समाप्त करने के लिए जानबूझकर ये उपाय बरते हैं कि या तो उनको वहाँ से निकाल दिया जाए, या उनकी हत्या की जाए और या भारी मात्रा में उनका धर्म-परिवर्तन किया जाए। पीछे इस प्रकार के समाचार बार-बार कानों में पड़ते रहे कि जब पूर्वी पाकिस्तान में भयंकर उपद्रव हुए थे, तो नारायणगंज से ढाका तक जो नदी पड़ती है, वह बराबर लाशों से पटी रही। पूर्वी पाकिस्तान और पश्चिमी पाकिस्तान के और भी स्थानों में इस प्रकार के दृश्य देखने को मिले।

यह भी पता लगा है कि वहाँ पर जो छोटी जाति के लोग हैं, विशेषकर हरिजन और परिगणित जाति के, उनका तो लाखों की संख्या में धर्म-परिवर्तन कर दिया गया है। इसी प्रकार वहाँ के शासन का सहयोग पाकर हिंदुओं के घरों से छोटी आयु की लड़कियों का अपहरण किया गया और उनको बलात् दूसरे घरों में डाल दिया गया। इस प्रकार की घटनाओं के समाचार समय-समय पर भारत सरकार के कानों में पड़ते रहे हैं।

अभी कुछ दिन पहले पाकिस्तान के साथ हुए संघर्ष के बाद मुझे राजस्थान क्षेत्र में जाने का अवसर मिला। हमारे पुनर्वास मंत्री यहाँ पर मौजूद हैं। उनके कानों तक यह बात आई होगी कि जो हिंदू परिवार वहाँ से उजड़कर आए हैं, विशेषकर उमरकोट और थरपारकर जिलों के सोढा राजपूत और भील बाड़मेर के डिस्ट्रिक्ट मैजिस्ट्रेट और सरकारी अधिकारियों ने जब उनकी आपबीती सुनी तो इस बात में कोई भी संदेह नहीं रहा कि 1947 में पाकिस्तान के लोगों के द्वारा वहाँ के हिंदुओं के साथ जो अमानुषिक व्यवहार और अत्याचार किए गए थे, 1965 की इन घटनाओं ने उनको भी मात कर दिया। आप चलकर उन कैंपों को देखिए। वहाँ पर आप वही दृश्य देखेंगे जो 1947 में लाहौर और कराची में देखे गए थे। कैसे औरतों के स्तन काटे गए, कैसे पुरुषों को पेड़ों से बाँधकर उनकी स्त्रियों के साथ बलात्कार किया गया। इस प्रकार की बीभत्स घटनाएँ हुई हैं जिनको मैं अपने मुँह से नहीं कह सकता। इसके अतिरिक्त अभी कुछ दिन पहले हमारे मित्र सरदार कपूरसिंह ने इसी सदन में एक आधे घंटे की चर्चा प्रारंभ करते हुए कहा था कि पंजाब के कुछ सीमावर्ती गाँवों से करीब 70-80 मासूम सिख बच्चियों को पाकिस्तानी

उठाकर ले गए और भारत सरकार अभी तक यही कहती है कि उनके संबंध में हमको पूरी जानकारी नहीं है और हम जानकारी ले रहे हैं।

कुछ दिनों पहले पूर्वी पाकिस्तान के संबंध में ऐसा समाचार मिला था कि छोटी आयु की लड़कियों को दूसरे देशों में ले जाकर बेचा गया, जिसके बारे में सरकार की ओर से कहा गया कि हमें इस घटना का पता नहीं है। लेकिन पुनर्वास मंत्री और विदेशमंत्री को इस घटना का तो पता होगा कि जो हिंदू पाकिस्तान से निकलकर भारत को आते थे, जब वे सीमा पर पहुँचते थे, तो अधिक उम्र के लोगों को तो भारतवर्ष में धकेल दिया जाता था, लेकिन उनकी छोटी आयु की लड़कियों को उनसे छीन लिया जाता था। किस हालत में आज वे बच्चियाँ होंगी ? वे कैसे दिन बिता रही होंगी ?

मुझे अच्छी तरह से याद है कि जब 1947 में पाकिस्तान में इस प्रकार की घटनाएँ हो रही थीं, तो देहरादून में देश के एक बड़े भारी नेता ने कहा कि क्यों लोग व्यर्थ ही रोष में आते हैं। उनके साथ उनकी लड़की भी थी। पीछे खड़े पंजाब से उजड़कर आए हुए एक भाई ने लड़की के मुँह पर हाथ लगा दिया। उन नेताजी को इतना क्रोध आया कि तपाक से उन्होंने उसके मुँह पर एक चपत दे मारा। वह पंजाबी हँस पड़ा और कहने लगा कि महाराज, मैं तो यह बताना चाहता था कि आपकी लड़की के मुँह पर हाथ रखा तब तो आपको इतना क्रोध आया, लेकिन जिनकी लड़कियाँ पाकिस्तान में रह गई हैं, जिनकी आँखों के सामने उनकी लड़कियों के साथ बीभत्स कांड हुए हैं, उनके दिल पर हाथ रखकर देखिए कि उनके हृदयों पर क्या बीत रही होगी ? जो परिवार उजड़कर यहाँ आ गए और उनकी लड़कियाँ वहाँ पर रह गईं, वह लड़कियाँ वहाँ पर किस भयंकर स्थिति में होंगी। आप थोड़ा उस कारुणिक परिस्थिति की कल्पना तो कीजिए।

इस प्रश्न पर जो मैंने आधे घंटे की चर्चा उठाई है वह पूर्वी पाकिस्तान के जसोर और फरीदपुर डिस्ट्रिक्ट से जो एक हजार हिंदू परिवार अपने प्रमाण-पत्र भारतीय हाई कमीशन के कार्यालय से विधिवत् लेकर आ रहे थे, और जिनको रोक लिया गया, उनके संबंध में है। भारत सरकार से पूछा कि क्या उसे इसके संबंध में कोई जानकारी है कि आज वह किस अवस्था में हैं, तो हमारी सरकार ने यह कहकर पीछा छुड़ा लिया कि वहाँ हमारी कोई संचार व्यवस्था नहीं है, किसी प्रकार के समाचार आदान-प्रदान के कोई साधन नहीं हैं, इसलिए हमें पता नहीं कि उनकी स्थिति क्या है। अभी कल ही कलकत्ते के 'युगांतर' में एक समाचार प्रकाशित हुआ है कि हमारी ऐस्टीमेट्स कमेटी के चेयरमैन श्री ए० सी० गुह ने प्रधानमंत्री को एक पत्र लिखा है और यू० एन० आई० ने उस न्यूज़ को दिया है। उसमें उन्होंने कहा है कि पाँच हजार हिंदू आज भी ऐसे हैं जो इन्हीं परिस्थितियों में वहाँ नजरबंद हैं। उन्होंने कहा है कि या तो रेडक्रॉस जैसे किसी अंतर्राष्ट्रीय संगठन से उनकी जाँच कराई जाए या कोई और विशेष व्यवस्था की जाए और पूर्वी पाकिस्तान में जो दुर्व्यवस्था चल रही है उसकी जानकारी किसी प्रकार से ली जाए कि वहाँ क्या हो रहा है। उमरकोट और

थरपारकर में जो लाखों की संख्या में हिंदू हैं, सिंध के इलाके में और राजस्थान की सीमा पर, उन सोढा राजपूत और भीलों को वहाँ शहर से निकालकर कैंपों में डाला गया है और वे वहाँ पर नारकीय जीवन व्यतीत कर रहे हैं। लेकिन भारत सरकार यह कहती है कि हमें उनके संबंध में कोई जानकारी नहीं है, जानकारी इकट्ठी की जा रही है। हमारे देश में इतने देशों के राजदूत रहते हैं, हम कई अंतर्राष्ट्रीय संगठनों के भी सदस्य हैं, मेरी समझ में नहीं आता कि क्यों भारत सरकार उनसे इस प्रकार की बातें नहीं कहती कि वे वहाँ जाएँ और जाकर वस्तुस्थिति का पता लगाएँ।

पाकिस्तान इससे उलटे भी कुछ दूसरे काम कर रहा है। दूसरे काम यह कि वह भारी मात्रा में, लाखों की तादाद में, हमारे यहाँ मुसलमानों को भेज रहा है। अभी भी असम के अंदर दस लाख से अधिक मुसलमानों का आगमन हुआ। आज वह असम को दूसरा कश्मीर बनाना चाहता है और असम की स्थिति को बिगाड़ना चाहता है। आप मुझे इन शब्दों को कहने की आज्ञा दीजिए कि इसमें असम के कुछ उन लोगों का हाथ है जो कि वहाँ पर जिम्मेदार पदों पर बैठे हुए हैं। विदेश मंत्रालय को शायद इस बात की जानकारी होगी। मैं इस प्रकरण को यहाँ विस्तार से नहीं छेड़ना चाहता। 1961 के सेंसस की जो रिपोर्ट है उसके अनुसार जो पाकिस्तान से लगे हुए कुछ जिले हैं, उनमें से कई जिले इस प्रकार के हैं जहाँ कुल मिलाकर जनसंख्या की जो वृद्धि हुई है वह 21 और 24 प्रतिशत के मध्य में है। लेकिन राजस्थान के पाकिस्तान से लगे हुए कुछ ऐसे जिले और स्थान हैं, जैसे गंगानगर, बीकानेर और बाड़मेर, जहाँ मुसलमानों की संख्या कहीं 55 प्रतिशत बढ़ी है, कहीं 85 प्रतिशत बढ़ी है, कहीं शत-प्रतिशत भी बढ़ी है, कहीं 200 प्रतिशत बढ़ी है और कहीं-कहीं हजार-हजार प्रतिशत बढ़ी है। आप सन् 1961 की जनगणना रिपोर्ट को उठाकर देखिए तो आपको उसके आँकड़ों से पता चलेगा कि भारतवर्ष में दस वर्षों में जनसंख्या में जो वृद्धि हुई है वह 22 और 24 के मध्य में है, लेकिन भारत में जो मुसलमानों की जनसंख्या में वृद्धि हुई है वह 38 प्रतिशत के हिसाब से हुई है। क्या इसके पीछे कोई कारण नहीं है। भारत सरकार ने यह बात जानने का कोई प्रयत्न क्यों नहीं किया कि पाकिस्तान की नीति क्या है ?

खान अब्दुल गफ्फार खाँ को एक पत्र श्री यमुना लाल बजाज की पुत्री मदालसा बहन ने, जो कि हमारे एक बहुत अच्छे राजदूत की धर्मपत्नी हैं, लिखा था। उस पत्र के उत्तर में खान अब्दुल गफ्फार खाँ ने एक पत्र भेजा है जो कि समाचार-पत्रों में प्रकाशित हुआ है। उसमें उन्होंने लिखा है, अगर हिंदुस्तान की सरकार यह सोचती है कि इस लड़ाई में पाकिस्तान के साथ छेड़छाड़ करके वह पाकिस्तान का पागलपन बंद कर सकेगी तो हिंदुस्तान की सरकार बड़ी भूल में है। पाकिस्तान से निपटने का तो एक ही प्रकार है कि पाकिस्तान का अस्तित्व ही सदा के लिए खत्म किया जाए। तभी हिंदुस्तान शांति के साथ बैठ सकता है। जहाँ लाखों व्यक्तियों का कत्लेआम हुआ है, जहाँ लाखों लड़कियों के साथ

दुर्व्यवहार और अपमानजनक घटनाएँ हुई हैं। मैं कहना चाहता हूँ कि आप जरा अपना इतिहास तो उठाकर देखिए। एक सती की आँखों से निकले हुए आँसू ने आज से हजारों साल पहले रावण की लंका को समाप्त कर दिया था, पाँच हजार साल पहले एक देवी द्रौपदी की आँखों से निकले हुए आँसू ने कुरुक्षेत्र के मैदान में अट्ठारह दिनों में अट्ठारह अक्षौहिणी सेनाओं को समाप्त कर दिया। शायद मैं बहुत पुरानी बात पर चला गया। मैं कल की घटना आपको बतलाता हूँ कि स्त्रियों के साथ अपमानजनक व्यवहार करने के परिणाम क्या-क्या हुए हैं। एक महिला ने जाकर मुसोलिनी की लाश में रिवॉल्वर की तीन गोलियाँ निकालीं, हिटलर का अंत भी इसी प्रकार का हुआ, जापान के तोजो की सेना ने औरतों के साथ जो व्यवहार किया उसका परिणाम तोजो के साथ क्या हुआ ? मैं सरदार स्वर्णसिंह को याद दिलाना चाहता हूँ यह इतिहास, और कहना चाहता हूँ कि अगर नारी की आँखों से निकले हुए आँसू ने रावण की लंका को नहीं रहने दिया, दुर्योधन नहीं रह सका, मुसोलिनी, हिटलर और तोजो नहीं रह सके, तो नारी की आँखों से निकले आँसुओं से अयूब और भुट्टो भी नहीं रह सकेंगे, उनका शासन भी नहीं रह सकेगा। इसलिए वह निर्भय होकर निर्णय लें। जो स्थिति हमारे साथ चल रही है उसके संबंध में कम से कम इतना तो अवश्य करें कि संयुक्त राष्ट्रसंघ का जो मानवीय अधिकारों के संरक्षण का घोषणा-पत्र है उसके अंतर्गत सारी बातों को सुरक्षा परिषद् के सामने रक्खें जो कि पाकिस्तान ने पिछले सत्रह सालों में किस प्रकार से लाखों की तादाद में वहाँ लोगों का कत्लेआम किया है, लाखों की तादाद में लोगों का धर्म-परिवर्तन किया है और किस-किस प्रकार से स्त्रियों के साथ दुर्व्यवहार किया है। दुनिया जाने तो सही कि वहाँ क्या हो रहा है ? आज विश्व के जनमत को प्रभावित करने के लिए हमको अपना केस दुनिया के सामने रखना चाहिए।

तीसरी चीज यह कि हमको इस महाविनाश को संयुक्त राष्ट्रसंघ में ले जाना चाहिए और चौथी चीज यह कि आज जो स्थिति है उसका किसी अंतर्राष्ट्रीय संगठन के द्वारा या जो आपके मित्र राष्ट्र इस प्रकार के हैं जिनके साथ हमारे घनिष्ठ राजनीतिक संबंध हैं, उनके द्वारा वस्तुस्थिति का पता लगाएँ ताकि यह जो भयंकर स्थिति अब चल रही है वह ज्यादा देर तक न चल सके।

कश्मीर में जनमत का अध्याय बंद किया जाए

[ताशकंद-वार्ता पर चर्चा के दौरान, लोकसभा, 10 दिसंबर, 1965]

भारत सरकार ने बड़ा बुद्धिमत्ता का निर्णय लिया, उस समय जिस समय अपने पड़ोसी देशों के साथ पुराने संबंधों को घनिष्ठ करने के लिए अपने परखे हुए राजनीतिज्ञ राजदूत के रूप में वहाँ भेजे। मेरा अभिप्राय नेपाल और श्रीलंका से है। हमारे कुशल राजदूतों ने वहाँ जाकर जो भारत के अनुकूल वातावरण बनाने के कार्य किए हैं उसके लिए भारत सरकार बधाई की पात्र है। प्रधानमंत्री की बर्मा-यात्रा भी उसी शृंखला की एक कड़ी है। इससे यह प्रतीत होता है कि दक्षिण-पूर्वी एशिया के साथ जो अब तक उपेक्षा चलती रही, भारत सरकार दक्षिण-पूर्वी एशिया के साथ अपने सांस्कृतिक और राजनीतिक संबंधों की कड़ी को मजबूत बनाने की दिशा में प्रधानमंत्री की इस बर्मा-यात्रा का प्रारंभ कर रही है।

दूसरी बात—जहाँ तक अमेरिका और ताशकंद की यात्रा का संबंध है, प्रधानमंत्री जी के लिए यह दोनों यात्राएँ उनकी प्रतिभा की कसौटी भी मानी जाएँगी। क्योंकि इन दोनों ही देशों में प्रधानमंत्री जिन समस्याओं पर अपने दृष्टिकोण उपस्थित करने जा रहे हैं वह साथ ही साथ उन देशों के जनमत को अपने दृष्टिकोण से परिचित कराने भी जा रहे हैं। अमेरिका के संबंध में मैं इस देश की जनता की ओर से प्रधानमंत्री जी से यह अनुरोध करूँगा कि अमेरिकन राजनीतिज्ञों से, विशेषकर अमेरिकन प्रेजिडेंट श्री जॉनसन से आप भविष्य के लिए एक अनुरोध अवश्य करें कि वह भारत का अध्ययन करने के लिए ब्रिटेन का चश्मा न लगाएँ। हमें अपनी आँखों से पढ़ें। दुर्भाग्य से अमेरिका में भारत का अध्ययन करने के लिए ब्रिटेन को प्रमाणित मान लिया गया है। जबकि ब्रिटेन की मनोवृत्ति भारत के संबंध में उतनी पवित्र नहीं रही है जितनी की होनी चाहिए थी, पिछले कुछ अनुभव इस बात के साक्षी हैं।

दूसरी बात जो ब्रिटेन की ओर से यह कही जाती है कि कश्मीर में जनमत लिया जाए, इस संबंध में अमेरिकन राष्ट्रपति से आप इतना अवश्य कहें, जैसा कि हमारे भूतपूर्व प्रधानमंत्री जी कहते थे कि कश्मीर में जनमत का अध्याय प्रारंभ करके हम दूसरी भारतीय रियासतों में जनमत का अध्याय खुलवाना नहीं चाहते और दूसरी रियासतों में यह अध्याय खोलकर हम यह कभी नहीं चाहते कि सारे भारत को सन् '47 के पहले का भारत मानकर एक बार फिर जनमत के दरवाजे पर लाकर खड़ा करें कि वह देश का विभाजन स्वीकार करते हैं या नहीं ?

अमेरिका से यह बिलकुल स्पष्ट कह देना चाहिए कि हाजीपीर, उड़ी और पुंछ के अतिरिक्त कश्मीर का वह भाग, जो अभी भी पाकिस्तान के पास रह गया है, उसको सुरक्षा परिषद् और अमेरिकी तथा रूसी नेता बिना किसी पक्षपात के हमको वापस कराएँगे अथवा श्री यशवंत राव चव्हाण और जनरल चौधरी को उसे वापस लेना पड़ेगा। यह बात बिलकुल स्पष्ट ढंग से कह देनी चाहिए।

तीसरी बात, जहाँ तक ताशकंद के संबंध में है, मुझे बड़ी प्रसन्नता है कि प्रधानमंत्री जी ने देश के संदेह का कई स्थानों पर निराकरण कर दिया कि ताशकंद-वार्ता में कश्मीर के प्रश्न पर कोई वार्ता नहीं होगी।

शास्त्री जी विदेश जा रहे हैं, उन्हें बधाई सब दलों की ओर से दी जा रही ह, लेकिन एक शास्त्री की शास्त्री को बधाई ज्यादा कीमती होगी। शास्त्री की शास्त्री को बधाई इन शब्दों में देना चाहता हूँ :

शुभास्ते पंथानः संतु।

परमात्मा आपका मार्ग मंगलमय करें।

ताशकंद-समझौते से क्या मिला ?

[ताशकंद-समझौते पर चर्चा, लोकसभा, 17 फरवरी, 1966]

ताशकंद-समझौते पर कुछ भी कहने से पहले मैं सरकार का ध्यान इस ओर आकर्षित करना चाहता हूँ कि उस समझौते पर हस्ताक्षर भारत के प्रधानमंत्री श्री लालबहादुर शास्त्री ने किए थे। इस दृष्टि से इस समझौते पर चर्चा भी प्रधानमंत्री के द्वारा आरंभ होनी चाहिए थी। इस समझौते पर हस्ताक्षर विदेशमंत्री या रक्षामंत्री ने नहीं किए थे। वे तो प्रधानमंत्री के परामर्शदाता के रूप में उनके साथ गए थे। इसलिए इस चर्चा का प्रारंभ भी प्रधानमंत्री को करना चाहिए था और इसका उत्तर भी प्रधानमंत्री को देना चाहिए था। आप मुझे यह कहने की अनुमति दीजिए कि प्रधानमंत्री यहाँ अपने उत्तरदायित्व से हटे हैं।

मैं उन व्यक्तियों में से हूँ, जो हृदय से यह स्वीकार करते हैं कि श्री लालबहादुर शास्त्री के देहावसान का एक प्रमुख कारण यह रहा कि उन जैसे देशभक्त व्यक्ति ने जब ताशकंद-समझौते पर हस्ताक्षर किए, तो उनके मन पर उसका इतना बोझ पड़ा कि वह उसको सहन न कर सके। इसका प्रमाण उस समय मिला, जब रात्रि को उन्होंने टेलीफोन पर अपने घरवालों, गृहमंत्री और अन्य व्यक्तियों से ताशकंद-समझौते की प्रतिक्रिया जानने का प्रयत्न किया। यहाँ के समाचार-पत्र उन्होंने काबुल मँगवाए और इससे भी बढ़कर उन्होंने देश के वयोवृद्ध राजनीतिज्ञ श्री चक्रवर्ती राजगोपालाचारी को एक पत्र लिखवाया, जिसके बारे में सुना जाता है कि वह उस पर अपने हस्ताक्षर नहीं कर सके, जिसमें उन्होंने यह संकेत दिया कि इस समझौते के अनुकूल वातावरण बनाने में श्री राजगोपालाचारी भी उनकी सहायता करें।

मैं शास्त्री जी के मन को इस दृष्टि से भी जानता हूँ कि जिस समय यू०एन०ओ० के सेक्रेटरी-जनरल श्री ऊ थांट भारत आए थे और युद्धविराम का प्रस्ताव विचाराधीन था, तो एक बैठक में, जिसमें रक्षामंत्री भी उपस्थित थे—मैं समझता हूँ कि वह इस बात की साक्षी देंगे—विरोधी दल के लोगों ने शास्त्री जी से पूछा कि सुरक्षा परिषद् ने जो 5 अगस्त की लाइन पर वापस जाने का प्रस्ताव किया है, क्या उसके अनुसार भारत सरकार प्रत्यक्ष या अप्रत्यक्ष, किसी भी ढंग से, कश्मीर में 5 अगस्त की लाइन पर लौटने का विचार रखती है ? श्री शास्त्री जी के ये शब्द थे कि चाहे कोई स्थिति क्यों न हो, चाहे भारतवर्ष को अकेले क्यों न सारी स्थिति का सामना करना पड़े, भारत कश्मीर में 5 अगस्त की लाइन पर हटने के लिए कभी भी तैयार नहीं होगा। ये शब्द शास्त्री जी ने मुझे अकेले को नहीं,

बल्कि अट्ठारह-बीस व्यक्तियों के मध्य कहे थे।

अगर भारत सरकार इस देश को शास्त्री जी के मन की बात बताना चाहती है और देश की जनता के भ्रम को दूर करना चाहती है, तो ताशकंद-समझौते पर हस्ताक्षर करने के बाद और अपने निवास-स्थान पर लौटकर शास्त्री जी ने अपनी व्यक्तिगत डायरी में जो शब्द लिखे, उनको प्रकट किया जाए। इससे शास्त्री जी के मन का स्पष्ट पता चल जाएगा।

जब शास्त्री जी के देहावसान की आड़ में कोई भी यह कहता है कि ताशकंद-समझौते को स्वीकार कर लिया जाए, तो मैं समझता हूँ कि वह शास्त्री जी के बलिदान के प्रति अन्याय करता है। क्या शास्त्री जी के प्रति सबसे बड़ी श्रद्धांजलि यह होगी कि मरते समय जो बोझ उनके मन पर था, हम उसको हलका करें या यह होगी कि जिस बोझ को लेकर वह हमारे बीच से चले गए उसको हम और बढ़ाएँ ? मेरा अनुमान है कि सरकार इस संबंध में बुद्धिमानी से काम नहीं करेगी।

समझौते के लिए जाने से पहले हमने शास्त्री जी को कहा था और इस सदन में भी इसी प्रकार की चर्चा आई थी कि इसमें बड़ी सावधानी अपेक्षित है। मैं तो आज रक्षामंत्री और भारत सरकार से कहना चाहता हूँ कि वे हमको प्रत्यक्ष रूप से बताएँ कि इस समझौते से हमको क्या मिला ? जहाँ तक घुसपैठियों का प्रश्न है, हमारे विदेशमंत्री यह कहते हैं कि इस समझौते के अंतर्गत यह बात आ जाती है कि भविष्य में घुसपैठिए नहीं आएँगे। मैं मोटी भाषा में यह पूछना चाहता हूँ कि जो लोग इस झगड़े के दौरान हाजीपीर, छंब, अखनूर, उड़ी और पुंछ आदि इलाकों से पाकिस्तान चले गए और अब जो फिर इन इलाकों में बसने के लिए आएँगे, इस बात की क्या गारंटी है कि उन्हीं की आड़ में ट्रेंड घुसपैठिए नहीं आ जाएँगे और वे फिर वही स्थिति पैदा नहीं करेंगे ? भारत सरकार उनको किस प्रकार रोकेगी ? आज देश की जनता के मन में यह एक बहुत बड़ा संदेह है, जिसका निराकरण किया जाना चाहिए।

हमको प्रसन्नता होती, अगर रूस और श्री कोसीगिन ताशकंद-समझौते में कम से कम पाकिस्तान को हमलावर घोषित कर देते या पाकिस्तान द्वारा दोबारा आक्रमण किए जाने पर भारत की सहायता और समर्थन करने का आश्वासन देते। सुरक्षा परिषद् के प्रस्ताव में यह व्यवस्था की गई थी कि सब सशस्त्र सैनिक वापस हो जाएँगे, चाहे वे वर्दी में हों या बिना वर्दी के, लेकिन ताशकंद-समझौते में वे शब्द भी नहीं आए। फिर समझ में नहीं आता कि यह समझौता किस प्रकार हमारे देश के हित में जाएगा।

जहाँ तक कश्मीर का संबंध है, पाकिस्तान के राष्ट्रपति अयूब ने समझौते पर हस्ताक्षर होने के कुछ दिन बाद ईद के दिन भाषण करते हुए कहा कि कश्मीर के लोग अपनी आजादी के संघर्ष को जारी रखें और पाकिस्तान जैसे अब तक उनका साथ देता रहा है, वैसे ही आगे भी बराबर उनका साथ देता रहेगा। पाकिस्तान के अन्य नेताओं ने भी इसी प्रकार के विचार व्यक्त किए हैं। जहाँ तक भारत के विरुद्ध प्रोपेगेंडा का सवाल

है, 'आजाद कश्मीर' का रेडियो बराबर उसी तरह की बकवास कर रहा है। इसकी तुलना में हमारी अपनी स्थिति क्या है ? इस 26 जनवरी को दो विधवाओं को उनके पतियों की शहादत के बदले में परमवीर चक्र दिए गए। हमारे यहाँ यह अब तक परिपाटी रही है कि जिन लोगों को परमवीर चक्र दिया जाता है, उनका परिचय देते समय यह कहा जाता है कि उन्होंने अमुक देश के विरुद्ध युद्ध करते समय साहस का परिचय दिया। लेकिन इस बार भारत सरकार इस ताशकंद-समझौते के भ्रम में आकर इतनी ज्यादा मोहित हो गई कि उनका परिचय देते समय 'पाकिस्तान' शब्द भी परिचय देने वाले के मुँह से नहीं निकला। केवल यही कहा गया कि यह अब्दुल हमीद की पत्नी हैं, यह कर्नल तारापुर की पत्नी हैं, जिन्होंने विरोधियों के साथ यह किया, और विरोधियों के साथ वह किया। 'पाकिस्तान' शब्द कहने में भी हमारी जिह्वा हिचकिचाई।

दूसरी एक विशेष बात मैं यह कहना चाहता हूँ कि जहाँ तक कश्मीर का प्रश्न है उसके बारे में जिस स्थिति में अब हम खड़े हुए हैं, उसको आप देखें तो आज प्रातः काल ही समाचार-पत्रों में यह आया है और पाकिस्तान रेडियो बराबर यह कहता रहा है कि उनके सेनाध्यक्ष और भारत के सेनाध्यक्ष, दोनों ने मिलकर एक निर्णय कर लिया है कि 1949 में कश्मीर में जितनी सेना थी उतनी ही सेना रहेगी। मैं रक्षामंत्री से इसका स्पष्ट जवाब चाहता हूँ और चाहता हूँ कि वह बताएँ कि क्या यह बात सही है ? अगर यह सही है, फिर तो श्री जगजीवन राम के उस वक्तव्य से, जो कि उन्होंने आगरा में दिया था, इसके साथ शृंखला मिलती है। उससे एक भ्रम पैदा होना स्वाभाविक है। उन्होंने यह कहा था कि युद्धविराम-रेखा को कश्मीर में अंतर्राष्ट्रीय रेखा मान लिया जाए और पाकिस्तान के पास जो हिस्सा है उसे पाकिस्तान को दे दिया जाए। जब कैबिनेट रैंक के एक मिनिस्टर द्वारा इस प्रकार का सार्वजनिक वक्तव्य दिया जाता है और सरकार की ओर से किसी प्रकार उसका विरोध नहीं होता है और सेनाओं की संख्या कम करने की बात की जाती है तो देश में तरह-तरह के भ्रम का निर्माण होना स्वाभाविक है। मैं चाहता हूँ कि भ्रम का भी निवारण हो जाना चाहिए।

अंत में मैं रक्षामंत्री से सीधे एक विशेष बात पूछना चाहता हूँ। देश के अंदर आज एक भ्रम है। शास्त्री जी ने जिन परिस्थितियों में विवश होकर हस्ताक्षर किए—यह सोचा जा सकता है। विदेशमंत्री से भी हमको बहुत शिकायत नहीं हो सकती क्योंकि हमें उनसे कुछ इससे ज्यादा उम्मीद ही नहीं थी, लेकिन रक्षामंत्री से हमको शिकायत अवश्य है। उनसे शिकायत यों है कि उन्होंने भारतीय वीरों को बलिदान होते हुए अपनी आँखों से देखा है और वह इस चीज को बहुत अच्छी तरह से समझते भी हैं। वह वहाँ से आते हैं जहाँ मराठा यह कहकर चलते थे कि या तो हम मरकर हटते हैं या विजयी होकर हटते हैं, किसी तीसरी स्थिति में हटना हमने नहीं सीखा है। वह उस प्रांत के निवासी हैं जहाँ छत्रपति शिवाजी हुए थे और उनको उन्होंने अपना आदर्श माना है। ऐसी स्थिति में आज

वह कृपा करके देश को यह अवश्य बताएँ कि समझौते पर हस्ताक्षर करने के लिए शास्त्री जी को उन्होंने भी कोई अपनी राय दी थी ? मेरा अपना निजी अनुमान है कि उन्होंने ऐसी कोई राय नहीं दी होगी। निश्चित रूप से उन्होंने इसके लिए अपनी सहमति प्रदान नहीं की होगी। इसका कारण यह है कि वह देश की और जवानों की भावनाओं को अच्छी तरह से जानते हैं। लेकिन वह अपनी स्थिति को स्पष्ट अवश्य करें कि क्या उन्होंने भी राय दी थी ? इससे देश के अंदर जो उनके संबंध में एक भ्रम फैला हुआ है, उसका निराकरण हो जाएगा।

इन शब्दों के साथ मैं ताशकंद-समझौते का विरोध करता हूँ और जो संशोधन मैंने रखा है, मैं चाहता हूँ कि उसको स्वीकार कर लिया जाए।

ताशकंद-समझौते के प्रति पाक की नीयत साफ नहीं

[रक्षा-मंत्रालय की अनुदान माँगों पर चर्चा, लोकसभा, 28 जून, 1967]

रक्षा-मंत्रालय ने जो अपना वार्षिक प्रतिवेदन दिया है, उसमें ताशकंद-समझौते के संबंध में पहली बार कुछ सच बात कहने के लिए मैं उसको बधाई देना चाहता हूँ। इस प्रतिवेदन के पहले ही अध्याय में ये शब्द हैं : 'पाकिस्तान ताशकंद-समझौते के अनुसार इस बात के लिए मुख्य रूप से अधिक चिंतित जान पड़ता था कि भारतीय फौज को पाकिस्तान में अपने मोर्चों से और पाकिस्तान की तरफ की युद्धविराम-रेखा से वापस कराया जाए। अपने इस उद्देश्य के पूरे होने पर उसने समझौते की उन अन्य व्यवस्थाओं की ओर ध्यान देना बंद कर दिया जिसमें दोनों देशों के बीच सामान्य संबंध फिर से कायम करने की बात निहित थी।'

रक्षामंत्री महोदय ने इतने दिनों के बाद इस सत्य को स्वीकार किया, इससे देशवासियों को भी संतोष होना स्वाभाविक है और सदन को भी संतोष होना स्वाभाविक है। सवाल सबसे बड़ा यह है कि इस सत्य को स्वीकार करने के पश्चात् रक्षा-मंत्रालय अब अगला कदम क्या उठाना चाहता है ?

रक्षा-मंत्रालय ने पहली बार इस तथ्य को स्वीकार किया है कि ताशकंद-समझौते के बाद पाकिस्तान केवल यह चाहता था कि उसकी धरती से, जो हमने ली थी और विशेषकर कश्मीर का वह भाग जो हमारा अपना था, भारतीय फौजें किसी प्रकार वापस हो जाएँ, और पाकिस्तान अपने इस उद्देश्य में सफल हुआ। भारतीय सेनाओं के वापस होने के बाद पाकिस्तान ने फिर से अगले युद्ध की तैयारी आरंभ कर दी हैं। भारत सरकार की ओर से कई बार इस प्रकार की सूचना दी गई, जैसे लाहौर के पास इच्छोगिल नहर पर पाकिस्तान ने एक बहुत बड़ी युद्धपंक्ति बनाई थी, अभी कुछ दिन पहले सियालकोट में इस प्रकार एक नहर का निर्माण करके पाकिस्तान ने एक युद्धपंक्ति बनाई है। आज के समाचार-पत्रों में निकला है कि सुलेमान हैडवर्क्स से भावलपुर तक 60 मील लंबी नहर बनाकर फिर से पाकिस्तान अपनी रक्षापंक्ति तैयार कर रहा है। जहाँ तक राजस्थान क्षेत्र का संबंध है, उसके संबंध में बार-बार इसी प्रकार के समाचार आते रहते हैं तथा पूर्वी पाकिस्तान की भी लगभग ऐसी ही स्थिति है।

मेरे कहने का अभिप्राय यह है कि ताशकंद-समझौते की भावनानुसार पाकिस्तान को अपनी ओर से उस उद्देश्य की पूर्ति के लिए कुछ पग उठाने थे, जिस प्रकार कि भारत ने

उठाए, किंतु उसने वे पग नहीं उठाए, इससे उसकी नीयत स्पष्ट हो जाती है। न केवल इतना ही, अपितु उसने सेना की सामग्री तथा सेना में पर्याप्त वृद्धि की है। रक्षा-मंत्रालय ने अपने प्रतिवेदन में स्वयं लिखा है कि उसने अपने टैंकों की संख्या में पर्याप्त वृद्धि की है तथा अमेरिका से मिले पुर्जों के द्वारा उसने जो टैंक पिछले युद्ध में खराब हो गए थे, वे सब तैयार कर लिए हैं। उसने दो इन्फैंट्री डिविजेंस के लिए युद्ध के साधन उपलब्ध किए हैं। 120 मिग विमान तथा आई०एल० 28 के दो स्क्वैड्रन तैयार किए। अमेरिका की नीति भी प्रारंभ से बड़ी विचित्र रही है। भारतवर्ष को गेहूँ देकर भारत का मुँह बंद किया गया, लेकिन उसके मुकाबले में पाकिस्तान को वह बराबर हथियार देता चला जा रहा है। जहाँ तक पाकिस्तान के पास विदेशी मुद्रा का संबंध है—टर्की और ईरान दोनों पाकिस्तान की विदेशी मुद्रा की न्यूनता को पूरा करते हैं। ईरान का जाहिदान हवाई अड्डा, जो अफगानिस्तान और पाकिस्तान के कोने से लगता है, व्यावहारिक रूप से ईरान वालों ने पाकिस्तान को अपने प्रयोग के लिए दे रखा है। ऐसी स्थिति में भारतीय जनता अपनी सरकार से यह चाहती है कि वह कुछ इस प्रकार का आशापूर्ण संकेत तो दे कि आने वाले समय में यदि कोई इस प्रकार का भयंकर युद्ध हुआ तो हमारे रक्षा-केंद्र कहाँ खड़े हुए मिलेंगे।

आज के युग में यह बात निश्चित है कि भारत सरकार अपनी रक्षा-नीति स्वयं तय नहीं कर सकी; आज की हमारी रक्षा-नीति चीन और पाकिस्तान दोनों ने मिलकर तय की है। आने वाले समय में भारतवर्ष को तीन क्षेत्रों के ऊपर, चाहे तो और न चाहे तो, संघर्ष करना ही पड़ेगा, तो हमारी रक्षा-नीति दुर्भाग्य से हमारे हाथों में न होकर दूसरों के हाथों में चली गई है। जब दूसरों के हाथों में हमारी रक्षा-नीति चली गई हो, ऐसे समय में हम अपनी ओर से केवल मात्र अपने भाषणों में ये शब्द कह दें कि हम अपनी रक्षा-व्यवस्था से पूर्णतया संतुष्ट हैं, पूर्णतया कर सकेंगे—यह कहीं ऐसा तो नहीं है कि इस सत्य से उसी प्रकार आँखें मीची जा रही हैं जिस प्रकार एक बिल्ली को आता हुआ देखकर एक कबूतर आँख बंद करके बैठ गया, जब बिल्ली दिखाई नहीं देती, तो खतरा टल गया। आज देश के सामने जो खतरा है उससे आँखें बंद नहीं की जा सकतीं।

कल ही इस सदन में रक्षा-मंत्रालय के राज्यमंत्री श्री भगत ने अपने वक्तव्य में बताया कि मिग विमान इतने दिनों में बनने प्रारंभ हो जाएँगे, एव्रो 743 के लिए कानपुर का कारखाना इतने दिनों में काम करने लगेगा, आधुनिक हथियार इस प्रकार बनने लगेंगे। जब हम जानते हैं कि अरब-इजराइल संघर्ष के बाद लड़ाई टली नहीं, बल्कि विश्वयुद्ध का खतरा पहले से और अधिक गहरा हो गया है, उपाध्यक्ष महोदय ! श्री भगत का कल का यह भाषण देशवासियों को क्या संतोष दे सकेगा कि तीन वर्ष बाद इस देश में आधुनिकतम विमान बनने लगेंगे, कानपुर का कारखाना चालू हो जाएगा, आधुनिकतम हथियार बनने लगेंगे। 1965 में हमारे जवानों ने जो अपनी शक्ति का परिचय देकर भारतीय गौरव की रक्षा की, उससे तीन वर्ष पहले 1962 में जो हमको चोट लगी, उस समय

इसी सदन में सरकार ने ये शब्द कहे थे। दूसरी बार यह देश अपनी सरकार से यह उत्तर नहीं सुनना चाहता कि किसी दुश्मन ने हमारे ऊपर हमला किया और हम पहले से इसके लिए तैयार नहीं थे। दो बार हमको चेतावनी मिल चुकी है और वे दो शत्रु देश जो कि हमारी सीमाओं के ऊपर इतना भारी सैनिक जमाव लेकर खड़े हुए हैं, उनकी चेतावनी के बावजूद भी अगर हमारी सैनिक तैयारियों में पूर्णता नहीं आती तो देश हमें कभी क्षमा नहीं करेगा। चीन और पाकिस्तान के अंदर एक समझौता हुआ है। समझौता यह हुआ है कि पाकिस्तान को चीन ने संकेत दिया है कि पश्चिमी भाग के ऊपर तुम भारत को एंगेज करके रखो और भारत का पूर्वी भाग चीन एंगेज करके रखे। इस तरीके से दोनों क्षेत्रों में भारत की शक्ति को विभक्त किया जाए। दोनों क्षेत्रों में भारत की शक्ति को विभक्त करने के लिए मिजो पहाड़ियों में जो स्थिति घट रही है, नागालैंड में जो स्थिति घट रही है, पूर्वी पाकिस्तान में चीन के लोग आकर जो वहाँ के लोगों को ट्रेनिंग दे रहे हैं, उसके साथ-साथ उनसे लगती हुई सीमाओं में चाहे वह नक्सलबाड़ी की हो, चाहे नागाओं की हो, चाहे मिजो की हो, त्रिपुरा की हो, मणिपुर की या असम की सीमाएँ हों, यह सारी स्थिति आज इस प्रकार एक गंभीर प्रश्नवाचक चिह्न बन गई है कि देशवासी उसके संबंध में उत्तर चाहते हैं। क्या भारत सरकार इस संबंध में अपनी ओर से कुछ इस प्रकार की नीति अखत्यार नहीं कर सकती कि हम भी शत्रु देशों को इसी प्रकार कई मोर्चों पर एंगेज करके रखें, नहीं तो कम से कम हम अपनी उस नैतिक वचनबद्धता का तो पालन करें जो कुछ समय पहले हमने पठानों के साथ किया था। जिस समय पठान हमारी आजादी की लड़ाई में, हमारे साथ स्वतंत्रता-संघर्ष में कंधे से कंधा मिलाकर चले थे, कितनी बार खान अब्दुल गफ्फार खाँ भारतीयों को और भारत सरकार को संदेश भेज चुके हैं कि जो वायदा तुमने सन् 1947 से पहले पठानों के साथ किया था, उसे पूरा किया जाए। आज पठानों के साथ भारत को उसी तरीके से कंधा लगाना चाहिए जिस तरीके से कि अपने स्वतंत्रता-संघर्ष में तमाम भारतवासियों ने एक होकर काम किया था। यदि हम पठानों के मुक्ति-आंदोलन में कंधा लगाते हैं तो न केवल कुछ समय पूर्व उनसे किए गए वायदे के आधार पर अपनी उस वचनबद्धता को पूरा करते हैं, बल्कि सच्चाई यह है कि आज की स्थिति के दृष्टिकोण से भी हम लाभ में ही रहेंगे, किसी प्रकार हानि में नहीं रहेंगे। इसी प्रकार की स्थिति पूर्वी पाकिस्तान की है और वहाँ के लोगों द्वारा जो मुक्ति-आंदोलन चलाया जा रहा है, उसमें भी हमें साथ देना चाहिए। पूर्वी पाकिस्तान की स्थिति को हम अपनी आँखों से ओझल करके नहीं रखें।

भूतपूर्व राष्ट्रपति डॉ० राजेन्द्रप्रसाद के वे शब्द, मेरा अनुमान है कि वर्तमान सुरक्षामंत्री के कानों में गूँज रहे होंगे, जो राष्ट्रपति-पद से मुक्त होने के बाद उन्होंने पटना के गांधी मैदान में बड़े भरे हुए हृदय से कहे थे कि आज जो चीनी राक्षस भारत की सीमा पर आकर बैठ गया है, यह उस पाप का परिणाम है कि जब वह तिब्बत को हड़प कर रहा

था तो हम अपने मुँह पर पट्टी बाँधे बैठे रहे। उस पाप का सबसे बड़ा प्रायश्चित्त यही हो सकता है कि हम अपनी सीमाओं से केवल चीनी सेनाओं को ही न हटाएँ, हम अपनी धरती को ही उनसे मुक्त न करें बल्कि तिब्बत के मुक्ति-आंदोलन में हम उसी प्रकार से तिब्बतियों के साथ कंधे से कंधा मिलाकर लड़ें जैसे कि भारतीय प्रदेश का मुक्ति-आंदोलन हम लड़ते हैं—इस प्रकार से तीनों क्षेत्रों में जब तक भारत सरकार अपनी रक्षा-नीति को वहाँ से संबद्ध नहीं करेगी तब तक हम अपनी रक्षा-नीति को केवल मधुर भाषणों से सुरक्षित नहीं रख सकेंगे।

जहाँ तक कश्मीर की स्थिति का सवाल है, उपाध्यक्ष महोदय, मुझे इस कटु सत्य को कहने की इजाजत दीजिए कि कश्मीर के संबंध में जो नीति रूस की श्री ख्रुश्चेव के वक्त में थी, आज श्री कोसीगिन के समय में रूस की नीति कश्मीर के संबंध में वह नहीं रही है। ऐसी स्थिति में भारत सरकार को थोड़ा आँख खोलकर काम करना चाहिए। मैंने सुना है अभी कि कुछ दिनों के बाद शेख अब्दुल्ला को मुक्त करने की तैयारी भारत सरकार कर रही है। समाचार-पत्रों में यह भी लिखा है कि मंत्रिपरिषद् में आपस में इस बारे में विचार-भेद है, लेकिन एक बात का ध्यान रखकर निर्णय लें कि जिस सुरक्षा-सेना और जिस सुरक्षा-सामग्री के ऊपर आपका अरबों रुपया पानी की तरह से कश्मीर के अंदर बहा है, उसे ध्यान में रखते हुए ही—एक तो शेख अब्दुल्ला को छोड़ने का निर्णय आँख खोलकर लें, और अगर शेख अब्दुल्ला को छोड़ते समय कश्मीर को छोड़ने का भी निर्णय करना है तभी यह खतरनाक निर्णय आप लीजिए, वरना भारत सरकार को बड़ी दृढ़ता के साथ यह पग उठाना चाहिए। जिस कश्मीर के लिए पिछले 30 वर्षों से आप संघर्ष करते चले आ रहे हैं, इस गरीब देश की जनता का अरबों रुपया आप कश्मीर के लिए व्यय कर चुके हैं, आज कहीं दुनिया के प्रभाव में आकर, बाह्य देशों के दबाव में आकर आप कहीं कश्मीर के बारे में किसी प्रकार का दुर्बल निर्णय न ले लें, नहीं तो आने वाला इतिहास इस वर्तमान सरकार को क्षमा नहीं कर सकेगा।

दूसरी बात जो मैं विशेष रूप से कहना चाहता हूँ वह है—मिलिटरी इंटैलिजेंस के बारे में। आज से पूर्व मैंने सुरक्षा-मंत्रालय को इस बात की ओर से संकेत किया है कि नेफा-रिपोर्ट में, जो कि पूरी प्रकाशित नहीं हुई है लेकिन जहाँ उसके सार का संबंध है, मिलिटरी इंटैजिलेंस के संबंध में, 5 उसके अंदर पैराग्राफ थे अलग-अलग। मिलिटरी इंटैलिजेंस में त्रुटि के ही कारण नेफा के अंदर भारतीय सेनाओं को इस प्रकार की भयंकर चोट लगी। और क्या यही मिलिटरी इंटैलिजेंस सन् 1965 में पाकिस्तानी संघर्ष के दौरान भी उसी प्रकार दुर्बलता का कारण सिद्ध नहीं हुई कि किस तरीके से पाकिस्तानी आर्म्ड कोर आकर खड़ा हो गया दूसरी साइड में और हमारी मिलिटरी इंटैलिजेंस को पता नहीं लगा ? पीछे से आकर उसने हमारे ऊपर अटैक किया। इच्छोगिल नहर की क्या स्थिति रही ? कहाँ मिलिटरी इंटैलिजेंस थी ? भारत सरकार के सुरक्षा-मंत्रालय ने क्या काम

किया ? मिलिटरी इंटैलिजेंस के वही अधिकारी जिनके कि ऊपर नेफा-इंक्वायरी रिपोर्ट के अंदर पाँच पैराग्राफ दिए हुए थे, उन्होंने मानो इतना ऊँचा काम किया हो कि भारत सरकार ने उनकी पदवृद्धि कर दी। जिस पद पर वे थे, उससे दो पद उनको ऊपर ले जाकर बैठा दिया। अब क्या इस प्रकार हम अपने देश में सैनिक गुप्तचर विभाग को सुदृढ़ व समर्थ कर सकेंगे ?

एक दूसरी चीज मैं कहना चाहता हूँ ऐटम बम और हाइड्रोजन बम के संबंध में। सरदार स्वर्णसिंह और हमारे विदेशमंत्री जैसे इस बात को कहते हैं कि भारत की नीति शांति की है, हम हाइड्रोजन बम नहीं बनाएँगे, हम ऐटम बम नहीं बनाएँगे, अच्छा बाबा, चलो यह देश स्वीकार कर लेता है और भारत परमाणु बम और उद्‌जन बम नहीं बनाता, लेकिन कृपा करके इस बात को तो बताइए कि इससे कौन इनकार कर सकता है कि इन संहारक अस्त्रों को, यदि वे हम पर इस्तेमाल किए जाएँ तो हम उनको बेकार कर सकें ? महाभारत में लिखा हुआ है कि जब कौरवों की ओर से अग्निबाण छोड़े जाते थे तो पांडवों की ओर से भी उसके उत्तर में जलबाण छोड़े जाते थे जो कि अग्निबाण का उत्तर होते थे। आप ऐटम बम नहीं बनाते, परमाणु बम नहीं बनाते, लेकिन कम से कम उसका ऐंटी–विपरीत, दूसरा अस्त्र बनाइए ताकि जब हमारी सीमाओं पर शत्रु हाइड्रोजन बम या ऐटम बम का प्रयोग करे तो उसका हम प्रतिकार कर सकें और उसके अनिष्टकारी प्रभाव को हम विफल कर सकें। मैं चाहूँगा कि इस दिशा में सुरक्षा-मंत्रालय द्वारा गंभीरतापूर्वक विचार किया जाए ताकि इन संहारक अस्त्रों से, यदि वे हमारी सीमाओं पर दुश्मनों द्वारा गिराए जाएँ तो उनके असर को हम रोक सकें।

अंत में मैं दो सुझाव देकर अपनी बात को समाप्त करूँगा। एक सुझाव मेरा नेशनल कैडेट कोर (एन०सी०सी०) के संबंध में है। आज जिस तरीके की एन०सी०सी० की शिक्षा स्कूल-कॉलेजों में दी जा रही है, मुझे यह कहने के लिए क्षमा किया जाए कि वह देश की इस संकटकालीन स्थिति के अनुरूप नहीं मानी जा सकती, देश की रक्षा-व्यवस्था के अनुरूप नहीं मानी जा सकती। नेशनल कैडेट कोर का जिस तरीके से मजाक स्कूल-कॉलेजों में चल रहा है, या जो उसके ऊपर करोड़ों रुपया व्यय कर रहे हैं, उस रुपए के व्यय को बंद किया जाए। नेशनल कैडेट कोर का रुपया उन्हीं पर व्यय किया जाए जो विद्यार्थी इस क्षेत्र में आना चाहें। प्रलोभन यह दें कि जिन्होंने सैनिक-शिक्षण लिया होगा वही इस तरीके से सरकारी नौकरियों के लिए उपयुक्त माने जाएँगे, यानी उनके अंदर स्वाभाविक रुचि जागृत की जाए, उनके ऊपर दबाव इस चीज के लिए मत दीजिए। दूसरी सबसे बड़ी चीज यह है कि हमारे सीमावर्ती क्षेत्रों में सैनिक-प्रशिक्षण पर विशेष बल दें। अरब-इजराइल लड़ाई में आपने देखा कि इजराइल की सेना दूसरे और तीसरे नंबर पर रही, पहले नंबर पर, सीमा पर जो छोटे-छोटे गाँव थे, वहाँ के निवासी शत्रुओं का सामना करते थे, चाहे 20 व्यक्तियों का गाँव हो, चाहे 100 व्यक्तियों का गाँव हो। इन सीमावर्ती क्षेत्रों में, जो कि

पाकिस्तान की सीमा से लगते हुए भारतीय क्षेत्र में गाँव हैं या जो तिब्बत से लगते भारतीय गाँव हैं, उनमें जो 18 साल के लड़के या लड़कियाँ हैं, उनके लिए अनिवार्य सैनिक-शिक्षण की व्यवस्था करें। यह अनिवार्य सैनिक-शिक्षा केवल राइफल चलाने तक ही सीमित न हो, बल्कि जो सेना को विधिवत् फौजी ट्रेनिंग दी जाती है, वह दी जाए, ताकि वे किसी भी शत्रु के आक्रमण का सफलतापूर्वक सामना कर सकें; पहले हमारी सीमा पर गाँव के रहने वाले लोग शत्रु का मुकाबला करें, बाद में हमारी सेना वहाँ पर पहुँचे। इतनी लंबी सीमा के लिए कोई कल्पना भी नहीं कर सकता है कि उसकी सुरक्षा के लिए एक-एक इंच पर भारतीय सेना के सिपाही जाकर खड़े हो जाएँ। लेकिन जो वहाँ सीमा पर रहने वाले व्यक्ति हैं अगर उनको सैनिक-शिक्षा दे दी जाएगी तो शत्रु के छोटे-मोटे हमलों का सामना वे स्वयं कर सकेंगे और बाद में सेना भी वहाँ पर पहुँच जाएगी। इसके लिए तो मेरा यह सुझाव होगा कि अगर इस प्रकार के गाँव किसी सीमावर्ती क्षेत्र में नहीं हैं तो जो सेना के सेवानिवृत्त व्यक्ति हैं और जो हमारी सीमा पर जाकर बसने के लिए तैयार हैं, उनको इसकी सुविधा दी जाए और उन्हें उन सीमाओं के ऊपर ले जाकर बसा दिया जाए, ताकि हमारी वे सीमाएँ सुरक्षित हो सकें। मुझे आशा है कि प्रतिरक्षा-मंत्रालय इन सुझावों पर गंभीरतापूर्वक विचार करेगा।

पाकिस्तान से सद्भावना की आशा बेमानी

['भारतीय सीमाओं पर तनाव' प्रस्ताव पर चर्चा, लोकसभा, 12 दिसंबर, 1968]

प्रकृति ने भारत को एक अजेय दुर्ग की तरह बनाया था। तीन ओर समुद्र को इसकी रक्षा के लिए खड़ा किया था और एक ओर हिमालय को इसका पहरेदार बनाकर खड़ा किया था। हमारी सबसे पहली भूल यह हुई कि हमने भारत की प्राकृतिक सीमा को छिन्न-भिन्न कर दिया। अप्राकृतिक सीमा आज देश के लिए एक समस्या बनी हुई है। दूसरी भूल उस समय हुई जब तिब्बत को चीनी राक्षस अपने मुँह में दबोच रहा था। उस समय हम मौन धारण किए बैठे रहे और शत्रु, जो सैकड़ों मील दूर हमसे था वह, हमारे सिर पर आकर खड़ा हो गया। उसने 1962 में आक्रमण कर देश के सामरिक दृष्टि से महत्त्वपूर्ण बहुत-से भागों को अपने अधिकार में कर लिया। उधर पाकिस्तान का जन्म ही भारत-विरोध के आधार पर हुआ है। वह प्रारंभ से ही, जब उसके यहाँ कोई संकट उत्पन्न होता है तो भारत-विरोध का अपना नारा बुलंद कर देता है। इसलिए उससे शीघ्र सद्भावना की कोई आशा बेकार मालूम पड़ती है। जब-जब पाकिस्तान के शासकों को अपनी गद्दी हिलती दिखाई देती है तब कोई न कोई नारा वह भारत के विरोध में अपने देश में बुलंद करते हैं। पिछले 20-21 वर्षों में लगभग तीन आक्रमण पाकिस्तान ने भारत पर किए। सबसे पहला आक्रमण 1947 में कश्मीर पर हुआ, दूसरा कच्छ के रन में और तीसरा 1965 में राजस्थान और पंजाब के अंदर हुआ। इन तीनों ही आक्रमणों में भारत की स्थिति लगभग वैसी ही रही जैसी मोहम्मद गौरी के साथ पृथ्वीराज की थी। इन तीनों ही आक्रमणों में भारतवर्ष के साथ पाकिस्तान का जो कहने और निर्णय लेने का ढंग रहा, वह उस पुराने इतिहास की स्मृति को ताजा कराता है। 1947 में जब भारतीय तोपों की आवाज रावलपिंडी तक पहुँचने लगी तो उस समय के पाकिस्तान के प्रधानमंत्री श्री लियाकतअली खाँ ने भारत के प्रधानमंत्री से बातचीत की और पहली जनवरी, 1948 को हमने उस लड़ाई को बीच में ही बंद कर दिया।

दूसरी इस तरह की भूल उस समय हुई जब कच्छ की दल-दल में पाकिस्तानी सैनिक फँसने लगे तो ब्रिटेन को बीच में डालकर पाकिस्तान ने सारी समस्या को पंच-फैसले के लिए सौंप दिया। तीसरी हिमालय जैसी भारी भूल उस समय हुई जब 1965 में भारतीय सेना बड़े उत्साह से आगे बढ़ रही थी, तो पहले संयुक्त राष्ट्रसंघ के महामंत्री श्री ऊ थांट बीच में आकर पड़े और जो रही-सही कसर थी वह ताशकंद में जाकर हमने पूरी कर दी।

मेरा कहना इस प्रकार का है कि पाकिस्तान प्रारंभ से ही चोट खाने के बाद अपनी तैयारियों के अंदर लगा रहा। 1954 में और उसके बाद उसने सीटो और नाटो का सदस्य बनने के साथ-साथ जो तैयारियाँ कीं, उनमें अमेरिका के सहयोग से लगभग 40 हजार सैनिक पाकिस्तान में रखे गए। सरगोधा, मीरपुर और पेशावर के सैनिक हवाई अड्डे बने, कई ऑर्डिनेंस फैक्टरियाँ खुलीं, 650 से अधिक पेटन टैंक और शर्मन टैंक उस समय पाकिस्तान को मिले, दो बमवर्षक स्क्वैड्रन, एक सुपरसौनिक स्क्वैड्रन, 9 सेबरजैट, बहुत-से मिसाइल, हैलीकॉप्टर और रॉकेट आदि पाकिस्तान को मिले। नौसेना, जो उस समय पाकिस्तान के पास न के बराबर थी, उसमें भी विकास हुआ, उसमें भी 5 डस्ट्रायर, 2 क्रूजर और एक पनडुब्बी मुख्य रूप से पाकिस्तान को मिली। इस तरह से चोट खाकर पाकिस्तान ने अपनी सरगर्मियों को आगे बढ़ाना शुरू किया, लेकिन मैं उस इतिहास को छोड़ते हुए 1965 पर आता हूँ। 1965 में चोट खाकर पाकिस्तान और भी अधिक बौखला उठा। उसने अपनी जलसेना, स्थलसेना और वायुसेना को फिर से संगठित करना और बढ़ाना शुरू किया। 1965 से पहले पाकिस्तान के पास केवल 9 डिवीजन सेना थीं, जिसको उसने बढ़ाकर 16 डिवीजन किया। इसके अतिरिक्त वायुसेना और नौसेना में भी उसने अपेक्षित वृद्धि की। चीन से पहले भी पाकिस्तान को बहुत कुछ सहायता मिली थी, लेकिन पिछले तीन सालों में चीन से पाकिस्तान को जो सहायता मिली, उसमें लगभग 3 हजार तोपें, 160 मिलीमीटर मोटर्ज और 5 सी 59 टैंक और कुछ मिग विमान भी शामिल हैं, पाकिस्तान विमान-चालकों को चीन में इस समय ट्रेनिंग दी जा रही है। इसके अतिरिक्त गुरिल्ला युद्ध में भी चीन ने पाकिस्तान के सैनिकों को विशेष रूप से शिक्षा दी है, जिसका परिचय कश्मीर, नागालैंड और मिजो पहाड़ियों में कई बार देखने को मिला है। कई ऑर्डिनेंस फैक्टरीज भी पाकिस्तान में चीन की सहायता से खुली हैं।

1965 में पाकिस्तानी आक्रमण के बाद अमेरिका ने घोषणा की थी कि पाकिस्तान की सहायता संबंधी नीति में अमेरिका ने कुछ परिवर्तन किया है। लेकिन सच्चाई यह है कि उसके बाद भी अमेरिका की सहायता पाकिस्तान को मिलती रही। कभी ईरान के द्वारा, कभी तुर्की के द्वारा पाकिस्तान पेटन टैंक और दूसरे बड़े हथियार लेता रहा। फ्रांस, जो उस समय बिलकुल तटस्थ था, उसने 1965 के बाद पाकिस्तान को पनडुब्बी देने के अतिरिक्त कुछ बमवर्षक 'मिरज' विमान भी दिए हैं, जिसका इजराइल ने अरब राष्ट्रों के साथ संघर्ष में उपयोग किया था।

एक सबसे बड़ी चिंता की बात यह है कि अब रूस ने भी पाकिस्तान को हथियार देने प्रारंभ कर दिए हैं। अधिकृत रूप से नहीं कहा जा सकता, लेकिन हमारी सरकार को केवल इतना ही पता है कि पाकिस्तान को प्रारंभ में हैलीकॉप्टर्स मिले थे और अब कुछ दूसरे हथियार भी मिले हैं। लेकिन जो सबसे ताजा और भयानक समाचार है, वह यह है कि रूस ने पाकिस्तान को आणविक हथियारों की या आणविक शक्ति की जानकारी देना

भी प्रारंभ किया है। हो सकता है कि पाकिस्तान यह कहे कि वह इनका शांति-कार्यों में ही प्रयोग करेगा। लेकिन जो सबसे बड़ी चिंता की बात है, वह यह है कि पाकिस्तान के पास अगर आणविक शक्ति का विज्ञान आ गया तो यह भी हो सकता है कि जैसे उसकी नीयत पीछे समय-समय पर खराब होती रही है, इस विषय में भी उसकी नीयत खराब हो सकती है। यह भारत के लिए और भी चिंता का विषय बन गई है। आधुनिक मिग विमान तो उसको उधर से मिले ही हैं। पाकिस्तान अगर यह कहता है और रूस भारत को यह विश्वास दिलाता है कि इन हथियारों से पाकिस्तान भारत पर आक्रमण नहीं करेगा तो ऐसा विश्वास तो पाकिस्तान ने अमेरिका को भी दिया था। लेकिन उसके बाद भी आक्रमण किया। इसकी कोई गारंटी नहीं है कि रूस को दिया उसका यह आश्वासन या रूस जो विश्वास हमको दिलाता है, उस पर पाकिस्तान जमकर रह सकेगा।

1965 के बाद पाकिस्तान ने जो सामरिक तैयारी की है, उसमें इच्छोगिल नहर जैसी टैंक अवरोधक नहर बनाई है। इसके अतिरिक्त एक 15 फुट ऊँची और 17 मील लंबी दीवार भी बनाई है तथा कुछ अंडरग्राउंड छावनियाँ भी तैयार की हैं। एक बड़ी गंभीर बात यह है कि चीन के साथ उसका एक समझौता हुआ है। जब तक भारतवर्ष के साथ पश्चिमी क्षेत्र में पाकिस्तान का संघर्ष होगा, उस समय तक चीन शायद सीधा संघर्ष में न उतरे, लेकिन पूर्वी क्षेत्र में भारत और पाकिस्तान का संघर्ष हुआ तो असम और नेफा के क्षेत्र में—चीन ने पाकिस्तान को विश्वास दिलाया है—वह दबावी कार्रवाई प्रारंभ कर देगा।

लेकिन जिसकी ओर विशेष रूप से मैं आपका ध्यान आकर्षित करना चाहता हूँ—वह यह है कि पाकिस्तान ने अपनी सेना और सैनिक-सामग्री को दो हिस्सों में बाँटा हुआ है। पश्चिमी क्षेत्र में वह रूस और अमेरिका की सहायता से सारी तैयारियाँ कर रहा है और पूर्वी क्षेत्र में चीन से मिली हुई सैनिक-सामग्री के आधार पर उसने अपना मोर्चा जमाया है। राजस्थान से लगते हुए जो पाकिस्तान के क्षेत्र हैं उसमें 15 मील तक की सीमा को उसने हिंदुओं से खाली करवा दिया है। इसके अतिरिक्त गुरिल्ला ट्रेनिंग देकर अथवा तोड़-फोड़ की ट्रेनिंग देकर उसने अपने आदमियों को भारतवर्ष के अंदर भेजा हुआ है जो यहाँ तरह-तरह की विध्वंसक कार्रवाई कर रहे हैं। एक बड़ी चिंताजनक बात—जिसको मैं बड़ी चिंता के साथ इस सदन के सामने रखना चाहता हूँ—वह यह है कि चीन और पाकिस्तान ने तो मिलकर एक नया गठबंधन किया ही है, कम्युनिस्ट और कम्युनलिस्टों का भी एक गठबंधन हुआ है, एक नई तरह की हवा प्रारंभ हुई है जिसको नक्सलाइट ग्रुप कहा जाता है। यह भयंकर और उपद्रवी तत्त्व असम, नक्सलबाड़ी से लेकर एक रेंज में, जिसमें पश्चिमी बंगाल, आंध्र, केरल और इसी प्रकार की सीमाएँ लगती हैं, गतिशील हैं। इस रेंज में उन लोगों की सरकार-विरोधी कार्रवाइयाँ शुरू हो गई हैं। ये कार्रवाइयाँ अभी छिटपुट हमले के रूप में ही केवल नहीं हैं, विधानसभाओं में और कभी-कभी यहाँ भी—जहाँ हम आज खड़े होकर बोल रहे हैं—उनकी झलक दिखलाई पड़ती है। ऐसी स्थिति में हम अपने

चेहरे को शीशे में देखें कि आज हम कहाँ हैं ? ऐसी भयंकर स्थिति का मुकाबला करने के लिए भारतवर्ष की रक्षा की क्या तैयारी हमने की है ?

सबसे पहले मैं नवंबर, 1962 से शुरू करता हूँ। जिस समय 1962 में हमको चोट लगी, आपको स्मरण होगा सभापति महोदय, उस समय आप भी इस संसद के सदस्य थे, सरकार ने नेफा इन्क्वायरी की पूरी रिपोर्ट इस सदन में पेश नहीं की। लेकिन जो थोड़ी बहुत पेश की थी, उसमें पाँच पैराग्राफ केवल मिलिटरी इंटैलिजेंस के फेल्योर के बारे में थे, सैनिक गुप्तचर विभाग की असफलता के बारे में थे। उस समय सरकार ने आश्वासन दिया था कि हम इससे सबक सीखेंगे और आगे के लिए अपने सैनिक गुप्तचर विभाग को सँभालने की कोशिश करेंगे। लेकिन मेरी पहली शिकायत तो इस सरकार से यह है कि सैनिक और असैनिक गुप्तचर विभागों में जो पारस्परिक समन्वय होना चाहिए था, दुर्भाग्य से इतनी बड़ी चोट खाने के बाद भी आज तक दोनों विभागों में वह समन्वय नहीं है।

दूसरी सबसे बड़ी चीज यह है कि अभी तक हमारा मिलिटरी इंटैलिजेंस विभाग उसी पैटर्न पर काम कर रहा है, जो 1947 से पहले ब्रिटिशर्ज ने तैयार किया था। उस समय की परिस्थिति भिन्न थीं, उस समय की समस्याएँ भिन्न थीं, लेकिन अब तक वह पद्धति ज्यों की त्यों बराबर चल रही है। 1962 की चोट खाने के बाद इन्होंने कहा कि हम इसको सँभालेंगे। लेकिन 1965 में क्या हुआ ? सरदार स्वर्णसिंह जानते होंगे, पंजाब के और कश्मीर के अंदर किस प्रकार की घटनाएँ घटीं। जम्मू-कश्मीर में घुसपैठियों की सबसे पहली जानकारी हमको भेड़ चराने वाले ने दी। उस समय तक हमारे गुप्तचर विभाग को इसका पता नहीं था। पता नहीं वह कहाँ सोता रहा। 1965 में जिस समय लाहौर क्षेत्र में हमारा संघर्ष चल रहा था, कुछ इसी प्रकार की जानकारी हमको तस्कर व्यापारियों से मिली, लेकिन सैनिक गुप्तचर विभाग उस समय भी असफल रहा। तीसरी, खेमकरण सैक्टर में जब पाकिस्तान का फर्स्ट आर्म्ड कोर आया, उसकी जानकारी भी हमें सैनिक गुप्तचर विभाग से नहीं मिली। इच्छोगिल नहर का भी सही विवरण सैनिक गुप्तचर विभाग नहीं दे सका। बर्की सैक्टर में ता० 6 से लेकर ता० 10 तक हमारी सेना को रुका रहना पड़ा। चार दिन प्रतीक्षा करनी पड़ी। इसका परिणाम क्या हुआ आप जानते हैं। आपने उस समय नेफा की चोट खाने के बाद कहा था कि हम मिलिटरी इंटैलिजेंस को सँभालने की कोशिश करेंगे, लेकिन चोट पर चोट खाने के बावजूद भी जिस अधिकारी की पदावनति की जानी चाहिए थी, उसकी पदवृद्धि की गई। यह शिकायत हमने उस समय के रक्षामंत्री से की थी। अगर इस तरह से हमारा गुप्तचर विभाग हमारी असफलताओं का कारण बनेगा तो कैसे हम अपनी रक्षा-व्यवस्था को सँभाल सकेंगे।

जहाँ तक अणु-शक्ति की बात है, मुझे इस बात को कहते हुए कष्ट भी होता है। सरकार बार-बार इस सदन में डींग मारती है कि हम अणु बम बना सकते हैं, लेकिन बनाएँगे नहीं। इसकी हानि भी हिंदुस्तान को उठानी पड़ी है। इसका भी लाभ पाकिस्तान

ने उठाया। पाकिस्तान ने दुनिया के देशों से कहा कि देखो, भारत अणु बम बना सकता है। इस प्रकार की घोषणा उसके नेता कर रहे हैं। हो सकता है कि अंदर ही अंदर वह बना भी रहा हो। उसके आधार पर दूसरे की मदद लेकर उसने अपने यहाँ प्रक्षेपणास्त्रों और मिसाइल्ज की तैयारी शुरू की है। हमने उस विज्ञान की सफलता का लाभ नहीं उठाया ? बार-बार डींग तो मारते रहे लेकिन हम बना नहीं सके। यह कटु सत्य कहने की भी आप इजाजत दीजिए कि सैनिक अधिकारियों को इस प्रकार की आज्ञा आपको अभी नहीं देनी चाहिए। जिस तरह से सेना में विज्ञान विभाग के अध्यक्ष श्री भगवन्तम ने कल हैदराबाद के अंदर एक वक्तव्य दिया है, अणु बम न बनाने के लिए जो युक्तियाँ उन्होंने दी हैं वह काम रक्षामंत्री सरदार स्वर्णसिंह का है। श्री भगवन्तम को यह अधिकार नहीं दिया जा सकता। जब तक वह एक नियमित कर्मचारी के रूप में काम कर रहे हैं, उनकी सेवाओं की हम सराहना करेंगे, पर यह अधिकार उन्हें नहीं है जो वह वहाँ जाकर अणु बम के विपरीत सार्वजनिक वक्तव्य दें।

जो विजयंत टैंक आपने बनाया है उसके बारे में भी मैं दो प्रश्न पूछना चाहता हूँ। प्रसन्नता है कि भारत कुछ मामलों में अपने पैरों पर खड़ा होने की तैयारी कर रहा है। लेकिन कब तक हम अपनी सेनाओं को विजयंत टैंक से पूरी तरह से लैस कर सकेंगे ? क्या इसकी रक्षामंत्री कोई जानकारी दे सकेंगे और जब तक पूरी तरह से लैस करेंगे उस समय तक टैंक विज्ञान कहाँ तक जा चुका होगा ? क्या आप विजयंत टैंक में उस प्रकार का भी समावेश कर रहे हैं ? इसकी कोई जानकारी सदन को दे सकेंगे ?

एक चिंता की बात मेरे विचार में और भी है, वह है—भारत और पाकिस्तान की सीमा। स्थल सीमा हमारी और पाकिस्तान की 3968 मील लग रही है। इसमें पूर्वी पाकिस्तान भी आ जाता है और पश्चिमी पाकिस्तान भी आ जाता है। पश्चिमी पाकिस्तान के साथ 1476 मील हमारी सीमा लगती है और पूर्वी पाकिस्तान के साथ 2492 मील हमारी सीमा लगती है। जहाँ तक समुद्री किनारे का संबंध है, लगभग साढ़े तीन हजार मील की सीमा समुद्री किनारे की है, जो हमारे से टकराती है। अब इसमें एक-एक कदम पर किसी सैनिक को खड़ा करना, या रक्षा की व्यवस्था करना, यह हमारे लिए भी संभव नहीं है और दुनिया के किसी राष्ट्र के लिए भी संभव नहीं है। लेकिन इतना अवश्य है कि जहाँ हमारी सेना न हो या जहाँ हमारी पुलिस न हो, उस क्षेत्र की जो जनता है उसको सामने के लिए तैयार किया जाना चाहिए। दुश्मन इन खाली स्थानों में सबसे ज्यादा कमजोर स्थान को लेता है और आक्रमण की वहीं तैयारी करता है। मैं रक्षामंत्री जी से यह जानना चाहता हूँ कि जिस प्रकार से खाली स्थानों पर शत्रु आक्रमण की तैयारी कर रहा है, क्या हमने उसी तरह से प्रत्याक्रमण की तैयारी अपने ढंग से सोची है ? इन खाली स्थानों में जितने गाँव हैं, वहाँ की जनता को क्या आपने इस प्रकार के साधन दिए हैं, या ट्रेनिंग दी है कि जिससे विपत्ति के समय में उसका सामना वह कर सकें ? मुझे खुशी है कि 1965

में भारत-पाकिस्तान का जो संघर्ष हुआ, पंजाब में लाहौर सीमा-क्षेत्र के रहने वाले और फिरोजपुर क्षेत्र के रहने वाले लोगों में अगर वह साहस न होता या पंजाब की जनता को वह ट्रेनिंग न मिली होती, जैसे ऊपर से छतरीधारी उतरते थे, वह एकदम से दबोच लिए जाते थे। अगर इस तरह की उन्हें ट्रेनिंग न होती तो पंजाब में युद्ध का नक्शा कुछ दूसरा बन सकता था। मैं यह जानना चाहता हूँ कि इस प्रकार की तैयारी दूसरे क्षेत्रों में भी आपकी चल रही है या नहीं चल रही है ?

एक दूसरी बात, जिनमें सरदार स्वर्णसिंह भी भागीदार हैं वह है–ताशकंद का समझौता। इस समझौते के बाद हमको क्या मिला ? मैं एक मोटा-सा प्रश्न करना चाहता हूँ। ताशकंद-समझौते में हिंदुस्तान ने लालबहादुर शास्त्री जैसा अपना प्रधानमंत्री खोया। ताशकंद-समझौते में अपने ही क्षेत्र को वापस करके सेना के असंतोष और कोप का भाजन इस सरकार को और देश को बनना पड़ा। उस ताशकंद-समझौते को पाकिस्तान ने रद्दी की टोकरी में फेंक दिया। लेकिन इस समझौते में तीन भागीदार थे। तीन मुख्य जिम्मेदार थे, एक रूस, दूसरे पश्चिमी राष्ट्र और तीसरे संयुक्त राष्ट्रसंघ। मैं आपके-द्वारा जानना चाहता हूँ कि अब जब पाकिस्तान ताशकंद-समझौते का उल्लंघन कर रहा है तो क्या हमने इन तीनों पक्षों में से किसी का भी प्रयोग किया ? क्या हमने अपनी ओर से इन तीनों पक्षों से कहा कि आप इसमें भागीदार थे ? अब पाकिस्तान उसकी धज्जियाँ उड़ा रहा है, क्या आपने कोई आवाज उठाई ? शक्ति के सामने दुनिया झुकती है। इजराइल को संयुक्त राष्ट्रसंघ ने कहा, पश्चिमी राष्ट्रों ने कहा, रूस ने कहा, लेकिन मुट्ठी-भर लोगों का वह देश अपने साहस और संकल्प के कारण टस से मस नहीं हुआ।

एक बात मैं गुरिल्ला युद्ध के संबंध में कहना चाहता हूँ। जब हम जानते हैं कि वर्षों तक एक रेग्यूलर आर्मी का मुकाबला वियतनाम के अंदर गुरिल्ला ढंग से किया गया। जब हम जानते हैं कि सेकेंड वर्ल्ड वार में यूगोस्लाविया अगर बचा तो गुरिल्ला युद्ध से बचा। जब हम जानते हैं कि रूस को भी किसी समय बचने के लिए गुरिल्ला युद्ध का सामना करना पड़ा, तो मैं पूछना चाहता हूँ कि जब चीन और पाकिस्तान दोनों मिलकर के गुरिल्ला युद्ध में प्रवेश कर रहे हैं, ऐसे समय में क्या हमने अपने देश की सीमाओं की सुरक्षा की उस ढंग से कोशिश की है ?

एक बात मैं सीमावर्ती क्षेत्रों के संबंध में भी कहना चाहता हूँ। मैं यह नहीं चाहता कि जिस तरह से पाकिस्तान ने सीमा के 15-15 मील तक हिंदुओं को हटाया है, उसके बदले में मैं यह कहूँ कि आप भी इसी तरह से मुसलमानों को हटाएँ। लेकिन मैं यह जरूर कहना चाहता हूँ कि जिनकी वफादारी संदिग्ध है, वह चाहे पाकिस्तान के साथ हैं या पीकिंग के साथ हैं, वह हिंदू हों या मुसलमान हों, उन लोगों को सीमा से हटाया जाए और उनके स्थान पर मिलिटरी के रिटायर्ड लोगों को बसाया जाए।

आखिरी बात जो मैं विशेष रूप से सरदार स्वर्णसिंह से कहना चाहता हूँ वह यह कि

ब्रिटिश गवर्नमेंट के समय में जवानों और सैनिक अफसरों के बीच में जो खाई थी, वह खाई 21 साल के बाद अभी तक ज्यों की त्यों बनी हुई है। ऐसा लगता है कि जवान जो हैं वह भारतीय सभ्यता में ढले हुए हैं, और हमारे सैनिक अफसर पाश्चात्य सभ्यता में ढले हुए हैं। उस समय ब्रिटिश गवर्नमेंट ने बीच में जो एक वी० सी० ओ० रखे थे उसी का अनुकरण करके अभी तक हमने जे० सी० ओज को रखा है। उस समय तो यह बात थी कि अंग्रेज हमारे जवानों की भाषा नहीं समझते थे। लेकिन आज हमारे अफसरों को इसकी क्या आवश्यकता है। मुझे दुःख है, मैंने वह कटु दृश्य भी स्वयं देखा है। बंगलौर शहर के अंदर एक ब्रिगेडियर रहता था। हर आठ घंटे के बाद उसके मकान पर आठ सिपाहियों की ड्यूटी चेंज होती थी। पीने के पानी से लेकर खाना तक ट्रक में भरकर उन्हें छावनी से आता था। शहर में रहने वाले ब्रिगेडियर को इस पहरे की क्या आवश्यकता थी ? आज हमारे जवानों से जूते की पॉलिश से लेकर बच्चों तक को खिलाने का काम लिया जाता है। सेना के जवानों में इससे भारी असंतोष बढ़ रहा है। इसको यदि आप रोक नहीं सके, अगर आपने इस असंतोष को कुछ दूसरी दिशा देने की कोशिश नहीं की तो स्थिति और बिगड़ेगी।

इसी तरह से इमरजेंसी कमीशन के संबंध में भी है। इमरजेंसी कमीशन में कौन लोग आए ? वह आए जिन्होंने चार साल का कोर्स एक साल में पूरा किया। जिन्होंने मोर्चे पर जाकर खून बहाकर के देश की रक्षा की। आज उनको दूध की मक्खी की तरह निकाल कर एल० डी० सी० और यू० डी० सी० बनाया जा रहा है। जो देश के लिए मरे और कटे, आपका कर्तव्य था कि आप सीमा पर जाकर उनको सुरक्षा की जिम्मेदारी देते। जो लोग देश के लिए मरे उनके साथ इस प्रकार का व्यवहार उचित नहीं है।

इजराइल ने क्या किया ? अपनी सीमाओं पर इसी तरह के जवानों को बसाया हुआ है। जब हमारी इतनी लंबी सीमाएँ हैं तो क्यों नहीं आप इमरजेंसी कमीशन के जवानों की सेवाएँ लेते।

अंतिम बात मैं वैज्ञानिक प्रगति के संबंध में कहना चाहता हूँ। रक्षा-मंत्रालय में मेरी अपनी जानकारी के आधार पर सरकारी अफसरों और वैज्ञानिकों के बीच में इतनी बड़ी खाई खुदी हुई है कि उसकी वजह से इलेक्ट्रॉनिक्स और राडार के अंदर जो प्रगति होनी चाहिए थी वह सारी की सारी प्रगति बीच में रुकी हुई है। मेरा सुरक्षामंत्री जी से कहना यह है कि आप इनके लिए उच्चस्तरीय वैज्ञानिकों की समिति बनाएँ, जो इस बात का अध्ययन करे कि इतनी चोट लगने के बाद भी अभी तक क्यों नहीं हम अपने पैरों पर खड़े हो पाए। इस प्रकार जो अरबों रुपया दूसरे देशों को सामान खरीदने में दे रहे हैं, आखिर यह स्थिति हमारी कब तक बनी रहेगी। इसलिए मैं यह कहना चाहता हूँ कि अब वादे भूलने की राजनीति को रक्षामंत्री समाप्त करें। 1947 में हमने एक वायदा किया था, जब कश्मीर का कुछ हिस्सा पाकिस्तान के पास रह गया था कि एक-एक इंच जमीन लेकर

रहेंगे। 1962 में भी वायदा किया था, जब चीन हमारी धरती को दबाकर बैठ गया। जवाहरलाल नेहरू जी ने तब कहा था कि दीवाली उस दिन मनायी जाएगी जिस दिन चीन से अपनी धरती वापस ले लेंगे। 1965 में हमने कहा था कि दुनिया एक ओर हो जाए लेकिन जो इलाके हमने जीत लिए हैं उनको वापस लौटाने का कोई सवाल नहीं आता है।

एक सीधा सवाल रक्षामंत्री जी से करके बैठना चाहता हूँ कि आप कम से कम आज हमको यह बताइए कि यह जो आप बार-बार कहते हैं कि हमारी पूरी तैयारी है, हम सब तरह से तैयार हैं, इससे अब देश संतुष्ट होने वाला नहीं है। यह भाषा हमने कृष्णा मेनन से भी सुनी थी। इसी भाषा को संयुक्त अरब गणराज्य के प्रधान कर्नल नासिर ने भी अरब देशों के लिए इस्तेमाल किया था। लेकिन उस भाषा का परिणाम कुछ नहीं निकला। आप तो यह बताएँ कि जो धरती और साख हिंदुस्तान की खोई है उसे कब तक आप वापस करोगे ? देश आपसे यह कहना चाहता है कि युद्ध-नीति में सफल होने के बाद कम से कम कूटनीतिक क्षेत्र में तो असफल मत रहो। कूटनीतिक क्षेत्र में तो वह सफलता प्राप्त करो जो हमारे देश की प्रतिष्ठा बच सके वरना तो मैं यह कहकर समाप्त करता हूँ कि हो सकता है, गरीबी और अत्याचार में पिसता हुआ देश किसी तरह से आपके इन वादों को भूल जाए। लेकिन माफ करेंगे, इतिहास इसको नहीं भूल सकता और आने वाली पीढ़ी, जो देश के साथ आपने अन्याय किया है, वह भी इसको कभी नहीं भूल सकेगी।

जवानों व अफसरों के बीच की खाई कम की जाए

['भारतीय सीमाओं पर तनाव' प्रस्ताव पर चर्चा, लोकसभा, 12 दिसंबर, 1968]

मैं अपने उन सभी सहयोगियों का आभारी हूँ जिन्होंने मेरे इस प्रस्ताव का केवल समर्थन ही नहीं किया, अपितु अपने कुछ उपयोगी सुझाव देकर इस बात को और भी अधिक महत्त्वपूर्ण बना दिया।

परंतु मैं अपने सब सहयोगियों को धन्यवाद देने के साथ-साथ एक बात अपने मित्र श्री मल्होत्रा से अवश्य कहना चाहूँगा। वह बात उन्होंने अपने भाषण के बीच उठाई थी। मैं समझता हूँ, वह संकेत काफी गहरा संकेत है। इस संकेत पर हमें थोड़ा सजग रहकर काम करना चाहिए। हमारे मित्र मल्होत्रा का कहना था कि सेना के अंदर जो पदोन्नति या और दूसरे काम इस प्रकार के हों, उसमें लोगों के अनुभव, उनके कार्य, इन सबको देखकर वह किए जाएँ। कोई दो राय उसमें नहीं हो सकती कि जिनकी अपनी सेवाएँ हैं, अनुभव है, उनकी उपेक्षा न की जाए। परंतु साथ-साथ मैं यह भी कहना चाहता हूँ कि ऊँचे पदों में इस प्रकार की छेड़छाड़ करना भी कोई समझदारी और बुद्धिमत्ता नहीं है। इस प्रकार का सुझाव हमारी ओर से कदापि नहीं जाना चाहिए। मेरा अपना यह विश्वास है कि हमारे देश के जो रक्षा विभाग को सँभालने वाले सेनापति ऊँचे पदों पर हैं, वह बड़े अनुभवी हैं। सब की समान देशभक्ति है, सबका समान अनुभव है। इसलिए कम से कम उनके लिए इस प्रकार का सुझाव देना कभी भी संगत और उचित नहीं हो सकता।

दूसरी बात मैं अपने मित्र कालिता से कहना चाहता हूँ। उन्होंने कहा कि हम फिर चीन के साथ बातचीत शुरू करें। मैं समझता हूँ, अभी कल-परसों हमने यहाँ चर्चा की थी कि चाइनीज एम्बेसी से किस प्रकार से पैसा केरल के कुछ व्यक्तियों को जा रहा है, चिट्ठियाँ जा रही हैं और ऊपर से लेकर नीचे तक जासूसों का जाल बिछाया जा रहा है। भाषण प्रारंभ करते समय मेरे पास यह नक्शा नहीं आ पाया था। लेकिन रक्षामंत्री की जानकारी के लिए, इसलिए नहीं कि उनको यह जानकारी बिलकुल नहीं होगी, मगर फिर भी वह इसके ऊपर ध्यान दें, इसलिए मैं बताना चाहता हूँ, यहाँ से लेकर केरल तक यह एक रेंज बनी है जिसमें नक्सलाइट लोग केवल गुरिल्ला हमले ही प्रारंभ नहीं कर रहे हैं बल्कि देश के अंदर हिंसात्मक और तोड़फोड़ की कार्रवाइयाँ भी उनकी प्रारंभ हो गई हैं। तो क्या इन सब बातों के बावजूद हमारे मित्र चाहेंगे कि हम उनकी ओर दासता का हाथ बढ़ाएँ और हिंदुस्तान की नैतिक पराजय का परिचय दें ? मैं समझता हूँ कि इस प्रकार की राय देने से पहले उनको इसको भी देखना चाहिए था।

इस देश की यह विशेषता रही है कि देश में राजनीतिक दृष्टि से चाहे कितना ही मतभेद हो, और मैं उनके बंगाल राज्य को लेकर भी कहना चाहता हूँ, जब-जब इस देश पर विपत्ति आई है, बाहर से तो सारा देश एक होकर खड़ा हो गया है। इतना तो मुझे कहने की आप आज्ञा दें कि सरकार ने देश की उस एकता का, त्याग और बलिदान का जितना लाभ उठाना चाहिए था, उतना लाभ नहीं उठाया। लेकिन देशवासियों के त्याग और उनके बलिदान में किसी प्रकार की कमी नहीं रही।

सरदार स्वर्णसिंह के भाषण में कई आशाप्रद संकेत हमें सुनने को मिले। वैसे रक्षा-मंत्री के नाते यह तो मैं अपेक्षा नहीं करता हूँ कि सदस्यों ने जो भी प्वाइंट्स यहाँ उठाए हैं उनका सबका ही जवाब वह दें। लेकिन उनका कुछ दायित्व और भी होता है। दो-तीन बातों की ओर विशेष रूप से उनका ध्यान दिलाते हुए मैं यह चाहूँगा कि उनके बारे में कुछ संकेत आ जाता तो अच्छा था।

एक तो जवानों और ऑफिसरों के बीच जो एक लंबी खाई खुदती जा रही है, इसके लिए रक्षामंत्री को विशेष रूप से चिंता होनी चाहिए। आज ब्रिटिश गवर्नमेंट हमारे देश में नहीं है। इसकी ओर उन्हें ध्यान देना चाहिए था। इसी प्रकार से एक चीज इमरजेंसी कमीशन के संबंध में थी। उसके संबंध में भी रक्षामंत्री ध्यान दें। हमारे देश में सैनिक शस्त्र विज्ञान में अवरोध चिंता का विषय बन रहा है। जिस पर शायद अगले वर्षों में साधन जुटाने के लिए हमारे देश को अरबों रुपया व्यय करना पड़ेगा।

हमारे देश की वैज्ञानिक प्रगति, जो कुछ वैज्ञानिकों और रक्षा-मंत्रालय के अधिकारियों के संघर्ष से बीच में रुकी हुई है, उसके लिए मैंने सुझाव दिया था कि उच्चस्तरीय जाँच होनी चाहिए। मेरी निजी जानकारी यह है कि जिस समय डा० भाभा जीवित थे, उन्होंने रक्षा-मंत्रालय और प्रधानमंत्री को सुझाव दिया था कि अगर हमने इलेक्ट्रॉनिक और राडार यंत्रों के मामलों में अपेक्षित प्रगति नहीं की तो कभी भी इस प्रकार की स्थिति आ सकती है कि कोई भी दुश्मन, अगर हम अपने पैरों पर खड़े नहीं हुए तो हमारे बड़े से बड़े राडार को जाम भी कर सकता है। मैं नहीं चाहता कि मैं उनके विस्तार में जाऊँ। लेकिन यह अपेक्षा जरूर रखूँगा कि जो प्वाइंट्स उठाए गए हैं उन पर रक्षा-मंत्रालय गंभीरता के साथ निर्णय लेगा। जिससे देश की सुरक्षा के लिए यह रक्षा-मंत्रालय गौरव का विषय बन सके।

इन शब्दों के साथ, जो आपने उत्तर दिया है और जो आशा दिलाई है, उसके लिए मैं सदन की ओर से और अपनी ओर से भी आपका आभार मानता हूँ।

अब की बार युद्ध हो तो निर्णायक होना चाहिए

[रक्षा-मंत्रालय की कार्यशैली पर चर्चा के दौरान, राज्यसभा, 28 अप्रैल, 1975]

मैं, अपनी चर्चा को, 1971 के बाद पाकिस्तान ने जो अपनी सामरिक तैयारी की है, उस पर सरसरी दृष्टि डालते हुए प्रारंभ करना चाहता हूँ। थलसेना में पाकिस्तान के पास 1971 से पहले जितनी रेग्यूलर आर्मी थी, इस समय 1 लाख, 84 हजार सैनिक अधिक संख्या में हैं।

वैसे भी थलसेना में इस समय पाकिस्तान के पास 14 पैदल डिवीजनें हैं। इन नियमित डिवीजनों की पूर्ति के लिए तीन या चार अन्य डिवीजनें आंतरिक सुरक्षा पंक्ति से की जा सकती हैं।

तीन बख्तरबंद डिवीजनें, तीन ब्रिगेड समूहों की, प्रत्येक डिवीजन में लगभग रिजर्व सहित 300 टैंक हैं तथा लगभग दो दर्जन स्वतंत्र बख्तरबंद ब्रिगेड हैं।

लगभग 1,000 वाहन हैं, जो बख्तरबंद टुकड़ियों के सैनिकों आदि को इधर-उधर ले जाने के काम में आते हैं। यह मैंने थलसेना के संबंध में संकेत दिए हैं।

अब मैं सदन का ध्यान पाकिस्तान की नौसेना की ओर खींचना चाहता हूँ। पाकिस्तान की नौसेना में क्रूजर 1, विध्वंसक 4, जंगी जहाज 4 हैं। मिटली क्लास के पनडुब्बी-भेदी 2 फ्रिजेट, जो हाल ही में प्राप्त किए गए हैं। डेप्लीन श्रेणी की 3 फ्रांसीसी पनडुब्बियाँ लगभग 3 और प्राप्त होने की आशा है। 6 मिडजैट इतालवी पनडुब्बियाँ और 18 गनबोटें, जिन पर स्टिक्स प्रकार की मिसाइलें लगी हुई हैं। नौसेना भेदिया अथवा टोह लेने वाली शक्ति में भी वृद्धि हुई है। इसके लिए 3 ब्रिगेड अतलांतिक-भेदी टाइम फ्रेंच विमान है। जल्दी ही इस शक्ति में और वृद्धि होगी।

वायुसेना में भी पाकिस्तान ने 1971 में बाद वृद्धि की है और 1971 की क्षति-पूर्ति कर ली है। पाकिस्तान की वायुसेना में मिग 19 श्रेणी के 60 विमान चीन से प्राप्त हुए हैं। फ्रांस से मिराज 3 श्रेणी के 36 विमान प्राप्त हुए हैं। पाकिस्तान की वायुसेना की स्थिति इस प्रकार से है–

10 बी 57	हलके बमवर्षक
72 मिराज 3	लड़ाकू बमवर्षक
90 एफ 86	लड़ाकू बमवर्षक
120 मिग 19	शत्रु-विमानों को आकाश में पकड़ने वाले इंटरसैक्टर

5 एफ 5 इसी प्रकार के विमान हैं

10 एफ 104 इसी प्रकार के विमान हैं।

इसके अलावा टोह लेने वाले, प्रशिक्षण देने वाले और सवारी तथा माल ढोने वाले विमान भी हैं और दूसरी इसी प्रकार की शक्तियाँ भी हैं। इसके अतिरिक्त भी पाकिस्तान के जो अपने मित्र राष्ट्र हैं, विशेष रूप से अरब देशों में जो छोटे-छोटे राष्ट्र हैं, जैसे आबू धाबी है, लीबिया है, ईरान है, इन देशों ने भी पाकिस्तान को कुछ इसी प्रकार के प्लेन दिए हैं। मैं संक्षेप में इतना ही कहना चाहता हूँ कि 1971 से पहले पाकिस्तान की नौसेना, वायुसेना और थलसेना की जो शक्ति थी, उसके मुकाबले में 1975 में उसने अपनी शक्ति काफी बढ़ा ली है और वह सब दृष्टियों से आगे जा चुका है। मैं इस बात को विशेष रूप से इसलिए कहना चाहता हूँ कि चूँकि पाकिस्तान में इस समय जो एक युद्ध का बुखार उठ रहा है, जो चर्चाएँ वहाँ पर इस प्रकार की चल रही हैं, उससे ऐसा लगता है कि इस बार पाकिस्तान अपने जीवन की अंतिम लड़ाई लड़ना चाहता है। उनके जो सैनिक हैं, जिनकी चर्चाएँ अभी की हैं, उनको कुरान शरीफ की कसमें खिला-खिलाकर यह कहा जाता है कि इस बार तो 1971 की हार का बदला लेना है। चीन, जो उसका अपना मित्र राष्ट्र है, वह स्वयं सीधे संघर्ष में तो नहीं आएगा, लेकिन इस प्रकार की संभावना अवश्य हो सकती है कि वह भारतीय सेनाओं को पूर्वी क्षेत्र में रोके रखे और कोई इस प्रकार की कार्रवाई करे।

मैं इन सारी बातों को कहने के बाद रक्षामंत्री जी से एक सीधा प्रश्न पूछना चाहता हूँ कि 1971 के बाद पाकिस्तान ने जिस तेजी के साथ अपनी सामरिक तैयारी की, उसके मुकाबले में हमारी अपनी स्थिति क्या है ? हम यह नहीं चाहते हैं कि आप एक-एक करके विस्तार के साथ इस प्रकार के विवरण दें, लेकिन मैं यह चाहता हूँ कि आप दृढ़ शब्दों में देश को यह आश्वासन अवश्य दें कि भारत का रक्षा-मंत्रालय या भारत सरकार इस विषय पर बिलकुल हाथ पर हाथ रखकर बैठी नहीं है। पाकिस्तान की ओर से रक्षा-सामग्री पर जितना खर्च हो रहा है और अभी माननीया सदस्या श्रीमती लक्ष्मीकुमारी चूड़ावत जो बतला रही थीं कि पाकिस्तान ने अपने रक्षा-बजट में किस प्रकार से वृद्धि कर ली है। पाकिस्तान ने अपने रक्षा-बजट में 1975-76 में जो वृद्धि की है, वह 4 अरब, 11 करोड़ रुपए है। हमारी रक्षा-मंत्रालय की जो रिपोर्ट है, उसके अनुसार यह वृद्धि 10 प्रतिशत अधिक है, लेकिन पाकिस्तान के जो सर्वेसर्वा भुट्टो हैं, उनके हिसाब से यह 50 प्रतिशत है। और उनके जो अपने दाएँ हाथ पीरजादा हैं, उनके हिसाब से उन्होंने अपना रक्षा-बजट 80 प्रतिशत बढ़ा लिया है। अब ऐसी स्थिति में देशवासियों का स्वाभाविक रूप से यह ध्यान जाता है और सरकार से तथा विशेष रूप से रक्षा-मंत्रालय से सारा देश यह जानना चाहता है कि जब हमारा पड़ोसी राष्ट्र, जिसके साथ हमने मित्रता के कई बार हाथ बढ़ाए और अभी भी बढ़ाना चाहते हैं, लेकिन उसने हमारी मित्रता का कोई रेसपोंस नहीं दिया और

एक तरह से युद्ध तथा संघर्ष के लिए तैयारी ही कर रहा है, तो उसके मुकाबले में आज हमारी क्या स्थिति है ? मेरा अपना अनुमान यह है कि आने वाले समय में थलसेना की उतनी आवश्यकता संभवतः न हो जितनी नौसेना या वायुसेना की आवश्यकता पड़े। क्या आज आप संक्षेप में मुझे या मेरे द्वारा सारे देश को आश्वासन दे सकते हैं, जिस गति से पाकिस्तान ने '71 के बाद अपनी वायुसेना या नौसेना में वृद्धि की है, भारत की वायुसेना या नौसेना में भी उसी प्रकार की वृद्धि हुई है ? मैं इस बात को विशेष रूप से इसलिए भी कहना चाहता हूँ कि हमको यह नहीं भूल जाना चाहिए कि पाकिस्तान की जनसंख्या हमारी जनसंख्या का आठवाँ हिस्सा है और पाकिस्तान का भौगोलिक क्षेत्रफल हमारे क्षेत्रफल का चौथाई है। तो इसी हिसाब से हमारा सैन्यबल भी बड़ा होना चाहिए। दुर्भाग्य से '65 और '71 में पाकिस्तान के साथ हमारा जो संघर्ष हुआ उसमें पश्चिमी क्षेत्र के अंदर हमारी विजय का प्रतिशत उतना नहीं रहा, जितना हमारे देश की जनसंख्या का प्रतिशत है या हमारे देश के भौगोलिक क्षेत्रफल का प्रतिशत है। पूर्वी क्षेत्र के अंदर बंगला देश को मुक्ति अवश्य प्राप्त हुई, लेकिन पश्चिमी क्षेत्र में जो हमने विजय प्राप्त की, उसका भाग उतना अच्छा नहीं रहा। मुझे इस बात को कहने की अनुमति दीजिए कि हमारी सेनाओं ने खून बहाकर सैनिक मोर्चों पर तो विजय प्राप्त की लेकिन राजनयिक मोर्चे पर हम हार गए, चाहे ताशकंद के अंदर हारे, चाहे शिमला के अंदर हारे। हमारे सैनिकों के मन को यह बात मसोसती है, भले ही वे अनुशासन में बँधे होने के कारण यह न कह सकें कि हम खून बहाकर धरती जीतकर देते हैं लेकिन ये लोग ठंडे कमरों में बैठकर वापस करते रहते हैं। उनके सम्मान का, उनकी भावनाओं का हमें जरूर ध्यान रखना चाहिए। बंगलादेश की मुक्ति से पाकिस्तान के साँप की रीढ़ की हड्डी तो अवश्य टूटी है, लेकिन पाकिस्तानी साँप का फन अभी कुचला नहीं गया है और जिस तरह भुट्टो और उनके समर्थक भाषण कर रहे हैं, उससे यह लगता है कि चोट खाया हुआ साँप अबकी बार कुछ और तैयारी के साथ संघर्ष करना चाहता है। मेरा निवेदन रक्षामंत्री से यह है कि अगर अब की बार भारत को संघर्ष के मैदान में उतरना पड़े तो अंतिम हो। सरदार स्वर्णसिंह जी ने शायद कुछ दिन पहले जालंधर में कहा था कि अगर पाकिस्तान ने इस बार छेड़छाड़ की तो यह युद्ध उसकी धरती पर होगा—मैं एक कदम और आगे बढ़कर कहना चाहूँगा कि अब की बार युद्ध हुआ तो वह निर्णायक युद्ध होगा। उसके बाद बार-बार युद्ध का परीक्षण यह देश नहीं करता रहेगा। आखिरकार विकास के और कार्यक्रम भी हैं। कब तक हम अपनी अर्थव्यवस्था को इस ओर मोड़ते चले जाएँगे।

श्री हर्षदेव मालवीय ने पता नहीं किसकी आलोचना करते हुए यह बात कह दी और हमारी बहन लक्ष्मीकुमारी चूड़ावत ने वह बात कह दी। मैं स्वयं उन व्यक्तियों में हूँ और मेरी पार्टी उनमें है जो चाहते हैं कि रक्षा-सामग्री के लिए जितने अधिक से अधिक धन की आवश्यकता हो, वह व्यय किया जाए। देश के स्वाभिमान को बचाने

के लिए जो खर्च किया जाने वाला है, हम उसमें सरकार का समर्थन करेंगे। हम आलोचना करने वाले नहीं हैं। मुझे तो शिकायत यह है कि कभी-कभी विदेशी मुद्रा का बहाना लेकर जो हमारी रक्षा-तैयारियाँ होनी चाहिए या रक्षा-सामग्री का संकलन या चयन होना चाहिए, उसमें न्यूनता आ रही है। हम नहीं चाहते कि विदेशी मुद्रा की कमी के कारण कोई ऐसी बात हो जिसके आधार पर हमारी रक्षा-तैयारियों में किसी प्रकार की न्यूनता आए।

एक बात और मैं कहना चाहूँगा, मेरे पड़ोस में हमारे वरिष्ठ सदस्य बैठे हैं, योगेन्द्र शर्मा जी। पता नहीं क्यों, उन्होंने अपने भाषण में इन कुर्सियों की ओर हाथ उठाते हुए कह दिया कि हमारे कुछ मित्र इस प्रकार के हैं जिनको भारत-सोवियत मैत्री फूटी आँखों नहीं सुहाती। मैं शर्मा जी को सुनाने के लिए विशेष रूप से कहना चाहता हूँ कि हमारी विपत्ति के समय सोवियत संघ का जो सहयोग रहा है उसके लिए हम हृदय से अनुगृहीत हैं, कृतज्ञ हैं, हमें उनकी मित्रता पर अभिमान है। आपने यह भी कहा कि कुछ लोग इस प्रकार के हैं जो अमेरिका को सिर पर लाकर बिठाना चाहते हैं। कम से कम मैं या मेरी पार्टी उनमें नहीं है जो यह चाहे कि हम अमेरिका को सिर पर लाकर बिठाएँ। लेकिन शर्मा जी को नम्रतापूर्वक मैं यह बताना चाहता हूँ कि जहाँ हम यह नहीं चाहते कि अमेरिका हमारे सिर पर बैठे, वहाँ हम यह भी नहीं चाहते कि भारत रूस की जेब में पड़ जाए और हर चीज के लिए हमको रूस के ऊपर निर्भर रहना पड़े। खास तौर से रक्षा-संबंधी तैयारियों में हमारी इस प्रकार की स्थिति होनी चाहिए कि अगर हमको किसी मित्र राष्ट्र से नौसैनिक उपकरण प्राप्त हों या वायुसेना के उपकरण प्राप्त हों तो वह मित्र राष्ट्र इतनी कृपा अवश्य करे कि अगर उनके अंदर खराबियाँ आ जाएँ तो मरम्मत के लिए पनडुब्बियों को उस देश में वापस न भेजना पड़े। हम इतने आत्मनिर्भर तो अवश्य हों या हमारे मित्र राष्ट्रों को विशेष रूप से इतनी तैयार रखनी चाहिए। और आज जिस प्रकार की स्थिति बनती जा रही है, उसमें तो मेरा अपना अनुमान यह है कि आज की स्थिति के अंदर तो हर क्षेत्र में आत्मनिर्भर बनना ही सबसे अधिक बुद्धिमत्ता है। इसके लिए जैसा कि मैंने पहले कहा कि अपनी विदेशी मुद्रा को चाहे कितने ही क्षेत्रों से बचाकर हमको रक्षा-सामग्री पर व्यय करना पड़े, वह हमको करना चाहिए। लेकिन जिन रक्षा-सामग्रियों में हम आत्मनिर्भर हो सकते हैं, आने वाले समय में, भविष्य की दृष्टि से या देश की अखंडता की दृष्टि से, उसमें हमें प्रयत्न करना अत्यावश्यक है। मैं इसके लिए अपने कुछ सुझाव भी रखना चाहता हूँ। यह सुझाव मैं विशेष रूप से देना चाहता हूँ कि पहले तो हमें अपनी रक्षापंक्ति को विमान-भेदी और टैंक-भेदी हथियारों से लैस करना जरूरी हो गया है। जिन हवाई अड्डों, महत्त्वपूर्ण रक्षा और नागरिक प्रतिष्ठानों पर अचानक हमला हो सकता है, उनकी रक्षा के लिए हमारे पास विमान-भेदी तोपें, मिसाइलें और टैंक-भेदी उपकरण होने चाहिए। हमारे हैलीकॉप्टरों के बेड़े में पर्याप्त वृद्धि होनी चाहिए ताकि हमारे कमांडर अच्छी तरह से सैन्य-संचालन कर सकें।

हमारी बख्तरबंद सेना की शक्ति पाकिस्तान से भी अधिक अच्छी होनी चाहिए। हमारे पास तुरंत ही ऐसे विमान होने चाहिए जो शत्रु के प्रदेश के भीतर घुसकर दूर-दूर तक मार कर सकें और मिराज तृतीय ऐसे विमानों को मात दे सकें। मिराज तृतीय हमारे लिए सबसे बड़ा खतरा साबित हो सकता है। पर्याप्त मात्रा में उन्नत किस्म का इलेक्ट्रॉनिक जवाबी उपकरण हमारे पास होना चाहिए। हमारे पास दूरगामी सुसज्जित नौसैनिक टोह लेने वाले लगभग 6 विमान होने चाहिए। पनडुब्बी नष्ट करने वाले उपकरण भी पर्याप्त मात्रा में हमारे पास होने चाहिए। हमारे पास तीव्र गति वाला सुदृढ़ और सुसज्जित आधुनिक प्रकार का कारबेट बेड़ा होना चाहिए। हमारे पास तीव्रगामी मिसाइलयुक्त छोटी-छोटी नौकाएँ होनी चाहिए, जो हमारे समुद्र-तट की रक्षा कर सकें और हमारे बंदरगाहों और समुद्र-तट पर होने वाले अचानक नौसैनिक हमलों का सामना कर सकें। विमानवाहक युद्धपोतों तथा नौसैनिक एककों की वैमानिक क्षमता में सुधार होना चाहिए। साथ ही पनडुब्बी विमान मिसाइल और युद्धपोतों को नष्ट करने की हमारी सामर्थ्य में तुरंत वृद्धि होनी चाहिए। इन सुझावों के साथ मैं एक विशेष बात की ओर अपने रक्षामंत्री श्री स्वर्णसिंह जी का ध्यान दिलाना चाहता हूँ। सौभाग्य से वह हमारे उन रक्षामंत्रियों में से एक हैं, जो हमारे 8 रक्षामंत्री हुए हैं, उनमें जो दूसरी बार रक्षामंत्री बनाए गए हैं। जिस समय 1962 में नेफा में चीन का आक्रमण हुआ था उस समय जो हैंडरसन क्रुक्स की रिपोर्ट आई थी, वह पूरी रिपोर्ट सरकार की ओर से पार्लियामेंट की टेबल पर नहीं रखी गई थी। लेकिन जो रिपोर्ट आई थी उसमें 5 पैराग्राफ इस प्रकार के थे जिनमें उस समय की हमारी मिलिटरी इंटैलीजेंस की असफलता का पता लगता था। 1965 में जो पाकिस्तान के साथ हमारा संघर्ष हुआ उसमें भी हम लाहौर तक ही जाकर रुक गए और उसका एक बहुत बड़ा कारण यह था कि जो हमारा सैनिक सतर्कता विभाग था—मिलिटरी इंटैलीजेंस—वह समय पर खबर नहीं दे सका कि पाकिस्तान का दूसरा सैनिक दस्ता गुरदासपुर की ओर आ रहा है और उसके कारण हम अपना लक्ष्य प्राप्त नहीं कर सके। 1971 में सैनिक सतर्कता व्रिभाग का क्या कार्य रहा, उसको मैं नहीं कहता, लेकिन मेरा कहना यह है कि रक्षा-मंत्रालय से हम विशेष रूप से यह अपेक्षा करते हैं और मैं आशा करता हूँ कि मेरी अपनी जानकारी सही है, यदि सही न हो तो मैं चाहूँगा कि इसमें सुधार किया जाए कि इस विभाग में कोई रेग्यूलर कैडर नहीं है। उसमें तो एक अफसर को रखा जाता है और दो साल बाद उसे हटा दिया जाता है, फिर उसके स्थान पर दूसरा आदमी रख लिया जाता है। मैं चाहता हूँ कि मिलिटरी इंटैलीजेंस में कोई रेग्यूलर कैडर होना चाहिए। वह एक महत्त्वपूर्ण विभाग है। सैकिंड वर्ल्ड वार में तो उसने इतना बड़ा काम किया कि हिटलर की जो फौजें लंदन की ओर बढ़ रही थीं उनका मुँह उसने रूस की ओर मोड़ दिया। तो मिलिटरी इंटैलीजेंस लड़ाई के समय बहुत बड़ी भूमिका अदा करता है, लेकिन यह दुर्भाग्य है कि तीन-तीन बार की लड़ाइयों में हमने अपने मिलिटरी इंटैलीजेंस को कसौटी पर कसा और वह सही नहीं पाया गया।

उसे आपको एक रेग्यूलर कैडर के रूप में बनाना चाहिए था। उसके न होने के कारण ही स्थिति पूरी सही नहीं बन पाई।

एक अंतिम बात मैं विशेष तौर पर कहना चाहता हूँ। अभी हमारे भूतपूर्व वायु-सेनाध्यक्ष श्री पी०सी० लाल ने इंडिया इंटरनेशनल सेंटर में देश की रक्षा से संबंधित एक भाषण दिया। वह एक अनुभवी वायुसेनाध्यक्ष रहे हैं। उन्होंने जो बात कही वह हमारे लिए आदर्श हो सकती है। उन्होंने कहा कि पिछली लड़ाइयों का अनुभव इस प्रकार का है, विशेष रूप से 1965 और 1962 की लड़ाइयों में, कि सेना के जो तीन चीफ रहे, उनमें आपस में तालमेल का अभाव था। और तालमेल का अभाव रहने का परिणाम यह हुआ कि 1965 की लड़ाई में हम यथास्थिति रख पाए। लेकिन उसको निर्णायक लड़ाई के रूप में नहीं बदल पाए। जब इनका तालमेल हुआ तो बंगलादेश की लड़ाई में हमने सफलता प्राप्त की। मैं चाहता हूँ कि इसकी तह में जाया जाए और इसकी तह में जाकर भाविष्य में इस प्रकार की घटनाएँ न हो सकें, इस बात की ओर विशेष रूप से ध्यान दिया जाए और यह देखा जाए कि सेना के तीनों अंगों में प्रोफेशनल बेसिस पर भी तालमेल हो सके, ताकि 1965 जैसी असफलता के दर्शन हमें न करने पड़ें।

दो बातें और कहकर मैं बैठ जाना चाहता हूँ, वे हैं सेना में व्याप्त भ्रष्टाचार। सैनिक अधिकारियों की देशभक्ति के ऊपर हम गर्व करते हैं, लेकिन जब इस प्रकार के भ्रष्टाचार की बातें सैनिकों और सैनिक अधिकारियों के बारे में हम सुनते हैं तो शर्म से गर्दन नीची हो जाती है। अभी हमारे एक मित्र चर्चा कर रहे थे पब्लिक एकाउंट्स कमेटी की रिपोर्ट की, लेकिन पब्लिक एकाउंट्स कमेटी की रिपोर्ट के अलावा भी सेनाओं में किस प्रकार से भ्रष्टाचार चल रहा है, जो कंस्ट्रक्शन के काम चल रहे हैं सेना में, उनमें भी भ्रष्टाचार चल रहा है। मेरे पास एक प्रश्न है जो 21 मार्च, 1975 को आया था और सरदार साहब ने, उधमपुर के अंदर जो हवाई अड्डा बन रहा है, किस प्रकार से उसमें इंजीनियर ने भ्रष्टाचार किया और आर्मी का गैरिसन इंजीनियर उनके साथ न्याय नहीं कर सका, हाईकोर्ट में जाना पड़ा और हाईकोर्ट ने एक इंक्वायरी कमीशन नियुक्त किया और ऑन दि स्पॉट इंक्वायरी की। उस इंक्वायरी की रिपोर्ट उनके खिलाफ आई। लेकिन आज तक उसका कुछ नहीं हो सका और अभी तक विभाग ने कोई कार्रवाई नहीं की। निर्माण-कार्यों में भयंकर भ्रष्टाचार हो रहा है, सामान की खरीद में भ्रष्टाचार हो रहा है, भोजन मँगाने में भ्रष्टाचार हो रहा है और सबसे अधिक भ्रष्टाचार रेक्रूटमेंट में होता है। मेरे पास समय नहीं है कि विस्तार से उसमें जाऊँ, लेकिन सेना में जब इस प्रकार से भ्रष्टाचार की चर्चाएँ सुनी जाती हैं तो मन बड़ा दुखी होता है। मैं चाहता हूँ कि इस पर गंभीरता से विचार करना चाहिए।

आखिर में, मैं आर० एंड डी० रिसर्च और डेवलपमेंट के बारे में कहना चाहूँगा। मेरा कहना यह है कि हमारे जो युवा वैज्ञानिक हैं, आज जब परमाणु शक्ति आयोग

के वैज्ञानिकों और खास तौर से नई पीढ़ी के वैज्ञानिकों को प्रोत्साहन दिया जाता है। उनके ग्रेड और वेतनमान अच्छे हैं तो सेना के वैज्ञानिकों ने क्या अपराध किया है कि इनकी सेवा-शर्तों को अभी तक नहीं सुधारा गया है ? मैं चाहता हूँ कि इन बातों पर रक्षा-मंत्रालय ध्यान दे, ताकि सेना में जिस प्रकार की हमारी आशा है और विश्वास है, उसके अनुकूल हमारा सैनिक शासन कार्य करे, उसी के अनुकूल हमारी सेनाएँ सिद्ध हो सकें।

2
पाक घुसपैठ

देवबंद मदरसे में घुसपैठ

शांति से नहीं बैठने देगा पाकिस्तान

घुसपैठ के लिए जिम्मेदार कौन ?

पाक एजेंट कश्मीर में शांति भंग कर रहे हैं

खतरा देख आँख बंद कर रही है सरकार

"गांधीजी को अहिंसा का सबसे बड़ा समर्थक कहा जाता है। एक अंग्रेजी की किताब, जो प्रो० ए०एन० बाली की लिखी हुई है, जिसको मैंने पढ़ा, कई साल पहले पढ़ा है, 'नाऊ इट कैन बी टोल्ड'। एक घटना उसमें लिखी हुई है। जब कश्मीर पर पाकिस्तान ने हमला किया तो नेहरू जी गांधीजी से पूछने गए कि बापू, अब अगर हम अपनी मिलिटरी कश्मीर में भेजें तो आपकी अहिंसा रास्ते में आकर तो नहीं अटकेगी ? गांधीजी ने कहा कि अगर पाकिस्तान ने मिलिटरी भेजी है तो तुम भी भेज दो, अहिंसा बीच में कहाँ आती है ? जवाहरलाल जी जब स्वीकृति लेकर चलने लगे, तो प्रो० ए०एन० बाली ने अपनी पुस्तक में लिखा है कि, दरवाजे के पास आने के बाद गांधीजी ने उनको बुलाया और बुलाकर कहा कि अगर मिलिटरी भेजनी है तो मेरी अपनी राय यह है कि कश्मीर की पहाड़ियों में उसको भेजकर क्यों मरवाते हो, अगर पाकिस्तान ने कश्मीर पर हमला किया है तो भारत की मिलिटरी लाहौर और सियालकोट के रास्ते से कराची जानी चाहिए। यह प्रो० ए०एन० बाली ने गांधीजी की बात लिखी है। उनकी अहिंसा यहाँ तक जाकर आगे बढ़ती थी। लेकिन आज देश को आपने इतना ठंडा कर दिया है, इतना कमजोर कर दिया है कि जिसका यह परिणाम है। समझ में नहीं आता कि ऐसा क्यों किया गया है। आज अपने संरक्षण मंत्री श्री यशवंतराव चव्हाण से भी मैं कहना चाहता हूँ कि वह स्थिति पाकिस्तान की ओर से अब बना दी गई है या फिर शिशुपाल की सौ गालियाँ पूरी हो चुकी हैं ? अब अगर एक सौ एकवीं गाली निकलती है तो हमारे नए संरक्षण मंत्री को खड़े होकर कहना चाहिए कि भारत इस स्थिति को बरदाश्त नहीं करेगा। हमको खुली भाषा में यह भी कहना चाहिए कि पूर्वी पाकिस्तान में, जहाँ हिंदुओं की संख्या केवल 92 लाख रह गई है, उनको भी अगर पाकिस्तान परेशान करके निकालता है तो सरदार पटेल की सुदृढ़ भाषा में उनको भी अब स्पष्ट कहना चाहिए कि उनको भारत बसाएगा तो सही, लेकिन जितने हिस्से में इनको बसाया जाना है, उतनी जमीन पाकिस्तान हिंदुस्तान को देगा। यही न्यायपूर्ण माँग दुनिया के सामने हमारी होनी चाहिए। इस भाषा में जब हम बोलेंगे, जब इस भाषा में हम सोचेंगे, तब हम देश के गौरव की रक्षा कर सकेंगे, ऐसा मेरा विश्वास है।"

(सीमा पर बढ़ती पाक गतिविधियों पर ध्यानाकर्षण प्रस्ताव पर वक्तव्य के अंश, लोकसभा, 27 फरवरी, 1964)

देवबंद मदरसे में घुसपैठ

[वैध-अवैध रूप से पाक नागरिकों के भारत-प्रवेश पर वक्तव्य, लोकसभा, 6 सितंबर, 1961]

जब माननीय पंत जी गृहमंत्री थे तो उस समय गत वर्ष मैंने लोकसभा में एक प्रश्न पूछा था कि हमारे देश में पाकिस्तान से आए हुए कितने नागरिक निवास कर रहे हैं ? उसका उत्तर यह दिया गया था कि 58,963 पाकिस्तानी भारत में रह रहे हैं। इसके साथ ही मैंने यह भी जानना चाहा था कि ऐसे कितने पाकिस्तानी भारत में रह रहे हैं जिनके पासपोर्ट की अवधि समाप्त हो गई है और गैरकानूनी तरीके से भारत में रह रहे हैं ? उसके उत्तर में 5 मई, 1961 को लोकसभा की टेबल पर सरकार की ओर से एक विवरण प्रस्तुत किया गया, जिसमें यह कहा गया था कि बिना पासपोर्ट के अवैध रूप से भारत में रहने वाले पाकिस्तानी मुसलमानों की संख्या 1 सितंबर, 1960 को 5,687 थी। अभी पीछे 14 अगस्त को फिर इसी प्रकार का एक और प्रश्न मैंने लोकसभा में पूछा था कि इस समय कितने पाकिस्तानी नागरिक भारतवर्ष में रह रहे हैं तो उसका उत्तर देते हुए गृह-कार्यमंत्री ने यह बताया था कि 31 दिसंबर, 1960 को विभिन्न प्रांतों में कुल मिलाकर 84,813 पाकिस्तानी नागरिक भारतवर्ष के अंदर निवास कर रहे हैं। मेरे इस प्रश्न के पूछने से पूर्व 16 अगस्त को राज्यसभा में इसी प्रकार का एक और प्रश्न पूछा गया था, जिसका उत्तर देते हुए स्वराष्ट्र मंत्री महोदय ने यह बतलाया था कि 1960 और '61 के जून मास तक असम प्रदेश में अवैध रूप से जिन पाकिस्तानी नागरिकों ने प्रवेश किया था उनकी संख्या 4054 थी। इनमें से 3390 पाकिस्तानियों को सजा भुगतने के बाद वापस भेज दिया गया। उनके अतिरिक्त जो शेष रह गए हैं, उनके खिलाफ भी कार्रवाई की जाएगी; लेकिन साथ ही साथ गृह-कार्यमंत्री ने राज्यसभा में यह भी कहा कि इन पाकिस्तानियों की संख्या के बारे में जानकारी प्राप्त करने का पूरा प्रयास किया जा रहा है और यह सत्य है कि असम में पाकिस्तानी नागरिकों ने भारी संख्या में प्रवेश किया है।

इसी से मिलता-जुलता एक प्रश्न गुजरात के संबंध में भी पूछा गया था। राज्यसभा में गृह-कार्यमंत्री ने बतलाया कि 1 जुलाई, 1961 को सारे सौराष्ट्र और कच्छ जिले में निर्धारित अवधि से अधिक रहने वाले पाकिस्तानियों की संख्या 1,267 थी। लेकिन अभी 30 अगस्त को मैंने लोकसभा में इस प्रकार का प्रश्न पूछा कि अवैध रूप से कितने पाकिस्तानी नागरिक गुजरात की सीमाओं को लाँघकर गुजरात प्रदेश के अंदर आए हैं तो

उसके उत्तर में बतलाया गया कि 161 पाकिस्तानी नागरिकों ने गुजरात की सीमा को लाँघकर वहाँ पर अवैध प्रवेश किया है, जबकि गुजरात के जो समाचार-पत्र हैं और गुजरात के जो अधिकृत व्यक्ति हैं उनकी रिपोर्ट इससे सर्वथा पृथक् है। गुजरात के जिम्मेदार पत्रों का कहना यह है कि लगभग 6000 पाकिस्तानी नागरिक बिना किसी प्रकार का परमिट आदि लिए भारतवर्ष में चले आए। इनमें 2000 केवल कच्छ जिले में हैं, 2000 सौराष्ट्र में हैं और बाकी गुजरात के अन्य भागों में फैल गए हैं। विशेष बात जो चिंता की है, वह यह है कि यह 6000 पाकिस्तानी नागरिक, जिन्होंने कि गुजरात राज्य में प्रवेश किया है, उनके संबंध में यहाँ के पत्रों ने लिखा है कि छड़बेहट क्षेत्र से विशेष रूप से दाखिल हुए हैं, उससे गुजरात की भारत-पाकिस्तान और भारत-पुर्तगाल सीमा पर सुरक्षा की समस्या बहुत जटिल हो गई है। गुजरात के पत्रों ने तो यहाँ तक समाचार लिखा था कि सौराष्ट्र और जूनागढ़ जिले में रहने वाले पाकिस्तानी लोग पुर्तगाल के जासूस बनकर भी कार्य कर रहे हैं और तस्कर व्यापारियों को सहयोग भी दे रहे हैं।

पीछे राज्यसभा में 4 मई, 1961 को इसी प्रकार का एक मिलता हुआ और प्रश्न पूछा गया था, जिसमें यह जानना चाहा था कि हिंदुस्तान में समय-समय पर जो इस प्रकार की घटनाएँ घटती रहती हैं, जैसे कहीं पर विध्वंस की कार्रवाई है अथवा बम-विस्फोट की घटनाएँ हैं या और भी इसी प्रकार की जो अराष्ट्रीय कार्रवाइयाँ हो रही हैं, क्या उनमें पाकिस्तानी नागरिकों का हाथ है ? गृह-कार्यमंत्री की ओर से उत्तर दिया गया था कि भारतवर्ष में इन सभी घटनाओं में पाकिस्तानी राष्ट्रजनों का हाथ था और इस प्रकार की लगभग 188 घटनाएँ भारतवर्ष के अंदर हुईं और उनमें 10 पाकिस्तानी नागरिक मारे गए थे। यह राज्यसभा में उत्तर दिया गया था।

अभी पीछे भी उत्तर प्रदेश की विधानसभा में इसी प्रकार की एक चर्चा आई थी। दिल्ली में एक व्यक्ति पकड़ा गया था, जो कि 9 बमों के साथ गिरफ्तार हुआ था। उसका नाम अब्दुल हमीद था। इस अब्दुल हमीद नामक व्यक्ति के सुराग देने पर उत्तर प्रदेश के पश्चिमी जिलों में, विशेषकर खुर्जा, हापुड़, सहारनपुर और बुलंदशहर में कुछ इस प्रकार के छापे मारे गए थे, जिनमें कि 15,000 पौंड बारूद पकड़ा गया था। कुछ और इस प्रकार की विस्फोटक सामग्री वहाँ पर प्राप्त की गई।

कश्मीर के संबंध में भी हमारे प्रधानमंत्री श्री जवाहरलाल नेहरू ने इस बात को कहा कि पाकिस्तानी लोग अवैध रूप से वहाँ पर अपने व्यक्तियों को भेजते हैं और जो कश्मीर की सीमाओं में प्रवेश कर इस प्रकार का उपद्रव पैदा करते हैं, जिसके परिणाम भयंकर हो सकते हैं। यह एक प्रकार से बहुत ही चिंता का विषय हैं।

अभी कुछ दिन पहले उत्तर प्रदेश के गृहमंत्री चौधरी चरणसिंह ने अपनी विधानसभा में एक प्रश्न का उत्तर देते हुए 21 अगस्त को यह भी बताया था कि उत्तर प्रदेश में अवैध रूप से रहते हुए कुछ पाकिस्तानी नागरिक पकड़े गए हैं और जिनके विरुद्ध हम

कार्रवाई भी कर रहे हैं।

लेकिन एक विशेष जानकारी मैं आपको देना चाहता हूँ। मेरे पास देवबंद से 'दारुल उलूम' के कुछ मुसलमान विद्यार्थियों की ओर से छपा हुआ पत्रक आया है। सहारनपुर में एक स्थान है देवबंद, जहाँ कि अरबी का एक बहुत बड़ा मदरसा है और जहाँ पर तमाम हिंदुस्तान से और विदेशों से बहुत-से छात्र पढ़ने के लिए आते हैं। वहाँ के कुछ विद्यार्थी मेरे पास आए और यह छपा हुआ पत्रक अपने साथ में लाए और उन्होंने रो-रोकर अपनी करुण कथा सुनाई कि किस तरीके से पाकिस्तानी नागरिक अवैध रूप से भारतीय सीमाओं में प्रवेश कर जाते हैं और भारतवर्ष के विद्यालयों में उनको पढ़ने की भी सुविधा दी जाती है। जब हम शिकायत करते हैं तो वहाँ के जो अधिकारी हैं, उलटे हम पर कार्रवाई करते हैं। यह सारा पत्रक मैं आपको समयाभाव के कारण पढ़कर नहीं सुनाना चाहता हूँ, लेकिन उसकी कुछ पंक्तियाँ आपकी जानकारी के लिए सुनाना चाहता हूँ। उन विद्यार्थियों ने अपनी ओर से लिखा है :

'हम गरीब-उल्वतन इखराजशुदा तुलबा आप लोगों को यह बताना चाहते हैं कि किस तरह से नाजायज़ तौर से आने वाले पाकिस्तानियों का मदरसे में दाखिला किया जाता है और उन्हें सारी सहूलियतें दी जाती हैं और मुल्क के वफादार हिंदुस्तानी तुलबा को इन पाकिस्तानियों की मुखालफत करने पर मदरसे से बाहर निकाल फेंका जाता है। हम लोग मदरसा दारुलउलूम देवबंद में कई-कई साल से तालीम पा रहे थे और जिम्मेदारान-मदरसा को पाकिस्तानियों की हिमायत करते हुए देख रहे थे। ज़मीर ने गवाही न दी कि मादरेवतन सरज़मीने-हिंद के इस पाक मदरसे को पाकिस्तानियों का अड्डा बनते देखकर खामोश रहें। इसलिए हम लोगों ने मदरसे के जिम्मेदारों को इस बात की इत्तला दी कि मदरसे में लातादाद पाकिस्तानियों को दाखिल करके इसकी अहमियत को न घटाया जाए। इस पर इन हजरात ने कोई गौर नहीं किया। इसके बाद हमने मजबूर होकर पाकिस्तानियों के खिलाफ हुकूमत में भी आवाज उठाई, जिसके कि नतीजे पर बहुत-से पाकिस्तानी यहाँ गिरफ्तार किए गए और कुछ को सजाएँ भी हुईं। नतीजे के तौर पर हम मुल्क व मदरसे के वफादार तुलबा को मवर्खा 4-7-61 को मदरसे से बेदर्दी के साथ निकाल दिया। हमें अपने सामान को हिफाजत के साथ उठाने का मौका तक नहीं दिया गया, बल्कि हमारे दो-एक साथियों को पिटवाया भी गया। अब हम लोगों को लावारिसों की तरह मुल्क की वफादारी करने पर मजहबी तालीम से भी हटा दिया गया।'

इस प्रकार का यह पोस्टर है। आपको जानकर आश्चर्य होगा कि जिन विद्यार्थियों ने सरकार को यह सूचना दी थी कि गैरकानूनी तरीके से यहाँ पर आए हुए पाकिस्तानी शिक्षा प्राप्त कर रहे हैं, उनमें से जिनको हटाया गया, उनमें दो पाकिस्तानी विद्यार्थी भी थे। अब सभापति महोदय, आप जानना चाहेंगे कि जब पाकिस्तानियों के विपरीत शिकायत थी तो पाकिस्तानी विद्यार्थियों को क्यों हटाया गया था ? इसकी वजह यह है कि वे

पाकिस्तानी विद्यार्थी, जो कि पारपत्र लेकर भारतवर्ष में शिक्षा प्राप्त करने के लिए आए थे, और अवैध रूप से जो छात्र वहाँ थे उनके कारण समय-समय पर इनकी भी तलाशी और जानकारी ली जाती थी, उन्होंने बचने के लिए यह गवाही दी, लेकिन उन छात्रों को भी इस आधार पर वहाँ से निकाला गया। मैं आपको यह सूचना के तौर पर बतला रहा हूँ कि हिंदुस्तान में और भी बहुत-से इसी प्रकार के मजहबी विद्यालय हैं।

एक अंतिम बात जिसको कि मैं कहकर इस छोटी-सी चर्चा को समाप्त करना चाहता हूँ, वह चिंतनीय स्थिति असम की है। असम में लाखों की संख्या में पाकिस्तानी नागरिकों ने प्रवेश किया और सन् 1961 की पिछली जनगणना में उन्होंने वहाँ मतदाता बनने का भी प्रयत्न किया। इन आवेदनकर्ताओं में अधिकांश पाकिस्तानी मुसलमान कामरूप, दारंग और नवगाँव जिले में आकर अधिक संख्या में बसे हैं। अन्य जिलों से भी इस प्रकार के आवेदन-पत्र आए हैं। यह हजारों आवेदन-पत्र जो आए हैं, उनमें से 20,000 नवगाँव से हैं, 15,000 कामरूप के बारपेटा सब-डिवीजन से आए हैं और 10,000 दारंग जिले के डलगाँव निर्वाचन-क्षेत्र से आए हैं। उन्होंने यह प्रयत्न किया है कि कुछ विशेष क्षेत्रों को इस प्रकार प्रभावित किया जाए जहाँ का कि निर्वाचन का परिणाम भी उनके हाथों में आए। 1957 के आम चुनावों के समय मतदाताओं की कुल संख्या 53 लाख, 68 हजार, 131 थी और 1951 की जनगणना के अनुसार उस समय वहाँ की आबादी 90 लाख, 43 हजार, 707 थी। अब जो 1961 की जनगणना हुई है उसके अनुसार असम की जनसंख्या 1 करोड़, 18 लाख, 60 हजार, 59 है। इसका यह अर्थ हुआ कि असम की जनसंख्या में दस साल में 28 लाख की वृद्धि अर्थात् 35 फीसदी की वृद्धि हुई है। देश के किसी भी भाग में इतनी संख्या में वृद्धि नहीं हुई। पूर्वी पाकिस्तान के 1 लाख, 20 हजार शरणार्थियों को लेकर केवल 20 लाख की वृद्धि हो सकती थी, लेकिन यह वृद्धि हुई है 28 लाख की। इससे साफ प्रतीत होता है कि 8 लाख व्यक्ति अवैध रूप से पाकिस्तान से असम में प्रवेश कर गए हैं।

मैं ऐसी बात इसलिए यहाँ कह रहा हूँ कि भारतीय सीमाओं पर जब चारों ओर से सुरक्षा के लिए बड़ा भारी खतरा खड़ा हो गया है और विशेष रूप से जबकि पाकिस्तान के साथ हमारा संबंध अच्छा नहीं चल रहा है, तो ये जितने भी अवैध रूप से पाकिस्तानी नागरिक प्रवेश कर रहे हैं, या जो यहाँ पर वैध रूप से पारपत्र लेकर भारी संख्या में रह रहे हैं और जिनकी संख्या आपने पीछे बताई भी कि 84 हजार, 813 है, अब आप स्वयं अनुमान लगा सकते हैं कि हमारे सामने कैसी भयावह स्थिति है।

शांति से नहीं बैठने देगा पाकिस्तान

[सीमा पर बढ़ती पाक गतिविधियों पर ध्यानाकर्षण प्रस्ताव पर वक्तव्य, लोकसभा, 27 फरवरी, 1964]

पाकिस्तान की ओर से समय-समय पर भारतीय सीमाओं पर आक्रमण, लूटपाट और हत्याकांड की जो घटनाएँ होती रही हैं, उन सबको देखकर मुझे राजर्षि टंडन जी की वह चेतावनी आज याद आती है, जो उन्होंने पाकिस्तान बनने से पहले, जबकि उसके बारे में अंतिम निर्णय लिया जा रहा था, कांग्रेस महासमिति के अधिवेशन में दी थी। वह पाकिस्तान बनने के विरोधी थे और उन्होंने उस समय यह कहा था—"बहुमत से तुम इस काम को कर तो रहे हो, लेकिन मैं अपने निजी अनुभव के आधार पर तुमको यह कहे जाता हूँ कि हिंदुस्तान की छाती पर तुम एक ऐसा काँटा गाड़ रहे हो, जो हमेशा-हमेशा हिंदुस्तान को परेशान करता रहेगा।" पिछले सोलह वर्षों का इतिहास आज राजर्षि टंडन की चेतावनी का प्रत्यक्ष प्रमाण है।

पाकिस्तान के बनने के पश्चात् कभी उसने कश्मीर पर हमला किया, किस तरह से पूर्वी पाकिस्तान में इसी प्रकार के हत्याकांड होते रहे हैं, भारत में सांप्रदायिक उपद्रव भड़काने के लिए किस तरह से पाकिस्तानी यहाँ पर आकर काम करते रहते हैं, असम, त्रिपुरा और पश्चिमी बंगाल में किस तरह से भारी संख्या में पाकिस्तानी आ गए हैं, और किस तरह से भारतीय धरती पर मंगला डैम बन रहा है, यह हमें ज्ञात है। पाकिस्तान बनने के पश्चात् प्रतिवर्ष का इतिहास, प्रतिमास का इतिहास, बल्कि यूँ कहना चाहिए कि प्रतिदिन का इतिहास राजर्षि टंडन जी की उस चेतावनी का ही प्रमाण है कि वह एक ऐसा काँटा हिंदुस्तान की छाती पर गड़ गया है, जो सदा उसको परेशान करता रहेगा। जब तक पाकिस्तान अपने वर्तमान रूप में रहेगा, तब तक वह हिंदुस्तान को शांति के साथ नहीं बैठने देगा।

आंतरिक दृष्टि से चाहे पाकिस्तान में अन्य मामलों में लाख मतभेद हों, लेकिन जिस एक प्रश्न पर सारा पाकिस्तान एक है, जिस एक समस्या के बारे में सारे पाकिस्तान से एक स्वर निकलता है, वह है—भारतवर्ष का विरोध, भारतवर्ष पर आक्रमण की घोषणा।

अभी पीछे सुरक्षा परिषद् में पाकिस्तान के विदेशमंत्री श्री भुट्टो ने भारत पर यह लांछन लगाया था कि भारत की ओर से पाकिस्तान की सीमाओं पर इतनी बार आक्रमण किए गए हैं। मैं अपनी भाषा में इसका उत्तर न देकर आपके सामने वही उत्तर रखना

चाहता हूँ, जो कि भारत सरकार के जिम्मेदार प्रतिनिधि श्री मुहम्मद करीम छागला ने सुरक्षा परिषद् में दिया। उन्होंने वहाँ पर बताया कि पिछले पंद्रह वर्षों में पाकिस्तान ने 1500 बार भारतीय सीमाओं पर आक्रमण किया है। जब भारत सरकार का एक जिम्मेदार प्रतिनिधि यह कहता है, तो यह संख्या जहाँ दुनिया को चेतावनी देने के लिए है, वहाँ भारतीय गौरव के लिए भी तो एक बहुत बड़ी चुनौती है। जिस देश की सीमाओं पर 1500 बार आक्रमण हो चुके हों, वह देश शांति से बैठा रहे और किसी प्रकार के भी विरोध की स्थिति में न आए, यह बात समझ में नहीं आती है।

मेरे मित्र श्री यशपाल सिंह के भाषण को सुनकर एक माननीय सदस्य को गुस्सा आया और उन्होंने कहा कि यह उनकी पराजित मनोवृत्ति का परिचायक है। मैं कहना चाहता हूँ कि जो शब्द उन्होंने कहे हैं, वे उनकी पराजित मनोवृत्ति के परिचायक नहीं हैं, बल्कि उनके द्वारा स्वाभिमान के उद्बोधक हैं। केवल उन्हीं की नहीं, बल्कि आज देश-भर की यह भावना है कि जब हम आए दिन समाचार-पत्रों में पढ़ते हैं कि हमारे इतने ऊँटों को लूटकर ले गए, हमारे इतने सिपाही मार दिए गए, हमारे अमुक हवाई जहाज का पता नहीं है, हमारे तेरह मिलिटरी ऑफिसर्स की कोई जानकारी नहीं है, हमारे मिलिटरी के 23 आदमी मार दिए गए, तो भारत का जनसाधारण यह सोचता है कि क्या हिंदुस्तान की सेना, क्या भारत सरकार की शक्ति इतनी क्षीण हो गई है कि अब हम मरने की स्थिति में ही हैं, मारने की स्थिति में नहीं रहे ? मेरे माननीय मित्र का अभिप्राय मात्र यही था और उनके स्वर में स्वर मिलाते हुए मैं यह कहना चाहता हूँ कि हमको आज यह स्थिति पैदा करनी चाहिए कि हम केवल दबाव की स्थिति में न रहें, बल्कि हमको आक्रमण की स्थिति में भी आना चाहिए। हम पर हमले होते रहें और हम अपने आपको बचाने में ही लगे रहें, उस स्थिति में आज हम न रहें, बल्कि भारत को आक्रमण की स्थिति में भी आना चाहिए। तभी हम पराजित मनोवृत्ति के लांछन को दूर कर सकेंगे।

जहाँ तक हमारे देश में पाकिस्तान की कार्रवाई का प्रश्न है, मैं बड़े दुःख के साथ इस सरकार की अजीब सजगता का एक ही प्रमाण देना चाहता हूँ। अगस्त, 1962 में मैंने एक प्रश्न पूछा था कि इस देश में पासपोर्ट को लेकर आए हुए पाकिस्तानियों की संख्या क्या है ? और जो बिना पासपोर्ट के आए हैं, या जिनके पासपोर्ट की अवधि समाप्त हो गई है, ऐसे लोगों की संख्या क्या है ?

अगस्त, 1962 के प्रश्न का उत्तर फरवरी, 1964 में दिया गया। फरवरी, 1964 में दो साल बाद इसका उत्तर कल मेरे पास आया है। इसमें बताया गया है कि 1 जुलाई, 1962 को इस देश में जो पासपोर्ट लेकर रहने वाले पाकिस्तानी थे, उनकी संख्या 1 लाख, 18 हजार, 749 थी और जो बिना पासपोर्ट के रहने वाले पाकिस्तानी थे उनकी संख्या 46 हजार, 138 थी। इतनी बड़ी संख्या में, पौने दो लाख के लगभग, जब पाकिस्तानी यहाँ भारत में हों, जो कि भारत सरकार की जानकारी में हों और सारे भारतवर्ष में फैले हुए हों

तो कल को परमात्मा न करे, पाकिस्तान के साथ हिंदुस्तान के अगर दो-दो हाथ होने लगें, उस स्थिति में, जैसी आज स्थिति बनती जा रही है, उस समय ये दो और ढाई लाख मुसलमान जो सारे भारत में बिखरे हुए हैं, और सात लाख आदमी जो असम में पाकिस्तान से आकर बैठ गए हैं, वे जनरल अयूब के हाथ मजबूत करेंगे या आपके प्रधानमंत्री के हाथ मजबूत करेंगे ? यह प्रश्न आज जनता भारत सरकार से पूछती है।

मैं सदन को याद दिलाता हूँ और मेरी इस बात की गवाही राजस्थान के माननीय सदस्य देंगे कि पाकिस्तान बनने के बाद राजस्थान की सीमाओं पर एक फोटो बाँटा गया था। हिंदुस्तान की पार्लियामेंट में भी इसकी चर्चा उठी थी। फोटो क्या था ? उसमें एक घोड़ा बना हुआ था, जिस पर जिन्ना साहब सवार थे। यह पाकिस्तान बनने के एकदम बाद की बात है। यह फोटो तब राजस्थान की सीमा पर बाँटा गया था। उस घोड़े के पिछले दो पैर तो पाकिस्तान में थे, एक पैर जैसलमेर में था और चौथा पैर दिल्ली की ओर उठा हुआ था और नीचे लिखा हुआ था–'भारतीय भाइयो, घबराओ मत, तुम्हारी रक्षा के लिए हम बहुत जल्द दिल्ली आने की तैयारी कर रहे हैं।' यह फोटो जो उस समय बाँटा गया था, वह ही उनकी भावनाओं का प्रतीक था। अभी राजस्थान के एक जिम्मेदार सदस्य श्री हरिश्चंद्र माथुर ने कहा कि राजस्थान की सीमाओं पर मीलों इस प्रकार का इलाका है कि जहाँ पर पाकिस्तानी घुसपैठ कर सकते हैं। ऐसी हालत में किस प्रकार की स्थिति आगे चलकर वे बना देंगे, कोई कह नहीं सकता है।

1961 की जनगणना भी हमारी आँखें खोलने के लिए पर्याप्त है। पाकिस्तान से लगे हुए राजस्थान के जिले गंगानगर में जहाँ 1951 में 20,305 मुसलमान थे, वहाँ वे 1961 में बढ़कर 34,891 हो गए। बीकानेर में जहाँ उनकी संख्या 1951 में 39,876 थी, वहाँ वह 1961 में बढ़कर 50,264 हो गई। जैसलमेर के अंदर जहाँ 1951 में उनकी संख्या 22,185 थी, वहाँ वह 1961 में बढ़कर 37,049 हो गई। बाड़मेर में वह 54,537 से बढ़कर 91,850 हो गई। इससे आप अनुमान लगा सकते हैं कि इसके पीछे छिपी हुई भावना क्या है या इरादा क्या है ?

अपने वक्तव्य को उपसंहार की ओर ले जाते हुए मैं दो बातें और कहना चाहता हूँ। गांधीजी को अहिंसा का सबसे बड़ा समर्थक कहा जाता है। एक अंग्रेजी की किताब, जो प्रो० ए०एन० बाली की लिखी हुई है, जिसको मैंने पढ़ा, कई साल पहले पढ़ा है, 'नाऊ इट कैन बी टोल्ड'। एक घटना उसमें लिखी हुई है। जब कश्मीर पर पाकिस्तान ने हमला किया तो नेहरू जी गांधीजी से पूछने गए कि बापू, अब अगर हम अपनी मिलिटरी कश्मीर में भेजें तो आपकी अहिंसा रास्ते में आकर तो नहीं अटकेगी ? गांधीजी ने कहा कि अगर पाकिस्तान ने मिलिटरी भेजी है तो तुम भी भेज दो, अहिंसा बीच में कहाँ आती है ? जवाहरलाल जी जब स्वीकृति लेकर चलने लगे, तो प्रो० ए०एन० बाली ने अपनी पुस्तक में लिखा है कि, दरवाजे के पास आने के बाद गांधीजी ने उनको बुलाया और बुलाकर कहा

कि अगर मिलिटरी भेजनी है तो मेरी अपनी राय यह है कि कश्मीर की पहाड़ियों में उसको भेजकर क्यों मरवाते हो, अगर पाकिस्तान ने कश्मीर पर हमला किया है तो भारत की मिलिटरी लाहौर और सियालकोट के रास्ते से कराची जानी चाहिए। यह प्रो० ए०एन० बाली ने गांधीजी की बात लिखी है। उनकी अहिंसा यहाँ तक जाकर आगे बढ़ती थी। लेकिन आज देश को आपने इतना ठंडा कर दिया है, इतना कमजोर कर दिया है कि जिसका यह परिणाम है। समझ में नहीं आता कि ऐसा क्यों किया गया है। आज अपने संरक्षण मंत्री श्री यशवंतराव चव्हाण से भी मैं कहना चाहता हूँ कि वह स्थिति पाकिस्तान की ओर से अब बना दी गई है या फिर शिशुपाल की सौ गालियाँ पूरी हो चुकी हैं ? अब अगर एक सौ एकवीं गाली निकलती है तो हमारे नए संरक्षण मंत्री को खड़े होकर कहना चाहिए कि भारत इस स्थिति को बरदाश्त नहीं करेगा। हमको खुली भाषा में यह भी कहना चाहिए कि पूर्वी पाकिस्तान में, जहाँ हिंदुओं की संख्या केवल 92 लाख रह गई है, उनको भी अगर पाकिस्तान परेशान करके निकालता है तो सरदार पटेल की सुदृढ़ भाषा में उनको भी अब स्पष्ट कहना चाहिए कि उनको भारत बसाएगा तो सही, लेकिन जितने हिस्से में इनको बसाया जाना है, उतनी जमीन पाकिस्तान हिंदुस्तान को देगा। यही न्यायपूर्ण माँग दुनिया के सामने हमारी होनी चाहिए। इस भाषा में जब हम बोलेंगे, जब इस भाषा में हम सोचेंगे, तब हम देश के गौरव की रक्षा कर सकेंगे, ऐसा मेरा विश्वास है।"

घुसपैठ के लिए जिम्मेदार कौन ?

[गृह-मंत्रालय की अनुदान माँगों पर चर्चा के दौरान वक्तव्य, लोकसभा, 28 अप्रैल, 1966]

इस सदन में संविधान के अनुच्छेद 370 को हटाने संबंधी विधेयक उपस्थित करते हुए मैंने बताया था कि कश्मीर की जिन पुस्तकों में चीन-समर्थक पाठ्यक्रम है, उसके विरुद्ध कश्मीर के स्टूडेंट-लीडर श्री भीमसिंह ने आंदोलन किया और कश्मीर सरकार को चेतावनी दी कि अमुक तारीख तक इन पुस्तकों में से उन पाठों को हटा दिया जाए, जिनमें चीनी नेताओं की प्रशंसा की गई है, जो भारतीय नौजवानों पर बुरा प्रभाव डालते हैं, अन्यथा मैं उन पुस्तकों की होली जलाऊँगा। चूँकि उस व्यक्ति ने राष्ट्रीय हित में काम किया, इसलिए वह आज भी डी०आई०आर० के तहत गिरफ्तार है। क्या डी०आई०आर० का प्रयोग ऐसे कामों के लिए किया जाना है ?

मैं इससे भी अधिक और बुरी एक बात बताना चाहता हूँ और मैं चाहता हूँ कि गृह-मंत्रालय और यह सदन उसके बारे में भी सोचे। मुझे यह देखकर शर्म आती है कि कश्मीर के एक मिनिस्टर के संबंध में अखबार में लिखा है : 'कश्मीर मिनिस्टर, हू कुड नॉट कंट्रोल हिमसेल्फ'। इस संबंध में और भी आठ-दस समाचार-पत्र मेरे पास आए हैं। मैं नहीं चाहता कि मैं इस बात को खोलकर कहूँ। लेकिन अगर एक अल्पसंख्यक परिवार की औरत, एक हैडमिस्ट्रेस के साथ हुई यह घटना सत्य है, तो मैं चाहूँगा कि गृह-मंत्रालय इसकी पूरी जानकारी ले।

मैं चाहूँगा, इन सारे तथ्यों का पता लगाने के बाद सरकार इस बारे में उचित और कड़ी कार्रवाई करे। आज स्थिति यह है कि जो कश्मीर में राष्ट्रीयता का झंडा खड़ा करना चाहता है, उनको डी०आई०आर० में गिरफ्तार किया जाता है, उनसे शत्रुता निकाली जाती है। लेकिन जो वहाँ पर राष्ट्रीयता के शत्रु हैं और इस प्रकार के दुर्व्यवहार के अपराधी हैं, उनको आज प्रश्रय मिला हुआ है और आज वे मिनिस्टरों की कुर्सी पर बैठे हुए हैं। क्या यह डी०आई०आर० का दुरुपयोग नहीं है ?

कश्मीर में हजारों की संख्या में घुसपैठिए आए, जिनके द्वारा हिंदुस्तान और पाकिस्तान का संघर्ष आरंभ हुआ। लेकिन आज तक भारत सरकार यह नहीं बता सकी है कि इसमें कश्मीर सरकार की गलती थी, गृह-मंत्रालय की गलती थी अथवा रक्षा-मंत्रालय की गलती थी। मैं आज जानना चाहता हूँ कि हमारी कमाई का करोड़ों रुपया जिन पर व्यय किया जाता है, उनमें किनकी असावधानी से ये घुसपैठिए आए ? लड़ाई में सीमावर्ती कश्मीर के कुछ लोग पाकिस्तान चले गए और वहाँ से लाखों की संख्या में ट्रेंड होकर आ रहे हैं। किस

प्रकार से वे कश्मीर की रक्षा कर सकेंगे, जब कल को यह स्थिति आपके सामने आएगी ? इसका और समाधान क्या हो सकता है ?

श्री फखरुद्दीन अली अहमद यहाँ पर बैठे हुए हैं। अभी पटना में इन्होंने एक भाषण में कहा—अगर समाचार-पत्रों में सही रिपोर्टिंग हुई है तो भारतवर्ष के पूर्वी प्रदेश के इलाके में अनुमान है कि 10 लाख पाकिस्तानी वहाँ पर आकर बैठे हुए हैं। अगर यह रिपोर्टिंग सही है और यह सत्य है तो हम कितनी कच्ची रेत की दीवार पर खड़े हुए हैं और इस तरह हम किस प्रकार देश की रक्षा कर सकेंगे ?

[सिंचाई और विद्युत् मंत्री (श्री फखरुद्दीन अली अहमद) : जब मेरा नाम लिया गया है, तो जो मैंने पटना में कहा था, बेहतर होगा, उसको वाज़ा कर दूँ। मैंने यह कहा था कि 1961 में जो सेंसस हुआ, आबादी में एव्रेज इन्क्रीज़ को ध्यान में रखते हुए यह मालूम होता है कि 10 लाख मुसलमानों की आबादी हिंदुस्तान में ज्यादा है और 10 लाख मुसलमानों की आबादी पाकिस्तान में कम है और इसका डिस्ट्रीब्यूशन इस तरह से है कि 4 लाख के करीब बंगाल में, 3 लाख के करीब बिहार में, ढाई लाख के करीब असम में और पचास हजार के करीब त्रिपुरा में। लेकिन इससे यह हम नहीं कह सकते कि बगैर पासपोर्ट डॉक्यूमेंट और पासपोर्ट लिए हुए कितने पाकिस्तानी हिंदुस्तान में हैं। उसके लिए सेंसस करना चाहिए और उसके बाद ही हम कह सकते हैं कि कितनी इल्लीगल इन्फिलट्रेशन हमारे मुल्क में हुई है।]

मैं श्री फखरुद्दीन को धन्यवाद देता हूँ कि जो बात मैं कहना चाहता था, वह विस्तार के साथ उन्होंने बतला दी, उससे मेरे कथन की पुष्टि में मदद मिली है। मैं यह कहना चाहता था कि इस प्रकार की जिस देश की सीमाओं की स्थिति हो, उस देश के गृहमंत्री से अगर देश यह पूछे कि गृह-मंत्रालय इस देश की सुरक्षा के लिए क्या कार्य कर रहा है और किस तरह से इस देश की स्वतंत्रता की रक्षा हो सकेगी, तो क्या यह न्यायोचित न होगा ? मैं उम्मीद करता हूँ, श्री जयसुखलाल हाथी, पूर्वी सीमावर्ती प्रदेशों के संबंध में ही नहीं, बल्कि राजस्थान, कच्छ, गुजरात और दूसरे जितने भी सीमावर्ती राज्य हैं, इनके संबंध में जो स्थिति गंभीर हो रही है, इन सबके संबंध में भी गंभीरता से निर्णय करेंगे।

गृह-मंत्रालय का दुर्भाग्य यह है कि इस नई कैबिनेट बनने के बाद, श्रीमती इंदिरा गांधी के प्रधानमंत्री बनने के बाद, गृह-मंत्रालय को कौन-सा साँप सूँघ गया है ? क्यों उसमें दुर्बलता आती चली जा रही है जो राष्ट्रीय निर्णयों पर दृढ़ता के साथ कदम नहीं उठाता ? इसी तरह की गृह-मंत्रालय की यदि स्थिति रही और इस केंद्रीय सरकार पर मुख्यमंत्री इसी तरह से हावी बने रहे तो मैं समझता हूँ कि गृह-मंत्रालय हो या कोई और मंत्रालय हो, देश के लिए उतना उत्तरदायी नहीं हो सकेगा, जितना उसे अपने उत्तरदायित्व का पालन करना चाहिए। मुझे विश्वास है कि इन बातों पर आप और भी गहराई के साथ विचार करेंगे।

पाक एजेंट कश्मीर में शांति भंग कर रहे हैं

[कश्मीर में पाक घुसपैठ पर प्रस्तुत प्रस्ताव, लोकसभा, 30 नवंबर, 1967]

[प्रस्ताव : हाल ही में भारी संख्या में पाकिस्तानियों की कश्मीर में घुसपैठ से तथा राज्य में होने वाली अनेक घटनाओं से, जिनसे यह साबित होता है कि पाकिस्तान-समर्थक एजेंट राज्य की शांति भंग करने पर तुले हुए हैं, राष्ट्रीय सुरक्षा के लिए उत्पन्न गंभीर खतरे से पैदा हुई स्थिति पर विचार किया जाए।]

जिस दिन से भारत स्वतंत्र हुआ है, उसी दिन से पाकिस्तान कश्मीर में तोड़-फोड़, आक्रमण और दुनिया-भर में भारत के खिलाफ जहर फैलाने का काम कर रहा है। योजनाबद्ध तरीके से पाकिस्तान ने 1965 में कश्मीर में कई हजार प्रशिक्षित घुसपैठिए भेजे, जिसका परिणाम भारत और पाकिस्तान संघर्ष के रूप में हुआ। सरकार का दावा यह था कि 1965 में जो प्रशिक्षित घुसपैठिए आए थे, वे वहाँ से वापस चले गए या समाप्त हो गए। लेकिन पाकिस्तान ने जैसे ताशकंद में एक हस्ताक्षर कराकर एक चाल और झाँसा दिया था। 740 वर्गमील का वह क्षेत्र जो भारत ने पाकिस्तान से लिया था, जिसमें 270 वर्गमील केवल कश्मीर का ही भाग था, उस पर हस्ताक्षर कराने के लिए जो चाल पाकिस्तान ने चली, ठीक उसी प्रकार से पाकिस्तानी घुसपैठियों की स्थिति हुई—सरकार की दृष्टि में ये घुसपैठिए चले गए, लेकिन वास्तविकता यह है कि ये घुसपैठिए भूमिगत हो गए और अंडरग्राउंड होकर वहाँ के राजनीतिक नेताओं और सरकारी अधिकारियों को बरगलाने और दूसरे ढंग से अपना षड्यंत्र पूरा करने का कार्य करते रहे। इससे स्थिति 1965 से भी कहीं अधिक भयंकर हो गई। कश्मीर घाटी में खासकर उन्होंने न केवल छोटी उम्र के बच्चों और किराए के आदमियों को खरीदकर 'पाकिस्तान जिंदाबाद, जिन्ना जिंदाबाद, अयूब जिंदाबाद' के नारे लगवाने शुरू कर दिए, बल्कि सच्चाई यह है कि कश्मीर घाटी में जो बाहर के पर्यटक आते हैं, उन पर भी खुल्लमखुल्ला हमले की घटनाएँ वहाँ पर हुई हैं।

हमारी प्रधानमंत्री की स्वर्गीय बुआ श्रीमती कृष्णा हठीसिंह के साथ क्या घटना घटी थी ? यूगोस्लाविया के राजदूत के साथ क्या घटना हुई ? टाटा के जनरल मैनेजर के साथ वहाँ पर क्या घटना हुई ? सरकार को शायद उन घटनाओं की अच्छी तरह से जानकारी होगी। मेरे ऐसा कहने का अभिप्राय यह न समझें कि हमारे पर्यटन मंत्री श्री कर्णसिंह देश के दूसरे भागों के पर्यटकों को वहाँ जाने के लिए उत्साहित करने का जो प्रयास कर रहे

हैं, उसमें किसी प्रकार की न्यूनता रही, बल्कि जहाँ कश्मीर में 60-70 हजार पर्यटक प्रतिवर्ष जाते थे, वहाँ इस वर्ष उनके प्रयास से डेढ़ लाख के लगभग पर्यटक वहाँ पहुँचे। लेकिन डॉ० कर्णसिंह को याद होगा कि उन्होंने एक प्रश्न का उत्तर देते हुए 15 नवंबर को श्री रामगोपाल शालवाले को बतलाया था कि 3 अक्तूबर को दो यात्री बसों पर, पेम्पोर और विजाबिहार में हमला किया गया, जिसके परिणामस्वरूप वह बसें फिर वापस श्रीनगर लौट गईं। इस तरीके से पाकिस्तानियों ने यह भयंकर स्थिति पैदा कर दी है। सांप्रदायिक तनाव इतना बढ़ा दिया गया है कि जिससे कश्मीर घाटी से हिंदू छोड़कर चले जाएँ। सेना की जो अपनी गाड़ियाँ हैं जब वह उन सड़कों से निकलती हैं तो उन पर पत्थर फेंकने व थूकने आदि की घटनाएँ भारी मात्रा में हुई हैं। पाकिस्तान अब इस प्रकार का प्रयास कर रहा है कि वहाँ पर हथियार फिर से जमा कर लिए जाएँ और उसके सहयोग के लिए भी वहाँ पर एक वातावरण बनाया जा रहा है। मैं अपने इस कथन की पुष्टि में आपको दो-तीन प्रमाण भी देना चाहूँगा। गृहमंत्री श्री यशवंतराव चव्हाण को शायद स्मरण हो, नंदा जी उस समय गृहमंत्री थे और उस समय भी मैंने इस बात की चर्चा की थी कि कश्मीर पॉलिटिकल कान्फ्रेंस के नेता श्री गुलाम मुहीउद्दीन कारा की ओर से किस प्रकार के पत्र पाकिस्तान के लोगों को लिखे जाते हैं और किस ढंग से पाकिस्तान से सहायता माँगी जाती है। वह पत्र पूरा नहीं पढ़ना चाहता। वह पत्र बहुत बड़ा है। उसकी फोटोकॉपी भी मेरे पास है जो उनके हस्ताक्षर से युक्त है। उस पत्र के अंदर जहाँ यह है कि आजाद कश्मीर रेडियो से कश्मीर के लिए क्या-क्या प्रोग्राम ब्रॉडकास्ट करे, जहाँ इसमें यह है कि हमने कुछ आदमी इस प्रकार के भेजे हैं जो वहाँ सहायता करेंगे, वहाँ उसमें यह भी लिखा है कि आपको कश्मीर के लिए अपने रेडियो से क्या-क्या कार्यक्रम प्रसारित करने हैं। वहाँ पर सहयोग के लिए जो उन्होंने उसमें शब्द लिखे हैं और वह भी किस रहस्यमय ढंग से लिखे हैं, यह मैं खास तौर से इस सदन को सुनाना चाहता हूँ :

"आपने जो दवा भेजी है, वह मिल गई है। उम्मीद है कि मरीजों के लिए यह दवा कारगर साबित होगी, लेकिन यह दवा न तो हमारी जरूरत के लिए काफी थी और न ही इससे बरकत मिली। आप जानते हैं कि यहाँ अच्छे दवाखानों की कमी है। मरीजों की तादाद में दिनोदिन इजाफा हो रहा है। माजे के अखराजात भी बढ़ते जा रहे हैं। काफी मिकदार में और बरवक्त दवाई न मिलने की वजह से सख्त परेशानी का सामना करना पड़ रहा है।" इसी तरीके से चिट्ठी में आगे लिखा गया है कि दवाई की कमी की वजह से हमें मुश्किल का सामना न करना पड़े इस प्रकार का इंतजाम आप करें।...

चिट्ठी बहुत लंबी है। मैं चाहूँगा कि इसको सदन की टेबल पर रख दूँ ताकि यह सदन जान जाए और गृहमंत्री जी विशेष रूप से जानें कि वहाँ कश्मीर में कैसा षड्यंत्र रचा जा रहा है। इसमें कश्मीर पॉलिटिकल कान्फ्रेंस की ओर से ईद मुबारक के दो कार्डों के नमूने भी हैं, जिनमें एक में मस्जिद का फोटो बना हुआ है और दूसरे पर श्री मुहीउद्दीन कारा की

फोटो है। इन कार्डों के ऊपर 'पाकिस्तान जिंदाबाद' आदि पाकिस्तान के पक्ष में नारे लिखे हुए हैं। तीसरा एक और कार्ड का नमूना है जो पॉलिटिकल कान्फ्रेंस ने इमदादी फंड के लिए इमदादी रसीदें जारी की हैं, उसमें भी इसी तरह की खतरनाक चीजें लिखी हुई हैं। इकबाल का यह कलाम उसमें लिखा हुआ है कि हमारा चिराग जलता रहेगा और कोई उसे बुझा नहीं पाएगा। इन कार्डों में इसी तरह की और भी खतरनाक चीजें लिखी हुई हैं। इसी से आप अंदाजा लगा सकते हैं कि आज कश्मीर के अंदर पाकिस्तान ने क्या स्थिति पैदा कर दी है और पाकिस्तान वातावरण को कितना बिगाड़ना चाहता है।

सन् 1961 की जनगणना के आँकड़े मैं आपसे बतलाते हुए कहना चाहता हूँ कि सन् 1961 की जनगणना में जम्मू-कश्मीर राज्य की आबादी लगभग 36 लाख थी। इस 36 लाख की आबादी में से करीब 28 लाख, 43 हजार, 722 की आबादी कश्मीर घाटी की है। इसमें 23 लाख, 39 हजार, 939 के लगभग मुसलमान हैं। 5 लाख, 3 हजार, 783 के लगभग हिंदू हैं। पिछले 20 वर्षों में अब तक कश्मीर घाटी में ही नहीं, पूरे जम्मू व लद्दाख के अंदर कोई घटना इस प्रकार की नहीं घटी जो कि विशेष रूप से वहाँ पर सांप्रदायिक तनाव को बढ़ाने वाली हो या सांप्रदायिक वैमनस्य को पैदा करने वाली हो। लेकिन 1967 के अगस्त महीने में जो योजनाबद्ध ढंग से परमेश्वरी नाम की लड़की के अपहरण और मुस्लिम युवक से जबरदस्ती विवाह कांड को लेकर जो भयंकर घटना हुई है उसने कश्मीर को ही नहीं, वरन् सारे भारत को पूरी तरह से हिला दिया। उससे लगता है कि कश्मीर का वातावरण, जो पिछले 20 सालों में था अथवा कश्मीर राज्य की जो संप्रदाय-निरपेक्ष स्थिति रही, उसको भी आघात पहुँचा है। मैं उस केस की तह में नहीं जाना चाहता क्योंकि वह केस अदालत में है। मैं उसकी मैरिट्स पर नहीं जाना चाहता, लेकिन मैं इतना अवश्य कहना चाहता हूँ कि उस लड़की की बूढ़ी विधवा माँ ने प्रधानमंत्री श्रीमती इंदिरा गांधी, श्री यशवंतराव चव्हाण के दरवाजे से लेकर छोटे से छोटे व्यक्ति तक के दरवाजे को खटखटाया और अपनी नाबालिग कन्या को लौटाने की भीख माँगी। 24 अगस्त को जिस समय मैजिस्ट्रेट के कोर्ट में फैसला होने वाला था और यह स्थिति थी कि मैजिस्ट्रेट किसी प्रकार से उस नाबालिग लड़की के संबंध में अपना ठीक निर्णय देंगे तो मैजिस्ट्रेट के कोर्ट को घिरवा दिया गया और मैजिस्ट्रेट वहाँ पर अपना निर्णय न ले सके। विवश होकर मैजिस्ट्रेट को अपना कोर्ट श्रीनगर छावनी के अंदर ले जाना पड़ा। इस सिलसिले में जो बात मैं विशेष रूप से कहना चाहता हूँ, वह यह कि 13 अगस्त से लेकर 27 अगस्त तक श्रीनगर शहर में मालूम यह पड़ता था कि कोई राज नहीं है और कोई सरकार यहाँ पर काम नहीं कर रही है। इन दिनों श्रीनगर में जो लूट, छुरेबाजी, हत्या और बलात्कार की घटनाएँ हुई हैं, उन घटनाओं ने अमृतसर के जलियाँवाला बाग के कांड को भी मात कर दिया।

आपको पता होगा कि महिलाओं का जिस समय जुलूस निकला, उस जुलूस के ऊपर तेजाब फेंका गया और पत्थर फेंके गए। श्री यशवंतराव चव्हाण इस बात की साक्षी देंगे

कि जब वह श्रीनगर आए थे तो क्या उनको वहाँ के कुछ लोगों ने बताया था कि तेजाब फेंकने वालों में ज़म्मू-कश्मीर राज्य के एक जिम्मेदार मंत्री का लड़का भी सम्मिलित था, जिसने कि इस प्रकार की घटनाएँ वहाँ पर कीं। जो व्यक्ति पुलिस की गोलियों से वहाँ पर मरे तो उन मृतकों को जब श्मशान भूमि में जलाने के लिए ले जाया जा रहा था तो मृतकों के जुलूस पर भी इसी प्रकार से हमला किया गया और मृतकों को जलाने तक में भी इसी प्रकार की बाधा उत्पन्न की गई। इन सब कामों को करने में कश्मीर आर्म्ड पुलिस और होमगार्ड्स का पूरा हाथ था। कश्मीर में होमगार्ड्स को खुली छूट इस तरह की हरकतों को करने की दे रखी है। मैं श्री यशवंतराव चव्हाण की जानकारी के लिए कहना चाहता हूँ कि आज़ श्रीनगर के अंदर जो एक नई शिवसेना बन गई है, उसमें एक का नाम वहाँ पर होमगार्ड है और दूसरी का नाम फील्ड सर्विस ऑर्गेनाइजेशन है। होमगार्ड्स में 7000 व्यक्ति हैं, जिन पर लगभग 60 लाख रुपया व्यय होता है और दूसरी कश्मीर की शिवसेना, जिसका नाम फील्ड सर्विस ऑर्गेनाइजेशन है। उसके 2000 सदस्य हैं, जिन पर कि 30 लाख रुपया व्यय होता है। करीब 90 लाख रुपया इन पर खर्च किया जा रहा है। इनका काम क्या है ? कांग्रेस के बाहर से गए नेताओं की सभा में हाजिरी बढ़ाना, उनकी सभाओं में भीड़ करने का काम वह करते हैं। जनता पर वह दबाव डालते हैं और उसे चुनाव के अंदर काम में लाते हैं। इसी प्रकार के जो दंगे-फसाद वहाँ होते हैं, उसमें अपने एजेंट के रूप में इस्तेमाल करते हैं। कश्मीर एक्शन कमेटी की रिपोर्ट के आधार पर इस लड़की के कांड को लेकर जो वहाँ पर वारदातें हुई हैं मैं उनके विस्तार में न जाकर संक्षेप में आपको कहूँ तो केवल इतना कह सकता हूँ कि इस सारे कांड में 57 बार वहाँ पर लाठीचार्ज हुआ। 143 बार टियर गैस (अश्रु गैस) का इस्तेमाल हुआ। 5 बार महिलाओं पर तेजाब और पत्थर फेंककर उन्हें घायल करने की घटनाएँ हुईं। 5 बार जुलूसों पर पथराव हुआ। 2,075 व्यक्ति घायल हुए। 6 आदमियों की मृत्यु हुई। 15 बार घर और दुकानें जलाई गईं। 12 बार लूटी गईं। इस तरह की घटनाएँ यहाँ पर हो रही हैं और इन तमाम घटनाओं के बाद भी अगर भारत सरकार यह समझती है कि जम्मू-कश्मीर की स्थिति बिलकुल ठीक है और पाकिस्तान अपने अनुकूल वातावरण बनाने में सफल नहीं हुआ है तो मैं नहीं समझता कि इससे बड़ी खतरनाक स्थिति और क्या हो सकती है ? जहाँ यह हालत हो गई थी कि जुलूसों पर तेजाब फेंका जा रहा था, गोलियाँ चलाई जा रही थीं, लाठियाँ चलाई जा रही थीं, वहाँ इंसानियत को भी दया उत्पन्न हो सकती थी। करुणा से मानवता का हृदय भी पिघल सकता था। लेकिन कश्मीर में, जहाँ श्रीनगर की गलियों में यह सारी घटनाएँ घटीं वहाँ, इंसानियत ताक में रख दी गई थी। जो सरकारी अस्पताल थे, वहाँ घायलों को भरती करने से इंकार कर दिया गया। जम्मू-कश्मीर की जो रेडक्रॉस सोसाइटी थी उसने घायलों को उठाने से इंकार कर दिया। उनके द्वारा घायलों को ऐंबुलैंस देने तक से इंकार कर दिया गया।

अब यह कहा जा रहा है कि इस कांड के अंदर जो घायल हुए थे उनकी हम क्षतिपूर्ति करेंगे। लेकिन यह क्षतिपूर्ति उन्हीं लोगों की होगी जो सरकारी अस्पतालों में भरती हुए, अन्यों की नहीं। पर सरकारी अस्पतालों में घायल होने वालों के भरती होने का यह नमूना रहा है जो कि मैंने अभी आपसे निवेदन किया। वहाँ के लोगों की सबसे बड़ी माँग आज यह है कि सारे कांड की जम्मू-कश्मीर राज्य के बाहर के किसी सर्वोच्च न्यायालय के स्तर के निष्पक्ष न्यायाधीश द्वारा उच्चस्तरीय जाँच कराई जाए जिससे कि वस्तुस्थिति का देश को भी पता लगे और सरकार को भी पता लगे। लेकिन इसके साथ-साथ गृहमंत्री श्री यशवंतराव चव्हाण से एक सीधा सवाल भी मैं करना चाहता हूँ कि अब हिंदू कश्मीर घाटी में रहें या वहाँ से चले जाएँ ? अगर हिंदू कश्मीर घाटी में रहें तो उनकी सुरक्षा की आपकी ओर से क्या व्यवस्था की जा रही है ? आप जब 2 सितंबर को कश्मीर गए, आपने उनको क्या आश्वासन दिया था ? 3 सितंबर को आपके और जम्मू-कश्मीर के मुख्यमंत्री सादिक साहब का जो संयुक्त वक्तव्य निकला था उस वक्तव्य के अंदर क्या बात थी ? आपने किस प्रकार का आश्वासन दिया था ? मैं चाहूँगा कि आज गृहमंत्री श्री यशवंतराव चव्हाण बताएँ कि उनका आश्वासन वहाँ पर पूरा हुआ या नहीं हुआ ? आज तक उस अभागी विधवा माँ की लड़की की स्थिति क्या है और वह कहाँ है ? जरा श्री यशवंतराव चव्हाण इस सदन के द्वारा जम्मू-कश्मीर के निवासियों और देशवासियों को बताएँ। भारत सरकार के गृहमंत्री के आश्वासनों की कोई कीमत है या नहीं ? सरकार की कश्मीर-नीति में अगर किसी तरह का कोई परिवर्तन नहीं हुआ है तो मैं गृहमंत्री से कहना चाहता हूँ कि आज आप स्पष्ट रूप से संसद और देश को बतलाएँ कि क्या आपकी नीति वही है जो 20 वर्ष पहले थी या 20 साल के बाद आपकी नीति में किसी प्रकार का परिवर्तन हुआ है ? अगर श्री राजेश्वर राव की नीति में परिवर्तन हुआ है तो उनकी बात तो मैं समझ सकता हूँ, क्योंकि आज रूस के अंदर कोसीगिन हैं, आज रूस के अंदर ख्रुश्चेव नहीं हैं। ख्रुश्चेव के समय में कश्मीर के संबंध में उनकी नीति और थी और आज कोसीगिन की नीति कुछ और है।

सादिक साहब की बात भी एक बार समझ में आ सकती है, जिनके चिंतन की धारा लगभग वही है। यही सादिक साहब थे, याद होगा कांग्रेस के सदस्यों को, डॉ० रामसुभग सिंह को, जब 20 अप्रैल, 1964 को कांग्रेस एम० पीज़ के अंदर वह बयान देकर गए थे कि संविधान का अनुच्छेद 370 लगे रहने से जम्मू और कश्मीर के अंदर अनिश्चितता की स्थिति बनी हुई है। उस अनुच्छेद को एकदम हटाया जाए। आज वही जम्मू और कश्मीर के मुख्यमंत्री सादिक साहब हैं, जो कहते हैं कि अनुच्छेद 370 के हटाए जाने से कश्मीर में बहुत भारी विनाश हो जाएगा। उनकी बात समझ में आ सकती है क्योंकि उनके सोचने का ढंग दूसरा है। यह भी मैं समझ सकता हूँ, जम्मू और कश्मीर राज्य कांग्रेस के अध्यक्ष मीर कासिम ने संयुक्त राष्ट्रसंघ में जो वक्तव्य दिया था, वह वक्तव्य

सूचना और प्रसारण मंत्रालय ने छापा है। उन्होंने कहा था कि कश्मीर की जनता ने अपनी किस्मत का फैसला कर लिया है। 31 अक्तूबर को जम्मू और कश्मीर विधानसभा में जो वक्तव्य दिया, उसमें उन्होंने सारे कांड की जिम्मेदारी इस पर डाली कि देश के दूसरे हिस्सों में इसी प्रकार की घटनाएँ हो रही हैं, यह उसी की प्रतिक्रिया है। कासिम साहब के, जो कि कांग्रेस के अध्यक्ष वहाँ हैं, इस प्रकार के बयान हैं। सुनने वाले और कहने वाले तो यहाँ तक भी कहते हैं, मेरे पास कोई अधिकृत प्रमाण तो नहीं है कि एक बार क्रोध में आकर उन्होंने यह भी कह दिया कि हमने 1947 में कबाइलियों का सामना किया और 1967 में बनिहाल की ओर से आने वाले शत्रुओं का भी सामना करेंगे। परंतु यह सारी बातें मैं एक बार समझ सकता हूँ। लेकिन जो मेरा स्पष्ट सवाल है, श्री यशवंतराव चव्हाण से, वह यह है कि श्रीमती इंदिरा गांधी ने मंगला बाँध पर अयूब साहब को जो बधाई दी, उसका क्या मतलब है ? उप-प्रधानमंत्री श्री मोरारजी देसाई ने मंगला बाँध के उद्घाटन-समारोह में भारत के हाई कमिश्नर के जाने के संबंध में वकालत करते हुए यहाँ पर कहा कि भारत पाकिस्तान के साथ अपने संबंध सुधारना चाहता है। आखिरकार आपके इन वक्तव्यों के पीछे क्या रहस्य है ? अगर कोई विशेष रहस्य है तो आप सदन को बतलाइए, देश को बतलाइए कि आपकी इच्छा क्या है ?

वह जो आपके 16 हजार रुपए माहवार के मेहमान दिल्ली में बैठे हुए हैं जम्मू-कश्मीर के, क्या उनको आप छोड़ रहे हैं ? अगर आप छोड़ने को तैयार हैं तो सच्ची बात बतलाइए कि आप शेख को छोड़ना चाहते हैं या कश्मीर को छोड़ना चाहते हैं ? इरादे आपके क्या हैं ? अगर यह स्थिति आपकी नहीं है तो मैं दूसरी बात आपसे पूछना चाहता हूँ, बड़ी स्पष्ट भाषा में कि आज अमेरिका और रूस के दबाव के कारण भारत सरकार कहीं अपना मन तो डुलाने नहीं जा रही है ? अपने स्टैंड में परिवर्तन करने तो नहीं जा रही है ? कहीं भारत सरकार की नीति यह तो नहीं है कि पहले शेख को छोड़ा जाए और कुछ दिन के बाद कश्मीर घाटी को उनके हवाले कर दिया जाए ? पहले कुछ विशेष विषय दिए जाएँ और धीरे-धीरे इसी प्रकार से उनके सब इरादे पूरे किए जाएँ ? अगर यह स्थिति है तो मैं श्री यशवंतराव चव्हाण से पूछना चाहता हूँ, और मैं ही नहीं, देश पूछना चाहता है कि फिर आपने इस अभागे मुल्क का अरबों रुपया जम्मू और कश्मीर के संबंध में क्यों पानी की तरह बहाया ? हजारों बहनों के सुहाग का सिंदूर आपने क्यों पोंछा, अगर आपको इसी तरह की स्थिति पर पहुँचना था ? कांग्रेस के माथे पर दो पाप ऐसे हैं, आप जिनको सहस्राब्दियों तक नहीं धो सकेंगे। एक पाप भारत के विभाजन का और दूसरा पाप देश में भाषावार प्रांतों के निर्माण का। बराय मेहरबानी इतिहास का तीसरा कलंक अपने माथे पर मत लगाइए कि इस प्रकार से अरबों रुपए व्यय करने के बाद और इतने बलिदानों के बाद कश्मीर के संबंध में ऐसी स्थिति भी आ गई है। मैं आपसे एक बात और कहना चाहूँगा। जम्मू और कश्मीर राज्य की जो स्थिति है वह जहाँ भारतवर्ष के लिए चुनौती है,

वहाँ जम्मू और कश्मीर राज्य का आंतरिक वातावरण भारत में केंद्र की कांग्रेस सरकार के लिए एक अग्नि-परीक्षा भी है। मैं 'अग्नि-परीक्षा' शब्द जानबूझकर प्रयोग कर रहा हूँ। अग्नि-परीक्षा इसलिए कि आज जम्मू-कश्मीर विधानसभा में 75 सदस्य हैं। उनमें से दो स्थान खाली हैं। 73 सदस्यों में से विधानसभा में 26 सदस्य वह हैं जो निर्विरोध चुनकर भेज दिए गए हैं। 13 व्यक्ति विरोधी दल के हैं। इस तरह 73 सदस्यों में से 34 शेष आदमियों को बहुमत में मानकर सरकार उनके हाथों में दी हुई है। मैं पूछना चाहता हूँ कि आखिर पश्चिम बंगाल और यहाँ की स्थिति में अंतर क्या है ? पश्चिम बंगाल के केस का आप इसलिए समर्थन करते हैं कि वहाँ पर चीन-समर्थक नारे लगने लगे थे, हिंसा की घटनाएँ बढ़ गई थीं। मैं श्री चव्हाण साहब से पूछना चाहता हूँ कि क्या जम्मू और कश्मीर में पाक-समर्थक नारे नहीं लग रहे हैं ? हिंसा, लूटपाट, तोड़-फोड़ और बलात्कार की घटनाएँ वहाँ नहीं हो रही हैं ? अगर इस प्रकार के काम करने पर आप बंगाल को सँभाल सकते हैं, बंगाल का पक्ष ले सकते हैं, तो मैं आपसे कहना चाहता हूँ कि जम्मू और कश्मीर की स्थिति उससे भी बदतर है। श्री भगवान सहाय, जो इस समय वहाँ राज्यपाल हैं, उन्होंने कहा कि जम्मू-कश्मीर के संबंध में मैं भारत सरकार से किसी प्रकार की कोई सिफारिश राष्ट्रपति शासन की करने के लिए नहीं जा रहा हूँ। मैं बड़ी नम्रता से निवेदन करता हूँ कि सरकारी कर्मचारियों को इस प्रकार के राजनीतिक वक्तव्य देने की आदत मत डालिए, वरना यह आगे चलकर आपको और देश को भी भारी पड़ने वाली है। वह स्थिति को जानबूझकर अपनी आँखों से ओझल करना चाहते हैं। एक ही तरीका जम्मू और कश्मीर को बचाने का है, और वह यह है कि भारतीय संविधान के गले-सड़े अनुच्छेद 370 को एकदम समाप्त करके जम्मू और कश्मीर में राष्ट्रपति शासन लागू किया जाए। यही जम्मू और कश्मीर की समस्या का समाधान है।

मैं अपने वक्तव्य को उपसंहार की ओर ले जाते हुए दो-तीन बातें और भी कहना चाहता हूँ। एक तो यह कि राज्य की आंतरिक स्थिति बिगाड़ने के लिए दोषी हैं कौन ? जम्मू और कश्मीर की जो सरकार है उसी की वजह से राज्य के अंदर इस प्रकार की भयंकर स्थिति उत्पन्न हो गई है। 1965 का संघर्ष क्यों हुआ ? 1965 के संघर्ष से पहले के कुछ जिम्मेदार पाकिस्तानी अधिकारियों को, जिनमें से मैं एक-एक व्यक्ति का नाम नहीं लेना चाहता, जम्मू और कश्मीर में आने और ठहरने का मौका दिया गया। एक हैं आगा शौकत, जो डिप्टी डायरेक्टर ऑफ इन्फॉर्मेशन, पश्चिमी पाकिस्तान थे, वहाँ पर आए और आकर रहे। दूसरे हैं ख्वाजा गुलाम मोहम्मद, यह आजाद कश्मीर के पहले फाइनेंस मिनिस्टर थे और अब पाकिस्तान के डायरेक्टर इंडस्ट्रियल डेवलेपमेंट हैं। वह 1965 से पहले आए और आकर वहाँ रहे। तीसरे हैं आशिक हुसैन, यह भी 1947 से पहले सोपर में मुंसिफ थे और अब पाकिस्तान में डिस्ट्रिक्ट जज हैं। यह उन दिनों वहाँ पर आए। चौथे हैं शेख मुहीउद्दीन, जो पाकिस्तान में इनकम टैक्स ऑफिसर हैं, वह भी आए। इसी तरह से गुलाम मुहम्मद,

जो पाकिस्तान में जज हैं, वहाँ आए। इस प्रकार के खतरनाक व्यक्ति वहाँ आ रहे हैं और खुल्लमखुल्ला रह रहे हैं तथा जो भी कार्रवाई करना चाहते हैं, वह कर रहे हैं। भारत सरकार कानों में तेल डाले हुए बैठी है और समझती है कि जम्मू और कश्मीर में लॉ एंड ऑर्डर सिचुएशन बिलकुल ठीक है। क्या यही तरीका है काम करने का ?

आपने जो कांग्रेस वहाँ बनाई है, उसकी स्थिति क्या है ? विस्तार से मैं नहीं कहना चाहता कि किस प्रकार से वहाँ की कांग्रेस संप्रदायवाद और साम्यवाद का गढ़ बन चुकी है। मेरे पास एक लंबी लिस्ट है, जो कि प्लेबेसाइट फ्रंट के लोगों की है। जम्मू और कश्मीर की तहसील कांग्रेस कमेटी का प्रेज़िडेंट कौन है, मोहल्ला कांग्रेस कमेटी का प्रेज़िडेंट कौन है, यह अगर आप देखें तो आपको अनुमान हो जाएगा कि वहाँ की स्थिति क्या है। अगर आप चाहें तो मैं उसको यहाँ टेबल पर रख सकता हूँ। क्या इस तरह की स्थिति में आप जम्मू और कश्मीर को बचाएँगे ? मैं आपसे सीधा सवाल करना चाहता हूँ कि क्या आपके पास कोई इस प्रकार की सूचना भी है कि 1947 में कुछ इस प्रकार के लोग गिरफ्तार किए गए थे जो कि उस समय पाकिस्तान का साथ दे रहे थे और आज वही राज्य के अंदर बड़े-बड़े ओहदों पर बिठला दिए गए हैं ? क्या आपके पास इस प्रकार की जानकारी है कि आज जनमत-संग्रह मोर्चे के जो लोग हैं वह कांग्रेस में घुसकर पीछे से कमर में छुरा भोंकने के लिए तैयारी कर रहे हैं ? क्या आपके पास इस प्रकार की जानकारी है कि साम्यवादियों के बड़े-बड़े नेता आज जम्मू और कश्मीर में जाकर राजकीय मेहमान बनते हैं और वहाँ जाकर अपनी सारी योजनाएँ बनाते हैं ?

मैं इन तमाम बातों से भी आगे बढ़कर एक और खतरनाक चीज आपकी निगाह में लाना चाहता हूँ। आप हिंदुस्तान से जो भारी मात्रा में अन्न जम्मू और कश्मीर में भेज रहे हैं या जो कपड़ा सस्ते दामों पर भेजा जा रहा है, वह उसके संबंध में है। मैं आपको एक-एक वर्ष के आँकड़े नहीं देना चाहता, फिर भी तीन वर्ष के कुछ आँकड़े जरूर रखना चाहता हूँ। उससे आप सही स्थिति का अनुमान लगा सकेंगे। 1963 में राज्य का उत्पादन था 641 हजार टन और केंद्रीय सरकार ने जो अन्न भेजा, वह था 62 हजार टन। 1964 में राज्य का उत्पादन था 603 हजार टन और सेंट्रल गवर्नमेंट से जो अन्न दिया गया वह था 63 हजार टन। 1965 में राज्य का उत्पादन था 533 हजार टन और केंद्र से गया 1 लाख, 51 हजार टन। इसी तरह से 1966 में यहाँ से गया 1 लाख, 29 हजार टन। अगर आप इसमें राज्य से पैदा हुए अन्न और केंद्र द्वारा भेजे गए गेहूँ को मिला लें और फिर कश्मीर की आबादी में उसको बराबर-बराबर बाँट दें, तो किसी भी व्यक्ति को जम्मू-कश्मीर और लद्दाख में दुकानों के सामने लाइन लगाकर खड़े होने की जरूरत नहीं है। मेरा सीधा-सा सवाल है कि वह गल्ला कहाँ गया जो यहाँ से सस्ते दामों पर भेजा गया ? आप यहाँ से भेजते हैं जम्मू और कश्मीर के लिए, लेकिन वह गल्ला या उसका अधिकांश भाग सीमा से होकर पाकिस्तान को पास हो रहा है, जबकि आप यह सोचते हैं कि आप जम्मू

और कश्मीर के लोगों की मदद कर रहे हैं।

आप इस चीज से भी सावधान हो जाइए कि चीन और पाकिस्तान ने एक नया प्लेन तैयार किया है। वह इस्लामाबाद को आक्साई चीन से मिलाने का षड्यंत्र कर रहे हैं और इस प्रकार के प्लेन से पाकिस्तान और चीन को नए मार्ग से मिलाया जा रहा है। दूसरी तरफ इधर यह स्थिति है कि जो जम्मू और कश्मीर के तपे हुए और परखे हुए नेता हैं, जो कि बगल में कांग्रेस की बेंचों पर बैठते हैं, लद्दाख के माने हुए नेता हैं, उनकी कोई सुनता नहीं है। कुशक बकुल जैसा व्यक्ति यहाँ बैठा है। पिछले सत्र में प्रेस को एक वक्तव्य उन्होंने दिया था, जो लद्दाख के लोगों के मन की टीस बताता था। मैं जानना चाहता हूँ, क्यों उनके मुकाबले में 16 साल के लड़के को लाकर उनकी पर्सनेलिटी को चैलेंज किया जाए और ऐसे व्यक्ति को, जिसके लिए सारा लद्दाख माथा झुकाता है, आघात पहुँचाया जाए ? इन्हीं तरीकों से आप जम्मू और कश्मीर की रक्षा करना चाहते हैं ? क्या इस तरह से आप देश के मस्तक कश्मीर को बचा सकेंगे ?

मैं ज्यादा आगे न बढ़ता हुआ, अपने वक्तव्य को समाप्त करता हुआ कुछ आवश्यक सुझाव देना चाहता हूँ। सबसे पहला सुझाव यह है कि संविधान के अनुच्छेद 370 को समाप्त कीजिए; दूसरे, कश्मीर में राष्ट्रपति शासन तत्काल लागू कीजिए और अगस्त कांड की निष्पक्ष जाँच कीजिए। इसके अतिरिक्त मैं यह सात सुझाव और देना चाहता हूँ :

(1) पाकिस्तानी तत्त्वों का सफाया करने में केंद्रीय सरकार किसी प्रकार की दया न दिखाए;

(2) जो नाबालिग हिंदू लड़की है उसे वापस किया जाए, जिससे जम्मू और कश्मीर राज्य के अंदर सांप्रदायिक तनाव की जो स्थिति बनी हुई है, उसमें कमी हो;

(3) वहाँ पर जो अकर्मण्य और दोषी अधिकारी हैं, जिनको मंत्री महोदय भी जानते हैं, उनका एकदम तबादला कर दिया जाए, वरना राज्य की स्थिति बद से बदतर होती चली जाएगी;

(4) कश्मीर आर्म्ड पुलिस की नए सिरे से जाँच कराई जाए और यह देखा जाए कि कहीं देश-विरोधी तत्त्व तो उसमें प्रविष्ट नहीं हो गए हैं;

(5) होमगार्ड्स और फील्ड सर्विस ऑर्गेनाइजेशन को तत्काल समाप्त किया जाए। इस तरह से मुख्यमंत्रियों को नई-नई सेनाएँ बनाने की अनुमति नहीं दी जानी चाहिए;

(6) अगस्त कांड के शिकार व्यक्तियों को मुआवजा दिया जाए; और

(7) जम्मू, कश्मीर और लद्दाख को उनकी जनसंख्या के अनुपात से नौकरियों में प्रतिनिधित्व दिया जाए, ताकि किसी के साथ किसी प्रकार का अन्याय न हो सके।

इन शब्दों के साथ मैं अपने प्रस्ताव को उपस्थित करता हूँ और उसके साथ ही मैं

विशेष रूप से यह निवेदन भी करना चाहता हूँ कि बीच में मैंने टेबल पर रखने के लिए कुछ कागजात भेजे, लेकिन आपने हाथ हिला दिया। वे इतने गंभीर डॉक्यूमेंट्स हैं कि अगर देश और सदन उनसे परिचित नहीं होंगे, तो उनको जम्मू और कश्मीर की वास्तविक स्थिति का सही ज्ञान नहीं हो पाएगा। मेरा अनुरोध है कि आप उनको सदन की टेबल पर रखने की इजाजत दें। इसमें कोई छिपी हुई बात नहीं है। मैं उनको यहाँ पढ़ चुका हूँ। इसलिए उनको सदन की टेबल पर रखने की अनुमति आपको देने में कोई आपत्ति नहीं होनी चाहिए।

खतरा देख आँख बंद कर रही है सरकार

[कश्मीर में पाक घुसपैठ पर प्रस्तुत प्रस्ताव, लोकसभा, 30 नवंबर, 1967]

पंचतंत्र में पंडित विष्णु शर्मा ने लिखा है कि बिल्ली को आते हुए देखकर कबूतर आँखें मीचकर बैठ गया और सोचने लगा कि उसका खतरा टल गया...ठीक यही स्थिति इस सरकार की है।

भारत सरकार जानबूझकर अगर खतरे की ओर से अपनी आँखें बंद कर ले और यह समझे कि कोई संकट नहीं है, तब तो कोई भी युक्ति देने की आवश्यकता ही नहीं है और इतना लंबा-चौड़ा वाद-विवाद करने की भी यहाँ आवश्यकता नहीं थी। लेकिन यदि भारत सरकार संकट को संकट समझती है और संकट का उपाय ढूँढ़ने के लिए राष्ट्रीय स्तर पर प्रयास किया जाता है, दलीय स्तर पर प्रयास नहीं किया जाता, तो मैं समझता हूँ कि गंभीरता से सोचना देश के हित में भी होगा और आने वाले भविष्य के हित में भी होगा।

इस वाद-विवाद में और सदस्यों की चर्चा छेड़ते हुए जो सरकारी कुर्सियों से दो मिनिस्टर बोले हैं, मैं केवल उन्हीं की चर्चा करना चाहता हूँ। कांग्रेसी सदस्यों की बात को मैं छोड़ता हूँ। इसमें जो वाणिज्य-मंत्रालय में मंत्री हैं श्री कुरेशी साहब, उनका जो भाषण था वह मैंने बड़े ध्यानपूर्वक सुना, क्योंकि वह कश्मीर के निवासी थे। मुझे इस बात को कहने की आवश्यकता नहीं कि उनका निर्विरोध वहाँ पर निर्वाचन हुआ है। जिन लोगों के नॉमिनेशन पेपर रिजेक्ट किए गए हैं, उनमें उपाध्यक्ष जी, आपको याद होगा इसी सदन के एक माननीय सदस्य थे जिनका नाम था पंडित श्यामलाल सर्राफ। उनका नामजदगी-पत्र केवल इस आधार पर रद्द किया गया कि उन्होंने इलेक्शन ऑफिसर के सामने खड़े होकर शपथ नहीं ली जबकि उनका वह शपथ-पत्र पहले वहाँ था। उसको किस ढंग से हटाया गया, यह सब बातें कहने की कोई आवश्यकता नहीं। उनके स्थान पर यह साहब चुनकर आए हुए हैं जो कश्मीर की ओर से खड़े होकर और यहाँ वकालत कर रहे थे। मैं उनके पुराने इतिहास में भी नहीं जाना चाहता कि पीछे जो चार-पाँच साल तक जेल के अंदर वह रहे, किस आधार पर रहे ? वह बात तो छोड़ता हूँ। लेकिन आज मैं दो-तीन बातें बहुत स्पष्ट पूछना चाहता हूँ, खास तौर से गृहमंत्री श्री चव्हाण से कि इधर से अगर किसी सदस्य की ओर से भूल से भी कुछ ऐसा कह दिया जाता—जिसका पाकिस्तान उलटा अर्थ करता तो आपको कष्ट होता। जहाँ तक मेरा संबंध है, मैं अपने एक-एक शब्द की जिम्मेदारी लेता हूँ, क्योंकि मैं यह जानता हूँ कि यहाँ जो कुछ आज कहा जा रहा है वह भारत के

समाचार-पत्रों और जनता के लिए ही नहीं है। इसके एक-एक शब्द को पाकिस्तान देखेगा कि हमारे हित में कौन-से शब्द का प्रयोग हो सकता है ? इसी आधार पर मैंने इस चर्चा में एक-एक शब्द को बड़ा नाप और तोलकर प्रयोग किया। अगर मेरे किसी शब्द में या मेरे पूरे भाषण में यह झलक आई हो कि कश्मीर के अंदर मुसलमानों में इस प्रकार की भावना आ गई है कि कश्मीर के पूरे मुसलमान प्रो-पाकिस्तानी हो गए हैं या कश्मीर के हिंदुओं में इस प्रकार की भावना हो गई है तो मैं भरी सभा में, भूल से भी कोई ऐसी बात अगर आ गई हो, तो उसे वापस लेने के लिए तैयार हूँ। मैंने इन शब्दों का जानबूझकर प्रयोग किया था कि पिछले 20 वर्षों में कश्मीर में कोई सांप्रदायिक उपद्रव नहीं हुआ। कश्मीर के अंदर हिंदू-मुसलमान भाई-भाई की तरह मिलकर रहते रहे। इस अगस्त, 1967 के कांड के पहले मेरे इन सारी बातों को कहने के बावजूद आपके पीछे बैठे हुए मिनिस्टर कहलाने वाले व्यक्ति कुरेशी ने इस सारी चर्चा को इस रंग में रँगने की कोशिश की कि कश्मीर के मुसलमानों को बदनाम किया जा रहा है, उनकी नीयत पर शक किया जा रहा है। क्या इसी प्रकार के वकील आप तैयार करके लाते हैं अपने पक्ष को बचाने के लिए ? यहाँ तक भी वह वकील साहब कह गए। यहाँ पर खड़े होकर जिन्हें बहुत जिम्मेदारी का ओहदा आपने सौंप रखा है, कि अगर कश्मीर के लोगों का दिल आपको जीतना है तो उनको आने-जाने की सुविधा दीजिए, उनको नौकरी की सुविधा दीजिए। क्या कहलवाना चाहते हैं आप उनके मुँह से कि कश्मीर के लोगों को नौकरी की सुविधा भारत में नहीं है ? आपके पीछे बैठा एक मिनिस्टर यह कह रहा है कि उसको आप अपना पक्ष लेने के लिए यहाँ पर खड़ा कर रहे हैं ? मैं फिर आपको कहता हूँ कि मित्र की पहचान करना सीखिए। हृदय से मित्र कौन है ? इस तरह के मित्रों की पहचान से आपको भी लाभ होगा, देश को भी लाभ होगा। मैं इस बात को और इससे अधिक विस्तार में नहीं कहना चाहता।

जहाँ तक श्री यशवंतराव चव्हाण का संबंध है, उन्होंने जितने भी प्वाइंट्स मैंने या दूसरे सदस्यों ने मुख्य रूप से रखे, मैं नहीं कह सकता कि विस्तार-भाव से उन्होंने उनको नहीं छेड़ा या क्या वजह थी ? लेकिन मैं तो उसको यों मानता हूँ कि उसके अंदर बहुत कुछ सच्चाई है और इसीलिए उन बातों को खोलना उन्होंने उचित नहीं समझा। प्याज के छिलके को हटाने से बदबू ही आएगी, उसके अंदर सुगंध नहीं आ सकती। वह इन तमाम बातों को जानते हैं। लेकिन इन सारी बातों को जानने के बावजूद भी गृहमंत्री श्री यशवंतराव चव्हाण ने अपने तीन आश्वासनों की ओर इस सदन का ध्यान दिलाते हुए उसे अपने विश्वास में लेने की कोशिश की। यदि वह 2 सितंबर को और 3 सितंबर को श्रीनगर के अंदर उन लोगों को जो कहकर आए थे, आज कम से कम इतने दिन बाद यह भी कह देते कि अभी तक अगर उस लड़की का न्यायालय से कोई निर्णय नहीं हो पाया है तो क्योंकि कश्मीर एक भारत का अंग ही नहीं है बल्कि अंतर्राष्ट्रीय राजनीति का केंद्र

है और वहाँ की इस प्रकार की घटना का भारत पर ही नहीं, पूरे विश्व पर प्रभाव पड़ सकता है। हम प्रयत्न करेंगे कि जल्दी से जल्दी उसका समाधान हो और जब तक न्यायालय उसका निर्णय नहीं देता तब तक उस लड़की को किसी निष्पक्ष व्यक्ति या निष्पक्ष आश्रम के अंदर रखा जाएगा। अगर यह बात कह देते तो मालूम पड़ता कि गृहमंत्री को उसका ध्यान है। सादिक साहब की प्रशंसा के शब्द कहते जाना, सादिक साहब को प्रमाण-पत्र देने जाना, यह क्या है ? जब आपने उनको बैठाया है तो आज आप उनको प्रमाण-पत्र नहीं देंगे तो क्या मैं उनको प्रमाण-पत्र दूँगा। जब आपने उनको बैठाया है तो आप तो उनको प्रमाण-पत्र देंगे ही।

परस्पर प्रशंसन्ति अहो रूपं अहो ध्वनि

आपने उनको बैठाया और आप ही आज बैठा करके उनकी प्रशंसा करें, इसका क्या अर्थ होता है ? हमें भी इस बात से प्रसन्नता नहीं होती कि देश में किसी हिस्से पर राष्ट्रपति शासन लादा जाए। लेकिन जब जनता की भावनाओं का प्रतिनिधित्व करने वाली सरकार वहाँ पर विधिवत् गठ़ित न हुई हो और जनतंत्र वहाँ पर कलंकित हो रहा हो, लोगों के हितों की सुरक्षा वहाँ पर न हो और इस प्रकार का वातावरण बनता चला जाए जो आज नहीं कल, कल नहीं परसों, विस्फोटक स्थिति पैदा कर दे या पाकिस्तान के हाथ मजबूत करे, तो क्यों आपने अपने विधान में यह अनुच्छेद लगाया था कि जम्मू-कश्मीर में आवश्यकता पड़ने पर राष्ट्रपति को भी हस्तक्षेप करने का अधिकार होगा, या राष्ट्रपति अपने अधिकारों का प्रयोग कर सकता है ? क्या इससे बढ़कर भी भयंकर स्थिति वहाँ पर हो सकती है ? मैं अंत में केवल एक ही लाइन कहकर बैठ जाता हूँ कि गृहमंत्री श्री यशवंतराव चव्हाण इस बात का विचार करें कि वह यह वक्तव्य देकर सदन को संतुष्ट नहीं कर रहे हैं, बल्कि आने वाले इतिहास में अपनी बुद्धिमत्ता की कुछ पंक्तियाँ जोड़ रहे हैं। भारत सरकार की इस उपेक्षा-भरी नीति को आज नहीं तो कल आने वाली हमारी संतति कभी क्षमा नहीं कर सकती।

3

शेख अब्दुल्ला और कश्मीर

शेख की रिहाई किसके दबाव में ?

1953 की स्थिति बहाल करना औचित्यहीन

कश्मीर को शेख के हवाले करना छठी भूल

शेख के साथ समझौता इतिहास में काला दिन

शेख के साथ समझौते पर असहमति

"मेरा अपना इस तरह कहना है कि कश्मीर के संबंध में हमारी सरकार प्रारंभ से ही भूलों पर भूलें करती चली आ रही है। पहली भूल इस सरकार ने तब की थी जब 1947 में बीच में ही युद्धविराम किया। हमारी सेनाएँ वहाँ साहस के साथ आगे बढ़ रही थीं, पर पाकिस्तान के आग्रह पर युद्धविराम करके कश्मीर को हमेशा के लिए एक समस्या बना दिया। दूसरी भूल इस सरकार ने शेख साहब को प्रारंभ में सत्ता सौंपकर की। तीसरी भूल इस सरकार ने शेख अब्दुल्ला को तीन बार गिरफ्तार किया, तीन बार जेल भेजा और जो अभियोग उन पर चलाया था उसके निष्कर्ष पर पहुँचे बिना उनको रिहा करके की। चौथी भूल इस सरकार ने 1965 में, जब कश्मीर का कुछ जो भाग पाकिस्तान के अधिकार में था, उसको हमारी सेनाओं ने खून बहाकर लिया, हाजीपीर वगैरह का, ताशकंद में उसको वापस करके की। पाँचवीं भूल इस सरकार ने 1971 में की जब हमारी सेनाओं ने कश्मीर का जो भाग अपना रक्त बहाकर लिया, फिर उसको वापस कर दिया। छठी भूल यह सरकार अब करने जा रही है जबकि जम्मू-कश्मीर को तश्तरी में रखकर शेख अब्दुल्ला के हवाले कर रही है।

मैं आपसे विशेष रूप से इस बात को कहना चाहता हूँ कि शेख के साथ जो नया समझौता होने जा रहा है, इसका दुष्परिणाम क्या होगा ? सबसे बड़ा दुष्परिणाम उसका यह होने वाला है कि जम्मू-कश्मीर राज्य की जनता, जो भारत के साथ तादात्म्य स्थापित कर चुकी थी और अपना मन बना चुकी थी कि हम भारत के अभिन्न अंग हैं और भारत के अभिन्न अंग के रूप में रहेंगे, लेकिन अब जिस प्रकार के शेख साहब और मिर्जा अफजल बेग के वक्तव्य आ रहे हैं और जिस प्रकार सरकार जम्मू-कश्मीर को सौंपने की तैयारी कर रही है, उसका परिणाम यह है कि कश्मीरी जनता के मन में फिर एक संदेह की नई लहर उठी है और कश्मीरी जनता सोचने लगी है कि शायद हमारी कोई विशेष स्थिति है। पिछले 27 वर्षों में जो अपना मन उन्होंने रिकंसाइल कर लिया था अथवा भारत के साथ जो तादात्म्य स्थापित किया था, भारत सरकार के इस निर्णय के परिणामस्वरूप जम्मू-कश्मीर में भौगोलिक दृष्टि से ही नहीं, बल्कि जम्मू-कश्मीर के लोगों के मनों की स्थिति में भी अंतर होने लगा है। मैं समझा नहीं सकता हूँ कि सरकार को यह निर्णय लेने की आवश्यकता क्यों पड़ी।"

(राष्ट्रपति अभिभाषण पर धन्यवाद प्रस्ताव पर चर्चा के दौरान दिए गए वक्तव्य के मुख्य अंश, राज्यसभा, 20 फरवरी, 1975)

शेख की रिहाई किसके दबाव में ?

[गृह-मंत्रालय की अनुदान माँगों पर चर्चा के दौरान दिए वक्तव्य के अंश, लोकसभा, 15 अप्रैल, 1964]

देश के स्वतंत्र होने के बाद जब अंग्रेज भारत से चले गए तो इस बात पर गंभीरता से विचार किया जाने लगा कि अंग्रेजियत को कैसे धीरे-धीरे भारत से विदा किया जाए। अंग्रेज जहाँ अपने साथ बुराइयाँ भारत में लाए थे, वहाँ उन्होंने हमारे देश के सामाजिक और धार्मिक जीवन पर भी आक्रमण किया और करोड़ों-अरबों रुपया देश में इस बात का प्रचार करने के लिए व्यय किया कि किसी तरह से इस देश की पुरानी पवित्र परंपराओं और इस देश की संस्कृति को समाप्त किया जाए। स्वतंत्र होने के बाद भी वह बुराई जब बराबर चलती रही तो मध्य प्रदेश की सरकार ने नियोगी कमीशन की नियुक्ति की इस बात को देखने के लिए कि मध्य प्रदेश के आदिवासी क्षेत्रों में, जंगलों में तथा पर्वतीय क्षेत्रों में विदेशी ईसाई-प्रचारक किस तरह से करोड़ों रुपया व्यय करके वहाँ के लोगों का धर्म-परिवर्तन करते हैं। इसी प्रकार की एक समिति मध्य भारत में वहाँ की तत्कालीन सरकार ने रेगे साहब की अध्यक्षता में नियुक्त की थी। इन दोनों समितियों ने जो अपनी रिपोर्टें दी थीं, उनको कहाँ तक व्यावहारिक रूप दिया जा सका है यह तो मैं नहीं कह सकता। लेकिन दोनों ने यह स्पष्ट लिखा है कि इस देश में करोड़ों और अरबों रुपए व्यय करके स्वतंत्र होने के पश्चात् भी अभी तक विदेशी ईसाई पादरी भारतीयों का भारी मात्रा में धर्म-परिवर्तन कर रहे हैं। कल नागालैंड का निर्माण भी इसी पृष्ठभूमि में हुआ। इसी कारण से केरल के राजनीतिक वातावरण में उथल-पुथल पीछे देखने में आई थी। अभी पादरी स्काट और लंदन में बैठे हुए मि० फिजो आदि व्यक्ति भी इसी प्रकार की कार्रवाइयाँ करते रहते हैं जो भारतवर्ष के लिए चेतावनी देने को पर्याप्त हैं। कुछ दिन पहले यहाँ पर मैंने एक प्रश्न पूछा था कि इस समय भारत में कितने विदेशी ईसाई पादरी हैं और विदेशी ईसाई पादरियों के द्वारा चलाए जाने वाले संघ कितने हैं और कितने उनमें विदेशी लोग काम करते हैं। गृहमंत्री जी ने उत्तर देते हुए बताया था कि नौ हजार के करीब लोग ईसाई पादरियों के रूप में, डॉक्टरों के रूप में, नर्सिस और दूसरे-तीसरे रूपों में काम करते हैं। ये नौ हजार आदमी जो काम करते हैं, उसके अतिरिक्त जो करोड़ों-अरबों रुपया आज भी स्वतंत्रता के सोलह वर्ष पश्चात् धर्म-परिवर्तन में व्यय होता है, वह भी तो हमारी आँखें खोल देने के लिए काफी होना चाहिए। वे अभी तक भी अपनी पुरानी आदत को छोड़ने

के लिए तैयार नहीं हैं। बाहर का अरबों-करोड़ों रुपया आकर जहाँ देश के धार्मिक जीवन में हस्तक्षेप कर रहा है, वहीं देश की सामाजिक और राजनीतिक स्थिति में भी इनकी ओर से अनुचित हस्तक्षेप किया जा रहा है। जो इस देश के रहने वाले बहुसंख्यक लोग हैं, जिनको हिंदू कहा जाता है, इतिहास इस बात का साक्षी है कि शताब्दियों से और सहस्राब्दियों से उन्होंने अभी किसी का बलात् धर्म-परिवर्तन नहीं किया है और न ही कभी किसी देश पर आक्रमण, उसका धर्म छीनने की दृष्टि से किया है। लेकिन इतना होने के बाद भी स्वतंत्रता के सोलह वर्ष बाद उन रुपयों से प्रभावित कुछ लोग इस प्रकार के हैं जो भारत में और भारत से बाहर भी इस प्रकार का वातावरण पैदा करना चाहते हैं, जिससे विदेशों में भारत की वर्तमान सरकार और इस देश के बहुसंख्यक लोगों को बदनाम किया जा सके। मैं कहना चाहता हूँ कि विदेशी पादरी, जिनके खिलाफ हिंदुस्तानी पादरियों ने भी आपको ज्ञापन दिए हैं और यह कहा है कि उनका भारतवर्ष में आना बंद किया जाए और उन पर प्रतिबंध लगाया जाए, क्या वैसा करने का समय नहीं आ गया है ? साथ-साथ जो अभी भी आ रहे हैं, उन पर भी प्रतिबंध लगना चाहिए।

इतना ही नहीं कि विदेशी पादरियों और उनको रुपए जो बाहर से आते हैं, उन पर प्रतिबंध लगे, बल्कि जो उस रुपए से प्रभावित मस्तिष्क भारत में काम कर रहे हैं, खास तौर से एंग्लो-इंडियन लोग जो उस रुपए से भारत में विषवमन कर रहे हैं, उन पर भी प्रतिबंध लगना चाहिए। कल जो घटना यहाँ देखने को मिली, उसको देखते हुए मैं यह भी चाहता हूँ कि आप राष्ट्रपति जी को इस सदन की ओर से यह सिफारिश भेजें कि इस लोकसभा में जो भी सदस्य आएँ, वे जनता द्वारा चुने हुए प्रतिनिधि आएँ। राष्ट्रपति जी द्वारा नाम-निर्देशित या इसी प्रकार के दूसरे व्यक्तियों को प्रतिनिधि बनाकर नहीं भेजना चाहिए जिनके द्वारा इस प्रकार के भाषण हों, जिनका उद्देश्य देश की समस्याओं का समाधान करना न हो बल्कि दूसरे देशों में इस देश की सरकार को और इस देश के निवासियों को बदनाम करना मात्र हो। मेरी निजी जानकारी में यह बात है कि कल एक विषैला भाषण सायंकाल जब यहाँ पर हुआ, रात्रि को बी० बी० सी० से और पाक रेडियो से वह ब्रॉडकास्ट किया गया। इसी से आप अनुमान लगा सकते हैं कि भाषणकर्ता का उद्देश्य क्या था और किस दृष्टि से इस प्रकार के भाषण यहाँ दिए जाते हैं।

असम के संबंध में मैं अब कुछ कहना चाहता हूँ। अभी हमारे गृहमंत्री असम गए थे। उन्होंने वहाँ की स्थिति को अपनी आँखों से देखा है। यों न केवल असम की स्थिति इस प्रकार की है वरन् हमारे देश के दूसरे राज्यों में भी लगभग स्थिति इसी प्रकार से बिगड़ रही है। लेकिन फिर भी मैं नंदा जी से एक प्रश्न पूछना चाहता हूँ। जिस समय वह असम गए थे तो क्या उनको इस प्रकार के ज्ञापन असम के कुछ राजनीतिक दलों की ओर से दिए गए थे कि इस समय जो असम में गवर्नमेंट काम कर रही है, उस गवर्नमेंट में मंत्रिमंडलीय स्तर के कुछ लोग इस प्रकार बैठे हैं जो अवैध रूप से आने वाले पाकिस्तानियों

को प्रोत्साहन दे रहे हैं और उनके कारण लाखों की संख्या में ऐसे पाकिस्तानी भारत आ गए हैं और उनकी संख्या बढ़ती जा रही है ? क्या उनको इस प्रकार के ज्ञापन भी असम के उनके दौरे के समय दिए गए हैं कि असम गवर्नमेंट के मुख्य पदों पर इस प्रकार के व्यक्ति बैठे हैं, जैसे आई०जी० पुलिस हैं, डायरेक्टर, सिविल डिफेंस हैं, चीफ सेक्रेटरी आदि। जिनकी वजह से पिछले पंद्रह वर्षों में लाखों की संख्या में पाकिस्तानी असम में आकर बस गए हैं ? नंदा जी ने कहा है कि हम चाहते हैं कि जल्दी से जल्दी उनको निकाला जाए। लेकिन जल्दी निकालने की स्थिति कैसे आ सकती है, इसको भी तो आप देखें। पहली बात तो यह है कि जो लोग मंत्रिमंडल में बैठे हैं, वे और उनके ही साथियों ने कुछ समय पहले कहा था कि अवैध रूप से आए हुए पाकिस्तानियों की संख्या केवल बारह हजार है, लेकिन लालबहादुर शास्त्री जी, जब वह गृहमंत्री थे, तब उन्होंने साहस करके कहा था कि उनकी संख्या दो-ढाई और तीन लाख के बीच है। अब 1961 की जनगणना के हिसाब से पता लगा है कि यह संख्या 2 लाख, 20 हजार है। अपनी जानकारी के आधार पर आज भी मैं बलपूर्वक कह सकता हूँ कि यह संख्या सात लाख से कहीं अधिक है। अब किस गति से इनको निकाला जा रहा है, यह भी मैं आपको बतलाना चाहता हूँ। असम के मुख्यमंत्री चालिहा साहब ने 10 जून, 1963 को कहा था कि 1 जनवरी, 1962 से 30 अप्रैल, 1963 तक 7038 पाकिस्तानी अवैध रूप से भारत आए और उनमें से 1144 को वापस किया गया और 1500 को नोटिस दिए गए। ये सोलह मास के आँकड़े मैंने आपको दिए हैं। चालिहा साहब को सोलह मास जब इतने लोगों को वापस भेजने में लगे हैं तो 2 लाख, 20 हजार जो लोग आए हुए हैं, जनगणना के आँकड़े मैं बताता हूँ, इस हिसाब से उनको अगर वापस किया गया, जैसे असम की गवर्नमेंट अब कर रही है, तो मेरा अनुमान है कि उनको हटाने में कम से कम 42 साल लगेंगे। और फिर 42 साल में यह संख्या बढ़कर भी दुगुनी हो जाएगी। आज जो स्थिति कश्मीर की बन रही है, जैसे वह गले की हड्डी बनकर अटक गया है, कहीं उसी तरह से फिर असम दूसरा कश्मीर न हो जाए और मंत्रिमंडल में बैठे हुए लोग फिर शेख अब्दुल्ला का पार्ट अदा न करें। श्री नंदा को चाहिए कि इस बढ़ते हुए रोग को समय रहते वह समाप्त करें।

दूसरी बात मैं कहना चाहता हूँ, पूर्वी पाकिस्तान से आए हुए शरणार्थियों के संबंध में। वैसे तो स्थिति यह है कि न केवल पूर्वी पाकिस्तान से बल्कि भारत सरकार की दुर्बल नीति के कारण बर्मा से भी भारतीय उजड़कर आ रहे हैं, श्रीलंका से उजड़कर आ रहे हैं, अफ्रीका से उजड़कर आ रहे हैं, लेकिन पूर्वी पाकिस्तान का घाव इतना ताजा है कि उसका टपकता खून हमारी रानों से स्पष्ट दिखाई दे रहा है। इसीलिए मैं इसकी चर्चा करना चाहता हूँ। पूर्वी पाकिस्तान से आए हुए लाखों लोगों को बसाने की समस्या का स्थायी समाधान यदि करना है तो उसका एक ही प्रकार है कि बिना यह सोचे हुए कि दुनिया हमको क्या कहेगी, हम अपने देश की स्थिति को स्वयं सँभालें। हमें पूर्वी पाकिस्तान

सरकार से कहना चाहिए कि जितने लोग पहले लाखों की संख्या में उजड़कर वहाँ से आ गए हैं और जो अब उजड़कर आ रहे हैं, उनको जितने हिस्से में बसाया जाएगा उतनी जमीन भारत को पाकिस्तान से मिलनी चाहिए। यही इस समस्या का उचित समाधान है। यदि वे ऐसा नहीं करते हैं तो फिर दूसरा तरीका यह हो सकता है कि जितने हिंदू वहाँ से यहाँ आएँ, उनके बदले में उतने पाकिस्तानी मुसलमान हिंदुस्तान से पाकिस्तान भेजे जाएँ। आप मुझसे पूछेंगे कि जो यहाँ शांति से आकर बैठे हैं उन्होंने क्या गुनाह किया है कि उनको वहाँ भेजा जाए। मैं इसके उत्तर में पूछना चाहूँगा कि जो लोग वहाँ बैठे थे उन्होंने क्या गुनाह किया था कि इस तरह से उनको उजाड़ा गया और उनकी हत्या की गई। इसके संबंध में मेरे कुछ अपने सुझाव हैं।

पाकिस्तान के जो हाई कमिश्नर दिल्ली में रहते हैं और हिंदुस्तान में इतने मुसलमान रहते हैं, मैं पूछना चाहता हूँ कि क्या उन्होंने वहाँ जाकर कभी कोई प्रदर्शन किया। मुझे इस बात की भी जानकारी है कि उन्हें परामर्श दिया गया कि किसी प्रकार से ये लोग सामूहिक रूप से इस प्रकार का विरोध करें। जो लोग आज दूसरों के साथ मिलकर कुछ ज्ञापनों पर हस्ताक्षर करते हैं उन्होंने अभी तक दृढ़ता के साथ उस पर कोई निर्णय क्यों नहीं लिया। सबसे बड़ी बात यह है कि जो आज लाखों की संख्या में अवैध रूप से यहाँ आकर लोग बस गए हैं, पश्चिमी बंगाल में, असम में, त्रिपुरा में, जब हम उनको निकालने की बात कहते हैं तो उन्हें क्यों दर्द होता है। जो लोग वहाँ से आए हैं और आकर जिन्होंने हमारे घर पर अधिकार कर लिया है, जब हम उनको निकालने की बात करते हैं, जिससे कि हमारे उजड़े हुए भाइयों की समस्या का समाधान हो सके, तो उसमें उनको तकलीफ क्यों होती है, जिसकी वजह से हमारे देश का भविष्य धीरे-धीरे अंधकारमय होता चला जा रहा है।

अगली बात जो मैं विशेष रूप से कहना चाहता हूँ, वह कश्मीर के संबंध में है। शेख अब्दुल्ला की रिहाई की जिस समय घोषणा हुई थी और इस सदन में उसकी चर्चा आई थी, उस समय मैंने एक प्रश्न पूछा था। मैंने अपने प्रश्न में कहा था कि शेख अब्दुल्ला को जो रिहा किया जा रहा है, वह क्या भारत सरकार के और अपने प्रधानमंत्री के असंतुलित मस्तिष्क का परिचायक है। दूसरी बात मैंने पूछी थी कि क्या कोई बाहर का दबाव पड़ रहा है, जिसके कारण शेख अब्दुल्ला को रिहा किया जा रहा है। उस समय अविभागीय मंत्री श्री लालबहादुर शास्त्री ने कहा था कि बाहर से हमारे ऊपर कोई प्रेशर या दबाव नहीं पड़ रहा है। लेकिन श्री छागला ने अभी तीन दिन पहले पटना में एक वक्तव्य में यह कहा कि अमेरिका की ओर से हम पर कुछ दबाव पड़ा था कि अगर शेख अब्दुल्ला को इस तरह से रिहा नहीं किया जाएगा तो हमारी समस्या और बिगड़ेगी। परंतु इससे भी आगे एक और बात पूछना चाहता हूँ। श्री छागला ने क्या कहा और क्या नहीं कहा, अमेरिका का दबाव हमारे ऊपर पड़ा या नहीं पड़ा, लेकिन मैं तो यहाँ पर भारत सरकार के दिमाग के

उतार-चढ़ाव की चर्चा करना चाहता हूँ। जब आप जानते थे कि पार्लियामेंट चल रही है, जब आप जानते थे कि उस समय कश्मीर की विधानसभा चल रही थी, तो क्या दिक्कत आपको थी कि जिस आदमी को प्रयत्नपूर्वक आपने कश्मीर का प्रधानमंत्री बनवाया था, शेख को छोड़ने के पहले उस कश्मीर असेंबली में एक प्रस्ताव लाकर यह कहलवाते कि संविधान का अनुच्छेद 370 हटा दिया जाए। पार्लियामेंट चल ही रही थी, संकटकालीन स्थिति का लाभ उठाकर अनुच्छेद 370 को हटाया जा सकता था। अनुच्छेद 370 को हटाने के बाद और सदरे-रियासत के हाथ में वहाँ का शासन देने के बाद अगर शेख अब्दुल्ला को रिहा किया जाता, उसके बाद वह इससे भी ज्यादा जहरीले वक्तव्य देते तो मैं कहता कि उससे देश को और कश्मीर की घाटी को किसी प्रकार का खतरा नहीं हो सकता था। यह हिंदुस्तान की सरकार की अदूरदर्शिता का परिणाम हुआ कि जिस ढंग से मुकदमे में बिना निर्णय पर पहुँचे हुए आपने गरीब जनता का साढ़े तीन करोड़ रुपया बरबाद किया, देश की जनता आपसे पूछना चाहती है कि अगर गरीब जनता के बच्चों के मुँह से टुकड़ा छीनकर उस साढ़े तीन करोड़ रुपए से दस साल तक खिलवाड़ करना था तो उसका क्या परिणाम हुआ यह तो बता देते। दुनिया कल आपको क्या कहेगी कि इस मुकदमे में निर्णय लिए बिना आपने उसे छोड़ दिया। निर्णय लेने के बाद आप उसको छोड़ते। लेकिन फिर भी मैं नंदा जी से पूछना चाहता हूँ, आज देश की 44 करोड़ जनता उनसे यह पूछना चाहती है कि शेख अब्दुल्ला की रिहाई के लिए मुख्य रूप से जिम्मेदार कौन है ? किस पर यह जिम्मेदारी है, हिंदुस्तान के प्राइम मिनिस्टर पर है, हिंदुस्तान के होम मिनिस्टर पर है या श्री लालबहादुर शास्त्री पर है ? आज इस बात को स्पष्ट बतलाया जाए, क्योंकि इस बात को छिपाकर रखा जाता है, जिसकी वजह से यह ऐतिहासिक भूल हुई है।

दूसरी बात मैं आपसे पूछना चाहता हूँ कि हिंदुस्तान सरकार क्या कुछ गलतफहमी की शिकार हुई। शेख अब्दुल्ला को छोड़ने से पहले क्या कश्मीर के वर्तमान अधिकारियों ने आपको कोई गलत आश्वासन दिए थे और यह कहा था कि शेख अब्दुल्ला छूट जाने के बाद हिंदू-मुस्लिम इत्तहाद के लिए काम करेंगे, शेख अब्दुल्ला छूट जाएँगे तो जमशेदपुर और राउरकेला में जाकर भाषण देंगे, शेख अब्दुल्ला छूट जाएँगे तो अनुच्छेद 370 को हटवाने को कहेंगे, और इस भ्रम में आकर आप राय दे बैठे कि शेख अब्दुल्ला को रिहा कर दिया जाए। अगर यह बात नहीं थी तो बतलाइए कि किस तरह से यह काम हुआ ?

तीसरी चीज मैं यह कहना चाहता हूँ कि जब गांधीजी को भी, जो कि देश के इतने बड़े नेता थे, अंग्रेज सरकार छोड़ती थी तो सुबह चार बजे किसी छोटे-से स्टेशन पर ले जाकर छोड़ती थी। आपने शेख अब्दुल्ला को छोड़ते समय इतनी भारी पब्लिसिटी क्यों दी ? क्यों दिल्ली से दावतनामे भेजे गए। क्या आपने उनको निरपराध मान लिया, जिसके कारण इतनी पब्लिसिटी की जरूरत थी और बड़े से बड़े अधिकारियों को हवाई जहाज में

बिठाकर दावतनामा लेकर भेजा गया कि जब शेख अब्दुल्ला जेल से छूटकर आएँ तब वह प्राइम मिनिस्टर्स हाउस में पहली दावत खाएँ। देश की इज्जत के साथ इससे ज्यादा कोई और खिलवाड़ नहीं हो सकता। अभी तो वह साधारण जहर उगल रहे हैं। मैं श्री नंदा से चेतावनी के रूप में कहना चाहता हूँ कि असली विषवमन तो 23 अप्रैल को श्रीनगर में, ईद की नमाज के बाद, वह जो भाषण देंगे, उसमें होगा। उसको श्री नंदा सुनें। स्थिति धीरे-धीरे ऐसी बनती चली जा रही है कि आपके हाथ से तीर निकल रहा है।

कश्मीर के संबंध में केवल तीन विकल्प हैं—या तो वह भारत के साथ रहे, जैसा कि हम निर्णय कर चुके हैं और संविधान की स्वीकृति है, दूसरी बात वह जिसका पाकिस्तान नारा लगाता है और तीसरी बात यह कि कश्मीर स्वतंत्र रहे। शेख अब्दुल्ला ने अब तक जो वक्तव्य दिए हैं, वह यह तो थे नहीं कि कश्मीर घाटी का भारत के साथ विलय अंतिम हो चुका है और अनुच्छेद 370 हटा दिया जाए। वे पाकिस्तान के पक्ष में भी कुछ नहीं बोले थे। पर क्या परसों उन्होंने आपके किसी प्रेशर में आकर ऐसा कह दिया कि वे कब कहते हैं, कश्मीर को स्वतंत्र रखा जाए। पर आज फिर उन्होंने अपने वक्तव्य को बदला है। अब दिन-रात शेख साहब के दिमाग में उतार-चढ़ाव आ रहे हैं और इस प्रकार से वे अपने वक्तव्यों को बदल रहे हैं। आप निश्चय मानिए कि कल कश्मीर घाटी में पहुँचने के बाद वे कुछ और बात कहने लग जाएँगे। यदि उनकी इच्छानुसार कोई निर्णय लिया गया और कश्मीर घाटी को स्वतंत्र कर दिया गया तो याद रखिए कि हजारों जवान, जो सन् 1947 में कश्मीर घाटी की रक्षा के लिए बलिदान हुए थे, जिनकी विधवाओं के आँसू पंद्रह साल के बाद आज तक नहीं सूखे हैं, वे आपसे पूछेंगे, ब्रिगेडियर उस्मान के अनाथ बच्चे जब आपसे जवाब माँगेंगे, कैसे आप उनको संतुष्ट करेंगे। कश्मीर घाटी जाने के बाद क्या आप फिर लद्दाख को बचा सकेंगे। अगर लद्दाख निकल जाए तो आप मेजर शैतानसिंह की पत्नी को क्या जवाब देंगे, जिसको बुलवाकर कल आपने परमवीर चक्र प्रदान किया था ? और क्या जवाब आप देंगे डॉ० श्यामाप्रसाद मुकर्जी की आत्मा को, जिसने कश्मीर को हिंदुस्तान में मिलाने के लिए अपने जीवन का बलिदान दिया था ? साथ ही सबसे बड़ी बात मैं आपसे यह पूछना चाहता हूँ कि क्या जवाब आप देंगे उस रूस को, जिसके वीटो के अधिकार का इस्तेमाल करके आपने सुरक्षा परिषद् में कई बार अपनी इज्जत बचाई थी ? उसको आप क्या जवाब देंगे ? शेख अब्दुल्ला को छोड़कर आपने जो देश के साथ गलती की है, उसका क्या प्रायश्चित्त करेंगे। शेख अब्दुल्ला कहते हैं कि जवाहरलाल नेहरू के साथ मेरा बड़ा प्यार है, जवाहरलाल नेहरू से मेरी मुहब्बत है, लेकिन जवाहरलाल की मुहब्बत में मैं कश्मीर घाटी को, कश्मीर के लोगों को कुर्बान नहीं कर सकता। वही बात हम भी कहना चाहते हैं कि जवाहरलाल जी हमारे भी प्यारे हैं, लेकिन क्योंकि जवाहरलाल जी तथा शेख साहब में मित्रता है, हम उनकी दोस्ती के लिए हिंदुस्तान और कश्मीर को कुर्बान नहीं कर सकते। जवाहरलाल जी के प्रति हमारा सम्मान है लेकिन देश के प्रति

हमारा सम्मान जवाहरलाल जी के सम्मान से बड़ा है। इस स्थिति को हम अपनी आँखों से ओझल नहीं कर सकते। मैं कहना चाहता हूँ कि जिस प्रकार सरदार पटेल का नाम 650 रियासतों को मिलाकर देश को एक बनाने के लिए अमर हो गया, उसी तरह से, अगर यह गलती हुई तो पंडित जवाहरलाल नेहरू का नाम इतिहास में देश में अनेकता की सृष्टि करने वालों में लिखा जाएगा। और इसे आप इतिहास से हटा नहीं सकेंगे।

मैं अपने वक्तव्य को उपसंहार की ओर ले जाते हुए एक बात विशेष रूप से कहना चाहता हूँ और मेरी इच्छा है कि आप मेरी इस बात को प्रधानमंत्री जी तक पहुँचा दें। अच्छा होता यदि वह यहाँ होते और मैं उनसे ही यह बात कह सकता। जब से प्रधानमंत्री जी बीमार हुए हैं तब से मंत्रिमंडल की निर्णायक शक्ति लगभग समाप्त-सी हो गई है। आज इतने बड़े देश के 44 करोड़ लोगों की किस्मत जिस सरकार के हाथ में है, उसकी कुर्सियों पर बैठकर जो निर्णय लिए जाते हैं, वे इसी तरीके के होते हैं जैसे कि शेख अब्दुल्ला को छोड़ने का आदेश धीरे से भेज दिया गया। अब भी यहाँ पर कुछ ऐसे वक्तव्य हो रहे हैं, जिनके द्वारा शेख अब्दुल्ला के समर्थन में वातावरण तैयार किया जा रहा है। श्री एंथनी जैसे सदस्य यहाँ भाषण देकर पाकिस्तान के विदेशमंत्री श्री भुट्टो और शेख अब्दुल्ला के लिए एक नए वातावरण का निर्माण कर रहे हैं। क्या उनको यह कमजोर हिंदुस्तान की सरकार रोक सकेगी ? मैं चाहता हूँ कि आप प्रधानमंत्री जी को हमारी ओर से बड़ी नम्रता से यह बात कहें कि उनमें हमारी श्रद्धा है, देश की जो उन्होंने सेवा की है उनके आगे हमारा मस्तक नत है। लेकिन अब जो प्रधानमंत्री अस्वस्थ हुए हैं, यह उनको प्रकृति की चेतावनी है और प्रकृति की इस चेतावनी को प्रधानमंत्री को बहुत दूर तक जाकर सोचना चाहिए। आज कुछ चापलूस उनके चारों ओर एकत्र हो गए हैं। कुछ राजनीतिक नेता, एक विशेष राजनीतिक दल और कुछ राजनीतिक अखबार उनके कान में बराबर यह कहते रहते हैं कि आपके बिना देश नहीं चलेगा। मैं कहता हूँ कि देश गांधीजी के बाद चलता रहा, सरदार पटेल के बाद चलता रहा तो नेहरू जी के बाद क्यों नहीं चलेगा ? प्रधानमंत्री जी अपने जीवनकाल में ऐसा व्यक्ति उत्तराधिकारी बनाकर जाएँ कि जिसको देखकर वह खुश हों और देखें कि मेरे हटने के बाद देश का काम और अच्छे ढंग से चलाया जा रहा है।

इस समय देश का सबसे बड़ा अभाव यह है कि सरकार के पास तो नेता है लेकिन जनता के पास नेता नहीं है। गांधीजी के बाद जनता का नेता समाप्त हो गया। मैं चाहता हूँ कि आप प्रधानमंत्री जी को यह राय दें कि वह सरकारी नेता बने रहने के बजाय अब अंतिम समय में जनता के नेता बनें और इस तरह इस स्थान को किसी उपयुक्त व्यक्ति के लिए छोड़ दें। यह उनके स्वास्थ्य के लिए भी ठीक रहेगा और देश के लिए भी ठीक रहेगा।

1953 की स्थिति बहाल करना औचित्यहीन

[संविधान में 36वें संशोधन विधेयक पर चर्चा, राज्यसभा, 7 सितंबर, 1974]

कुछ दिन पहले जम्मू-कश्मीर के पहले शासक शेख अब्दुल्ला ने जिस तरह से भारत सरकार के साथ में नए सिरे से अपनी बातचीत शुरू की है और जिस तरह से रोज-रोज यह बयान देते रहते हैं कि 1953 से पहले की स्थिति में लौटकर भारत सरकार आए तब मैं यहाँ का वजीरे आजम बनने के लिए तैयार हूँ, तब ही मेरा भारत सरकार से कोई समझौता हो सकता है। मैं सरदार स्वर्णसिंह से, आपके माध्यम से एक ही बात जानना चाहता हूँ कि सरदार साहब को क्या याद है कि भारत के पहले गृहमंत्री श्री गोविंदवल्लभ पंत ने श्रीनगर की एक सार्वजनिक सभा में यह कहा था कि जम्मू-कश्मीर का विलय भारत में अंतिम है और इस चैप्टर को कभी आगे नहीं खोला जा सकता है ? पंडित जवाहरलाल नेहरू ने ये शब्द कहे थे कि जो जम्मू-कश्मीर में जनमत-संग्रह की बात कहते हैं, इसके दो ही रास्ते हो सकते हैं। एक तो इसी प्रश्न पर मत-संग्रह हो सकता है, दूसरा अगर चुनाव के द्वारा जनमत कराया जाए। अगर ऐसे प्रश्न पर जनमत कराए जाते हैं तो जम्मू-कश्मीर में चार बार चुनाव हो चुके हैं और इसी प्रश्न पर जो जम्मू-कश्मीर के भारत-विलय के अभिन्न समर्थक हैं उनको जनता ने चुनकर भेजा है। और जनमत-संग्रह क्या होता है ? श्री गुलजारी-लाल नंदा उसके बाद गृहमंत्री बने। उन्होंने यह कह दिया कि अनुच्छेद 370 बहुत कुछ घिस चुका है और जो रह गया है वह भी धीरे-धीरे घिस रहा है। लेकिन सह-राज्य का दर्जा देने से सिक्किम के लोगों के मन में एक आशंका है कि आपके इस निर्णय का जम्मू-कश्मीर के शेख अब्दुल्ला जैसे नेता भी अनुचित लाभ उठा सकते हैं, इसलिए मैं चाहता हूँ कि सरदार स्वर्णसिंह जो इस चर्चा का उत्तर दें तो स्पष्ट रूप से इस बात की घोषणा करें कि भारतीय संघ के किसी राज्य के ऊपर भी या जो भारत की चारदीवारी है, जिस पर भारत की अखंड प्रभुसत्ता है, इस किस्म के जितने भी भाग हैं, इनमें कहीं भी किसी क्षेत्र को सह-राज्य का दर्जा देने की स्थिति कभी आएगी नहीं। इस प्रश्न पर कभी विचार नहीं किया जाएगा। अगर आप इतना कहते हैं तो मैं समझता हूँ कि मेरे जैसे लोगों को और हमारे जैसे दलों को, जो इस प्रश्न पर आपका खुले हृदय से समर्थन कर रहे हैं, उनको संतोष होगा कि यह केवल सिक्किम के लिए कंसेशन दिया जा रहा है, भारत के अंदर कभी कोई इस प्रकार की आवाज नहीं उठ सकेगी। अगर आप इस प्रकार की बात नहीं करते हैं तो लगेगा यही कि आपके कहीं न कहीं सोचने के ढंग में कमजोरी है, लचरपन है। वह लचरपन न रह जाए, इसलिए मैं चाहता हूँ कि सरदार स्वर्णसिंह उत्तर देते समय इस बात की घोषणा करें कि भारत का जो मानचित्र है इसके किसी राज्य में सह-राज्य का या एसोसिएट स्टेट की आवाज को नहीं उठाया जाएगा।

कश्मीर को शेख के हवाले करना छठी भूल

[राष्ट्रपति के अभिभाषण पर धन्यवाद प्रस्ताव पर चर्चा के दौरान दिए गए वक्तव्य के मुख्य अंश, राज्यसभा, 20 फरवरी, 1975]

मैं अपना भाषण राष्ट्रपति अभिभाषण के तेरहवें पैराग्राफ से प्रारंभ करना चाहता हूँ, जो जम्मू-कश्मीर के संबंध में है। मेरा अपना इस तरह का कहना है कि कश्मीर के संबंध में हमारी यह सरकार प्रारंभ से भूलों पर भूलें करती चली आ रही है। पहली भूल इस सरकार ने तब की जब 1947 में बीच में युद्धविराम किया। हमारी सेनाएँ वहाँ साहस के साथ आगे बढ़ रही थीं। पर पाकिस्तान के आग्रह पर इन्होंने युद्धविराम करके कश्मीर को हमेशा के लिए एक समस्या बना दिया। दूसरी भूल इस सरकार ने शेख अब्दुल्ला को प्रारंभ में सत्ता सौंपकर की। तीसरी भूल इस सरकार ने शेख अब्दुल्ला को तीन बार गिरफ्तार किया, तीन बार जेल में भेजा और जो अभियोग उन पर चलाया था उसके निष्कर्ष पर पहुँचे बिना उनको रिहा करके की। चौथी भूल इस सरकार ने 1965 में, जब कश्मीर का कुछ भाग जो पाकिस्तान के अधिकार में था उसको हमारी सेनाओं ने खून बहाकर लिया, हाजीपीर वगैरह का, ताशकंद में उसको वापस करके की। पाँचवीं भूल इस सरकार ने 1971 में की जब हमारी सेनाओं ने कश्मीर का जो भाग अपना रक्त बहाकर लिया, फिर उसी को वापस कर दिया। छठी भूल यह सरकार अब करने जा रही है जब कि जम्मू-कश्मीर को तश्तरी में रखकर शेख अब्दुल्ला के हवाले कर रही है।

मैं आपसे विशेष रूप से इस बात को कहना चाहता हूँ कि शेख के साथ नया समझौता होने जा रहा है, उसका दुष्परिणाम क्या होगा ? सबसे बड़ा दुष्परिणाम उसका यह होने वाला है कि जम्मू-कश्मीर राज्य की जनता, जो भारत के साथ तादात्म्य स्थापित कर चुकी थी और अपना मन बना चुकी थी कि हम भारत के अभिन्न अंग के रूप में रहेंगे, लेकिन अब जिस प्रकार के शेख साहब और मिर्जा अफजल बेग के वक्तव्य आ रहे हैं और जिस प्रकार सरकार जम्मू-कश्मीर को सौंपने की तैयारी कर रही है उसका परिणाम यह है कि कश्मीरी जनता के मन में फिर एक संदेह की नई लहर उठी है और कश्मीरी जनता सोचने लगी है कि शायद हमारी कोई विशेष स्थिति है। पिछले 27 वर्षों में जो अपना मन उन्होंने रिकंसाइल कर लिया था अथवा भारत के साथ जो तादात्म्य स्थापित किया था, भारत सरकार के इस निर्णय के परिणामस्वरूप जम्मू-कश्मीर के लोगों के मनों की भी स्थिति में अंतर होने लगा है। मैं समझ नहीं सकता हूँ कि सरकार को यह निर्णय लेने की

आवश्यकता क्यों पड़ी ?

जम्मू-कश्मीर में किसी प्रकार की माँग थी कि शेख साहब को सत्ता सौंपी जाए ? देश में किसी प्रकार की माँग थी कि शेख साहब को सत्ता सौंपी जाए या विदेशी किसी प्रकार का दबाव था कि शेख साहब को सत्ता सौंपी जाए ? यदि ऐसा नहीं था तो क्या कारण था, जिसके कारण शेख साहब के हाथ में जम्मू-कश्मीर की सत्ता सौंपने के लिए कहा गया। इसका क्या परिणाम होगा ? अब इसका दुष्परिणाम यह होने जा रहा है कि जिस दिन समाचार-पत्रों में यह बात आई कि जम्मू-कश्मीर की विशेष स्थिति मानकर केंद्रीय सरकार उनको कुछ विशेष अधिकार देने जा रही है तो दूसरे ही दिन तमिलनाडु के मुख्यमंत्री ने एक वक्तव्य दिया कि जिन विशेषाधिकारों में जम्मू-कश्मीर की स्थिति रखी जा रही है, तमिलनाडु की स्थिति भी उसी प्रकार से क्यों न मानी जाए। शेख साहब को लगा कि करुणानिधि के वक्तव्य से भविष्य कहीं खटाई में न पड़ जाए, इसलिए दो दिन के बाद ही वे मद्रास पहुँचे। करुणानिधि से जब उनकी मुलाकात हुई तो उन्होंने कहा कि यह बात सही है। मैं सिर्फ जम्मू-कश्मीर के लिए ही नहीं, बाकी भारत के लिए भी इसी प्रकार राज्यों की स्वायत्तता की माँग करना चाहता हूँ। मेरे कहने का अभिप्राय यह है, एक बार शेख साहब को आप सत्ता में बैठ जाने दीजिए फिर उसके बाद अगर वे नाकों चने न चबवा दें और तीन महीने के बाद ही भारत सरकार अपनी गलती को महसूस न करे तो मेरे थोड़े-से राजनीतिक अनुभव को चुनौती दें।

मैं एक बात कहना चाहता हूँ कि जिन परिस्थितियों में शेख साहब सत्ता सँभाल रहे हैं, वैसे अभी सत्ता सँभालने में तीन-चार दिन शेष हैं, लेकिन उससे पहले ही, यानी अभी से उन्होंने अपने विरोधियों को, चाहे वे भारत के लोग हों या बाहर के, चुनौती देना प्रारंभ कर दिया है। उन्होंने कहा है कि मैं एक-एक को देखूँगा, जिन्होंने मेरे साथ दुर्व्यवहार किया है। पता नहीं, उन्होंने और किस भाषा का प्रयोग करना प्रारंभ कर दिया है। मेरे कहने का अभिप्राय यह है कि यह सरकार, जिसे संविधान और संसद के प्रति वफादार रहना चाहिए, जम्मू-कश्मीर के मामले में आज उसने संविधान को भी उठाकर ताक पर रख दिया है और संसद के निर्णयों को बदलने के लिए संसद को विश्वास में लेने की किसी प्रकार आवश्यकता नहीं समझी। जम्मू-कश्मीर के संबंध में जो संविधान में संशोधन हुए थे उनके संबंध में भी अभी सरकार मौन है। तीन दिन शेष रह गए हैं जबकि शेख साहब को सत्ता सँभालनी है। लेकिन अभी तक संसद को, न इस सदन को और न उस सदन को किसी प्रकार से विश्वास में लिया है। उपसभापति जी, क्या यह सदन का अपमान नहीं है, क्या यह संसद का अपमान नहीं है ? इतना बड़ा निर्णय भारत के सीमावर्ती राज्य के प्रशासन में परिवर्तन होने के लिए किया जा रहा है और अभी तक संसद को किसी प्रकार विश्वास में नहीं लिया गया। संसद जम्मू-कश्मीर के भविष्य के संबंध में 1953 के बाद न जाने कितने परिवर्तनों को स्वीकार कर चुकी है। मुझे यह भी पता लगा है कि शेख साहब इस

बात पर अड़े हुए थे कि 1953 के बाद संसद ने जितने कानूनों में परिवर्तन किए हैं या जम्मू-कश्मीर के लिए नए कानून बने हैं, उनको भारत सरकार वापस ले ले और '53 से पहले की स्थिति आ आए। लेकिन भारत सरकार सीधी नाक न पकड़कर पीछे से आकर नाक पकड़ना चाहती है। सुना यह गया है, और शेख अब्दुल्ला की कल की प्रेस कान्फ्रेंस जो समाचार-पत्रों में आई है उसमें उन्होंने यह कहा है कि जम्मू-कश्मीर के नए चुनाव होने के बाद जो नई विधानसभा बनेगी वह इस बात को तय करेगी कि 1953 के बाद भारतीय संसद ने जम्मू-कश्मीर के लिए जो कानून बनाए हैं, वे रखे जाएँ या न रखे जाएँ। कौन-से उनमें से उपयुक्त कानून हैं और कौन-से अनुपयुक्त कानून हैं, जिनको स्थगित करने की आवश्यकता है। मैं समझ नहीं पा रहा हूँ, आखिर यह हास्यास्पद स्थिति क्यों हो रही है ? क्यों इस प्रकार की चर्चा चल रही है ?

मैं उन बातों की चर्चा नहीं करना चाहता जब शेख अब्दुल्ला ने अपने साथियों को कहा कि जो भ्रष्ट लोग हैं उनको एक-एक को हटाया जाएगा और सजा दी जाएगी। मैं इस बात की चर्चा नहीं करना चाहता, जो अप्रत्यक्ष रूप से उन्होंने भारत सरकार पर आरोप लगाए हैं कि जितने चुनाव जम्मू-कश्मीर में हुए हैं वे बोगस और बनावटी चुनाव थे। मैं इस बात की भी चर्चा नहीं करना चाहता, जो उन्होंने कहा है कि भारत सरकार ने कश्मीर की जनता को मोहताज और भिखारी बनाकर खड़ा कर दिया है, लेकिन मैं यह अपने कांग्रेसी मित्रों से जरूर कहना चाहता हूँ कि अभी जम्मू-कश्मीर की सत्ता सँभालने में तीन दिन शेष हैं, लेकिन पूत के पाँव पालने में अभी से दिखाई देने लगे हैं। वे क्या निर्णय लेने वाले हैं और जम्मू-कश्मीर की क्या स्थिति होने वाली है, यह अभी से नजर आने लगा है। शेख साहब का वह भाषण मुझे याद है और मैं समझता हूँ, सदन के दूसरे सदस्यों को भी याद होगा, जिसमें उन्होंने कहा था कि मरने के बाद मेरी लाश अरब सागर में फेंक दी जाए ताकि मेरी लाश अरब के किसी देश के किनारे पर जाकर लग जाए। शेख साहब के उस भाषण की चर्चा मैं नहीं करना चाहता जो कश्मीर के प्रश्न पर उन्होंने कहा था कि उसमें पाकिस्तान भी एक पक्ष है और बिना पाकिस्तान को साथ बैठाए भारत सरकार के साथ किसी प्रकार बातचीत नहीं हो सकेगी। उनका लड़का अब्दुल्ला तारिक लंदन के अंदर जो भारत के विरुद्ध विषवमन करता रहा है उसकी चर्चा भी मैं नहीं करना चाहता। लेकिन इसकी चर्चा मैं अवश्य करना चाहता हूँ कि लोकसभा का सदस्य होने के नाते मैंने स्वयं एक बार उनके पत्रों की फोटोस्टेट कॉपी लोकसभा में रखी थी जो जनमत-संग्रह मोर्चे के नेताओं ने पाकिस्तानी नेताओं के साथ पत्र-व्यवहार किया था और जिनके माध्यम से लाखों रुपया कश्मीर के अंदर आता था। उन्होंने लिखकर भेजा कि दवाइयाँ कम हो गई हैं और मरीजों की संख्या ज्यादा है, इसलिए आप जल्दी से जल्दी दवाइयाँ भेजें। मैंने उन पत्रों की फोटोस्टेट कॉपियाँ लोकसभा में रखी थीं। इससे यह पता लगता है कि जनमत-संग्रह मोर्चे का पाकिस्तान के साथ किस तरह सीधा संबंध है। लेकिन इतनी

पृष्ठभूमि के बाद मैं समझ नहीं पाया कि सरकार क्यों इस प्रकार की भूल करने जा रही है।

अपनी भूल को सार्वजनिक रूप से स्वीकार कर लेने में मुझे कोई आपत्ति नहीं होगी अगर शेख अब्दुल्ला कुर्सी पर बैठने के बाद पहली घोषणा यह न करें कि भारतीय संविधान का जो अनुच्छेद 370 है उसको हटाया जाए और जम्मू-कश्मीर भारत का उसी प्रकार से अभिन्न अंग बनाया जाए जैसे उत्तर प्रदेश, मध्य प्रदेश, राजस्थान और दूसरे राज्य हैं। यहाँ के लोग वहाँ जाकर व्यापार कर सकें, वहाँ के लोग यहाँ आकर व्यापार कर सकें, यहाँ के लोग वहाँ जाकर भूमि खरीद सकें। वहाँ पर बिलकुल तादात्म्य स्थापित हो, ऐसी स्थिति हो, तो मुझे अपनी भूल स्वीकार करने में कोई आपत्ति नहीं होगी। लेकिन मिर्जा अफजल बेग, जिन्होंने इस समझौते के अंदर बातचीत में मुख्य अभिनायक का पार्ट अदा किया है, उन्होंने स्पष्ट रूप से कहा है कि भारत के संविधान का अनुच्छेद 370 अब हमेशा के लिए स्थायी होने जा रहा है। मैं आपसे पूछना चाहता हूँ कि जब डॉ० अंबेडकर ने संविधान सभा में यह बात कही थी कि यह अनुच्छेद 370 अस्थायी उपबंध है तथा भारत के संविधान में यह बात लंबी नहीं चलेगी और गोपालस्वामी आयंगर ने यह कहा था कि यह अनुच्छेद हमेशा के लिए रहने वाला नहीं है क्योंकि कश्मीर में संकट की स्थिति है, एक तनाव की स्थिति है, इसलिए कुछ समय के लिए संविधान में इस अनुच्छेद को रखा जा रहा है। जब श्री गोविंदवल्लभ पंत ने यह आश्वासन दिया था, श्री जवाहरलाल नेहरू ने यह आश्वासन दिया था कि संविधान का अनुच्छेद 370 काफी घिस चुका है और जो शेष रह गया है वह घिसते-घिसते घिस जाएगा, तब मिर्जा अफजल बेग कह रहे हैं कि यह अनुच्छेद स्थायी बनने जा रहा है। एक तरफ हमारे नेताओं के आश्वासन हैं और दूसरी तरफ इस प्रकार की स्थिति चल रही है। मैं पूछना चाहता हूँ कि यह दोहरी स्थिति क्यों चल रही है ? देश समझ नहीं पा रहा है कि इस सरकार की नीति का परिणाम क्या होने वाला है और कहाँ जाकर स्थिति समाप्त होगी ? मुझे इस समय विशेष रूप से हमारे सत्तारूढ़ दल के सदस्यों और जो हमारी सरकार के वरिष्ठ और दूसरे मंत्री हैं, उनका ध्यान आकर्षित करना है। कहीं ऐसा न हो कि आपकी कुल्हाड़ी आपके ही पाँव काट दे और आगे चलकर आपको पश्चात्ताप करना पड़े। इसलिए कोई निर्णय करने से पहले आप आँख खोलकर देखें और फूँक-फूँककर कदम रखें। चोट खाया हुआ साँप कभी भी इस प्रकार हमला कर सकता है जो आपके और पूरे देश के भविष्य को खतरे में डाल सकता है।

शेख के साथ समझौता इतिहास में काला दिन

[जम्मू-कश्मीर पर प्रधानमंत्री के बयान पर चर्चा, राज्यसभा, 24 फरवरी, 1975]

मैं प्रधानमंत्री जी से केवल दो बातें जानना चाहता हूँ। इस बात की चर्चा मैं नहीं करना चाहता कि जब शेख अब्दुल्ला को सत्ता सँभालने में केवल एक रात बीच में रह जाती है, अब तक ये सारी चर्चाएँ संसद को पृष्ठभूमि में रखकर, संसद से पृथक् रहकर कैसे चलती रहीं और संसद को विश्वास में क्यों नहीं लिया गया। न मैं उस चीज की चर्चा करना चाहता हूँ कि जब शेख साहब चार्ज सँभालने जा रहे हैं तो आज जम्मू-कश्मीर में क्यों हड़ताल है। मैं केवल यह जानना चाहता हूँ कि जो जम्मू-कश्मीर का संविधान है उसमें स्पष्ट रूप से यह लिखा हुआ है–जो आप शेख साहब को यह श्रेय देने जा रहे हैं कि उन्होंने कश्मीर को भारत का अभिन्न अंग माना है–उसमें स्पष्ट रूप से लिखा हुआ है कि जम्मू-कश्मीर की विधानसभा किसी कानून में इतने प्रतिशत मतों के आधार पर परिवर्तन कर सकती है, लेकिन इस विधानसभा को कभी यह अधिकार नहीं होगा कि जम्मू-कश्मीर का जो भारतवर्ष में विलय है, यह इस बारे में कोई निर्णय ले। यह जम्मू-कश्मीर के संविधान में है। हमारे संविधान की स्थिति यह है कि श्री गोपालस्वामी आयंगर ने संविधान सभा में यह बात कही थी कि वहाँ लड़ाई होकर चुकी है, इसलिए जम्मू-कश्मीर में जो स्थिति है उसको देखते हुए यह विशेष उपबंध रखा जा रहा है। जब भी स्थिति सामान्य होगी इसको हटा दिया जाएगा।

पंडित जवाहरलाल नेहरू, जो हमारे देश के पहले प्रधानमंत्री थे, स्वयं उन्होंने ये शब्द कहे, पंडित गोविंदवल्लभ पंत ने ये शब्द कहे और भूतपूर्व गृहमंत्री श्री गुलजारीलाल नंदा ने एक विधेयक पर ये शब्द कहे कि अनुच्छेद 370 काफी घिस चुका है और वह घिसते-घिसते और घिस जाएगा। ये उनके अपने शब्द थे। लेकिन जो मैं प्रधानमंत्री जी से जानना चाहता हूँ वह यह है कि मिर्जा अफजल बेग, जो शेख साहब के प्रतिनिधि थे, आपके प्रतिनिधि पार्थसारथी से बात करते रहे, उन्होंने वक्तव्य दिया है कि अनुच्छेद 370 भारतीय संविधान के अंदर सदा के लिए स्थायी होने जा रहा है, अब इसको हटाने के लिए कोई प्रश्न नहीं रहेगा। मैं आपसे जानना चाहता हूँ, इसमें वास्तविकता क्या है ?

दूसरी बात यह है कि शेख साहब ने दक्षिण प्रांतों का भ्रमण करते हुए कई स्थानों पर वक्तव्य दिए हैं। उन्होंने एक स्थान पर वक्तव्य देते हुए यह कहा कि 1953 के बाद जितने कानून बने हैं, एक बार चुनाव हो जाने दीजिए, उनमें एक-एक को देखेंगे कि

जम्मू-कश्मीर की विधानसभा किन को स्वीकार करती है और किन को नहीं करती है। भारतीय संसद ने जो निर्णय लिए हैं उनको भी अप्रत्यक्ष रूप से उन्होंने चुनौती दी है। एक बात उन्होंने स्पष्ट कही है कि विदेश, रक्षा और संचार तीनों को छोड़कर बाकी विषयों के अंदर जम्मू-कश्मीर की जो स्वायत्तता है, या स्वतंत्रता है, इसका निर्णय भी जम्मू-कश्मीर की विधानसभा लेगी। इन वक्तव्यों के बाद प्रधानमंत्री से शेख अब्दुल्ला मिले हैं और दो बार उनकी मुलाकात हुई है, तो मैं यह जानना चाहता हूँ कि यह जो प्रधानमंत्री जी के साथ उनकी मुलाकात हुई तो क्या प्रधानमंत्री जी ने उन वक्तव्यों की पृष्ठभूमि में शेख अब्दुल्ला से किसी प्रकार का स्पष्टीकरण माँगने की कोशिश की या नहीं की ? यही नहीं, शेख अब्दुल्ला के अभी से सत्ता सँभालने से पहले पूत के पाँव पालने में नजर आने लगे हैं। पहली बार रफी अहमद किदवई और मौलाना अब्दुल कलाम आजाद के कहने पर उनको गिरफ्तार करना पड़ा। इस बार देखें क्या होता है ?

आप तो कहती हैं कि भारत के लिए यह सौभाग्य का समझौता है, मैं कहता हूँ कि भारत के इतिहास में यह काला दिन है जो इस प्रकार का समझौता हुआ है।

शेख के साथ समझौते पर असहमति

[जम्मू-कश्मीर राज्य के संबंध में केंद्र व शेख के साथ समझौते पर चर्चा के दौरान दिया गया वक्तव्य, राज्यसभा, 12 मार्च, 1975]

जवाहरलाल नेहरू को अपने जीवन में दो बार विश्वासघात का शिकार होना पड़ा। एक अवसर था जब 1962 में चीनियों ने भाई-भाई का नारा लगाकर भारत पर आक्रमण किया और भारत की पीठ में छुरा भोंका। दूसरा अवसर था जब महाराजा हरिसिंह के विरोध के बावजूद पंडित जी ने जिन शेख अब्दुल्ला को कश्मीर का सर्वेसर्वा या प्रधानमंत्री बनाया। उन्होंने स्वतंत्र कश्मीर राज्य का सुल्तान बनने का स्वप्न लेना प्रारंभ किया और 1953 में पंडित जी को विवश होकर मर्मांतक पीड़ा के साथ उनको गिरफ्तार करना पड़ा। प्रधानमंत्री श्रीमती इंदिरा गांधी ने इस समझौते के संबंध में यहाँ और उस सदन में जो वक्तव्य दिया उससे मेरे जैसे कुछ व्यक्तियों का चिंतित होना स्वाभाविक था। लोकसभा में इसी प्रकार के वाद-विवाद के बाद जो उन्होंने उत्तर दिया उससे कम से कम मुझे या मेरे दल को कुछ संतोष हुआ जब उन्होंने कहा कि यह एक महान् प्रयोग है, एक ग्रेट एक्सपेरीमेंट है। मैं समझता हूँ कि प्रधानमंत्री भी स्वयं इस संबंध में सतर्क हैं कि इस समझौते के बाद भी कुछ कठिनाइयाँ हो सकती हैं या कुछ ऐसी संभावनाएँ हो सकती हैं जिनकी ओर से सरकार को या देश को पूरी तरह से सतर्क रहना चाहिए। हमारा कहना केवल इतना है कि एक बार नहीं, दो बार नहीं, तीन बार जिस व्यक्ति का परीक्षण या प्रयोग किया जा चुका है उसका चौथी बार प्रयोग करना खतरनाक है। चाणक्य ने नीतिशास्त्र में लिखा है–'न विश्वसते अविश्वस्तम्', एक बार जिसका विश्वास चला जाए, बड़े फूँक-फूँककर उसका विश्वास करना चाहिए। तीन बार जो अपना विश्वास खो चुका है, हमारा कहना है कि उसके संबंध में चौथी बार इस तरह का परीक्षण करना अपने को संकट में डालने की स्थिति है।

मैं इस प्रकरण को दूसरी ओर ले जाना चाहता हूँ। जब जम्मू और कश्मीर राज्य का भारत में विलय होने लगा तो देश की दूसरी रियासतों ने जिस विलय-पत्र पर हस्ताक्षर किए, हैदराबाद और जोधपुर ने जिस विलय-पत्र पर हस्ताक्षर किए, उसमें और महाराजा हरिसिंह ने जिस विलय-पत्र पर हस्ताक्षर किए उसमें कोई अंतर नहीं था। लेकिन जम्मू और कश्मीर राज्य के भारत में विलय में देर हुई। उस देर के दो कारण थे। मैं अपने शब्दों में

नहीं कहता, जम्मू और कश्मीर राज्य के उस समय जो दीवान थे, जो आगे चलकर सर्वोच्च न्यायालय के चीफ जस्टिस बने, उन श्री मेहरचंद महाजन ने लिखा है कि राज्य के भारत में विलय होने में देर के दो कारण थे। एक कारण यह था कि रेडक्लिफ एवार्ड ने 15 अगस्त, 1947 को यह नहीं बताया था कि पठानकोट तहसील भारत में रहेगी या पाकिस्तान को मिलेगी। अगर पठानकोट भारतवर्ष को न मिलता तो धरती से कश्मीर जाने का हमारे पास कोई मार्ग नहीं था, सिवाय इसके कि आकाश के मार्ग से जाएँ। दूसरे, जस्टिस महाजन के अनुसार, इसलिए भी देर हुई कि जम्मू और कश्मीर राज्य के भारत में विलय के बाद महाराजा हरिसिंह इस बात से सहमत नहीं थे कि जम्मू और कश्मीर राज्य के भारत में विलय के पश्चात् शेख अब्दुल्ला को जम्मू और कश्मीर का प्राइम मिनिस्टर बनाया जाए। आप और हम कह सकते हैं कि वे राष्ट्रीय स्वतंत्रता-संग्राम के नेता थे, लेकिन महाराजा हरिसिंह को उनकी गतिविधियों को देखने के बाद उनके ऊपर विश्वास नहीं था, जैसा कि 1953 में हमारी सरकार को भी मानना पड़ा और श्री रफी अहमद किदवई, मौलाना आजाद और पंडित जवाहरलाल नेहरू को यह कहना पड़ा कि पानी नाक तक आ गया है, इसके बाद कोई चारा नहीं है, सिवाय इसके कि उनको जेल पहुँचाया जाए; उनको बाहर रखने से जम्मू और कश्मीर के भविष्य के साथ हम खिलवाड़ करेंगे। शेख अब्दुल्ला दो बार पहले गिरफ्तार हुए, जिसके बाद उनको रिहा किया गया। मैंने इस बात को देखने का प्रयास किया संसद की लाइब्रेरी में कि उस समय सरकार ने क्या वक्तव्य दिए, शेख साहब की गिरफ्तारी के संबंध में। पहली बार 1953 में जब उनको गिरफ्तार किया गया, उस समय पंडित जी ने बड़े दुःख के साथ कुछ शब्द कहे—क्यों उनको गिरफ्तार किया गया। मैं उन शब्दों की विस्तार से चर्चा नहीं करना चाहता। फिर दुबारा जब उनको छोड़ा गया और उसके बाद गिरफ्तार किया गया, भारत सरकार ने क्या शब्द कहे, उनको भी मैं याद नहीं दिलाना चाहता। मैं तो अंतिम बात को याद दिलाना चाहता हूँ जो भारत सरकार ने शेख अब्दुल्ला के संबंध में एक विस्तृत प्रेस-नोट में कही थी, 1965 में। 1965 में यह प्रेस-नोट तब जारी किया गया था जब शेख अब्दुल्ला को हज की यात्रा का पासपोर्ट मिला था और उसी के दौरान अपने लड़के से मिलने के लिए लंदन जाने की उनको अनुमति दी गई थी। लेकिन शेख साहब ने अपनी हज-यात्रा का और इस पासपोर्ट का दुरुपयोग किया और उन्होंने कई देशों की यात्रा की। यात्रा के दौरान जो उनका अपना कार्यक्रम था और कश्मीर के संबंध में जो उनकी अपनी योजनाएँ थीं, उन पर उन्होंने विस्तार से प्रकाश डाला। लेकिन सबसे अधिक भारत सरकार को जो बात खली और जिसके लिए भारत सरकार को वह प्रेस-नोट जारी करना पड़ा—सरदार स्वर्णसिंह जी यहाँ बैठे हुए हैं, वे इस बात की गवाही देंगे, वह बात जिसके कारण भारत सरकार को शेख अब्दुल्ला का वह पासपोर्ट रद्द करना पड़ा और शेख अब्दुल्ला को बीच में, उनको यात्रा के बीच में वापस बुलाना पड़ा, वह बात यह थी कि शेख अब्दुल्ला अपनी उस यात्रा

में जो हज करने और लंदन गए थे, उसके साथ ही वह मिस्र गए और अल्जीरिया भी गए। अल्जीरिया में जो पाकिस्तान की एम्बेसी थी, जो पाकिस्तान का दूतावास था, उसने उनके लिए एक प्रेस-कान्फ्रेंस की व्यवस्था की। उस प्रेस-कान्फ्रेंस की व्यवस्था की गई अल्जीरिया के पाकिस्तानी राजदूतावास में और उस दूतावास ने शेख अब्दुल्ला को चीन के प्राइम मिनिस्टर चाऊ-एन-लाई से मिलाने की व्यवस्था भी की। ये दोनों वहाँ पर मिले और मिलने के बाद, जो उस प्रेस-नोट के वाक्य हैं, भारत सरकार के प्रेस-नोट के, मैं उसकी बात ही कह रहा हूँ, मैं अपनी ओर से कोई नई बात नहीं कह रहा हूँ। मैं चाहूँगा कि यदि कांग्रेस के कोई मित्र मेरी इस बात को गलत मानें कि जिस प्रेस-नोट की चर्चा मैं कर रहा हूँ, उसमें यह बात नहीं है, मैं अपनी ओर से कोई बात कह रहा हूँ या बनाकर कोई नई बात रख रहा हूँ तो वह मुझे अभी बताएँ। उस प्रेस-नोट में लिखा है कि पाकिस्तान की एम्बेसी उनकी पब्लिसिटी ऑफिसर बनी हुई थी। उस प्रेस-नोट में लिखा है कि शेख अब्दुल्ला कश्मीर को स्वतंत्र राज्य बनाने के लिए चीन का सहयोग लेना चाहते थे, चीनी प्रधानमंत्री का सहयोग लेना चाहते थे और भारत के और जो दूसरे मित्र देश थे, उनका भी वह सहयोग लेना चाहते थे। यहीं तक नहीं, उस प्रेस-नोट में भारत सरकार ने यह भी लिखा कि शेख अब्दुल्ला पाकिस्तान का माउथ-पीस बन गए थे और अल्जीरिया में जो उनकी प्रेस-कान्फ्रेंस हुई उसको दृष्टि में रखकर भारत सरकार को उनका पासपोर्ट रद्द करना पड़ा और उसके बाद उनको बुलाना पड़ा। लेकिन वहाँ जो उन्होंने प्रेस-कान्फ्रेंस की, उसमें सबसे आपत्तिजनक बात यह थी और जिसको मैं चाहूँगा कि प्रधानमंत्री जी मेरी बात को सुनकर बताएँ और देश को सांत्वना दें। जो एक संदेह का वातावरण बना हुआ है उसकी कुछ पृष्ठभूमि है।

चीन ने जब 1962 में भारत पर आक्रमण किया और भारत की दो हजार वर्गमील भूमि पर जब कब्जा किया और जिस पर आज भी चीज का कब्जा है, उसका उस समय शेख ने विरोध नहीं किया और यह नहीं कहा कि यह भारत की धरती है, जिस पर चीन ने अपना कब्जा किया है। लेकिन वहाँ जाकर चीन और पाकिस्तान का जो ज्वाइंट कम्युनिकेशन पेकिंग से इश्यू हुआ था, शेख अब्दुल्ला ने उसका समर्थन किया। यह मैं भारत सरकार के प्रेस-नोट की बात कह रहा हूँ जो यह उस प्रेस-नोट में लिखा है। मैं जानना चाहता हूँ प्रधानमंत्री जी से कि आप जो यह एक्सपेरीमेंट करने जा रही हैं, महान् प्रयोग करने जा रही हैं तो शेख अब्दुल्ला के उस स्टैंड में और आज के स्टैंड में किसी तरह का कोई परिवर्तन आया है क्या ? आज शेख अब्दुल्ला की क्या स्थिति है ? उनकी क्या नीति है और चीन और पाकिस्तान के उस कम्युनिकेशन के बारे में और उस धरती के बारे में जिस पर चीन आज भी अपना अधिकार करके बैठा है।

यह हैं वह कारण जिनसे देश में मुझ जैसे व्यक्तियों को शेख अब्दुल्ला की पृष्ठभूमि में संदेह पैदा होता है।

दूसरी बात, प्रधानमंत्री जी ने जो वक्तव्य दिया उसमें उन्होंने कहा कि यह जो जम्मू-कश्मीर के बारे में समझौता हुआ है उसमें शेख अब्दुल्ला की महत्त्वपूर्ण भूमिका रही है। अब मैं प्रधानमंत्री जी से नम्रता के साथ निवेदन करना चाहता हूँ कि इस भूमिका का कुछ इतिहास भी उनको जानना चाहिए। मेरी अपनी एक परंपरा रही है कि अगर किसी बात की जानकारी मुझे मिले और वह व्यक्ति जीवित हो तो उसके जीवनकाल में ही मैं उस बात की पुष्टि कर लेना चाहता हूँ ताकि बाद में कोई किसी प्रकार की आपत्ति खड़ी न हो और किसी प्रकार की इंकार की बात भविष्य में न आए। बात सीधी-सी थी। बख्शी गुलाम मुहम्मद लोकसभा के सदस्य थे और बख्शी गुलाम मुहम्मद की उपस्थिति में मैंने लोकसभा में इस बात को उठाया था। सौभाग्य से बख्शी जी ने इस बात का विरोध नहीं किया। मैंने कहा कि आप चाहेंगे कि आप इसको कॉन्ट्रैडिक्ट करें या इस बात का विरोध करें ? उन्होंने कहा कि वास्तविकता का विरोध कौन कर सकता है ? बात क्या हुई, जिस विलय के बारे में श्रेय हमारी प्रधानमंत्री जी शेख अब्दुल्ला साहब को देना चाहती हैं ?

मैं प्रधानमंत्री जी की जानकारी के लिए कहना चाहता हूँ कि जब जम्मू-कश्मीर के राज्य का भारत के साथ विलय नहीं हुआ था उस समय शेख अब्दुल्ला ने अपने दो प्रतिनिधि भेजे। एक भेजा जिन्ना साहब से मिलने के लिए कश्मीर के पहले मुख्यमंत्री श्री सादिक साहब को, और दूसरा भेजा पंडित जी से मिलने के लिए बख्शी गुलाम मुहम्मद को। सादिक साहब को कहा कि जिन्ना साहब से पूछकर आओ कि अगर कश्मीर पाकिस्तान के साथ मिलता है तो हमारी क्या स्थिति रहेगी ?

बख्शी साहब को भेजा--पंडित जी से मिलकर आओ कि यदि जम्मू-कश्मीर भारत के साथ मिलता है तो हमारी क्या स्थिति रहेगी ? जिन्ना साहब ने सीधा-सादा उत्तर दे दिया कि जिस तरह से सिंध है, पंजाब है, फ्रंटियर है और दूसरे राज्य हैं, उसी तरह से जम्मू-कश्मीर भी पाकिस्तान का एक अंग बनकर रहेगा। विशेष स्थिति का क्या सवाल आता है ? लेकिन पंडित जी के पास बख्शी जी आए तो उन्होंने कहा कि यदि जम्मू-कश्मीर भारत के अंदर मिलता है तो निश्चित रूप से उसकी विशेष स्थिति रहेगी। शेख साहब ने सोचा कि पानी यहाँ भरता हुआ दिखाई देता है, भारत से मिलने में कोई लाभ है, वह कहते हैं कि एक विशेष स्थिति रखी जाएगी। तो जिस शेख अब्दुल्ला को इतना महत्त्व दिया जा रहा है, उसी शेख अब्दुल्ला के जीवन की पृष्ठभूमि यह है जो मैंने बख्शी साहब की उपस्थिति में लोकसभा में यह प्रकरण रखकर बताई। आज भी लोकसभा की कार्यवाही को देखा जा सकता है--वह मैंने इसलिए रखी कि बाद में चलकर इतिहास के पृष्ठों को कोई झुठला नहीं सके, जैसे कहा जा रहा है कि उनकी महान् भूमिका रही। मैं विशेष रूप से जानना चाहता हूँ, सरदार साहब भी यहाँ हैं, प्रधानमंत्री भी यहाँ हैं कि यह 'आ बैल मुझे मार' की नीति मेरी समझ में नहीं आई कि आज शेख साहब से इस

समझौते की क्यों आवश्यकता पड़ी ? क्या जम्मू-कश्मीर में कोई बगावत होने जा रही थी कि शेख साहब को सत्ता नहीं दी जाएगी तो राज्य में विद्रोह हो जाएगा ? या भारत में यह माँग हो रही थी कि शेख अब्दुल्ला को सत्ता सौंपी जाए या फिर विदेशी प्रेक्षक इसके पीछे थे ?

आखिर किस वजह से यह समझौता हुआ, यह बात मैं आज तक समझ नहीं सका। इस समझौते की पृष्ठभूमि का आधार क्या था ? जिस ढंग से समझौता हुआ है उस पर मुझे ज्यादा दुःख तथा आपत्तिजनक बात यह दिखाई देती है। क्योंकि जिस समय मैं कहता हूँ कि प्रजातंत्र के अंदर सबसे बड़ा संविधान है और उसके बाद संसद है। प्रजातंत्र में कोई भी हो, प्रधानमंत्री हो, विदेशमंत्री हो, रक्षामंत्री हो, कोई भी उससे ऊपर नहीं माना जा सकता। प्रजातंत्र में सबसे बड़ा संविधान होता है और उसके बाद संसद होती है। संसद में कोई भी निर्णय लिया जाए तो जो निर्णय इतिहास के पृष्ठों को बदलने वाले हों, जो कालचक्र को बदलने वाले हों, वे संसद की सम्मति से लिए जाने चाहिए। दो साल से ये चर्चाएँ चल रही हैं और दो साल की चर्चाओं में हम बराबर यह प्रश्न उठाते रहे। जब भी शुक्रवार को बिजिनेस एनाउंस किया जाता था तो हम यह पूछते थे कि समाचार-पत्रों में यह बात आ रही है। आपको संसद को बताना चाहिए कि क्या स्थिति है, क्या होने वाला है। लेकिन सरकार चुप अपने मुँह पर पट्टी बाँधे हुए बैठी रही। जिस दिन शेख अब्दुल्ला को गद्दी सौंपी जानी थी, उसके बीच में केवल एक रात रहती थी। संसद में भी बहस उस पर नहीं हो सकती थी। उस दिन प्रधानमंत्री ने 4 बजे लोकसभा में और 5 बजे राज्यसभा में एक वक्तव्य दे दिया, ताकि उस पर किसी प्रकार की चर्चा न हो सके। मुझे सबसे बड़ी आपत्ति इस बात की है कि इस संसद को अँधेरे में रखकर इस प्रकार का समझौता क्यों किया गया ? अगर भारत सरकार यह सोचती हो कि प्रचंड बहुमत में हमने कच्चा टीबू का समझौता कर लिया और बाद में जाकर संसद को बताया, हमने बेरुबाड़ी का समझौता बाहर कर लिया और पार्लियामेंट को खबर दे दी, हमने कच्छ का समझौता कर लिया और पार्लियामेंट को बाद में खबर दे दी, तो मैं बड़ी नम्रता के साथ प्रधानमंत्री जी से कहना चाहता हूँ कि यह आदत स्वस्थ जनतंत्र की परिचायक नहीं है। स्वस्थ जनतंत्र की परिचायक बात तो यह है कि आपको यह करना चाहिए था कि अपनी पार्टी के सदस्यों पर भी ह्विप जारी न करते और जो आप समझौता करने जा रहे थे, एक बार उसको लोकसभा और राज्यभा में खुली चर्चा का विषय बना लेते। आपका इतना प्रचंड बहुमत है, उस पर एकदम से भी चाहते तो इस समझौते पर स्वीकृति की मुहर लग सकती थी। लेकिन इससे जनतंत्र की स्वस्थ दिशा का विकास होता कि प्रधानमंत्री ने कोई भी निर्णय लेने से पहले, देश के जो प्रतिनिधि हैं, उनके सामने अपना मन खोलकर रखा, उनका मन उसके ऊपर जाना और जानने के बाद कोई निर्णय लिया। इससे लगता है कि डेमोक्रेसी का आदर, प्रजातंत्र का सम्मान किया जा रहा है। लेकिन इस सरकार ने संसद को अँधेरे

में रखकर, जिस दिन शेख को सत्ता सौंपी जानी थी सुबह नौ बजे, उसके पहले दिन सायंकाल संसद को बताया। यह मैं समझता हूँ कि संसद की वरिष्ठता और प्रजातंत्र के दूसरे नंबर पर जो संसद संविधान के पश्चात् मानी जाती है, उसकी स्वस्थ परंपराओं की अवहेलना है।

दूसरी बात मैं विशेष रूप से कहना चाहता हूँ कि प्रधानमंत्री जी ने शेख अब्दुल्ला को श्रेय दिया है कि उन्होंने जम्मू-कश्मीर के भारतवर्ष में विलय को अंतिम माना है और यह कहा है कि इसका श्रेय शेख जी को जाता है। लेकिन मैं एक बात कहना चाहता हूँ। राजू साहब ने तो जम्मू-कश्मीर का संविधान पढ़ा होगा। जम्मू-कश्मीर के संविधान का एक अनुच्छेद है 147। अनुच्छेद 147 में बड़ा स्पष्ट लिखा हुआ है कि जम्मू-कश्मीर की विधानसभा अगर किसी कानून में परिवर्तन करना चाहे, नया विधेयक लाना चाहे तो कर सकती है, उसके लिए स्पष्ट व्यवस्था है। दो-तिहाई मैजॉरिटी चाहिए या इतना बहुमत चाहिए। लेकिन अनुच्छेद 147 में जम्मू-कश्मीर के संविधान में स्पष्ट लिखा हुआ है कि जम्मू-कश्मीर राज्य का जो भारतवर्ष में विलय हुआ है, इसके संबंध में राज्य-विधानसभा को कोई संशोधन लाने और कोई विधेयक लाने और कोई अमेंडमेंट लाने का किसी प्रकार का अधिकार नहीं होगा। यह वहाँ की संविधान सभा का मत है, जिसके लिए शेख अब्दुल्ला को श्रेय दिया जा रहा है। यह संविधान सभा का निर्णय है और इसके लिए किसी एक व्यक्ति को श्रेय देने की आवश्यकता नहीं है।

दूसरी बात जो मैं कहना चाहता हूँ वह यह कि प्रधानमंत्री का वक्तव्य जो यहाँ हुआ, उसमें है कि जो जनमत-संग्रह मोर्चा है, मिर्जा अफजल बेग ने कहा है कि अब इसकी कोई आवश्यकता नहीं रह जाती। एक बात मैं आश्चर्य के साथ सोच रहा हूँ कि यह जो जनमत-संग्रह मोर्चा, प्लेबेसाइट फ्रंट था, लगता ऐसा है कि यह दो व्यक्तियों के लिए ही बनाया गया है। इन्हीं का नाम जनमत-संग्रह है। जब ये कुर्सी पर बैठ जाएँगे तब जनमत-संग्रह कम्पलीट हो जाएगा। क्या इनके हाथ में सत्ता सौंपने का नाम जनमत है ? मैं इससे भी अलग एक बात कहना चाहता हूँ। जनमत-संग्रह मोर्चा, जिसकी बात आप कर रहे हैं, समाप्त होगा या नहीं, उसके लिए आपने भी वक्तव्य में कहा है कि उसके लिए वे अपनी साधारण सभा की बैठक बुलाएँगे और साधारण सभा की बैठक बुलाने के बाद उसको समाप्त करने का निर्णय लेंगे ? लेकिन आज तक भी साधारण सभा की बैठक नहीं बुलाई गई है। अभी तक तो वह कार्यकारिणी का ही निश्चय है। मैं बताना चाहता हूँ कि शेख साहब के साहबजादे जब भारतवर्ष में आए और शेख साहब के साथ जम्मू-कश्मीर गाड़ी में बैठकर जा रहे थे तो दिल्ली में रुककर उन्होंने यह कहा कि हमारे बाप और हमारे दूसरे नेता प्लेबेसाइट फ्रंट को समाप्त कर सकते हैं। अभी हमने जनमत-संग्रह मोर्चे को समाप्त करने का कोई निर्णय नहीं लिया है। वह देख रहे हैं, और आप तेल देखो, तेल की धार देखो !

दूसरी बात जिसे मैं विशेष रूप से कहना चाहता हूँ वह है–राज्य की पृथक् संविधान सभा। पृथक् संविधान सभा की आवश्यकता क्यों हुई ? ब्रिटिश पार्लियामेंट का 1936 का ऐक्ट जो था उसमें यह व्यवस्था की गई थी कि भारत की जो 580 रियासतें हैं, चाहे भारत के साथ रही हों, चाहे पाकिस्तान के साथ रहें और चाहे अपना एक स्वतंत्र अस्तित्व रखें, उनकी संविधान सभा बने। मैं पूछना चाहता हूँ कि 580 रियासतों में से 579 रियासतों में संविधान सभा बनाने की आवश्यकता क्यों नहीं समझी ? पहली बात मैं यह कहना चाहता हूँ कि वह कौन हजरत थे जिन्होंने जम्मू-कश्मीर में संविधान सभा बनाने की आवश्यकता महसूस की ?

राजू साहब 370 की चर्चा कर रहे थे; कह रहे थे कि जम्मू-कश्मीर के संविधान में इसको समाप्त करने की व्यवस्था नहीं है। राजू साहब, मैं एक ही बात निवेदन करना चाहूँगा कि गोपालस्वामी आयंगर के जिस वक्तव्य का आपने उद्धरण दिया, अगर आप उसी वक्तव्य को पूरा पढ़ें तो आपको मालूम होगा कि उन्होंने उसमें कहा है कि जम्मू-कश्मीर राज्य में अभी लड़ाई बंद नहीं हुई है। अभी कहीं-कहीं लड़ाई चल रही है, इसलिए हमें संविधान में विशेष उपबंध करने पड़ रहे हैं। जब जम्मू-कश्मीर राज्य में सामान्य स्थिति हो जाएगी तब हम यह विशेष उपबंध समाप्त कर देंगे। हमें कोई दिक्कत नहीं होगी। इस महान् प्रकरण में भूपेश गुप्त जी ने संदेह प्रकट किया है। श्री मारिस्वामी की ओर संकेत करते हुए मैं उनसे पूछना चाहता हूँ कि क्यों साहब, यदि करुणानिधि इस बात को कहते हैं कि अगर शेख अब्दुल्ला को सुविधाएँ दी जाती हैं तो फिर मद्रास के लोगों को सुविधाएँ क्यों नहीं दी जाती हैं, तो आप करुणानिधि की इस बात पर कैसे आपत्ति प्रकट कर सकते हैं ? शिरोमणि गुरुद्वारा प्रबंधक कमेटी ने पंजाब में कहना शुरू किया है कि हमें एटोनोमी क्यों नहीं दी जाती ? पंजाब में जो इस प्रकार की माँग शुरू हुई है उससे पीछे क्यों हट रहे हैं ? मैं इस बात को ज्यादा आगे नहीं ले जाना चाहता, केवल इतना कहना चाहता हूँ कि यह जो साम्यवादी दल के सदस्य हैं, उनको मैं समझ सकता हूँ। लेकिन जो हमारे कांग्रेसी मित्र है, उनको एक बात कहना चाहता हूँ। जो लोकसभा के सदस्य थे, उनको अच्छी तरह याद होगा कि मेरा ही एक विधेयक था कि संविधान के अनुच्छेद 370 को हटा दिया जाए। भारत की लोकसभा में वह एक ऐतिहासिक दिन आया था, जिस दिन सत्तारूढ़ दल से लेकर कम्युनिस्ट पार्टी तक ने इस विधेयक का एक स्वर में समर्थन किया था। एक स्वर से समर्थन किया था उस विधेयक के ऊपर जब 370 को समाप्त करने की बात आई थी। मैं पूछना चाहता हूँ कि अब अनुच्छेद 370 की बात में क्यों परिवर्तन आ रहा है। आज 370 का स्वर बदला जा रहा है; क्योंकि रूस का स्टैंड बदला। रूस का स्टैंड क्यों बदला ? मैं बताना चाहता हूँ कि लोकसभा के पहले अध्यक्ष संजीव रेड्डी ने कहा था कि मैंने रूस के नेताओं से कहा था कि पहले तो आप यह कहते थे कि कश्मीर जो है यह भारत का घरेलू मामला है, दूसरी कोई

इसमें पार्टी नहीं है; तो आप आज यह कैसे कहते हैं कि कश्मीर का फैसला भारत और पाकिस्तान के बीच बातचीत होकर होना चाहिए ? इसके लिए मैं रूसी नेताओं को दोष नहीं देता। उन्होंने तो अपने खुले हृदय से कहा कि हम क्या करें ! इतने दिन हो गए कहते-कहते और हमारे गले का तो थूक भी सूख गया और जब तुमने उसको अपने में मिलाया नहीं तब हमें यह परिवर्तन करना पड़ा।

यह तो रही श्री संजीव रेड्डी और साम्यवादियों की बात। लेकिन मैं अपने कांग्रेसी मित्रों से यह अनुरोध करना चाहता हूँ कि राष्ट्रीय एकता के नाम पर उन्हें एक चीज जरूर करनी चाहिए। मैं यह नहीं कहता कि जम्मू-कश्मीर केवल हमारा है, आपका नहीं है। जितना यह देश हमें प्यारा है, उतना ही आपको भी प्यारा है। लेकिन कल को कोई इस प्रकार की स्थिति न हो जाए कि फिर हमें पश्चात्ताप करना पड़े। आखिर पंडित जवाहरलाल नेहरू ने अनुच्छेद 370 के संबंध में यह क्यों कहा था कि यह अनुच्छेद घिसते-घिसते कल को और घिस जाएगा। श्री गोविंदवल्लभ पंत ने इस संबंध में क्यों घोषणा की थी और श्री गुलजारीलाल नंदा ने क्यों इस अनुच्छेद के बारे में ऐसी घोषणा की थी ? इसका अभिप्राय यह है कि पहले जो आपका स्टैंड था उस स्टैंड से आप पीछे हट रहे हैं। उस स्टैंड में आपकी ओर से कोई परिवर्तन आ रहा है, मैं उस चीज को नहीं लेना चाहता, लेकिन जो आपत्तिजनक बातें हैं, उनकी ओर आपका ध्यान आकर्षित करना चाहता हूँ। इस समझौते में एक तो सबसे बड़ी बात यह है मेरे पास इसका हिंदी अनुवाद है, मैं नहीं जानता कि यह कहाँ तक सही है, लेकिन श्री पार्थसारथी और मिर्जा अफजल बेग के बीच में जो समझौता हुआ है, उसके अनुच्छेद (3) में संविधान के अनुच्छेद 370 के संबंध में जो कुछ कहा गया है, मैं उन्हीं के शब्दों में उसको पढ़कर सुनाना चाहता हूँ– 'भारत के संविधान में कोई भी प्रावधान, रूपांतर तथा संशोधन सहित जम्मू-कश्मीर राज्य के लिए लागू किया गया हो, ऐसा रूपांतर तथा संशोधन अनुच्छेद 370 के अधीन राष्ट्रपति के आदेश द्वारा परिवर्तित अथवा निरस्त किया जा सकता है।' यह आपत्तिजनक चीज है।

दूसरी चीज मैं यह कहना चाहता हूँ कि अनुच्छेद 370 के रहते हुए संसद जो निर्णय ले चुकी है, वह भी हटाया जा सकता है और परिवर्तित किया जा सकता है। यह बात इसमें स्पष्ट रूप से लिखी हुई है, मैं अपनी ओर से नहीं कह रहा हूँ। इसके अलावा दूसरी जो आपत्तिजनक चीज इसमें है, वह सुप्रीम कोर्ट के संबंध में है। सुप्रीम कोर्ट का क्षेत्र जिस तरह से पहले जम्मू-कश्मीर में लागू था उसी तरह से वह लागू रहना चाहिए। इसमें किसी तरह की कोई ढील या किसी प्रकार की लचक नहीं रहनी चाहिए।

तीसरी चीज मैं वजीरे-आजम और सदरे-रियासत के संबंध में कहना चाहता हूँ। प्रधानमंत्री जी ने उस वक्त कहा था कि तमिलनाडु के लोग भी तो वजीरे-आजम जैसे शब्दों का प्रयोग करते हैं। मैंने अपने मित्र श्री मारिस्वामी से पूछा कि तमिल भाषा में

मुख्यमंत्री को क्या कहते हैं ? उन्होंने मुझे बताया कि तमिल भाषा में मुख्यमंत्री को 'मुदल अमैचर' कहा जाता है। 'मुदल अमैचर' शब्द का अर्थ है प्रथम मंत्री—प्रधानमंत्री नहीं। मलयालम, कन्नड़ आदि भाषाओं में तो मुख्यमंत्री को मुख्यमंत्री ही कहा जाता है, लेकिन तमिलनाडु में 'मुदल अमैचर' शब्द का अर्थ होता है 'प्रथम मंत्री'। इसका अर्थ प्रधानमंत्री नहीं होता है। राजू जी, आप तो उर्दू से परिचित हैं और हैदराबाद रियासत के रहने वाले हैं। अगर आप वजीरे-आजम शब्द को स्वीकार कर लेंगे तो क्या इस देश में दो प्रधानमंत्री होंगे ? कल को पाकिस्तान का रेडियो कहेगा कि कश्मीर के वजीरे-आजम ने यह कहा और हिंदुस्तान के वजीरे-आजम ने यह कहा। वैसी स्थिति में आप क्या करेंगे ? मेरा कहना यह है कि इस प्रकार की हलकी बातों को आपको कदापि स्वीकार नहीं करना चाहिए। सन् 1953 के बाद में बने कानूनों के बारे में यह कहा गया है कि वहाँ की विधानसभा अगर किसी चीज की स्वीकृति देगी तो उसके बाद उसको राष्ट्रपति की स्वीकृति प्राप्त हो सकती है। इसमें मेरा कहना यह है कि कोई भी परिवर्तन संसद की स्वीकृति से ही होना चाहिए। केवल राष्ट्रपति तक ही वह चीज आए, यह ठीक नहीं है।

अपने भाषण को समाप्ति की ओर ले जाते हुए मैं यह कहना चाहता हूँ कि डॉ० श्यामाप्रसाद मुकर्जी ने बहुत दिन पहले एक नया नारा लगाया था कि एक देश में दो प्रधानमंत्री नहीं रहेंगे, दो विधान नहीं रहेंगे और दो निशान नहीं रहेंगे। यह सौभाग्य की बात थी कि भारत सरकार ने देर-सवेर इस बात को माना। लेकिन अब फिर कालचक्र उलटा चलता हुआ दिखाई दे रहा है। फिर से भारत में दो प्रधानमंत्री बनने जा रहे हैं, फिर से दो विधान माने जा रहे हैं। मैं चाहता हूँ कि यह स्थिति समाप्त की जानी चाहिए। इस संबंध में मेरा सुझाव यह है कि देश के किसी भी अभिन्न भाग का पृथक् संविधान नहीं होना चाहिए। जम्मू-कश्मीर राज्य का पृथक् संविधान नहीं रहना चाहिए। जिस पृष्ठभूमि में यह बनाया गया था वह अब समाप्त हो चुकी है, इसलिए इसको समाप्त करना चाहिए। इस राज्य का उसी तरह से विलय किया जाना चाहिए जिस तरह से दूसरे राज्यों का किया गया है। मैं यह भी कहना चाहता हूँ कि भारतीय संविधान का अनुच्छेद 370 हटा दिया जाना चाहिए जो कि अभी तक जम्मू-कश्मीर राज्य की विशेष स्थिति का परिचायक है। राजू साहब ने कहा कि नागालैंड की भी विशेष स्थिति है, मिजोरम की विशेष स्थिति है। लेकिन मैं कहना चाहता हूँ कि इन राज्यों की विधानसभा का सदस्य जब शपथ ग्रहण करता है तो भारत के संविधान की शपथ ग्रहण करता है, लेकिन जम्मू-कश्मीर राज्य का सदस्य शपथ ग्रहण करता है तो स्टेट के कांस्टिट्यूशन की शपथ खाता है। क्या इस प्रकार की आप देश में एकता लाना चाहते हैं ? इसलिए मेरा कहना यह है कि जम्मू-कश्मीर का पृथक् संविधान समाप्त होना चाहिए और साथ ही अनुच्छेद 370 भी समाप्त होना चाहिए।

अंत में, बात, जिसको मैं सुझाव के रूप में कहना चाहता हूँ, वह यह कि जम्मू और

कश्मीर राज्य के निवासी भारतवर्ष के दूसरे भागों में आकर बसें, जमीन खरीदें, कल-कारखाने खोलें और उसी तरह से भारतवर्ष के दूसरे भागों के निवासी जम्मू और कश्मीर में आकर बसें, कल-कारखाने खोलें, वहाँ की आर्थिक स्थिति को सुधारें, एक तादात्म्य स्थापित करें। 1953 के बाद जो कानून बनाया है, संसद की स्वीकृति के बिना वापस न हो। और आखिरी बात, जम्मू और लद्दाख, जैसा कि गजेंद्र गडकर जी ने अपनी रिपोर्ट दी है, राज्य का पिछड़ा हुआ भाग है, जिसके विषय में लोकसभा में श्री कुशक बाकुला ने भी संकेत दिया है। अपने भाषण के अंदर उन्होंने कहा—क्यों केंद्र के हाथों में लद्दाख रखना चाहते हैं, क्योंकि हमारा उतना विकास अभी तक नहीं हो सका जितना कश्मीर वैली का हुआ है तो गजेंद्र गडकर ने अपनी रिपोर्ट के अंदर लिखा है कि जम्मू और लद्दाख—इन दोनों के विकास को कश्मीर वैली के स्तर पर रखकर देखा जाए, उस पर अमल किया जाए।

अंत में मैं अपने स्थान पर बैठते हुए इतना ही निवेदन करना चाहता हूँ कि जो भूल 1947 में सरकार ने कश्मीर के बारे में की, जो भूल 1965 में कश्मीर की धरती वापस देकर की, जो भूल 1971 में कश्मीर की धरती वापस करके की, मैं चाहता हूँ कि इस भूल को चौथी बार न दुहराया जाए, वरना इतिहास के पृष्ठ अब की बार सरकार को क्षमा नहीं करेंगे।

4

कश्मीर और अनुच्छेद 370

भारत-पाक संघर्ष का अहम कारण कश्मीर नहीं

अनुच्छेद 370 अविलंब समाप्त किया जाए

अनुच्छेद 370 समाप्त न करना ऐतिहासिक भूल

अनुच्छेद 370 के कारण संदेह की स्थिति

संविधान में कब तक रहेगा यह मृत अनुच्छेद ?

सड़े अनुच्छेद का संविधान में औचित्य क्या ?

कश्मीर को भारत का अभिन्न अंग बनाने के लिए अनुच्छेद 370 को हटाना आवश्यक

"जम्मू-कश्मीर का इतिहास स्वतंत्रता के बाद भारत सरकार की भूलों का इतिहास रहा है। मैं यह सोच रहा था कि आज गृहमंत्री श्री गुलजारीलाल नंदा उन पुरानी भूलों का प्रायश्चित्त इस विधेयक के संबंध में सरकार की ओर से उत्तर देते हुए करेंगे। संसद के इतिहास में ऐसे अवसर बहुत कम आए हैं कि जब किसी प्रश्न पर सारी संसद एकमत होकर अपनी राय व्यक्त करे, जम्मू-कश्मीर संबंधी अनुच्छेद 370 को संविधान से हटा दिया जाए, इस उद्देश्य से मैंने जो विधेयक इस सदन के सामने रखा है, जिस पर संसद के सभी सदस्यों ने समान रूप से अपनी सहमति व्यक्त की है। लेकिन मुझे बड़ा दुःख है कि जो सरकार जनतंत्र की दुहाई देती है, उस सरकार ने, जनतंत्र का जो सबसे बड़ा परीक्षण-स्थल लोकसभा है, उसमें सब सदस्यों के द्वारा सर्वसम्मति से राय व्यक्त करने के बाद भी इस विधेयक को स्वीकार नहीं किया है। जहाँ यह एक ऐतिहासिक घटना थी कि एक विधेयक को सर्वसम्मत समर्थन मिला, मैं समझता हूँ कि यह भी एक ऐतिहासिक भूल होगी कि सरकार ने उस सर्वसम्मत समर्थन को भी स्वीकार नहीं किया।

इस समय मैं उस पृष्ठभूमि में नहीं जाना चाहता कि जब यह दुखद अनुच्छेद संविधान में आया था, तो लौहपुरुष सरदार वल्लभभाई पटेल कैसे और क्यों हृदय से इससे सहमत नहीं थे। वह एक दूसरा विषय है, जो इस प्रसंग से बाहर हो जाएगा। लेकिन मैं इतना अवश्य कहना चाहूँगा कि संविधान के अनुच्छेद 370 में यह स्पष्ट लिखा हुआ है कि यह आपातकालीन उपबंध है। परंतु क्या आपातकालीन उपबंध 17 साल तक चला करते हैं ? आपातकालीन उपबंध सामान्यतया कुछ दिनों के लिए हुआ करते हैं। अनिश्चित काल के लिए लोहे की दीवार बनाकर तो आपातकालीन उपबंध नहीं खड़े किए जाते।"

(अनुच्छेद 370 को अप्रभावी बनाने के लिए प्रस्तुत संविधान-संशोधन विधेयक पर चर्चा, लोकसभा, 4 दिसंबर, 1964)

भारत-पाक संघर्ष का अहम कारण कश्मीर नहीं

['अंतर्राष्ट्रीय स्थिति' प्रस्ताव पर चर्चा, लोकसभा, 16 नवंबर, 1965]

भारत सरकार की दुर्बल प्रचार-नीति से अथवा स्वार्थों से पूरी तरह डूबे हुए होने के कारण पश्चिमी राष्ट्रों में एक बड़ी प्रबल भावना कश्मीर के संबंध में यह बन गई है कि हिंदुस्तान और पाकिस्तान के संघर्ष की कड़ी विशेष रूप से कश्मीर है। उनका खयाल है कि अगर कश्मीर की समस्या का समाधान इधर या उधर कुछ हो जाए तो हिंदुस्तान और पाकिस्तान दोनों राज्य शांति के साथ पड़ोसी के नाते रहने लगेंगे।

मेरा अपना विचार है कि हिंदुस्तान और पाकिस्तान के संघर्ष की कड़ी कश्मीर नहीं है, अपितु कश्मीर उस संघर्ष का केवल एक अंग मात्र है। अगर कश्मीर की समस्या का समाधान हो भी जाए तो पाकिस्तान, जिसकी गाली देते-देते जीभ सूख गई है, वह लपलपाकर फिर बाहर आ जाएगी और कल को फिर उसी प्रकार की समस्या, जैसी कि आज उसने लाखों की संख्या में घुसपैठिए असम में भेजकर या दूसरी जगह भेजकर खड़ी की है, खड़ी कर देगा। वह इस तरह की भी समस्या खड़ी कर सकता है कि पाकिस्तान के दोनों भागों को मिलाने के लिए हिंदुस्तान के बीच से कोई रास्ता दिया जाए। पाकिस्तान और हिंदुस्तान के बीच में संघर्ष का आधार केवल कश्मीर की समस्या ही नहीं है। यह तो उस शृंखला की एक छोटी-सी कड़ी है।

इसके लिए बड़ा आवश्यक यह है कि हम उस मनोवृत्ति को समझें जो कि हिंदुस्तान और पाकिस्तान के संघर्ष की बुनियाद है। वह मनोवृत्ति वह ही है, जिससे एक देश का विभाजन दो देशों के रूप में हुआ। जब तक उस मनोवृत्ति पर चोट नहीं पहुँचाई जाती, तब तक हिंदुस्तान और पाकिस्तान के बीच का यह संघर्ष कभी समाप्त नहीं हो सकता।

जहाँ तक कश्मीर की समस्या के समाधान का संबंध है, मैं इस बात से पूरी तरह सहमत हूँ, और विश्व के दूसरे कुछ देश भी इससे सहमत हैं कि कश्मीर की समस्या को बहुत लंबा बनाकर न रखें। पिछले 18 वर्षों में इस समस्या को टालते-टालते हम यह सोचने लगे थे कि शायद धीरे-धीरे भारतवासी इस प्रश्न को भूल जाएँगे और दुनिया के दूसरे देश भी इसे भूल जाएँगे। लेकिन उसका दुष्परिणाम आज सन् 1965 में हमारे सामने आ खड़ा हुआ। अब इस चोट को खाने के बाद हिंदुस्तान की सरकार को इस विषय में अंतिम रूप से ही कुछ निर्णय कर लेना चाहिए और कश्मीर-समस्या को सदा के लिए समाप्त कर देना चाहिए।

जहाँ तक संयुक्त राष्ट्रसंघ या सुरक्षा परिषद् का प्रश्न है, हमें यह उनसे स्पष्ट भाषा में कह देना चाहिए कि जो हिस्सा कश्मीर का हमारे पास है, चाहे वह उड़ी-पुंछ का हो या हाजीपीर का हो, उस हिस्से के संबंध में हमारी संयुक्त राष्ट्रसंघ से या सुरक्षा परिषद् से कोई शिकायत नहीं है। सुरक्षा परिषद् या संयुक्त राष्ट्रसंघ के सामने कश्मीर के बारे में हमारा कोई केस है तो केवल यही कि कश्मीर का जितना हिस्सा, तथाकथित आजाद कश्मीर के नाम से, अभी भी पाकिस्तान के हाथ में है, वह पाकिस्तान बिना खून बहाए हमको वापस करता है या उसको भी जनरल चौधरी को ही वापस लेना पड़ेगा। बस, केवल इतनी ही शिकायत हमारी संयुक्त राष्ट्रसंघ और सुरक्षा परिषद् के सामने है। हम नहीं चाहते कि कोई अशांति हो या कोई अव्यवस्था आए। लेकिन अब भारतीय जनता अपने प्रदेश को देर तक पाकिस्तान के अधिकार में सहन नहीं करेगी।

कुछ लोग हमारे यहाँ यह भी कहते हैं कि अगर कश्मीर की कुछ धरती पाकिस्तान को दे भी दी जाए तो इसमें भूल क्या है। पश्चिमी राष्ट्रों से प्रभावित कुछ एक-दो मस्तिष्क यहाँ भी हैं जो उसकी व्याख्या सीधे न करके शब्दों के आवरण में ढाँककर उसी बात को कहते हैं। मैं अपने उन मित्रों से कहना चाहता हूँ कि यह सवाल केवल धार्मिक नहीं है। अगर यह प्रश्न केवल धार्मिक होता तो उसका बड़ी आसानी से समाधान किया जा सकता था। लेकिन हिंदुस्तान और पाकिस्तान का प्रश्न धार्मिक नहीं है, न ही वह आबादी के बँटवारे का प्रश्न है। हिंदुस्तान और पाकिस्तान के बीच धरती का बँटवारा हुआ है। हमारा और पाकिस्तान का बँटवारा धरती का हुआ है, और अगर अमेरिका या ब्रिटेन का कहना है कि कश्मीर घाटी में किसी विशेष संप्रदाय के मानने वाले ज्यादा हैं और उनकी सहानुभूति पाकिस्तान के साथ है, तो वह बड़ी खुशी से कल के बजाय आज ही पाकिस्तान चले जाएँ। लेकिन उसका यह अभिप्राय नहीं है कि वह धरती भी पाकिस्तान को दे दी जाए। जबकि धरती का बँटवारा हो चुका है, तो अब धरती का पुनः बँटवारा दुनिया की किसी अदालत में समझौते का आधार नहीं बन सकता। अगर कभी भारत सरकार ने किसी प्रकार की दुर्बल नीति का आश्रय लेकर यह बात सोची तो हम फिर वही भूल करेंगे जो हमने तिब्बत को चीनी राक्षस के मुँह में देकर की थी और जिसके परिणामस्वरूप दुश्मन आज हमारे सिर पर आकर खड़ा हो गया।

कश्मीर की भौगोलिक स्थिति को जो लोग जानते हैं, और जिन्होंने कश्मीर को घूमकर देखा है, वे अच्छी तरह जानते होंगे कि इस घाटी में कुछ इस प्रकार के क्षेत्र हैं, जैसे प्रायः पहाड़ी हिस्सों में नहीं होते। कश्मीरी लोग अपनी भाषा में उन्हें 'कुर्रे' कहते हैं। यह इस प्रकार के क्षेत्र हैं कि यदि इन पर सीमेंट बिछा दिया जाए तो ये बड़ी आसानी से हवाई अड्डे बन सकते हैं। तो क्या आज हम कश्मीर का कुछ हिस्सा पाकिस्तान को देकर या किसी दूसरे को देकर या उसे आजाद करके अपने लिए मुसीबत मोल लेंगे ? जैसी कि हमने तिब्बत को चीन के हवाले करके ली थी। यदि ऐसा नहीं करना है तो हिंदुस्तान की

सरकार को इस समय बुद्धिमत्तापूर्वक निर्णय लेना चाहिए। आपने दृढ़ता के साथ सुरक्षा परिषद् में कहा है कि कश्मीर हिंदुस्तान का भाग है, और भी दुनिया में आपने सिद्ध किया है कि कश्मीर का कोई प्रश्न ही अब नहीं है, और भी भारत सरकार के सब लोग ऐसा कहते हैं। लेकिन आपकी नीति को देखकर संदेह होता है कि जब तक भारतीय संविधान का अनुच्छेद 370 कायम है उस समय तक आप दुनिया को यह कैसे समझा सकेंगे कि कश्मीर हिंदुस्तान का हिस्सा है। अभी गृहमंत्री ने कहीं एक वक्तव्य दिया है कि हम अपने संविधान के और कुछ अनुच्छेद कश्मीर में लागू करने जा रहे हैं। पर आपको अनुच्छेद हटाने में दिक्कत क्या है ? आज तो इसके लिए सबसे अच्छा मौका है जबकि आप संविधान के इस मरे हुए अनुच्छेद को समाप्त कर दें। अगर कश्मीर के संबंध में आप संदेह को मिटाना चाहते हैं तो यह आवश्यक है कि आप इस अनुच्छेद को अपने संविधान से हटा दें।

रही पाकिस्तान की मनोवृत्ति की बात, जिस मनोवृत्ति के आधार पर वह हिंदुस्तान के साथ संघर्ष बनाए हुए है, मुझे यह बात कहते हुए बड़ी खुशी होती है कि भारत सरकार में कुछ इस प्रकार के लोग हैं जो जनता के हृदय की बात कभी-कभी बोलते हैं और जब कभी वे निर्णय लेते हैं तो देश की आत्मा को ध्यान में रखकर ही निर्णय लेते हैं। लेकिन मैं चाहता हूँ कि यह बात हमारे विदेशमंत्री या प्रधानमंत्री के मुँह से निकलनी चाहिए। सौभाग्य से इस समय श्री त्यागी जी सदन में मौजूद हैं। उन्होंने एक स्थान पर कहा है कि अगर पख्तूनों की गवर्नमेंट बनती है या पूर्वी पाकिस्तान की स्वतंत्र सरकार बनती है तो भारत सरकार को उसे मान्यता देने में कोई हिचकिचाहट नहीं होगी। मैं श्री त्यागी को और उनके सहयोगियों को इसके लिए बधाई दूँगा, अगर यह उनके मंत्रिमंडल का भी निर्णय है और मंत्रिमंडल के दूसरे सदस्य भी यही अनुभव करते हैं। पर ये शब्द आज विदेशमंत्री श्री स्वर्णसिंह के मुँह से निकलने चाहिए या प्रधानमंत्री श्री लालबहादुर शास्त्री जी के मुँह से निकलने चाहिए।

इस संबंध में मैं आपको बताना चाहता हूँ कि खान अब्दुल गफ्फार खाँ ने क्या कहा। संसद के कुछ साथी काबुल में उनसे मिलने गए थे। उस समय उन्होंने उनसे कहा कि आप दिल्ली आवें। खान अब्दुल गफ्फार खाँ ने कहा कि क्या दिल्ली वालों में इतनी जुर्रत है कि मुझे दिल्ली बुलावें ? आपके साथियों ने उनसे कहा कि आप दिल्ली आइए, दिल्ली आपके रास्ते में आँखें बिछाएगी। आपने देश के स्वतंत्रता-संग्राम में आगे बढ़कर कंधा लगाया था। इस पर खान अब्दुल गफ्फार खाँ ने कहा कि जब आपको राष्ट्रीय मुसलमानों की जरूरत थी तब आपको पठान और लालकुर्ती दल याद आता है, लेकिन जिस समय आपको देश के विभाजन की जरूरत हुई तो आपको जिन्ना और लियाकत अली याद आए। हमें इन भेड़ियों के हवाले छोड़कर चले आए। 18 साल से किस हालत के अंदर हम यहाँ हैं, किसी ने आकर कभी पूछा ? हम अगर दिल्ली आ सकते हैं तो उसी

हालत में आ सकते हैं कि दिल्ली की हुकूमत यह कहे कि काबुल में बैठकर यदि मैं पठानों की आजादी का आंदोलन चला सकता हूँ तो दिल्ली में भी मुझे यह अधिकार प्राप्त रहेगा। विदेशमंत्री आज इस बात की दृढ़ता के साथ घोषणा करें। दुनिया में शांति की स्थापना के लिए, इंसानियत की रक्षा के लिए अगर दलाई लामा को हम यहाँ बैठाकर तिब्बतियों की मुक्ति का आंदोलन चलाने के लिए इजाजत दे सकते हैं या इस प्रकार के वातावरण का निर्माण करने का अवसर दे सकते हैं तो कोई गलती इस बात में नहीं है कि पठान, जिन्होंने हमारे देश की आजादी में इस तरह कंधे से कंधा लगाकर उसी तरह काम किया है, जिस तरह हिंदुओं ने काम किया है तो आज खान अब्दुल गफ्फार खाँ को खुली छूट होनी चाहिए कि वह दिल्ली में बैठकर पठानों की मुक्ति का आंदोलन चला सकें। यहाँ हर प्रकार की सुविधा खान अब्दुल गफ्फार खाँ को मिलनी चाहिए। इसी प्रकार पूर्वी पाकिस्तान के वह लोग जो कि बत्तीस दाँतों के बीच जीभ की तरह से हैं, उनको हमारा समर्थन मिलना चाहिए। उमरकोट और थरपारकर के लोगों को भी समर्थन मिलना चाहिए। जिस दिन यह बात हो जाएगी उस दिन पाकिस्तानी साँप के दाँत टूट जाएँगे और यह साँप किसी को काट नहीं सकेगा। दूसरा तरीका यह पाकिस्तान की मनोवृत्ति से निबटने का है कि साँप की कमर तोड़ी जाए। कमर तोड़ने का तरीका यह है कि हम अपने रक्षामंत्री श्री चव्हाण को कहें कि अब की बार जो हमने भूल की और दुनिया हमारी जिस भूल का उपहास करती है और हमें खुद अपनी जिस भूल का अब अहसास होता है कि हमने इतना क्यों प्रोपेगैंडा किया कि हम लाहौर की ओर जा रहे हैं और अगर किया था तो हमको लाहौर ले लेना चाहिए था। लेकिन हो सकता है कि कुछ इस प्रकार का कारण हो जिसकी वजह से उस समय उसे नहीं ले सके हों ? लेकिन अब वह कारण भी तो समाप्त हो गया। अब वह कारण समाप्त होने के बाद हमारे गृहमंत्री श्री गुलजारीलाल नंदा ने जैसा कि अभी तीन दिन पहले अमृतसर में कहा कि पाकिस्तान के साथ अगर दुबारा छेड़छाड़ हुई तो वह अंतिम होगी और निर्णायक होगी। बीच में रुकने का सवाल नहीं होगा। इस प्रकार की बात है। लेकिन मैं उसके लिए एक बात और भी चाहता हूँ कि यह जो रोज-रोज की पाकिस्तान की ओर से छेड़छाड़ होती रहती है, आज डोगराई में, फिर बरकी में हो गई, फिर सियालकोट में हो गई और फिर राजस्थान क्षेत्र में छेड़छाड़ हो गई, तो उसके लिए हमारे प्राइम मिनिस्टर या डिफेंस मिनिस्टर को एक बात कहनी चाहिए, जैसे कि भगवान् श्रीकृष्ण ने शिशुपाल से यह कहा था कि यदि तुम 100 गाली दोगे तो मैं तुम्हें क्षमा कर सकता हूँ लेकिन 101वीं गाली जिस समय तेरे मुँह से निकली तो याद रखना, तेरी गर्दन पर सुदर्शन चक्र चलता हुआ दिखाई देगा। भारतीय नेताओं को देश के स्वाभिमान को ध्यान में रखते हुए स्पष्ट भाषा में सुरक्षा परिषद् के सेक्रेटरी ऊ थांट और पाकिस्तान के नेताओं को कह देना चाहिए कि अमुक तारीख तक यह नालायकियाँ बर्दाश्त की जा सकती हैं। लेकिन उस तारीख के बाद भी अगर भारत की शांति को इसी प्रकार

छेड़ा जाता रहा और इसी प्रकार स्थान-स्थान पर यह बराबर छेड़छाड़ चलती रही और हमारे मेजर्स और सिपाहियों के खून में इस गलत तरीके से पाकिस्तानी हाथ रँगते रहे तो हम मजबूर हो जाएँगे। दुनिया उस समय भारत को अपराधी न कहे कि हमने एक देश के अस्तित्व को समाप्त किया। अगर कभी ऐसी स्थिति बनी या वातावरण जम गया तो मैं कहना चाहता हूँ यह देश श्रीराम की उस परंपरा को मानने वाला है जिसने लंका को विजय तो किया लेकिन लंका को विजय करने के पश्चात् अयोध्या का झंडा लंका की गद्दी पर नहीं लगाया। लंका को विजय किया लेकिन रावण के छोटे भाई विभीषण को गद्दी पर बिठाकर चले आए। लंका से अन्याय व अत्याचार का अंत किया, लेकिन लंका की गद्दी पर राम ने अयोध्या का झंडा नहीं लहराया। अगर पाकिस्तान इसी प्रकार के पागलपन में चलता है तो जनरल चौधरी और एयर मार्शल अर्जुन सिंह को यह कहा जाए कि अब फिर लाहौर, सियालकोट तक ही नहीं रुकना चाहिए, अपितु रावलपिंडी और कराची तक हमारे कदम बढ़ने चाहिए। फिर दोनों को जीतने के बाद अब्दुल गफ्फार खाँ को रावलपिंडी और कराची सौंप दिया जाए और उनसे यह कहा जाए कि इन स्थानों को शांति के साथ तुम रखो। हमारे सोचने के ढंग में और निर्णय लेने के ढंग में कुछ परिवर्तन होना चाहिए। हमारे प्राइम मिनिस्टर कहते हैं, संघर्ष जरा लंबा चलेगा। मेरी समझ में नहीं आता है कि इस बात को कहने वाले प्रधानमंत्री इस बात को क्यों सोचते हैं ? लंबा संघर्ष कमजोरों का चला करता है, बहादुरों का संघर्ष कभी लंबा नहीं चल सकता है। हम संघर्ष के मैदान में या तो उतरें नहीं, लेकिन अगर अब यदि उतरे हैं तो इस संघर्ष का अंतिम अध्याय लिखकर हटेंगे। बीच में इस संघर्ष को समाप्त नहीं कर सकते। इसके लिए मैं यह चाहता हूँ कि जिस तरीके से चीन के भारत की पीठ में छुरा घोंपने व उसके द्वारा हम पर आक्रमण करने के बाद 1962 में हमारी आँख खुली और हमने इन तीन वर्षों में देश के स्वाभिमान को सुरक्षित करने के लिए अच्छी तैयारियाँ कीं, वहाँ पाकिस्तान के साथ संघर्ष में भी अब यह हमें अनुभव मिला कि दुनिया में कौन हमारा दोस्त है और कौन हमारा दुश्मन है ? हमें अपनी सेना की संख्या की दृष्टि से, शस्त्रों की दृष्टि से और शस्त्रों के उत्पादन करने की दृष्टि से भी यह पता चला। लेकिन मैं विदेशमंत्री के द्वारा भारत सरकार को यह कहना चाहता हूँ कि अब हमारे पास इतना लंबा समय नहीं है कि हम दो-तीन वर्ष तक प्रतीक्षा करते रह सकेंगे। रक्षा-सामग्री उत्पादन करने वाली सरकार के कारखाने बड़ा अच्छा कार्य कर रहे हैं। बड़ा शुभ निर्णय लिया गया तब जब बंगलौर के अंदर हमने हवाई जहाज बनाने के कारखाने का निर्माण किया और जर्मनी से एक कुशल इंजीनियर को बुलाकर लाए। लेकिन आज इन चीजों को धीरे-धीरे बढ़ाने का समय नहीं है। सरकार के साधनों का और उनकी क्षमता का पूरा उपयोग किया जाए। लेकिन इसके अतिरिक्त भी जो निजी उद्योगपति हमारे देश के अंदर हैं और जो ऐसे कार्य में सहयोग दे सकते हैं और जिनके कि औद्योगिक कारखानों का हम इस दिशा में पूरा उपयोग कर सकते हैं, उनकी सेवाएँ

भी हमें लेनी चाहिए और उनकी सेवाएँ लेकर देश को जल्दी से जल्दी आत्मनिर्भर करना चाहिए।

एक बात मैं विदेश नीति के इस खोखलेपन पर जरूर कहना चाहता हूँ। जहाँ मैं सरदार स्वर्णसिंह को इस बात के लिए बधाई देना चाहूँगा। उन्होंने विदेशमंत्री काल में एक ऐसा निर्णय लिया कि जिस पर सारा देश ही उनको बधाई देगा। और वह तब उन्होंने किया जब भुट्टो ने सुरक्षा परिषद् में बैठकर अपनी असभ्यता का परिचय दिया तो उस समय भारतीय विदेशमंत्री व उनके साथी वहाँ से उठकर चले आए—जहाँ देश ने इस बात पर मूक रूप से अपने विदेशमंत्री को बधाई दी और कहा कि उन्होंने ठीक किया, वहाँ साथ ही साथ हमें एक बात का कष्ट भी है। कष्ट हमें इस बात का है कि आज हमारे संघर्ष में जब भी कोई चर्चा वहाँ पर चलती है, जैसे भुट्टो साहब यह गालियाँ वहाँ दे रहे थे और हमारे विदेशमंत्री बहिष्कार करके बाहर आ रहे थे, तो क्या सुरक्षा परिषद् में कोई एक देश भी ऐसा नहीं था कि जो हमारी बात कहता और सभापति को कहता कि कम से कम इस प्रकार सुरक्षा परिषद् के स्तर को तो न गिराया जाए। जो एक अंतर्राष्ट्रीय न्याय देने वाली अदालत है, उसकी प्रतिष्ठा पर तो चोट न पहुँचाई जाए। विदेश नीति के खोखलेपन पर आपके साथी केवल इतनी बात कहकर चुप रह जाते हैं कि विदेश नीति में परिवर्तन होना चाहिए। लेकिन क्षमा कीजिए, विदेश नीति कोई जड़ चीज नहीं है। विदेश नीति कोई ऐसी गठरी नहीं है कि यहाँ से उठाकर वहाँ रख दी जाए। विदेश नीति तो आखिरकार किन्हीं जिम्मेवार मस्तिष्कों से पैदा होती है। विदेश नीति का निर्माण करने वाले भी तो आखिर कुछ व्यक्ति ही होते हैं। स्पष्ट भाषा में मैं इसको कहना चाहता हूँ कि विदेश नीति में परिवर्तन करने के बजाय आप विदेश-मंत्रालय में परिवर्तन कीजिए। आप विदेश-मंत्रालय में क्यों परिवर्तन नहीं करते, एक और नया अध्याय आप दुनिया के अंदर दिग्विजय करने के लिए यहाँ से शिष्टमंडल भेज रहे हैं। दो प्रकार के शिष्टमंडल यहाँ भारत से बाहर जा रहे हैं। एक शिष्टमंडल वह जो कि सुरक्षा परिषद् में भेजा जा रहा है। सुरक्षा परिषद् में जो शिष्टमंडल भेजा जा रहा है तो क्या भूल श्री छागला ने की, जिनको वहाँ से आपने बुला लिया और क्या विशेषता थी श्री रफीक जकारिया और मीर कासिम में, जिनको कि वहाँ पर भेजा गया ? क्या आज हम भी दुनिया में अपने उस उलटे स्वरूप को गलत प्रोपेगैंडा में आकर पेश करना चाहते हैं। जिनके पास अच्छा मस्तिष्क हो, वह चाहे मुसलमान हो, हिंदू हो, ईसाई हो या पारसी हो, कोई भी क्यों न हो, वह वहाँ जाकर हमारा प्रतिनिधित्व करे। हमारे सोचने के ढंग में अब थोड़ा परिवर्तन आना चाहिए।

दूसरी सबसे बड़ी चीज यह है कि यह जो विदेशों को शिष्टमंडल आप भेज रहे हैं, इन शिष्टमंडलों में जो सदस्य जा रहे हैं, मैं उनकी योग्यता के संबंध में, उनकी देशभक्ति और उनकी निष्ठा के संबंध में किसी प्रकार की कोई आपत्ति नहीं करूँगा, लेकिन एक निवेदन अवश्य करूँगा कि क्या आपको पूर्ण विश्वास है कि जिस प्रश्न के समाधान के

लिए इनको आप जिन देशों में चुनकर भेज रहे हैं वह उन समस्याओं से पूरी तरह परिचित भी हैं ? कश्मीर का प्रश्न किस प्रकार से उठा है और कश्मीर के प्रश्न में पिछले 18 सालों में क्या उतार-चढ़ाव आए हैं ? उतार-चढ़ावों के बाद आज वह कहाँ जाकर खड़ी है, कभी आपने जाते समय उनको ब्रीफिंग किया है या ब्रीफिंग करने से पहले आपने स्वयं उनकी परीक्षा ली थी कि वह इस प्रश्न से पूरी तरह से परिचित भी हैं ? या ऐसी ही चाल चला रहे हैं जैसे अंधा बाँटे सीरनी, हिर फिर अपने को दे ? आप एक ओर तो विदेशी मुद्रा का रोना रोते हैं, दूसरी ओर विदेशी मुद्रा का इस प्रकार अपव्यय होने देते हैं। मैं चाहता हूँ कि इसके स्थान पर एक दूसरी बात करें। दूसरी बात यह कि भारतीय पार्लियामेंट के लोकसभा के और राज्यसभा के 750 सदस्य आपके सामने हैं, आप उनमें यह देखिए कि कौन व्यक्ति ऐसे हैं और जो विदेशों की समस्याओं के अंदर निकट से रुचि लेते हैं, आप उनको कहें कि वह केवल उन्हीं देशों की समस्याओं का अध्ययन करें, उन्हीं देशों के वे विशेषज्ञ बनें। एक बार नहीं बल्कि कई बार जाएँ और उन देशों के साथ, उन देशों की सरकारों के साथ और उनके सामाजिक संगठनों के साथ अपना संपर्क जोड़ें और संपर्क जोड़ने के बाद समय-समय पर भारत सरकार जब उन देशों के संबंध में कोई निर्णय ले तो उन देशों के विशेषज्ञ, जो प्रतिनिधि हैं, उनको भी आमंत्रित किया जाए। यह नहीं कि सात दिन के लिए शिष्टमंडल चला गया, जिसने कभी रूस नहीं देखा, जो कि पहले इसके कभी वहाँ पर पहुँचा नहीं, वह सात दिन में जाकर क्या राय देगा ? और कश्मीर को क्या समझाएगा ? वह क्या बतला सकेगा कि उसकी पृष्ठभूमि क्या है ? अब घर में ही यह मानना कि दुनिया में हमारा पक्ष अच्छा समझा जाता है, तो इसका क्या प्रमाण यह है कि जब आपका पक्ष कहीं भी आता है तो कोई भी समर्थन में खड़ा नहीं रहता। सच्चाई यह है कि आपका पक्ष दुनिया में किसी को पता नहीं। प्रचार की दृष्टि से हम इतने दुर्बल हैं कि प्रचार का अभाव हमारे देश के स्वाभिमान को गिरा रहा है। आज हमको सोचना चाहिए कि हम अपनी विदेश नीति को थोड़ा आकाश से उतारकर धरती पर लाएँ। मैं पूर्णतया सहमत हूँ आचार्य कृपलानी से, जब उन्होंने यह कहा कि हम अपने पड़ोसी देशों की उपेक्षा न करें। कुछ अन्य मित्रों ने भी यही कहा कि अपने पड़ोसी देशों की उपेक्षा न करें। मैं नाम नहीं लूँगा लेकिन मैं यह अवश्य कहना चाहता हूँ कि हमारी विदेश नीति देशों से हटकर व्यक्तियों पर सीमित हो जाती है और जब कोई और दूसरा व्यक्ति उस देश का शासक हो जाता है तो देश को कितना नुकसान उठाना होता है और कितनी महँगी कीमत देनी पड़ती है ? कितना प्रयास करना पड़ता है फिर उस पुरानी स्थिति को वापस लाने के लिए।

हमने अरब कंट्रीज़ को अपने निकट लाने का बड़ा प्रयास किया है। आज भी मैं यह नहीं कहता हूँ कि आप अपने प्रयासों में किसी प्रकार की दुर्बलता लाएँ। दुनिया में हम मित्रता की स्थिति बनाएँ और हमारे जितने अधिक से अधिक मित्र हो सकते हों। लेकिन

क्या कसूर किया था थाइलैंड ने, क्या अपराध किया था जापान ने, क्या अपराध किया था श्रीलंका ने, जिन देशों के साथ राजनीतिक संबंधों के अतिरिक्त हमारे सांस्कृतिक संबंध भी हो सकते हैं ? हम उनके साथ न केवल राजनीतिक संबंध ही बढ़ाएँ बल्कि सांस्कृतिक संबंध भी बढ़ाएँ। सांस्कृतिक संबंध थोड़े टिकाऊ होते हैं। सांस्कृतिक संबंधों के पीछे एक पृष्ठभूमि होती है।

अपने वक्तव्य को उपसंहार की ओर ले जाते हुए मैं यह कहना चाहता हूँ कि हमारी विदेश नीति जिस दिन आकाश में चलना छोड़कर धरती पर चलने लगेगी और हमारी सैनिक शक्ति थोड़ी बढ़ जाएगी, हमारे निर्णय लेने के ढंग में व्यावहारिकता आएगी, हमारे सोचने के ढंग में व्यावहारिकता आएगी, तो एक दिन वह भी आ सकता है कि जैसे आज के संघर्ष में जिस प्रकार पढ़ा-लिखा, अनपढ़, गाँव का, शहर का, हर आदमी यह पूछता था कि यह तो बताओ कि इस लड़ाई में अमेरिका किसके साथ था, इस लड़ाई में रूस किसके साथ था, अमुक राष्ट्र किसके साथ था, और इस स्थिति को आज हम अट्ठारह साल में पैदा कर सके हैं, तो चाहे जहाँ कहीं भी संघर्ष हो, रूस का और अमेरिका का बच्चा-बच्चा यह पूछे—कि यह तो बताओ कि भारत किसके साथ है ? ऐसी स्थिति आपको पैदा करनी चाहिए थी। लेकिन ऐसा आप आज तक नहीं कर सके हैं। सुबह का भूला हुआ शाम को घर आ जाए तो उसको भूला नहीं कहा जा सकता है। अब भी समय है कि आप ऐसी स्थिति पैदा करें। अगर आप ऐसा करते हैं तो मेरा अनुमान है कि देश पर आप एक बहुत बड़ा उपकार करेंगे।

अनुच्छेद 370 अविलंब समाप्त किया जाए

[अनुच्छेद 370 को अप्रभावी बनाने के संबंध में प्रस्तुत संविधान संशोधन विधेयक पर चर्चा, लोकसभा, 11 सितंबर, 1964]

जम्मू-कश्मीर की विशेष स्थिति से संबंधित भारतीय संविधान का अनुच्छेद 370 हटा दिया जाए और उसके हटने से संविधान में यदि कहीं कुछ व्यवस्था अपेक्षित हो, तो वह कर ली जाए। जब मैं इस विधेयक को पारित होने के लिए सदन में प्रस्तुत कर रहा हूँ तो मेरी आँखों के सामने वे सारे दृश्य सिनेमा के चित्रपट की तरह घूम रहे हैं कि कैसे सबसे पहले पाकिस्तान ने 1947 में कबायलियों की आड़ में कश्मीर में अपनी सेनाएँ भेजीं, कैसे महीनों तक वहाँ पर खून की नदियाँ बहती रहीं, कैसे भारतीय सेनाओं ने उनके दाँत खट्टे किए, कैसे बढ़ती हुई भारतीय सेनाओं को बीच में ही रोककर भारत सरकार ने हिमालय जैसी भूल की, कैसे संयुक्त राष्ट्रसंघ में न्याय की मृग-मरीचिका के चक्कर में जाकर हम फँसे और कैसे कश्मीर का सुल्तान बनने का स्वप्न देखने वाले शेख अब्दुल्ला को वहाँ का प्रधानमंत्री बनाया गया। दो शब्दों में अगर मैं अपनी सारी बातों को कहूँ, तो मैं यूँ कह सकता हूँ कि भारत के कुछ ऊँचे नेताओं की, जिनमें से कुछ अब नहीं हैं, अदूरदर्शिता, राजनीतिक अकुशलता और व्यक्तिगत प्रेम-बंधनों के कारण ही यह सारी स्थिति उत्पन्न हुई।

सुना यह जाता है कि ठोकर लगने के बाद मनुष्य की आँख खुल जाती है। परंतु नहीं कहा जा सकता कि स्थिति के इतना बिगड़ जाने के बाद अब भारत सरकार कब सजग होगी। एक अकेले सरदार वल्लभभाई पटेल खून की एक बूँद गिराए बिना लगभग साढ़े पाँच सौ रियासतों का थोड़े ही समय में भारतवर्ष में विलय करके चले गए, लेकिन यह इतनी बड़ी सरकार सत्रह वर्षों के बाद भी एक जम्मू-कश्मीर की समस्या का समाधान नहीं कर पाई।

अपने इस विधेयक को उपस्थित करते समय आज मैं एक चेतावनी भी सरकार को देना चाहता हूँ। पिछले सत्रह वर्षों में अरबों रुपए और हजारों जवानों की बलि देने के बाद भी सरकार के अनिश्चित मन के कारण यह समस्या लगातार बिगड़ती ही गई है। लेकिन आज मैं कहना चाहता हूँ कि अब बिगड़ने का भी अंतिम छोर आ चुका है। यदि सरकार ने इस स्थिति को जल्दी न सँभाला तो मेरा अनुमान है कि यह समस्या सरकार के हाथों से बाहर हो जाएगी और इसके लिए देश की अगली पीढ़ियाँ इस सरकार को कोसेंगी और

इतिहास इस सरकार को कभी क्षमा नहीं कर सकेगा।

एक विशेष बात मैं यहाँ पर यह कहना चाहता हूँ कि जम्मू-कश्मीर राज्य के वर्तमान प्रधानमंत्री श्री गुलाम मुहम्मद सादिक का चुनाव उस समय के अविभागीय मंत्री और इस समय के प्रधानमंत्री श्री लालबहादुर शास्त्री की देख-रेख में हुआ था। प्रधानमंत्री बनने से पहले श्री सादिक ने, जो कि नेशनल कान्फ्रेंस के उपाध्यक्ष थे, 28 नवंबर, 1963 को अपने भाषण में यह कहा था कि कश्मीर राज्य में कानून तथा व्यवस्था बनाए रखने के लिए इस अनुच्छेद 370 का तुरंत हटना बहुत जरूरी है। प्रधानमंत्री बनने के बाद भी 1 मार्च और 20 मई को दिल्ली में कांग्रेस की पार्लियामेंटरी पार्टी की मीटिंग में दो बार भाषण देते हुए उन्होंने कहा कि यह अनुच्छेद राज्य की प्रगति में बाधक सिद्ध हो रहा है और इसलिए इसको संविधान से अविलंब हटा दिया जाए।

लेकिन कुछ दिनों से कश्मीर के वर्तमान प्रधानमंत्री श्री सादिक ने एक नई कलाबाजी शुरू की है। अब वह यह कहते हैं कि अनुच्छेद 370 को हटाने के बजाय उसमें कुछ आवश्यक संशोधन कर लिए जाएँ और उसके लिए वह कानून के विशेषज्ञों की राय लेंगे। श्री सादिक की इस कलाबाजी से और हमारे प्रधानमंत्री श्री शास्त्री जी की चुप्पी से देश में तरह-तरह के अर्थ लगाए जा रहे हैं। होना यह चाहिए कि शास्त्री जी ने जिस तरह अपने प्रभाव का उपयोग करके श्री सादिक को प्रधानमंत्री बनवाया, उसी तरह वह अपने प्रभाव का उपयोग इस संविधान के अनुच्छेद 370 को अविलंब हटाने के लिए करें।

संविधान में अनुच्छेद 370 को रखते समय संविधान सभा में श्री गोपालस्वामी आयंगर ने यह आश्वासन दिया था कि यह अनुच्छेद बहुत जल्दी हट जाएगा। उसके बाद हमारे पहले प्रधानमंत्री श्री नेहरू ने कई बार अपने भाषणों में और लोकसभा में यह कहा कि अनुच्छेद 370 बहुत कुछ घिस चुका है और जो शेष रह गया है, वह भी धीरे-धीरे घिस जाएगा। कश्मीर की संविधान सभा तो अपना स्पष्ट निर्णय कर ही चुकी है। इन तीनों के आश्वासनों और निर्णयों के बाद भी मैं यह नहीं समझ पाता कि संविधान की पवित्रता को नष्ट करने के लिए भारत सरकार ने अभी तक इस अनुच्छेद 370 को क्यों रखा हुआ है ?

इस अनुच्छेद की पृष्ठभूमि के संबंध में भी मैं कुछ संकेत देना चाहूँगा। जब संविधान सभा में यह अनुच्छेद उपस्थित किया जाने लगा,,तो उस समय एक बात आई और वह यह कि चूँकि जम्मू-कश्मीर राज्य का भारतवर्ष में विलय उसी प्रकार से हुआ था, जिस प्रकार कि दूसरे देशी राज्यों का हुआ था और उसी प्रकार विलय-पत्र पर महाराजा हरीसिंह के हस्ताक्षर हुए थे, तो इसको दृष्टि में रखते हुए संविधान सभा के एक सदस्य, श्री हसरत मोहानी ने श्री गोपालस्वामी आयंगर से यह पूछा कि जब जम्मू-कश्मीर राज्य का विलय दूसरे देशी राज्यों की तरह हुआ है और उसी प्रकार विलय-पत्र पर हस्ताक्षर हुए हैं, तो उसके लिए इस तरह की विशेष व्यवस्था क्यों की जा रही है ? श्री गोपालस्वामी आयंगर ने उस समय जो जवाब दिए, उनमें मैं विस्तार से नहीं जाता, लेकिन उन्होंने जो

मुख्य कारण बताया, वह मैं यहाँ पर रखना चाहता हूँ। पहली बात उन्होंने यह कही कि जम्मू-कश्मीर राज्य के ऊपर एक सशस्त्र आक्रमण हुआ है जो अभी तक जारी है और राज्य की स्थिति अभी तक असामान्य बनी हुई है तथा राज्य के भीतर युद्ध चल रहा है, इसलिए असामान्य स्थिति में राज्य का प्रशासन-तंत्र भी असामान्य ढंग से ही चलाया जाना चाहिए। दूसरे उन्होंने कहा कि हम संयुक्त राष्ट्रसंघ में इस प्रश्न को ले जाकर उलझ गए हैं और नहीं कहा जा सकता कि अभी हमको कितनी देर और उलझे रहना पड़ेगा। लेकिन एक विशेष बात, जो श्री गोपालस्वामी आयंगर ने कही थी, उसको मैं उनके ही शब्दों में हिंदी में आपको सुना देना चाहता हूँ। उन्होंने कहा था :

'हमने यह भी मान लिया है कि एक संविधान सभा द्वारा जनता की इच्छा से राज्य का संविधान निश्चित किया जाए तथा राज्य पर संघ के क्षेत्राधिकार की सीमा भी निश्चित की जाए। जब तक संविधान सभा स्थापित नहीं होती तब तक अंतर्वर्ती प्रबंध ही हो सकता है।'

श्री गोपालस्वामी आयंगर जब अपना भाषण समाप्त करने लगे तो इस अनुच्छेद के संबंध में उन्होंने यह भी कहा कि यह अनुच्छेद कब संविधान से हटाया जाएगा। इसका भी उन्होंने निर्देश दिया था। उन्हीं के शब्दों में मैं बताना चाहता हूँ :

'जब राज्य की संविधान सभा बैठ जाए और राज्य के संविधान के लिए तथा राज्य पर फेडरल क्षेत्राधिकार की सीमा के संबंध में अपना निश्चय कर चुके तो इस संविधान सभा की सिफारिश पर राष्ट्रपति एक आदेश निकालेंगे कि यह अनुच्छेद 306 (जो अब अनुच्छेद 370 है) या तो प्रवृत्त न रहेगा अथवा केवल ऐसे अपवादों और रूप-भेदों के अधीन प्रवृत्त होगा जो राष्ट्रपति द्वारा उल्लेख किए गए हों।'

मैं नहीं समझता कि जब संविधान सभा बन चुकी और संविधान सभा अपना निर्णय भी दे चुकी तो श्री गोपालस्वामी आयंगर द्वारा दिए गए आश्वासन के आधार पर जो अनुच्छेद आठ वर्ष पहले संविधान से हट जाना चाहिए था, वह 1964 तक अभी भी भारत के संविधान में क्यों लगा हुआ है ?

जम्मू-कश्मीर के लोगों ने जो अपना संविधान बनाया उस संविधान में एक विशेष बात उन्होंने यह की। जैसे प्रधानमंत्री नेहरू जी ने कभी कहा था कि वहाँ के लोगों की राय जानी जाएगी। इस संविधान की प्रस्तावना में ये शब्द लिखे हुए हैं, जो जम्मू तथा कश्मीर का संविधान है, उसमें :

'हम जम्मू तथा कश्मीर राज्य के लोग, इस राज्य के भारत के साथ विलय के, जो 26 अक्तूबर, 1947 को हुआ था, अनुसरण में इस राज्य की भारत संघ के साथ उसके एक अभिन्न अंग के रूप में वर्तमान संबंधों की आगे परिभाषा करने का दृढ़ संकल्प लिए हुए है।'

ये शब्द ध्यान देने योग्य हैं कि पहले जब विलय-पत्र पर हस्ताक्षर हुए थे, वे जम्मू

तथा कश्मीर के महाराजा के हुए थे। लेकिन संविधान सभा का जो निर्णय है, उसकी प्रस्तावना में लिखा हुआ है कि 'हम जम्मू तथा कश्मीर राज्य के लोग।' इस तरह उनकी राय भी जान ली गई।

इसके बाद फिर एक अनुच्छेद जो उन्होंने अपने संविधान में रखा वह अनुच्छेद 3 है। जम्मू-कश्मीर के संविधान के इस अनुच्छेद में बिलकुल स्पष्ट लिखा हुआ है :

'जम्मू तथा कश्मीर राज्य भारत संघ का एक अभिन्न अंग रहेगा।'

आगे के लिए भी उन्होंने इस बात को स्पष्ट लिख दिया है। लेकिन इतना होने पर भी मालूम पड़ता है कि जम्मू-कश्मीर राज्य की संविधान सभा भारत के निकट आना चाहती थी। उन्होंने अपने संविधान में एक अनुच्छेद 147 भी रखा और इस अनुच्छेद में जहाँ उन्होंने यह व्यवस्था की कि अगर संविधान में विधानमंडल कोई संशोधन करना चाहेगा या इसके अनुच्छेदों में कोई परिवर्तन चाहेगा तो उसके लिए दो-तिहाई बहुमत आवश्यक होगा और फिर इस तरह से सदरे-रियासत की स्वीकृति भी आवश्यक होगी, लेकिन इस सबके साथ-साथ संविधान सभा ने एक लक्ष्मण-रेखा भी खींच दी और कह दिया कि :

'संविधान के अनुच्छेद 3 और 5 के उपबंधों अथवा भारतीय संविधान के उपबंधों, जैसे कि वह उस राज्य में लागू होते हैं, में परिवर्तन करने वाला कोई भी विधेयक अथवा संशोधन विधानमंडल की किसी भी सभा में पेश अथवा पुनःस्थापित नहीं किया जा सकेगा।'

उन्होंने यह कह दिया कि अनुच्छेद 3 और अनुच्छेद 5, जिसमें राज्य के लिए भारतीय संसद को विधेयक बनाने का अधिकार दिया गया है, उसमें परिवर्तन का अधिकार भी विधानमंडल को नहीं होगा। दूसरे, यह भारत के उच्च अधिकार-क्षेत्र (ओवर-लॉर्डशिप) को भी उन्होंने अपने संविधान में सुरक्षित रखा। जब उन्होंने यह कहा कि संसद को खाली विधेयक बनाने का अधिकार है, साथ ही साथ उन्होंने यह भी लिखा है कि वहाँ हाईकोर्ट के जो जज होंगे उनको राष्ट्रपति ही नियुक्त करेगा और उन जजों को हटाने का काम भी राष्ट्रपति ही करेगा। उन्होंने यह भी कहा कि जज भारतीय संघ का कोई नागरिक ही होगा। और भी बहुत-सी व्यवस्थाएँ कीं जिनसे प्रतीत होता है कि उन्होंने भारत के सर्वोच्च अधिकार को स्वीकार किया है।

अच्छा तो यही था, जैसा मैंने पहले कहा है कि आठ वर्ष पहले जब संविधान सभा अपना निर्णय कर चुकी, उस समय उस अनुच्छेद को हटा दिया जाता, लेकिन नहीं कहा जा सकता कि क्यों भारत सरकार, जैसे बंदरिया अपने मरे हुए बच्चे को छाती से चिपटाए फिरती रहती है, उसी तरह से आठ साल से इस अनुच्छेद को क्यों संविधान में लगाकर रखे हुए है।

इसका दुष्परिणाम क्या हो रहा है ? सबसे बड़ा दुष्परिणाम तो यह है कि पाकिस्तान

आज हिंदुस्तान के खिलाफ दूसरे देशों में न जाने किस-किस प्रकार से विष उगल रहा है। दूसरे, दुनिया के अंदर वे देश जो हमारे संविधान को नहीं जानते हैं या जो वास्तविक स्थिति है, उसके बारे में उनके मनों में भी संदेह होने लग गया है कि कहीं वास्तव में अस्थायीपन तो नहीं है, जैसे पाकिस्तान की सरकार कहती है। तीसरा, सबसे बड़ा दुष्परिणाम यह है कि जम्मू-कश्मीर की जनता के मन में भी अस्थिरता फैलती है कि कहीं ऐसा न हो कि यह स्थिति आगे चलकर कभी बदल जाए। अनुच्छेद 370 को रखने का चौथा दुष्परिणाम यह है कि जम्मू-कश्मीर के अंदर शेख अब्दुल्ला और उनके जैसे दूसरे लोग भी अब यह आवाज लगाने लग गए हैं कि जनता की राय जानी जाए। प्लेबेसाइट फ्रंट वहाँ पर बना है। जो लोग जनमत के लिए बहुत आतुर हैं, जो लोग वहाँ राय जानने के लिए बहुत आतुर हैं, उनमें से तीन पक्ष विशेष हैं, जिनका मैं नाम लेता हूँ।

पहला पक्ष पाकिस्तान है। दूसरा पक्ष ब्रिटेन, अमेरिका और उनके जो समर्थक राष्ट्र संयुक्त राष्ट्रसंघ में बैठते हैं, वह है। तीसरा पक्ष शेख अब्दुल्ला और उनका प्लेबेसाइट फ्रंट अर्थात् जनमत-संग्रह मोर्चा है। जहाँ तक पाकिस्तान का संबंध है, बड़ी स्पष्ट-सी भाषा में मैं कहना चाहता हूँ कि पता नहीं भारत सरकार आज तक इस बात को क्यों नहीं कहती है कि कश्मीर और भारत के संबंध में यह जो बात चल रही है, इसके बीच में पाकिस्तान कोई पार्टी किसी प्रकार से नहीं बन सकता। ब्रिटिश पार्लियामेंट के एक ऐक्ट के अनुसार, कश्मीर के महाराजा ने भारत के साथ विलय-पत्र पर हस्ताक्षर किए थे। पाकिस्तान के साथ उनकी किसी प्रकार की कोई बातचीत नहीं हुई। जम्मू-कश्मीर की जनता की जो सबसे बड़ी पार्टी है, नेशनल कॉन्फ्रेंस, वह भी हमारे पास 'जम्मू-कश्मीर को बचाओ'—यह आग्रह लेकर आई थी। पाकिस्तान के पास नेशनल कॉन्फ्रेंस का कोई भी प्रतिनिधि नहीं गया। तीसरी बात यह है कि जम्मू-कश्मीर की संविधान सभा ने जो संविधान बनाया है, उसका निर्णय भी भारत के पक्ष में है, ऐसी स्थिति में पाकिस्तान पार्टी कहाँ बनाता है ? कैसे वह बीच में एक किराए का चौधरी बनकर खड़ा हो सकता है ? दो आदमियो के बीच में बात हो रही है, तीसरा आकर खड़ा हो गया; उन्होंने कहा—आप कौन हैं ? उसने कहा—मैं ख्वामखाह। जो पाकिस्तान की स्थिति है, वह भारत सरकार को दुनिया को स्पष्ट भाषा में बता देनी चाहिए। यह हमारे घर का अंदरूनी मामला है। पाकिस्तान बीच में दखल देने वाला कोई नहीं है। अगर पाकिस्तान केवल यह कहे कि कश्मीर में मुसलमानों की संख्या ज्यादा है, तो इसका मतलब तो यह हुआ कि कनाडा कल को यह माँग करने लग जाए कि अमेरिका का वह भाग, जो उनके साथ लगा हुआ है और जहाँ पर रोमन कैथोलिक ज्यादा हैं, इसलिए वह कनाडा को वापस मिल जाना चाहिए। इस प्रकार की दलील देकर पाकिस्तान जनता को और दुनिया को गुमराह करना चाहता है। भारत सरकार इसका भी निराकरण कर सकती है।

दूसरा पक्ष जो जनमत-संग्रह के लिए बहुत आतुर है, वह ब्रिटेन है। ब्रिटेन के

संबंध में एक बात मैं कहना चाहता हूँ। इंग्लैंड जहाँ-जहाँ से भी हटकर गया है, वहाँ-वहाँ वह कुछ कड़वी यादगारें छोड़ गया है। भारतवर्ष में भी पाकिस्तान इंग्लैंड की उसी प्रकार की कड़वी यादगार है। अभी हम उससे पूरी तरह से नहीं सुलझ पाए थे कि कश्मीर को इंग्लैंड ने अपना दूसरा हथियार बनाना शुरू कर दिया। लेकिन इंग्लैंड से भारत सरकार को साफ कह देना चाहिए सामान्य शिष्टाचार के नाते कि हम तुम्हारे पौने दो सौ साल के पिछले खूनी इतिहास को भूलना चाहते थे, लेकिन अगर इसी प्रकार की गतिविधियाँ तुम्हारी रहेंगी और हमारे कच्चे घाव में ठोकर मार-मारकर इसी तरह से खून निकालते रहोगे तो हिंदुस्तान की अगली पीढ़ियाँ तुम्हारे साथ रिश्ता रखना तो दूर, तुम्हारा नाम लेना भी पसंद नहीं करेंगी।

दूसरी चीज 1935 के गवर्नमेंट ऑफ इंडिया ऐक्ट के बारे में है, जिसमें संशोधन करके देशी रियासतें हिंदुस्तान में मिली थीं। ब्रिटिश पार्लियामेंट के ये अपने शब्द हैं जो मैं दोहरा रहा हूँ। ये मेरे शब्द नहीं हैं :

'किसी राज्य के तत्कालीन शासक द्वारा निष्पादित प्रदेश-संलेख के अनुसार उस राज्य का भारत संघ में विलय पूर्णतया अंतिम होगा।'

यानी राज्यों के शासकों को विलय का अधिकार दिया गया है, न कि किसी राज्य की प्रजा को। आज अगर इंग्लैंड का प्रतिनिधि संयुक्त राष्ट्रसंघ में बैठकर अपने ही ऐक्ट का विरोध करता है और कहता है कि जम्मू-कश्मीर में जनमत-संग्रह होना चाहिए और एक-एक व्यक्ति की राय ली जानी चाहिए, तो मैं कहना चाहता हूँ कि एक व्यक्ति की राय जम्मू-कश्मीर में क्यों ली जाए, कल को अगर हिंदुस्तान की बाकी साढ़े पाँच सौ रियासतें कहती हैं कि हमारे अंदर भी राय ली जाए तब हमारे राज्यों को भारतीय संघ में मिलाया जाए, तो क्या ब्रिटेन का प्रतिनिधि इस बात को भी स्वीकार करेगा। अगर स्वीकार करेगा तो देशी राज्यों के बाद फिर ब्रिटिश भारत का नंबर आता है, रावलपिंडी से लेकर कन्याकुमारी समेत, सारे पुराने भारत का नंबर आता है। तब पुराने हिंदुस्तान की जनता की माँग यह होगी कि हिंदुस्तान के नेताओं ने देश-विभाजन स्वीकार करते समय हमारी राय नहीं ली, ये अंग्रेजों के चक्कर में आ गए, जिससे देश का विभाजन करना पड़ा और अब राय ली जानी चाहिए कि पाकिस्तान का अस्तित्व माना जाए या नहीं ? इस प्रकार की स्थिति पर ब्रिटेन जाना चाहेगा क्या ?

जहाँ तक अमेरिका का संबंध है, कुछ बात मैं कहना चाहता हूँ। 1948 में जब पहला प्रस्ताव संयुक्त राष्ट्रसंघ में पास हुआ था उस समय अमेरिका का रुख बड़ा स्पष्ट था। उसने स्पष्ट भावना में कहा था कि पाकिस्तान की सेनाओं को कश्मीर की धरती खाली कर देनी चाहिए, स्थिति को सामान्य बनाना चाहिए। उसके बाद जब कुछ सैनिक गठबंधन हुए, सीएटो और सैंटो वगैरह बने, उसके बाद से अमेरिका ने पाकिस्तान को समर्थन देना आरंभ किया और लोगों से कान में कह दिया कि कम्युनिज्म का मुकाबला

करने के लिए हमको कोई न कोई देश साथ जरूर लेना पड़ेगा। अगर कम्युनिज्म का मुकाबला करने के लिए पाकिस्तान को साथ लेने के लिए इस तरह से कश्मीर की समस्या को अमेरिका प्रयोग करना चाहता है तो हमको उससे भी मुँह खोलकर कह देना चाहिए और उसको कान खोलकर सुन लेना चाहिए कि भारतवर्ष आज भी तानाशाही के खिलाफ है, हिंदुस्तान की जनता आज भी लोकतंत्र में विश्वास करती है, लेकिन अगर अमेरिका कम्युनिज्म का मुकाबला करने के लिए इस तरह से पाकिस्तान का साथ देगा तो मेरा अपना कहना है कि भारतीय जनता के हृदयों से वह अपने प्रति सहानुभूति खो देगा। जब भी जनमत-संग्रह करने के लिए संयुक्त राष्ट्रसंघ में प्रस्ताव आए, ब्रिटेन और अमेरिका ने पूरी कोशिश करके उनको पास करवाना चाहा; लेकिन रूस के वीटो-अधिकार ने जो हमारी रक्षा की है, उससे भारतीय जनता के हृदयों में उसके प्रति एक अनुकूल भावना जगने लगी है। अमेरिका के समझदार आदमी इस बात को क्यों नहीं समझते हैं ? एक लोकतंत्री परंपरा का देश और तानाशाह देश हमारा इस प्रकार से साथ देता है—इस चीज को उनको समझना चाहिए।

दूसरा सबसे बड़ा जरूरी सवाल—संयुक्त राष्ट्रसंघ में अब कश्मीर का सवाल आए तो हमको कहना चाहिए, हमारे गृहमंत्री श्री नंदा जब अपने प्रतिनिधियों को वहाँ भेजें तो इस बात को वहाँ कहें कि संयुक्त राष्ट्रसंघ में कश्मीर के संबंध में केवल एक ही बात है, और वह यह कि कश्मीर का जितना हिस्सा पाकिस्तान के हाथ में है वह संयुक्त राष्ट्रसंघ बिना किसी प्रकार के उपद्रव के हमको वापस दिलाता है, या हिंदुस्तान को अपने सैन्यबल से उसे वापस लेना पड़ेगा। और कोई मामला अब संयुक्त राष्ट्रसंघ में नहीं है। केवल इतना प्रश्न संयुक्त राष्ट्रसंघ में है कि इस बीच हमको बिना किसी प्रकार सैन्यबल प्रयोग के नहीं मिलती है तो हम सैनिक-शक्ति से ले लेंगे।

बाकी सारी कश्मीर की समस्या का समाधान तो सन् 1956 में हो चुका है कि वहाँ का संविधान बन चुका है और इस प्रकार स्थिति सुदृढ़ हुई। लेकिन इतने पर भी यदि संयुक्त राष्ट्रसंघ अपना रुख नहीं बदलता, ब्रिटेन और अमेरिका अपनी भावनाओं में परिवर्तन नहीं करते, तो मैं भारत सरकार से फिर कहूँगा कि भारत सरकार को न केवल संयुक्त राष्ट्रसंघ से अपना केस वापस ले लेना चाहिए, बल्कि संयुक्त राष्ट्रसंघ की सदस्यता से भी हमको वापस आ जाना चाहिए। जो राष्ट्र आज संयुक्त राष्ट्रसंघ के सदस्य नहीं हैं, क्या वे अच्छी प्रकार से अपना शासनतंत्र नहीं चला रहे हैं ? आज क्या स्थिति वहाँ हमारी हो गई है ? जिस जगह पर हमलावर को संरक्षण दिया जाता हो, क्या वह न्यायपालिका हो सकती है ? इस प्रकार की संस्था से हिंदुस्तान की जनता ऊबती चली जा रही है।

तीसरा पक्ष जो रह जाता है वह है, शेख साहब और उनका प्लेबेसाइट फ्रंट। उनके संबंध में मैं कहना चाहता हूँ कि अभी हाल में इस फ्रंट ने एक व्हाइट पेपर निकाला है। मैं नहीं जानता कि वह व्हाइट पेपर अभी तक आपके पास पहुँचा या नहीं। लेकिन उस

व्हाइट पेपर में उन्होंने भारत के संविधान और जम्मू-कश्मीर के संविधान को चुनौती दी है। उन दोनों संविधानों को चुनौती देने के साथ उन्होंने कहा कि न केवल अनुच्छेद 370 अस्थायी है, बल्कि कश्मीर का विलय भी अस्थायी है, कश्मीर का कोई विलय नहीं हुआ। दूसरी बात वे कहते हैं कि जम्मू-कश्मीर की संविधान सभा ने जो निर्णय लिए हैं उनका कोई विशेष महत्त्व नहीं है। तीसरी बात यह है कि जम्मू-कश्मीर के भाग्य का निर्णय अकेले भारत बैठकर नहीं कर सकता, भारत और पाकिस्तान दोनों को करना चाहिए। जहाँ तक अनुच्छेद 370 का संबंध है, मैं स्वयं इस बात को कहता हूँ कि वह अस्थायी है। संविधान सभा बनी, उसने अपना निर्णय ले लिया। सरकार को उसे उसी समय समाप्त कर देना चाहिए था। उसको रखकर इसमें संदेह पैदा किया जा रहा है। लेकिन उसके अस्थायी होने से क्या जम्मू और कश्मीर का भारत-विलय भी अस्थायी है—यह कैसे कहा जा सकता है ? जम्मू और कश्मीर के भारत के साथ विलय का अनुच्छेद 370 नहीं है। जम्मू और कश्मीर के भारत के साथ विलय के संबंध में हमारे संविधान का अनुच्छेद 1 है, जिसमें भारत-संघ का क्षेत्र बतलाया गया है कि भारत-संघ कहाँ-कहाँ तक है। उसमें जम्मू और कश्मीर का पूरा राज्य आ जाता है। अनुच्छेद 370 का उससे संबंध कहाँ बैठता है। जहाँ तक अस्थायी विलय की बात कही जाती है, अस्थायी विलय की भारतीय संविधान में कोई व्यवस्था नहीं है। भारतीय संविधान में ही यह व्यवस्था नहीं, यही बात नहीं, जो ब्रिटिश पार्लियामेंट का ऐक्ट है, उसमें भी अस्थायी विलय की कोई व्यवस्था नहीं है। अब अस्थायी विलय की कहीं कोई व्यवस्था ही नहीं है तो जम्मू और कश्मीर का जो विलय हुआ है वह पूर्ण हुआ है, उसमें कोई त्रुटि नहीं है।

यहाँ एक बात मैं जनमत-संग्रह के विषय में कह दूँ। इस संबंध में लार्ड माउंटबेटन और पंडित जवाहरलाल नेहरू के कुछ आश्वासनों की बात कही जाती है कि लार्ड माउंटबेटन ने जम्मू और कश्मीर के महाराजा को विलय-पत्र पर हस्ताक्षर करने के बाद एक चिट्ठी साथ-साथ लिखी थी कि जम्मू और कश्मीर के लोगों की राय जानी जाएगी। नेहरू जी ने एक-दो बार कह दिया कि वहाँ के लोगों की राय जानी जाएगी, गोपालस्वामी आयंगर ने कह दिया कि ऐसा ही किया जाएगा। लेकिन एक होता है कानून और एक होती है राजनीतिक आकांक्षा—पॉलिटिकल विश; पॉलिटिकल विश जो है वह कभी भी कानून नहीं मानी जा सकती। लार्ड माउंटबैटन का कहना, पंडित जवाहरलाल नेहरू का कहना व गोपालस्वामी आयंगर का कहना जो है, वह पॉलिटिकल विश है, वह देश का कानून नहीं। देश के या जम्मू-कश्मीर के कानून में कोई व्यवस्था कहीं पर नहीं है कि जम्मू और कश्मीर में जनमत लिया जाए। जहाँ तक जनमत लेने का सवाल है, जनमत का क्या अभिप्राय होता है ? जनमत का अभिप्राय क्या यह है कि जब भारतीय संविधान बना तो देश के 44 करोड़ लोगों से अलग-अलग जाकर राय ली जानी चाहिए थी या उनके चुने हुए प्रतिनिधि जो बैठे हुए हैं, उनसे राय ली जाए ? हमारे संविधान की प्रस्तावना में यह है :

'वी दि पीपल ऑफ इंडिया'।

अर्थात् हम भारतीय नागरिक। यह नहीं है कि हम पाँच सौ मेम्बर जो संविधान सभा में बैठे हुए हैं। उसी प्रकार से जम्मू और कश्मीर के संविधान में लिखा हुआ है :

'वी दि पीपल ऑफ जम्मू एंड कश्मीर'।

इस तरह जम्मू और कश्मीर के लोगों की राय भी हो गई। इसमें रायशुमारी की बात कहाँ रह जाती है ? अब शेख साहब ने कहा कि चूँकि मैं बीच में गिरफ्तार हो गया था इसलिए उस संविधान सभा का कोई महत्त्व नहीं। इस पार्लियामेंट के न जाने कितने मेम्बर गिरफ्तार होते रहते हैं, लेकिन जो कानून बनते हैं क्या उन पर इससे कोई प्रभाव पड़ जाएगा ? कोई आदमी यहाँ रहता है या नहीं, इससे कानून पर किसी प्रकार का प्रभाव नहीं पड़ता। लेकिन मैं तो शेख साहब का भाषण उन्हीं के शब्दों में सुनाना चाहता हूँ। जब वहाँ की संविधान सभा का उद्घाटन होने लगा तो 5 नवंबर, 1951 को शेख साहब ने कहा :

'अंत में यह सभा चारों उपायों पर, जिनका वर्णन मैं बाद में करूँगा, पूरी तरह विचार करके प्रवेश करने के सिलसिले में अपने युक्तियुक्त निर्णय की घोषणा करेगी।'

वे चार बातें कौन-सी थीं ? एक तो यह कि जो जम्मू और कश्मीर का राजा है, उसकी कानूनी स्थिति क्या होनी चाहिए, दूसरी बात यह कि जमींदारी-प्रथा को कैसे समाप्त किया जाए और उसका कॉम्पेंसेशन कैसे दिया जाए, तीसरी बात भारतीय संघ में विलय और चौथी बात थी कि राज्य का शासन चलाने के लिए कैसे विधानसभा बनाई जाए और उसको क्या-क्या अधिकार दिए जाएँ।

अब यदि वह कहते हैं कि संविधान सभा महत्त्वहीन है तो उसके महत्त्वहीन होने का क्या यह मतलब है कि उसके निर्णय भी महत्त्वहीन हैं ? जब निर्णय महत्त्वहीन हैं तो दूसरे शब्दों में जम्मू और कश्मीर का जो राजा है, जिसका सुपुत्र वहाँ पर सदरे-रियासत है और वहाँ के प्रमुख अधिकारी हैं, उनके बीच में न संविधान सभा आती है और न विधानसभा आती है। तो शेख साहब इस स्थिति को क्या पसंद करेंगे ?

18 जून, 1948 को शेख अब्दुल्ला का एक भाषण हुआ था। मैं उनके शब्दों में ही पढ़कर सुनाता हूँ :

'जम्मू और कश्मीर की जनता ने अपनी किस्मत भारत की जनता के साथ, वक्ती जोश में या नाउम्मीद होकर नहीं, पूरी तरह सोच-समझकर जोड़ी है। हिंदुस्तान के साथ हमारी जिंदगी और मौत जुड़ चुकी है। कोई ताकत अब हमें उससे जुदा नहीं कर सकती।'

यह शेख अब्दुल्ला का उस समय का भाषण था। आज वह यह कहते हैं कि कश्मीर के संबंध में हिंदुस्तान और पाकिस्तान दोनों को बराबर बैठकर निर्णय करना चाहिए। यही शेख अब्दुल्ला पहले पाकिस्तान के संबंध में क्या राय रखते थे— यह मैं अपने शब्दों में कहने के बजाय शेख अब्दुल्ला के शब्दों में कहना चाहता हूँ। जब जम्मू-कश्मीर पर हमला हो चुका तो 18 नवंबर, 1947 को उन्होंने जो भाषण दिया उसमें उन्होंने कहा :

'जो लोग पाकिस्तानी हमलावरों को कश्मीरी जनता के उद्धारक की संज्ञा देते हैं वे बहुत बड़ा गुनाह करते हैं। उन्होंने हजारों की तादाद में बच्चे मौत के घाट उतार दिए, औरतों के साथ बलात्कार किया। हर चीज और हर व्यक्ति को उन्होंने लूटा। यहाँ तक कि पवित्र कुरान का भी उन्होंने अपमान किया और मस्जिदों को दुराचार के चकलों में बदल दिया।'

यह शेख अब्दुल्ला का भाषण था, जो उन्होंने 18 नवंबर, 1947 को दिया था और आज वह पाकिस्तान को भारत के बराबर रखना चाहते हैं। लेकिन शायद, यह चीज उन्होंने भारत के अंदर होने के कारण कही हो या और किसी वजह से कही हो। मैं एक उदाहरण और भी देना चाहता हूँ। एक बार शेख अब्दुल्ला सुरक्षा परिषद् में प्रतिनिधि बनकर गए। 15 फरवरी, 1948 को शेख साहब ने जो भाषण वहाँ दिया उसके शब्द मैं उन्हीं की भाषा में पढ़कर सुनाना चाहता हूँ :

"We would prove before the Security Council that Kashmir and the people of Kashmir have lawfully and constitutionally acceded to the Dominion of India, and Pakistan has no right to question the accession."

यह उन्होंने वहाँ पर कहा था कि पाकिस्तान को कोई अधिकार नहीं है कि वह किसी प्रकार इस विलय को चुनौती दे। वही शेख अब्दुल्ला आज यह कहते हैं कि भारत और पाकिस्तान दोनों मिलकर, बराबर बैठकर कश्मीर-समस्या कर समाधान करें।

असल बात यह है कि शेख अब्दुल्ला की नब्ज पहचानने वाला एक ही व्यक्ति था, जिसका नाम था सरदार वल्लभभाई पटेल, और जिसने यह कहा था कि यह व्यक्ति कभी हिंदुस्तान का वफादार नहीं हो सकता। पंडित जी के प्रति मेरी हार्दिक श्रद्धा है, लेकिन आज आप मुझे यह कहने की आज्ञा दीजिए कि पंडित जवाहरलाल नेहरू ने अंत तक शेख अब्दुल्ला को पहचाना नहीं, उसको समझा नहीं। परिणाम यह हुआ कि इस प्रकार की स्थिति बनी। अभी जब शेख अब्दुल्ला जेल से छूटे तो मैंने शास्त्री जी से पूछा कि आप अब्दुल्ला को छोड़ रहे हैं या कश्मीर को छोड़ रहे हैं ? वे आज इस तरह के भाषण दे रहे हैं। क्यों नहीं उनके भाषणों पर नियंत्रण रखा जाता ? तो शास्त्री जी ने, जो उस समय बिना विभाग के मंत्री थे, कहा कि हिंदुस्तान में बोलने के लिए आजादी हमने दी हुई है, लेकिन बोलने की आजादी का यह मतलब बिलकुल नहीं है कि कोई आदमी हिंदुस्तान से अलग होने के संबंध में आंदोलन करे और उसे इस प्रकार का अवसर दिया जाए। लेकिन आज मैं कहना चाहता हूँ कि हमारे शास्त्री जी ने क़भी जाना नहीं कि शेख अब्दुल्ला किस तरह का आंदोलन चलाने जा रहे हैं। एक अखबार श्रीनगर से निकलता है, जिसका नाम है 'महाज़'। जब सन् 1953 में शेख अब्दुल्ला गिरफ्तार हुए उसके बाद जो ईद आने वाली थी, उस ईद पर वे रेडियो स्टेशन से एक भाषण ब्रॉडकास्ट करने वाले थे, लेकिन चूँकि ईद से पहले वे गिरफ्तार हो गए, इसलिए वह भाषण नहीं दे सके। अब उस सारे भाषण को

उन्होंने उस 'महाज़' अखबार को दिया है। उसमें अब्दुल्ला ने यह कहा कि जम्मू और कश्मीर की जनता हिंदुस्तान के साथ नहीं रह सकती। इस प्रकार का भाव उसमें दर्शित किया गया है। उस वक्त एक चिट्ठी मौलाना आजाद ने उसको लिखी थी कि तुम क्यों ऐसी गलती कर रहे हो ? मौलाना आजाद ने जो चिट्ठी लिखी वह कॉन्फिडेंशल थी, लेकिन उसने उस चिट्ठी को और उसके उत्तर को भी 'महाज़' अखबार में प्रकाशित किया है। उसमें उसने लिखा है कि मैंने मौलाना साहब को लिखा था कि कश्मीर की जनता खुद फैसला करेगी। मेरा खयाल है कि मौलाना आजाद की 'इंडिया विन्स फ्रीडम' नाम की किताब के जो बाकी 30 पेज हैं, जो कि अभी मुहरबंद हैं, उनमें शेख अब्दुल्ला ने किस प्रकार हिंदुस्तान के साथ यह सारी बातें कीं, इस सबका कोई न कोई विवरण अवश्य उसमें होगा और भारत सरकार के नेताओं ने किस प्रकार से उस चक्कर में आकर व्यवहार किया, यह चीज भी अवश्य कुछ न कुछ होगी। लेकिन मैं तो हैरान हूँ कि करोड़ों रुपए खर्च करने के बाद और सालों उस पर मुकदमा चलाने के बाद भारत सरकार ने कौन-सी अक्लमंदी की कि उस केस को वापस ले लिया ? अगर जेल से बाहर निकालना ही था तो पहले केस का निर्णय करा देना चाहिए था, ताकि मालूम होता है कि अब वह निकलकर क्या कहता है। उसको, उस शेरे कश्मीर को आपने कुछ दिनों कटघरे में रखकर छोड़ तो दिया, लेकिन अब आप देखें, वह क्या करता है। उसने नेहरू जी को उनके जीवनकाल में ही चैलेंज किया। मैं उसके अपने शब्द आपके सामने रखता हूँ। उसने कहा :

'नेहरू जी का यह कहना बेबुनियाद है कि कश्मीरी अवाम की रायशुमारी तीसरी बार हो चुकी है। हिंदुस्तान ने जल्दी ही रायशुमारी का कोई फैसला अगर न किया तो हमें अपना फैसला करने के लिए खुद कदम उठाने पड़ेंगे। सेना की बंदूकों की नोक से देर तक किसी को दबाकर नहीं रखा जा सकता।'

अब आप बताएँ कि यह खुलेआम विद्रोह है या नहीं ? इसी 'महाज़' अखबार में उसने कौम के नाम एक पैगाम देते हुए ये शब्द लिखे हैं :

'आज भी कश्मीर के हम लाखों बाशिंदे अपने इस बुनियादी नारे के अजीम मिशन को आगे बढ़ा रहे हैं कि यह मुल्क हमारा है और हम इसका फैसला करेंगे।'

नंदा जी देखें कि अब वह कश्मीर को रियासत नहीं कहता—बल्कि अपना मुल्क कहता है और कहता है कि हम उसका फैसला करेंगे। उसने आगे कहा है :

'सूरज पूरब से पश्चिम में निकल सकता है लेकिन रायशुमारी नहीं रोकी जा सकती।'

ये शब्द हैं शेख अब्दुल्ला के।

अब मैं भारत सरकार से दो-तीन बातें और कहना चाहता हूँ। पहली बात तो यह है कि सरकार की डाँवाडोल नीति के कारण लोग जगह-जगह यह सोचने लगे हैं कि सरकार जो इस प्रकार के निर्णय लेने जा रही है उसमे कहाँ तक बुद्धिमत्ता है ? दूसरे, मैं

नंदा जी से पूछना चाहता हूँ कि जो बार-बार जम्मू-कश्मीर राज्य की ओर से शेख अब्दुल्ला को बुलाकर बात की जाती है, इसका क्या कारण है ? क्या वह कश्मीर राज्य का नुमाइंदा है या वहाँ के मुसलमानों का नुमाइंदा है या कश्मीर की सारी जनता का नुमाइंदा है ? स्थिति यह है कि कश्मीर राज्य की कुल आबादी 35,50,976 है। इसमें से जम्मू में 15,72,887 लोग रहते हैं और 88,651 लोग लद्दाख में रहते हैं। इनमें से किसी का भी समर्थन शेख अब्दुल्ला को प्राप्त नहीं है। अब रह जाती है कश्मीर घाटी, जहाँ की आबादी 18,99,438 है। इनमें भी सब शेख साहब के समर्थक हैं, यह नहीं कहा जा सकता। तो जब शेख अब्दुल्ला की कश्मीर में कोई फालोइंग (यथापक्षपोषण) नहीं है तो फिर क्यों उसको बार-बार बुलाकर उसका दिमाग बिगाड़ा जाता है और जम्मू-कश्मीर की जनता के लिए अस्थिरता का वातावरण पैदा किया जाता है ? इस प्रकार की बात करके भारत सरकार फिर उसी तरह की गलती आज करने जा रही है जैसी कि भारत-विभाजन के समय उसने की थी। भारत-विभाजन के समय कांग्रेस सरकार ने मुहम्मद अली जिन्ना को बगल में लेकर भारत का विभाजन कर लिया और मुहम्मद अली जिन्ना को मुसलमानों का नुमाइंदा स्वीकार कर लिया। उसका ही आज यह नतीजा है कि खान अब्दुल गफ्फार खाँ नाराज बैठा हुआ है और कहते हैं कि जब राष्ट्रीय मुसलमानों की जरूरत हुई तब तो हमको साथ लिया, लेकिन देश का विभाजन करते समय हमारा ध्यान भी नहीं रखा। उसने हिंदुस्तान का तब से नाम भी नहीं लिया है और उसी से वह आज तक हिंदुस्तान नहीं आया। जो गलती उस समय की गई वही हम फिर आज करने जा रहे हैं। इस कारण जम्मू-कश्मीर के मुसलमानों की स्थिति बड़ी दयनीय हो रही है। आज स्थिति यहाँ तक पहुँच गई है, एम०एल०ए०, एम०पी० पिट रहे हैं। बख्शी गुलाम मुहम्मद, जो कि पहले प्राइम मिनिस्टर रह चुके हैं, उनके घर पर लोग चढ़ गए हैं। आज वहाँ स्थिति यह है कि खुलेआम 'पाकिस्तान जिंदाबाद' के नारे लगाए जाते हैं और दीवारों पर लिखे जाते हैं और जिन्ना और सदर अयूब की तस्वीरों का प्रदर्शन किया जाता है।

अंत में मैं दो-तीन सुझाव देकर अपने वक्तव्य को समाप्त करता हूँ।

मेरा पहला सुझाव यह है कि भारत सरकार के संदिग्ध रुख से जम्मू-कश्मीर की जनता में भय और आशंका व्याप्त है और वहाँ की जनता में ही नहीं, इस कारण हमारी जो सेनाएँ वहाँ मोर्चों पर लगी हैं, उनमें भी निरुत्साह बढ़ता जा रहा है। इसलिए सरकार को इस बारे में स्पष्ट घोषणा करनी चाहिए और वह घोषणा इन शब्दों में होनी चाहिए :

"हिमालय अपनी जगह से हिल सकता है परंतु जम्मू-कश्मीर में अब जनमत का कोई सवाल पैदा नहीं होता। अब तो कश्मीर की केवल एक ही समस्या शेष है कि आजाद कश्मीर संयुक्त राष्ट्रसंघ अपनी पुरानी घोषणा के अनुसार हमें दिलवाता है अथवा भारतीय सेनाओं को फिर एक बार कूच करके अपना हिस्सा लेना पड़ेगा।"

दूसरे, सरदार स्वर्णसिंह जब भुट्टो से मुलाकात करने गए तो उन्होंने ऐसा कहा बताया

जाता है कि जितना हिस्सा हमारे पास है, हम रख लें और जो हिस्सा तुम्हारे पास है, उसको तुम रख लो। मैं चाहूँगा कि नंदा जी आज इस स्थिति का स्पष्टीकरण करें और बताएँ कि सरदार स्वर्णसिंह ने भुट्टो को इस प्रकार का कोई वचन नहीं दिया है और यह कहें कि उनके मन में इस प्रकार की कोई बात है भी नहीं, जिससे कि जम्मू-कश्मीर की जनता के मन में कोई संदेह और आशंका न रहे।

तीसरी बात मैं यह कहना चाहता हूँ कि शेख अब्दुल्ला के साथ बातचीत करके उनके दिमाग को खराब न किया जाए और इस प्रकार जम्मू-कश्मीर के राष्ट्रीय मुसलमानों का अपमान न किया जाए। शेख अब्दुल्ला से बातचीत का दरवाजा बंद किया जाए।

चौथी बात मैं यह कहना चाहता हूँ कि जम्मू-कश्मीर भारत का उसी तरह का एक भाग है जैसे कन्याकुमारी तक का भारत। इसलिए भारत के अन्य भागों के नागरिकों को जम्मू-कश्मीर में बसने की पूरी सुविधा दी जाए।

और मेरा अंतिम सुझाव यह है कि भारतीय संविधान के अनुच्छेद 370 को समाप्त कर भारतीय संविधान के अनुच्छेद 3 के भाग 'क' के अनुसार सीमावर्ती राज्यों की सुरक्षा के लिए और भावी संकटों का व्यवस्थित सामना करने के लिए जम्मू, कश्मीर, पंजाब, हिमाचल और राजस्थान को मिलाकर एक विशाल सीमावर्ती राज्य बना दिया जाए।

इन शब्दों के साथ मैं इस विधेयक को उपस्थित करता हूँ और सरकार से इच्छा रखता हूँ कि आज वह अपनी बुद्धिमत्ता का परिचय देगी और इस बिल को स्वीकार करेगी और संविधान से इस कलंकित अनुच्छेद को हटाएगी।

अनुच्छेद 370 समाप्त न करना ऐतिहासिक भूल

[अनुच्छेद 370 को अप्रभावी बनाने के संबंध में प्रस्तुत संविधान संशोधन विधेयक पर चर्चा, लोकसभा, 4 दिसंबर, 1964]

जम्मू-कश्मीर का इतिहास स्वतंत्रता के बाद भारत सरकार की भूलों का इतिहास है। मैं यह सोच रहा था कि आज गृहमंत्री श्री गुलजारीलाल नंदा उन पुरानी भूलों का प्रायश्चित्त इस विधेयक के संबंध में सरकार की ओर से उत्तर देते हुए करेंगे। संसद के इतिहास में ऐसे अवसर बहुत कम आए हैं कि जब किसी प्रश्न पर सारी संसद एकमत होकर अपनी राय व्यक्त करे। जम्मू-कश्मीर राज्य संबंधी अनुच्छेद 370 को संविधान से हटा दिया जाए, इस उद्देश्य से मैंने जो विधेयक इस सदन के सामने रखा है, वह एक ऐसा विधेयक है जिस पर संसद के सभी दलों के सदस्यों ने समान रूप से अपनी सहमति व्यक्त की है। लेकिन मुझे बड़ा दुःख है कि जो सरकार जनतंत्र की दुहाई देती है, उस सरकार ने, जनतंत्र का जो सबसे बड़ा परीक्षण-स्थल लोकसभा है, उसमें सब सदस्यों के द्वारा सर्वसम्मति से राय व्यक्त करने के बाद भी इस विधेयक को स्वीकार नहीं किया है। जहाँ यह एक ऐतिहासिक घटना थी कि एक विधेयक को सदन का सर्वसम्मत समर्थन मिला, मैं समझता हूँ कि लोकसभा के इतिहास की यह भी एक ऐतिहासिक भूल होगी कि सरकार ने उस सर्वसम्मत समर्थन को भी स्वीकार नहीं किया।

इस समय मैं उस पृष्ठभूमि में नहीं जाना चाहता कि जब यह दुखद अनुच्छेद संविधान में आया था, तो लौहपुरुष सरदार वल्लभभाई पटेल कैसे और क्यों हृदय से इससे सहमत नहीं थे। वह एक दूसरा विषय है, जो इस प्रसंग से बाहर हो जाएगा। लेकिन मैं इतना अवश्य कहना चाहता हूँ कि संविधान के अनुच्छेद 370 पर यह स्पष्ट लिखा हुआ है कि यह आपातकालीन उपबंध है। परंतु क्या आपातकालीन उपबंध सत्रह साल तक चला करते हैं ? आपातकालीन उपबंध सामान्यतया कुछ दिनों के लिए हुआ करते हैं, कुछ महीनों के लिए हुआ करते हैं या कुछ वर्षों के लिए हुआ करते हैं। अनिश्चित काल तक के लिए लोहे की दीवार बनाकर तो आपातकालीन उपबंध नहीं खड़े किए जाते।

इस विधेयक के संबंध में गृहमंत्री ने कहा है कि इसमें कुछ कानूनी कमजोरियाँ रह गई हैं। मुझे बड़ी खुशी होती, अगर गृहमंत्री अपने उत्तर में यह कहते कि प्रकाशवीर शास्त्री ने जो विधेयक उपस्थित किया है, उसमें कुछ कानूनी दुर्बलताएँ हैं, इसलिए सरकार इस विधेयक को स्वीकार करके एक प्रवर समिति या सिलेक्ट कमेटी को भेजने का प्रस्ताव

करती है, जिससे उन कानूनी कमजोरियों को दूर कर लिया जाए और पूर्ण विधेयक संसद में लाया जाए।

अथवा फिर अगर गृहमंत्री अपनी ओर से यह प्रस्ताव उपस्थित करते कि चूँकि इस विधेयक में कानूनी दृष्टि से अमुक-अमुक दुर्बलताएँ रह गई हैं, इसलिए सरकार विधेयक की भावना से सिद्धांततः सहमत होते हुए अपनी ओर से इस प्रकार का विधेयक लाएगी, तो भी शायद हम उनके प्रस्ताव को स्वीकार कर सकते।

अथवा ये दोनों मार्ग न अपनाकर अगर गृहमंत्री केवल यही कह देते कि भारत का संविधान जिस तरह भारत के अन्य राज्यों में लागू होता है, उसी तरह वह संविधान पूर्णतया, सोलह आने, जम्मू-कश्मीर राज्य पर भी लागू होगा, तो मैं समझता हूँ कि इस सदन में सदस्यों ने इस विधेयक का जो सर्वसम्मत समर्थन किया है, उससे प्रभावित होकर आम राय इस विधेयक के उद्देश्यों को पूरा करने की दिशा में कुछ आगे बढ़ी है।

लेकिन मेरा अपना अनुमान यह है कि सरकार के शासन के रथ पर कर्ण के साथ कोई शल्य भी बैठा हुआ है, जो कि पिछले सत्रह वर्षों से सरकार को कश्मीर के संबंध में कोई सत्परामर्श नहीं दे रहा है। समय-समय पर सरकार को इस प्रकार की बातें कहता है कि इस अनुच्छेद को हटा देने से अमुक-अमुक दुष्परिणाम होंगे। इसका सबसे बड़ा प्रमाण यह है कि इस विधेयक के संसद में आने के बाद शासकीय दल के सब सदस्य इसका समर्थन कर रहे थे, लेकिन इसके बाद जब पाकिस्तान के विदेशमंत्री ने एक वक्तव्य में यह कहा कि अनुच्छेद 370 को हटाने से बड़ी खतरनाक स्थितियाँ उत्पन्न हो जाएँगी, तो सरकार डर गई।

गृहमंत्री का भाषण उसी पृष्ठभूमि में दिया गया है। लेकिन मैं यह जानना चाहता हूँ कि अगर सरकार इसी तरह अंतर्राष्ट्रीय कठिनाइयों से बचती रहेगी, तो कश्मीर के संबंध में ऐसी कौन-सी अंतर्राष्ट्रीय कठिनाई है जो आज नहीं है और कल होने वाली है।

पाकिस्तान का कश्मीर के संबंध में क्या रवैया है और भारत की कश्मीर के संबंध में क्या नीति है, यह सरकार की ओर से दिया गया एक प्रश्न का उत्तर स्पष्ट करता है। अभी 30 नवंबर को मैंने लोकसभा में यह प्रश्न पूछा था कि मुझे पता चला है कि कश्मीर का जो भाग आजाद कश्मीर कहलाता है, वहाँ के राष्ट्रपति खुरशीद को पाकिस्तान गवर्नमेंट ने गिरफ्तार कर लिया है, वहाँ के झंडे हटाकर अपने झंडे लगा दिए हैं और उनके सरकारी कर्मचारियों को हटाकर अपने एडमिनिस्ट्रेटर भेज दिए हैं, इसलिए सरकार इस संबंध में सुरक्षा परिषद् में जाकर शिकायत क्यों नहीं करती ? भारत सरकार की ओर से उत्तर दिया गया कि हाँ, ऐसा हमने समाचार-पत्रों में पढ़ा है। मैं यह पूछना चाहता हूँ कि इस सरकार का हाई कमिश्नर वहाँ बैठकर क्या करता है, जिसको इस प्रकार की जानकारी भी नहीं है ? समाचार-पत्रों में पढ़ने के बाद जब सरकार ने विरोध-पत्र भेजा, तो उसका क्या परिणाम हुआ ? इस दुर्बल सरकार का यह उत्तर सुनिए कि हमारे विरोध-पत्र का

पाकिस्तान सरकार ने कोई जवाब नहीं दिया।

आज स्थिति यह है कि पाकिस्तान ने आजाद कश्मीर के झंडे हटाकर अपने झंडे लगा दिए, अपने एडमिनिस्ट्रेटर वहाँ पर भेज दिए और इस सरकार के विरोध-पत्र का कोई उत्तर नहीं दिया। लेकिन जब पाकिस्तान के विदेशमंत्री ने एक वक्तव्य निकाल दिया तो सरकार का मस्तिष्क बदलने लगता है, उसके निर्णय बदलने लगते हैं, उसकी नीति बदलने लगती है।

मुझे क्षमा किया जाए, आज मैं यह कहना चाहता हूँ कि अगर रूस ने सुरक्षा परिषद् में अपने वीटो अधिकार का प्रयोग न किया होता, तो कश्मीर में हिंदुस्तान की स्थिति कभी की भयंकर हो गई होती। उस वीटो अधिकार के कारण ही हमने कश्मीर को कश्मीरियों के सम्मान के अनुरूप आज तक बचाकर रखा, लेकिन आज सरकार यह बात कान खोलकर सुन ले कि आज रूस ख्रुश्चेव के हाथ में नहीं है, कल को रूस की नीति क्या बनेगी, इसके बारे में सरकार भी अधिकारपूर्वक कुछ नहीं कह सकती है। अगर यह सरकार अनुच्छेद 370 को नहीं हटाती है, और अनुच्छेद 370 इसी प्रकार बना रहता है, तो भारत सरकार अपनी ओर से दुनिया में इस बात का संदेह बने रहने का मौका देती है कि जम्मू-कश्मीर भारत के अन्य राज्यों की तरह से भारत का अंग नहीं है।

एक बात यह भी कही गई है कि इस बारे में कुछ कानूनी विशेषज्ञों की राय ली जाएगी। मुझे बड़ा दुःख होता है कि जब कश्मीर के प्राइम मिनिस्टर श्री सादिक कभी जगह-जगह यह कहते हैं कि हम अनुंच्छेद 370 को हटाने के पक्ष में हैं, लेकिन इस बारे में कुछ कानूनी विशेषज्ञों की राय ली जाए। मैं निवेदन करना चाहता हूँ कि भारत सरकार की ही कैबिनेट के एक मेम्बर श्री छागला ने सुरक्षा परिषद् से लौटने के बाद पार्लियामेंट में अपना पहला वक्तव्य यह दिया था कि अनुच्छेद 370 को संविधान से हटा देना चाहिए। क्या उनसे बड़ा कोई कानूनी विशेषज्ञ हो सकता है ? उसके बाद सुप्रीम कोर्ट के वकील और इस सदन के एक माननीय सदस्य श्री एन०सी० चटर्जी ने अपने भाषण में कहा कि अनुच्छेद 370 को हटा देना चाहिए। मैं पूछना चाहता हूँ कि इस सरकार के पास और कौन-सा कानूनी विशेषज्ञ इनसे बड़े मस्तिष्क का है, जिनकी राय यह सरकार लेना चाहती है ?

और बड़ी बात तो यह है कि अनुच्छेद 370 तो पहले से ही आधा मरा हुआ है। अनुच्छेद 370 में जम्मू-कश्मीर की कॉन्स्टीट्यूएंट एसेंबली की चर्चा है। क्या आज जम्मू-कश्मीर में कोई कॉन्स्टीट्यूएंट एसेंबली है ? अनुच्छेद 370 में जम्मू-कश्मीर के राजा की चर्चा है। क्या आज जम्मू-कश्मीर में कोई राजा है ? इसलिए भारत के संविधान में इस अधमरे अनुच्छेद को रखकर क्या संविधान की पवित्रता को नष्ट करना नहीं है ? यह संविधान के साथ भी अन्याय करना है और देश की भावना के साथ भी अन्याय करना है।

इस सरकार की दुर्बल गतिविधियों और नीतियों के दुष्परिणाम क्या हो रहे हैं ? अभी कल-परसों सोपोरा में जनमत-संग्रह मोर्चे की ओर से जो कॉन्फ्रेंस हुई है, उसमें उस मोर्चे के नेता शेख अब्दुल्ला ने यह घोषणा की है कि एक भारत सरकार नहीं, एक हजार भारत सरकारें भी कश्मीरियों के जनमत के अधिकार को नहीं छीन सकतीं।

इसके अलावा, जैसा कि श्री हेम बरुआ ने कहा है, कल 5 दिसंबर को कश्मीर में एक नया झंडा लहराया जा रहा है, जो पाकिस्तान का झंडा है। यह नया झंडा भी बिलकुल वही झंडा है। उसके एक कोने पर अल्पसंख्यकों की प्रतीक सफेद पट्टी है और बाकी सारा हरा झंडा है। एक कोने पर चाँद-तारा लगा हुआ है और एक कोने पर दो हाथ मिले हुए हैं, जो कि पाकिस्तान और कश्मीर के आपस में होने वाले पैक्ट का प्रतीक बताए गए हैं। यह झंडा कल कश्मीर में लहराया जाएगा।

यह सरकार संविधान में अनुच्छेद 370 को रखकर कश्मीरी जनता के लिए संदेह पैदा कर रही है, जिसके परिणामस्वरूप उसके मन में अपने भाग्य के संबंध में आशंका उत्पन्न हो गई है। पिछली बार, माननीय सदस्य श्री समनानी ने अपने भाषण में कहा था कि अगर सरकार की इस नीति का कोई दुष्परिणाम निकला, तो हम अपने बच्चों को क्या जवाब देंगे ?

सरकार की दुर्बल नीतियों के कारण जम्मू-कश्मीर की स्थिति जैसी बनती चली जा रही है और अंतर्राष्ट्रीय स्थिति कल जैसे बदलने जा रही है, अगर उसके परिणामस्वरूप जम्मू-कश्मीर हमारे हाथ से चला गया, तो श्री नंदा क्षमा करें, वे हजारों विधवाएँ, जिनके पति 1947 में कश्मीर की रक्षा के लिए लड़ते हुए मारे गए थे, वे हजारों बच्चे, जो अपने पिताओं के मारे जाने से आज अनाथ बने हुए हैं, ब्रिगेडियर उस्मान की विधवा पत्नी, डॉ० श्यामाप्रसाद मुकर्जी की आत्मा और जम्मू-कश्मीर के लाखों लोग इस अपराध को क्षमा नहीं कर सकेंगे कि सत्रह साल के बाद भी यह सरकार दृढ़ता से कोई निर्णय नहीं ले सकी।

अपनी बात को समाप्ति की ओर ले जाते हुए मैं सरकारी बेंचों पर बैठे हुए अपने उन भाइयों को धन्यवाद देना चाहता हूँ, जिन्होंने मेरे इस विधेयक का समर्थन किया। मुझे यह भी पता लगा है कि इस सरकार ने अपनी दुर्बल नीति को छिपाने के लिए व्हिप जारी किया है कि वे इस विधेयक पर मत न दें, और इस प्रकार इसका विरोध करें। मैं अपने उन भाइयों से कहना चाहता हूँ कि यदि वे मेरे विधेयक के विरोध में मत देंगे तो हो सकता है कि यह विधेयक गिर जाए, लेकिन वे याद रखें कि हिंदुस्तान का इतिहास उनको कभी इस बात के लिए क्षमा नहीं कर सकेगा। वे आज अपनी आत्मा की आवाज के आधार पर मत दें, किसी व्हिप के आधार पर मत न दें। पार्टियाँ छोटी होती हैं, देश सबसे बड़ा होता है। इतिहास में जब यह लिखा जाएगा कि इस प्रकार सर्वसम्मत समर्थन मिलने के बाद भी केवल एक मंत्री के खड़े होकर विरोध करने के कारण सब लोगों की

राय बदल गई, तो लोकसभा के इतिहास में जनतंत्र की भी हत्या हो जाएगी और वे भी अपनी आत्मा की हत्या करेंगे।

आखिर में मैं यह कहना चाहता हूँ कि जिस ढंग से सरकार इस विधेयक का विरोध कर रही है और अनुच्छेद 370 को संविधान में जारी रखने की बात कह रही है, उसका दुष्परिणाम यह होगा कि जम्मू-कश्मीर में ही आंदोलन नहीं उठेगा, सारे हिंदुस्तान में भारी आंदोलन उठेगा। याद रखिए, जिस समय आप इस विधेयक को गिराएँगे, तो आप मेरे विधेयक को नहीं गिराएँगे, अपनी पार्टी की प्रतिष्ठा को गिराएँगे और देश की भावनाओं का आप अपमान करेंगे। मैं चाहता हूँ कि फिर से आप एक बार गंभीरता से विचार कर लें। आज के ये क्षण, ऐतिहासिक क्षण, भारत के इतिहास के लिए हैं, एक बहुत ही महत्त्वपूर्ण प्रश्न के संबंध में हम निर्णय लेने जा रहे हैं। कोई भूल मत कीजिए; सुबह का भूला हुआ शाम को घर आ जाए तो उसे भूला नहीं कहते हैं। मैं फिर कहता हूँ नंदा जी से कि आप इसके ऊपर फिर से विचार करें।

अनुच्छेद 370 के कारण संदेह की स्थिति

[अनुच्छेद 370 को हटाने संबंधी पुनः प्रस्तुत संविधान संशोधन विधेयक प्रस्ताव, लोकसभा, 18 मार्च, 1966]

आज से अट्ठारह महीने पहले भी मैंने यह विधेयक यहाँ उपस्थित किया था। मुझे प्रसन्नता है कि उस समय संसद का सर्वसम्मत समर्थन इस विधेयक को मिला था। मैं नहीं कह सकता कि अब उसकी स्थिति क्या होगी, परंतु मुझे यह विश्वास है कि प्रत्येक राष्ट्रभक्त व्यक्ति, जो इस देश की अखंडता और एकता में विश्वास रखता है, निश्चय ही इस संशोधन विधेयक का समर्थन करेगा।

जहाँ तक सरकार का संबंध है, गृहमंत्री श्री नंदा ने उस समय इस विधेयक का उत्तर देते हुए कहा था कि जम्मू-कश्मीर भारत का अभिन्न अंग है। इसके संबंध में कई नए अनुच्छेद जहाँ उन्होंने लागू करने की घोषणा की थी, वहाँ वह भी कहा था कि इस अनुच्छेद को हटाने के लिए भी जब उपयुक्त समय आएगा, वह निश्चय ही इसको हटा देंगे। मैं नहीं समझता कि गृह-मंत्रालय की निगाह में अभी वह उपयुक्त समय आया है अथवा अभी कितने और वर्षों के बाद वह उपयुक्त समय आएगा, परंतु इस विधेयक को उपस्थित करते समय मैं पहले यह जरूर बता देना चाहता हूँ कि ऐसी कौन-सी स्थिति आई जिससे विवश होकर अट्ठारह महीने के बाद दुबारा मुझे फिर इस विधेयक को सदन में उपस्थित करना पड़ रहा है। पिछले साल अगस्त-सितंबर में पाकिस्तान के साथ जब हमारा संघर्ष हुआ उस समय से कश्मीर की स्थिति बहुत बदल गई है। हम जिसे युद्धविराम-रेखा मानकर संयुक्त राष्ट्रसंघ से यह आशा लगाए बैठे हैं कि अपने पुराने निर्णय के अनुसार, जो कि 13 अगस्त, 1948 का था, निष्पक्ष निर्णय देगा। पर वह न हुआ। पाकिस्तान ने हमारी सीमा लाँघकर सशस्त्र पाकिस्तानी सैनिकों द्वारा घुसपैठियों के रूप में कश्मीर पर आक्रमण किया और छंब और अखनूर में अंतर्राष्ट्रीय सीमा का उल्लंघन करके भारत पर हमला बोल दिया।

जहाँ तक ताशकंद-समझौते का संबंध है, पाकिस्तान की निगाह में उसका भी कोई विशेष मूल्य नहीं है।

राष्ट्रपति श्री अयूब ने ताशकंद से लौटने के कुछ ही दिन बाद ईद के मौके पर अपने एक भाषण में, जो कि पाकिस्तान रेडियो से प्रसारित किया गया था, कहा कि कश्मीर के लोग आत्मनिर्णय के अपने संघर्ष को जारी रखें और पाकिस्तान जिस तरह से अब तक उनका समर्थन करता चला आया है, बराबर उसी तरह से आगे समर्थन करता रहेगा। इसी

तरह तब ताशकंद-समझौते के अंतर्गत हाजीपीर, उड़ी-पुंछ आदि क्षेत्रों से हमने अपनी सेनाओं को हटाने का निर्णय किया, तब अभी हमारी सेनाएँ हटी भी नहीं थीं कि पाकिस्तान के विधिमंत्री ने लाहौर के अंदर एक वक्तव्य दिया था कि यदि यह भाग भारत का अपना होता तो यह कैसी उपहास की बात है कि भारत सरकार अपनी धरती से स्वयं अपनी सेनाओं को बापस हटा लेती ? जहाँ तक पाकिस्तान के विदेशमंत्री का संबंध है, बहुत पुरानी नहीं, अभी दो दिन पहले 16 मार्च की बात है, जब वह ढाका में पाकिस्तान एसेंबली में अपना वक्तव्य दे रहे थे। उन्होंने यह कहा कि भारत के साथ हमारा जब तक कश्मीर का विवाद चल रहा है, तब तक कोई नो-वार पैक्ट–'संघर्ष नहीं', इस प्रकार का समझौता नहीं हो सकता है। पाकिस्तान के राजदूत जो विदेशों में हैं, उनके कहने के ढंग में भी बराबर परिवर्तन अब आ गया है। इसी प्रकार रावलपिंडी में अभी जब भारत और पाकिस्तान के मंत्रियों की कॉन्फ्रेंस हुई थी, उसमें भी आपने देखा कि हमारे विदेशमंत्री ने पहले यह कहा था कि जितनी आशा लेकर हम यहाँ से गए थे उस प्रकार का परिणाम उस कॉन्फ्रेंस का नहीं निकला। सच्चाई यह है कि ताशकंद-समझौते की आड़ में पाकिस्तान, इस संघर्ष में जो उसकी कमर टेढ़ी पड़ गई थी, उसको सीधी करने के लिए समय चाहता था, और अब धीरे-धीरे वह अपने विचारों को प्रकट भी करता चला जा रहा है।

जहाँ तक ताशकंद-समझौते के संबंध में रूस के अपने प्रतिनिधित्व का संबंध है कि उसने अपने देश में बुलाकर शांति के लिए भारत और पाकिस्तान की बातचीत करवाई, इसके लिए हम उसके आभारी हैं। लेकिन अंतिम क्षणों में जिस प्रकार से इस ताशकंद-समझौते में नाटकीय परिवर्तन हुआ, उसकी पृष्ठभूमि को भी हमको आँखों से ओझल नहीं करना चाहिए। एक बात आज हमें अपने मस्तिष्क में बड़ी दृढ़ता के साथ बना लेनी चाहिए कि रूस आज वह रूस नहीं है जिसका भाग्यविधाता किसी समय ख्रुश्चेव था। आज रूस की कश्मीर-नीति में, भले ही उनका कहना हो या हमारे मास्को स्थित राजदूत का कहना हो कि कोई परिवर्तन नहीं हुआ, लेकिन आज का रूस वह रूस है जिसने सुरक्षा परिषद् में इस प्रस्ताव का समर्थन किया कि भारतीय सेनाएँ 5 अगस्त की लाइन पर लौटकर चली जाएँ। आज का रूस वह रूस है जो ताशकंद में भारत के प्रधानमंत्री की घोषणा करने के बाद भी पाकिस्तान के साथ भारतीय प्रतिनिधिमंडल को कश्मीर के संबंध में बातचीत करने के लिए विवश कर सकता है। और इसके अतिरिक्त भारत ने जो साम्यवादी पार्टी के समर्थक या उनके कुछ सदस्य हैं, उनकी भावनाओं और उनके वक्तव्यों में भी ऐसी ध्वनि झलकती है। अभी कुछ दिन पहले राज्यसभा में श्री भूपेश गुप्त ने एक वक्तव्य दिया है, जिसमें उन्होंने कहा था कि जो युद्धविराम-रेखा है, उसे अंतर्राष्ट्रीय रेखा मान लिया जाए। इन सभी बातों से हवा का रुख धीरे-धीरे किस ओर जा रहा है, इसके प्रति भारत सरकार और देश की आँखें खुल जानी चाहिए।

दुर्भाग्य से जब यह बातें मैं कह रहा हूँ, उस समय कश्मीर की बागडोर

श्री गुलाम मुहम्मद सादिक के हाथ में है। श्री सादिक के पुराने जीवन से संबंधित किन्हीं विशेष घटनाओं की चर्चा मैं नहीं करूँगा, लेकिन कुछ वर्तमान घटनाओं की चर्चा किए बिना भी नहीं रह सकूँगा। आजकल जम्मू और कश्मीर राज्य में किस प्रकार कम्युनिस्टों की चढ़ बनी है, इस सच्चाई को भी हम आँख से ओझल नहीं कर सकते। किस तरह से आज साम्यवाद-समर्थक व्यक्तियों को ढूँढ़-ढूँढ़कर वहाँ संरक्षण दिया जा रहा है, इसको ही देखिए। अभी कुछ दिन पहले पाकिस्तानी हमले के बाद साम्यवादी दल के दो प्रमुख व्यक्ति डॉ० जेड० ए० अहमद और श्री पी० सी० जोशी श्रीनगर में जाकर सरकारी गाड़ियों में बराबर घूमते रहे। इन तमाम बातों के पीछे क्या रहस्य है, इन तमाम बातों को अपने मस्तिष्क में रखकर ही अगला निर्णय हमें लेना चाहिए। यह स्थिति तब हो रही है जब जम्मू और कश्मीर में जो राष्ट्रवादी व्यक्ति हैं उन्हें डी०आई०आर० में जेलों में बंद किया जाता है। आपको यह सुनकर आश्चर्य होगा कि जम्मू और कश्मीर यूथ कांग्रेस के प्रेज़िडेंट भीमसेन को इस बात के लिए डी०आई०आर० में गिरफ्तार किया गया क्योंकि उन्होंने जम्मू और कश्मीर सरकार से यह कहा था कि छोटे बच्चों की पुस्तकों में जो इस किस्म के पाठ रखे गए हैं जिसमें चीनी नेताओं के वर्णन आते हैं, उनको हटा दिया जाए या उन पुस्तकों को मार्केट से वापस ले लिया जाए। अगर सरकार नहीं वापस लेती है तो उनको विवश होकर उन किताबों की होली जलानी पड़ेगी। यूथ कांग्रेस के प्रेज़िडेंट की राष्ट्रविरोधी पुस्तकों के प्रचलन के संबंध में इस प्रकार की घोषणा का परिणाम यह हुआ कि सादिक सरकार ने उन्हें डी०आई०आर० में गिरफ्तार किया और जेल की चहारदीवारी के अंदर बंद कर दिया। यह स्थिति आज वहाँ हो रही है।

दूसरी चीज यह कि आज इस विधेयक को इस सदन में उपस्थित करने की आवश्यकता इसलिए भी पड़ी कि केंद्रीय नेताओं के वक्तव्यों में परस्पर विरोध दिखाई देता है। ताशकंद जाने से पहले हमारे नेता बड़ी दृढ़ता के साथ कहते थे कि ताशकंद में कश्मीर पर किसी प्रकार की बातचीत नहीं की जा सकती, लेकिन ताशकंद-समझौता जो हुआ है उसमें स्पष्ट लिखा है कि कश्मीर पर भी दोनों देशों के प्रतिनिधि मंडलों की बातचीत हुई। रावलपिंडी में जब दोनों देशों के मंत्रियों की बैठक होने वाली थी, उससे पहले पाकिस्तान ने रावलपिंडी-कॉन्फ्रेंस के लिए जो एजेंडा भेजा था उसमें पहले नंबर पर कश्मीर का विषय था। भारत सरकार ने उस एजेंडे को स्वीकार नहीं किया केवल इसलिए कि कश्मीर का विषय सबसे पहले नंबर पर था, लेकिन वहाँ जाने के बाद कश्मीर पर बातचीत हुई। वहाँ से आकर विदेशमंत्री ने 4 मार्च, 1966 को इस सदन में कश्मीर के संबंध में यह कहा कि :

"कोई बात भी एक देश उठाना चाहे तो उस पर बात करने में हमें कोई इंकार नहीं है। इस बात को मैं साफ कर देना चाहता हूँ ताकि इस बात के मुताल्लिक कोई शंका न रहे।"

इससे लगता है कि भारत सरकार का मन भी अब धीरे-धीरे कश्मीर के संबंध में हिल रहा है। इसी मंत्रिपरिषद् के एक वरिष्ठ सदस्य श्री जगजीवन राम ने आगरे में इस बात का समर्थन किया कि युद्धविराम-रेखा को अंतर्राष्ट्रीय रेखा मानकर कश्मीर-विवाद को समाप्त किया जाए।

यहीं तक नहीं, कश्मीर राज्य के वर्तमान राज्यपाल, जो पहले सदरे-रियासत कहलाते थे, डॉ० कर्ण सिंह ने, किसी स्थान पर सुनते हैं कि यह सुझाव दिया है कि जम्मू-कश्मीर राज्य का वह भाग जो लद्दाख और जम्मू का है उसको हिमाचल के साथ मिलाकर विशाल हिमाचल बना दिया जाए और कश्मीर को अलग कर दिया जाए। अगर मेरी जानकारी में कुछ भी सच्चाई है तो डॉ० कर्ण सिंह के वक्तव्य का क्या मतलब है ? मैं दूसरे शब्दों में कह सकता हूँ कि क्या इस प्रकार के वक्तव्य देकर पाकिस्तान की भावनाओं का समर्थन नहीं कर रहे हैं या पाकिस्तान के केस को और मजबूत नहीं कर रहे हैं ? इससे अगर देश के मन में किसी प्रकार का संदेह उत्पन्न होता है तो आप बतलाइए कि क्या इस प्रकार के संशोधन विधेयक को संसद में लाने की आवश्यकता नहीं थी ?

अभी कुछ दिन पहले संरक्षण मंत्री श्री यशवंतराव चव्हाण ने कहा था कि हमने यह निश्चय किया है कि जम्मू और कश्मीर में सन् 1948 के अंदर जितनी सेनाएँ थीं, उतनी तक कमी उनकी संख्या में कर दी जाएगी। लेकिन संरक्षण मंत्री श्री यशवंतराव चव्हाण इस बात को भूल गए कहते समय कि हमने यह निश्चय तब किया था, जिस समय लार्ड माउंटबेटन की सलाह मानकर संयुक्त राष्ट्रसंघ में अपने केस को लेकर हम गए। उस समय संयुक्त राष्ट्रसंघ ने एक आयोग की नियुक्ति की थी जनवरी, 1948 में, जिसको यह काम सौंपा गया था कि युद्धबंदी कराए। कश्मीर-समस्या को हल करने का अधिकार भी उस आयोग को दिया गया था। उसके तीन सदस्य थे—चेकोस्लोवाकिया, ब्राजील और अमेरिका। आगे चलकर उस आयोग में दो और राष्ट्र सदस्य हुए : एक बेल्जियम और दूसरा लीबिया। उस आयोग ने भारत और पाकिस्तान में भ्रमण करने के बाद अपनी रिपोर्ट दी। उस समय जो स्थिति थी उसको मैं सुरक्षा परिषद् के शब्दों में ही पढ़कर सुनाना चाहता हूँ :

"कश्मीर-सीमा पर युद्धविराम कर दिया जाए और दोनों ओर की सेनाएँ वह लड़ाई बंद करें।"

आप जरा इन शब्दों की ओर ध्यान दें कि आयोग की सिफारिश थी कश्मीर की सीमा पर, कश्मीर के अंदर नहीं। कश्मीर-सीमा पर युद्धविराम की सिफारिश आयोग ने की थी। दूसरी थी :

"कश्मीर से पाकिस्तान की फौजें तुरंत वापस चली जाएँ। कोई पाकिस्तान की फौज का सिपाही कश्मीर में न रहे।"

जब ये दोनों स्थितियाँ हो जाएँ नब तीसरी सिफारिश यह थी कि :

"जब पाकिस्तान की सेनाएँ हट जाएँ तब भारत अपनी सैनिक-शक्ति में कमी करे और पाकिस्तान के साथ विचार-विनिमय करके जनमत के बारे में कोई प्रणाली तय करे।"

यानी पाकिस्तानी सेनाओं के हटने के बाद सेना में कमी करने का निश्चय था। जब पाकिस्तानी फौजें न रहें वहाँ पर, तब युद्धबंदी कश्मीर की सीमा पर हो। लेकिन दुर्भाग्यपूर्ण स्थिति यह है कि हम सेना को हटाने का निर्णय तब कर रहे हैं जब पाकिस्तान की ओर से तीन में से किसी एक शर्त का भी पालन नहीं किया गया।

यहाँ एक बात और जानने की है, इस संविधान के अनुच्छेद 370 के संबंध में, जब से संविधान में यह अनुच्छेद आया है, प्रारंभ से अब तक सरकार और उसके प्रतिनिधि बराबर भरोसा देते रहे। संविधान सभा के वरिष्ठ सदस्य श्री गोपालस्वामी आयंगर जब संविधान के इस अनुच्छेद को रख रहे थे तब उन्होंने कहा—हम सब जानते हैं कि जम्मू और कश्मीर में तनाव की स्थिति है, पाकिस्तानी फौजें लौटकर नहीं गई हैं, इसलिए अस्थायी उपबंध के रूप में इस अनुच्छेद को रखा जाता है। लेकिन संविधान में इस अनुच्छेद के रहने के बावजूद जम्मू और कश्मीर का राज्य भारत का अभिन्न अंग है, इसकी पुष्टि हमारे देश की जनता ने ही नहीं, जम्मू और कश्मीर की जनता ने भी की। इसका प्रमाण है जम्मू और कश्मीर का संविधान। जम्म और कश्मीर के संविधान के अनुच्छेद 3 और अनुच्छेद 5 में स्पष्ट लिखा हुआ है कि जम्मू और कश्मीर भारत का अभिन्न अंग है और अभिन्न अंग रहेगा। उसमें ये शब्द साफ हैं कि जम्मू-कश्मीर भारत का अभिन्न अंग है और अभिन्न अंग रहेगा।

इसके साथ-साथ जम्मू और कश्मीर के संविधान में अनुच्छेद 147 भी है। उस अनुच्छेद 147 में जम्मू और कश्मीर का संविधान स्पष्ट कहता है कि जम्मू और कश्मीर का विधानमंडल अगर कभी किसी प्रकार का परिवर्तन पुराने सवैधानिक अनुच्छेदों में करे तो उस विधानमंडल को कभी भी यह अधिकार नहीं होगा कि जम्मू और कश्मीर राज्य के संबंध में, जो संविधान के अनुच्छेद 3 और अनुच्छेद 5 के अनुसार भारत का अभिन्न अंग बन चुका है, किसी प्रकार का परिवर्तन वह कर सके।

एक बार भूतपूर्व गृहमंत्री श्री गोविंदवल्लभ पंत कश्मीर गए। श्रीनगर में जाकर बड़ी स्पष्ट भाषा में उन्होंने कहा कि जम्मू और कश्मीर का अध्याय आज आखिरी रूप में बंद कर दिया जा रहा है। अब दुनिया के अंदर कोई भी आदमी इसको नहीं खोल सकता। श्री जवाहरलाल नेहरू ने बार-बार इस बात को कहा, जब उनसे कहा गया कि संविधान के अनुच्छेद 370 को हटाया जाए, इस सदन में और श्रीनगर में भी उन्होंने कहा कि यह अनुच्छेद काफी घिस चुका है। जो थोड़ा बहुत रह गया है वह भी घिसते-घिसते घिस जाएगा। यह सब सदस्य यहाँ इस बात की साक्षी करेंगे कि श्री गुलजारीलाल नंदा ने 4 दिसंबर को इसी विधेयक के उत्तर में कहा था कि हम कानून के विशेषज्ञों से राय ले रहे हैं और राय लेकर जल्दी यह निर्णय करेंगे कि इस अनुच्छेद को कब और कैसे हटाया जाए।

इसके अतिरिक्त मैं एक बात और भी कहना चाहता हूँ कि संविधान के अनुच्छेद 370 को इसलिए भी संविधान में नहीं रहना चाहिए कि अगर शरीर का कोई हिस्सा गल जाए या सड़ जाए, फिर भी अगर वह शरीर के अंदर बना रहता है तो वह सारे शरीर में विष पैदा कर देगा। संविधान के इस अनुच्छेद के कई भाग सड़ चुके हैं। संविधान के इस अनुच्छेद के अंदर कश्मीर के महाराजा की चर्चा है जबकि कश्मीर के अंदर आज कोई महाराजा नहीं है। संविधान के इस अनुच्छेद में महाराजा द्वारा गठित सरकार है जबकि आज जम्मू और कश्मीर की सरकार जनता द्वारा गठित सरकार है, महाराजा के द्वारा गठित सरकार नहीं है। तीसरे, जम्मू-कश्मीर रियासत की चर्चा है जबकि जम्मू-कश्मीर के अंदर कोई स्टेट नहीं है—इस दृष्टि से भी संविधान का यह अनुच्छेद सड़ चुका है और इस सड़े-गले अनुच्छेद को संविधान में रखना संविधान की पवित्रता और संविधान की निष्ठा के ऊपर आघात पहुँचाना है। पिछली बार श्री नंदा ने एक और घोषणा की थी। उन्होंने संविधान के अनुच्छेद 370 को तो समाप्त करने का आश्वासन नहीं दिया, लेकिन यह कहा कि हम कई प्रमुख अनुच्छेद कश्मीर के अंदर नए सिरे से लागू करने जा रहे हैं। उसमें उन्होंने एक अनुच्छेद यह भी बताया कि हम राष्ट्रपति के शासन की व्यवस्था भी जम्मू और कश्मीर के अंदर कर रहे हैं। मैं श्री हाथी से पूछना चाहता हूँ कि जब श्री नंदा ने यह घोषणा की थी और आज जबकि मैं इस विधेयक को उपस्थित कर रहा हूँ, इस बीच क्या कोई एक भी प्रसंग इस प्रकार का नहीं आया जब जम्मू और कश्मीर में राष्ट्रपति-शासन की आवश्यकता पड़ सकती थी ? अगर नहीं आया तो मेरा प्रश्न है कि ये जो घुसपैठिए हजारों की संख्या में जम्मू-कश्मीर में घुस आए, ये किसकी असावधानी से घुसकर के आए ? यही एक बहुत बड़ा कारण था जो जम्मू-कश्मीर राज्य सरकार की असफलता को प्रकट करता था। श्रीनगर के अंदर जिस समय बटमालू का मुहल्ला जल रहा था, कैंटोमेंट के पास गोलियाँ चल रही थीं, श्रीनगर का कोई भी मुहल्ला ऐसा नहीं था कि जहाँ रात को सनसनाती हुई गोलियाँ नहीं आती थीं। जब पूरी तरह श्रीनगर की सरकार असफल हो चुकी थी, क्या तब भी राष्ट्रपति-शासन की आवश्यकता वहाँ नहीं थी ? और यह स्थिति कब है ? जबकि जम्मू-कश्मीर के अंदर पुलिस और सी०आई०डी० पर बेतहाशा रुपया व्यय किया जा रहा है ? मैं कुछ आँकड़े आपको देता हूँ। पुलिस पर 1962-63 में 1 करोड़, 4 लाख, 30 हजार रुपया खर्च किया गया था। लेकिन पिछले साल 1 करोड़, 90 लाख और इस साल के बजट में रखा गया है 2 करोड़, 17 लाख। जबकि बजट बढ़कर दुगुना हो रहा है तो वह पुलिस की गतिशीलता कहाँ है ? कहाँ है वह विभाग जो बाहर से आने वाले घुसपैठियों को नहीं रोक सका ? यह ही स्थिति सी०आई०डी० विभाग के संबंध में है। 1962-63 में जिस गुप्तचर विभाग पर 8 लाख रुपया खर्च करते थे, पिछले साल उस पर 18 लाख किया और इस साल के बजट में 27 लाख रुपए उसके लिए रखा है। लेकिन इतना सब कुछ होने के बावजूद भी जम्मू-कश्मीर राज्य की आंतरिक सुरक्षा का जहाँ तक

सवाल है, उसमें दोनों बेंकार रहे–यह सब घुसपैठियों से आने से ही बिलकुल स्पष्ट हो जाता है। मुझे दुःख है कि अब तक भारत सरकार इस बात की जाँच नहीं करा पाई कि ये जो घुसपैठिए जम्मू-कश्मीर के अंदर हजारों की संख्या में प्रवेश करके आए थे, ये किसकी असावधानी से आए ? कौन है उसका दोषी और क्यों नहीं उसको दंडित किया गया ? देश के 47 करोड़ नागरिक भारत सरकार से प्रश्न करते हैं कि किसकी वजह से इस देश का अरबों रुपया बरबाद हुआ ? हजारों जानें गईं ? जिन घुसपैठियों ने इस युद्ध की भूमिका तैयार की, वह किसकी असावधानी से हुआ ? आप थोड़ा इस बात को बताएँ तो सही ! जम्मू-कश्मीर की सरकार हिंदुस्तान के पसीने की गाढ़ी कमाई का पैसा किस बुरी तरह से बरबाद कर रही है–इसका एक और उदाहरण लीजिए। श्रीनगर के अंदर जम्मू-कश्मीर सरकार की जो मोटर-गैराज हैं, उन पर जम्मू-कश्मीर की सरकार जो पैसा खर्च करती है वह इस प्रकार है : 62-63 में 5 लाख, 27 हजार, 4 सौ खर्च करती थी, लेकिन पिछले साल इस सरकार ने खर्च किया 14 लाख, 38 हजार और इस साल के बजट में रखा है 15 लाख, 42 हजार रुपया। यह केवल मोटर-गैराज के ऊपर है, जिनके अंदर मोटरें खड़ी होती हैं। अब जब इस प्रकार भयंकर रूप से धन का दुरुपयोग चल रहा है और आप यह कहते हैं कि हमने संविधान का वह अनुच्छेद वहाँ लगा दिया है जो राष्ट्रपति के शासन से संबंधित है…

और एक उदाहरण मैं देना चाहता हूँ कि जिससे भारत सरकार की आँखें खुलनी चाहिए और भारत सरकार को निश्चय करना चाहिए कि जम्मू-कश्मीर के संबंध में आज हमारा क्या कर्तव्य हो जाता है ?

हम जो बाहर से अन्न भेजते हैं जम्मू-कश्मीर में सस्ते दामों पर, उस अन्न की स्थिति क्या है ? 1957 में जब जम्मू-कश्मीर के अंदर बाढ़ आई थी उस समय जम्मू-कश्मीर की सरकार ने बाहर से केवल 50 हजार टन अनाज मँगाया। 1962-63 में 30 और 50 हजार टन के बीच मँगाया, जो करीब 1 करोड़, 53 लाख रुपए का पड़ता है। लेकिन पिछले साल 65-66 में 1 लाख टन अनाज मँगाया और 66-67 के बजट में 1 लाख, 40 हजार टन अनाज मँगाने को रखा है। अब आप बताएँ तो सही–61-62 से क्या जम्मू-कश्मीर की आबादी आज दुगुनी हो गई ? और फिर 62-63 में 1 करोड़, 53 लाख खर्च आया, 63-64 में 2 करोड़, 45 लाख का आया। 64-65 में 4 करोड़, 4 लाख का आया, 65-66 में आया 5 करोड़, 87 लाख का और 66-67 का 7 करोड़, 7 लाख का है। तो इतना जो इस प्रकार से बेतहाशा पानी की तरह से पैसा बहाया जा रहा है, मैं जानना चाहता हूँ कि कब तक सरकार इस बात को आँख बंद करके और कान बंद करके देखती या सुनती रहेगी ?

मैं अपने वक्तव्य को उपसंहार की ओर ले जाते हुए आखिर में दो-तीन बातें और कहना चाहता हूँ। एक तो यह रिजर्व बैंक ने जो अपनी रिपोर्ट दी है। जरा रिजर्व बैंक की रिपोर्ट को भारत सरकार ध्यान से देखे, जिसमें ओवर-ड्रा करने वाली स्टेट्स में जम्मू और

कश्मीर को सबसे पहला बताया है। अभी वहाँ की राज्य विधानसभा के एक कांग्रेसी सदस्य ने आरोप लगाते हुए कहा है कि राज्य सरकार दिवालिया होती चली जा रही है। छंब और अखनूर के विस्थापितों के लिए जो यहाँ से सहायता का पैसा भेजा जाता था, उसके दुरुपयोग को देखकर उत्तर प्रदेश की सरकार ने अपना प्रतिनिधि स्वयं भेजा कि वह स्वयं जाकर के उसका वितरण करे। इस तरह की स्थिति है।

तो मैं पूछना चाहता हूँ कि जब कानून और सुरक्षा वहाँ खतरे में पड़ गई, रोजाना आग लगने और बम-विस्फोट की घटनाएँ हो रही हैं, सरकार की लापरवाही से या उसकी मिलीभगत से हजारों घुसपैठिए वहाँ पर आ गए और करोड़ों का नुकसान हो गया, कम्युनिस्टों का बोलबाला हो रहा है, राष्ट्रभक्तों पर डी०आई०आर० लगाया जा रहा है, करोड़ों-अरबों रुपया पानी की तरह बह रहा है तो अब श्री हाथी बताएँ—ऐसी स्थिति में भी जो अनुच्छेद उस समय लगाया था, उसके उपयोग की आवश्यकता थी या नहीं ? पीछे श्री नंदा ने यह कहा कि कानून के विशेषज्ञों से राय लेंगे। मैंने उस दिन भी कहा था और फिर दोहराता हूँ—हमारे सदन में कानून-विशेषज्ञों की दृष्टि से सभापति जी, दो व्यक्ति प्रमुख हैं। एक हैं हमारे शिक्षामंत्री श्री छागला और दूसरे बैठे हैं बैरिस्टर श्री एन०सी० चटर्जी। श्री एन०सी० चटर्जी, जिनका जम्मू-कश्मीर राज्य से प्रारंभ से ही संपर्क रहा है, वह बराबर इस बात के समर्थक रहे हैं और शायद आज वह मेरे इस विधेयक का समर्थन करेंगे कि जम्मू-कश्मीर राज्य के संबंध में अनुच्छेद 370 हटना ही चाहिए। और श्री छागला ने सुरक्षा परिषद् से लौटने के बाद स्वयं यह राय दी थी कि संविधान के इस अनुच्छेद 370 को हटा देना चाहिए। अब बताइए कि दो इतनी अच्छी लीगल ओपिनियन मिलने के बाद फिर और कौन-सी लीगल ओपिनियन वह चाहते हैं, जो कहते हैं कि कानून के विशेषज्ञों से राय लेंगे।

जहाँ तक संयुक्त राष्ट्रसंघ और सुरक्षा परिषद् का सवाल है, संयुक्त राष्ट्रसंघ और सुरक्षा परिषद् प्रारंभ में बड़ा निष्पक्ष काम कर रहे थे, लेकिन आज जो इस संगठन की स्थिति हो गई है और जिस तरह से खुलकर के इस संगठन के अंदर जो दो राज्य उस पर प्रभावी हैं और पाकिस्तान का समर्थन कर रहे हैं, उसमें से ब्रिटेन की स्थिति तो हमारी समझ में आती है क्योंकि ब्रिटेन ने अपने लिए नया मार्केट चुना है चाइना को। चीन को उसने अपनी खपत का नया बाजार बनाया है। इसलिए चीन का समर्थक होने के नाते वह पाकिस्तान का भी पक्ष लेता है। और भी कई कारण हैं जिनसे वह पक्ष लेता है। लेकिन अनुच्छेद 370 अगर इसलिए नहीं हटाया जा रहा है कि संयुक्त राष्ट्रसंघ में हमारा केस पड़ा है तो मैं हाथी जी से आपके माध्यम से कहना चाहता हूँ कि केस तो केवल इतना है कि कश्मीर का जो हिस्सा पाकिस्तान के हाथ में है उसे संयुक्त राष्ट्रसंघ हमें वापस दिलाएगा या अपने सैन्य बल से ही हमें उसे वापस लेना पड़ेगा ? यह केस केवल इतना है। और फिर अगर संयुक्त राष्ट्रसंघ से डरना है तो पाकिस्तान ने जब गुलाम कश्मीर पर अपना

संविधान लागू कर दिया, वहाँ का झंडा हटाकर अपना झंडा लगा दिया, वहाँ के राष्ट्रपति खुरशीद वगैरह को हटा दिया और पाकिस्तान ने 2700 वर्ग मील धरती चीन को दे दी, उस समय संयुक्त राष्ट्रसंघ ने क्यों आपत्ति नहीं की ? आज हम अपने घर में अपने विधान को लागू करें, उसमें संयुक्त राष्ट्रसंघ को किसी प्रकार की आपत्ति क्यों हो सकती है ? जहाँ तक सुरक्षा परिषद् की निष्पक्षता का सवाल है, वह भी हमने देख लिया। जब तक पाकिस्तान का हाथ ऊँचा रहा तब तक सुरक्षा परिषद् मौन रही और जब भारत का हाथ ऊँचा हुआ तो ऊ थांट को भेजना और अपीलें करना शुरू किया। सुरक्षा परिषद् की इन्हीं कार्यवाहियों से विवश होकर हमारे राष्ट्रपति को सुरक्षा परिषद् को चेतावनी देनी पड़ी थी कि सुरक्षा परिषद् संयुक्त राष्ट्रसंघ की समाप्ति के अध्याय को न भूल जाए कि गलत निर्णय के कारण किस प्रकार से वह समाप्त हुआ था ?

इसलिए अंतर्राष्ट्रीय शांति-प्रयासों के चक्कर में आकर हम अपनी शक्ति-संग्रह को न छोड़ें।

अंत में मैं अपनी बात समाप्त करते हुए एक जरूरी बात और कहना चाहता हूँ। संविधान के अनुच्छेद 370 के बने रहने से जहाँ दुनिया में हमारे प्रति संदेह हो रहा है, वहाँ सभापति जी, कश्मीर के लोगों में भी संदेह हो रहा है कि भारत सरकार अभी तक पूरा मन अपना क्यों नहीं बना पाई ? हर विधेयक के प्रारंभ में हमको लिखना पड़ता है कि एक्सेप्ट जम्मू एंड कश्मीर। क्यों यह स्थिति है ? जहाँ तक राज्यपाल और मुख्यमंत्री का सवाल है, वह बख्शी गुलाम मुहम्मद के समय में ही यह विधेयक आया था और उसको जम्मू-कश्मीर की विधानसभा ने पारित भी अब किया है। हम उसके लिए जम्मू-कश्मीर की विधानसभा के आभारी हैं। लेकिन आज क्यों नहीं भारत सरकार श्री सादिक को यह कहती कि जम्मू-कश्मीर की विधानसभा अपनी ओर से इस विधेयक को लाए कि संविधान का अनुच्छेद 370 भी हटना चाहिए और अब यह अस्थायी उपबंध भी समाप्त होना चाहिए।

आज मैं चेतावनी के रूप में कहता हूँ ताकि भारत सरकार इस बात को फिर न कहे, ताशकंद-समझौते से जो जमीन हमने ली थी और जिस तरह से वह जमीन हमको देनी पड़ी, भले ही देश इस बात को आज उग्र स्वरों में न कहे, भले ही सेना इस बात को अनुशासन में बँधी न कहे, लेकिन इस समझौते से जो अपनी सेना हाजीपीर और उड़ी-पुंछ से लौटकर के आई है, उससे वे अपना दिल मसोसकर के रह गए हैं। भारत सरकार उस भूल का प्रायश्चित्त अब भी कर सकती है। अगले कुछ महीने जम्मू-कश्मीर राज्य और भारत की दृष्टि से खतरे के महीने हैं। अगर भारत सरकार ने सावधानी न की और 370 को न हटाया और इसकी वजह से भारत को कुछ चोट लगी तो मैं आपको कहता हूँ कि भारत की आने वाली पीढ़ी वर्तमान सरकार को क्षमा न करेगी। इन शब्दों के साथ मैं अपने इस विधेयक को उपस्थित करता हूँ और सदन से पूरी आशा रखता हूँ कि सर्वसम्मति से इस विधेयक को पारित करेंगे।

संविधान में कब तक रहेगा यह मृत अनुच्छेद ?

[संविधान संशोधन विधेयक पर चर्चा के बाद विधेयक वापस लेने की घोषणा, लोकसभा, 1 अप्रैल, 1966]

अगर इस विधेयक पर बोलने वाले सदस्यों की संख्या बीस मान ली जाए, तो समर्थक लोगों की मेरी गिनती थोड़ी हो जाएगी; जिन्होंने इसका विरोध किया है उनमें एक बढ़ जाएगा। इस विधेयक का तीन व्यक्तियों ने विरोध किया है—दो ने स्पष्ट रूप से और एक ने आधे मन से। आधे मन से श्री खाडिलकर ने इसका विरोध किया। इस प्रकार ढाई व्यक्तियों ने इस विधेयक का विरोध किया और बाकी साढ़े सोलह व्यक्तियों ने हृदय से इसका समर्थन किया और यह चाहा कि भारत सरकार अपनी उस पुरानी भूल को सुधारे, जो कि वह अट्ठारह वर्षों से करती चली आई है; वह इस संविधान के मरे हुए अनुच्छेद 370 को हटाकर संविधान की पवित्रता को सुरक्षित रखे।

श्री खाडिलकर ने अपने भाषण में 'डेड लैटर' शब्द का इस्तेमाल किया। अगर मैं उनकी अपनी भाषा को सही मान लूँ, तो क्या मैं उनसे यह पूछ सकता हूँ कि अगर जीवित अंश के बीच में कोई मृत अंश उठाकर डाल दिया जाए, तो क्या जीवित अंश की पवित्रता सुरक्षित रह सकेगी या उसके भी सड़ने की संभावना हो जाएगी ?

श्री कपूर सिंह की बात तो मेरी समझ में आती है कि वह इस विधेयक का क्यों विरोध करते हैं। इसमें केवल श्री कपूर सिंह का ही प्रश्न नहीं है, बल्कि कश्मीर के संबंध में उनकी पार्टी की जो पृष्ठभूमि रही है, जिस आधार पर और जिस चश्मे से वह कश्मीर-समस्या को समय-समय पर देखती रही है, उसको जानते हुए मैं श्री कपूर सिंह से इससे ज्यादा आशा ही नहीं करता था।

लेकिन इस संबंध में श्री हिरेन मुकर्जी के विचार सुनकर मुझे थोड़ा आश्चर्य जरूर हुआ। पिछली बार जब इस प्रकार का विधेयक इस सदन में आया था, तो कम्युनिस्ट पार्टी ने संविधान के अनुच्छेद 370 को हटाने का समर्थन किया था। लेकिन इस बार श्री हिरेन मुकर्जी की नीति में परिवर्तन हो गया है।

मैं नहीं कह सकता कि चाइना ने अपना रुख बदल लिया या श्री हिरेन मुकर्जी और उनकी पार्टी ने, जो कि उससे इंस्पीरेशन लेती है, अपना रुख बदल लिया। मुझे याद है कि जब श्री भूपेश गुप्त ने राज्यसभा में कहा था कि युद्धविराम-रेखा को अंतर्राष्ट्रीय सीमा मान लिया जाए, तो मैं समझता था कि शायद यह श्री भूपेश गुप्त की अपनी निजी सूझ

है और इसी आधार पर उन्होंने यह सुझाव राज्यसभा में रखा है। लेकिन श्री हिरेन मुकर्जी रो यह सुझाव सुनकर मुझे लगा कि कम्युनिस्ट पार्टी ने ही नीति के रूप में इस बात को स्वीकार किया है और वह इस देश में इसके लिए अनुकूल वातावरण बनाना चाहती है। जब कम्युनिस्ट पार्टी कोई आंदोलन उठाती है या कोई वातावरण बनाती है, तो केवल भारत की चारदीवारी तक सीमित रहकर वह उसका निर्णय करती हो—ऐसी बात नहीं है, बल्कि स्थिति यह है कि उसकी प्रेरणा का केंद्रबिंदु भारत से बाहर रहता है।

श्री मुकर्जी ने इस बात की चर्चा की कि हमें ताशकंद की भावना की रक्षा करनी चाहिए और ताशकंद में जो समझौता हुआ है, उसकी पृष्ठभूमि में हमें इस प्रकार का निर्णय नहीं लेना चाहिए। मुझे पता नहीं कि क्या श्री हाथी और श्री मुकर्जी अभी भी ताशकंद-समझौते को जीवित मानते हैं, जबकि पाकिस्तान के राष्ट्रपति अयूब और विदेशमंत्री भुट्टो के वक्तव्य हमारे सामने हैं और स्वयं प्रतिरक्षा मंत्री और विदेशमंत्री इसी सदन में कह चुके हैं कि पाकिस्तान की ओर से ताशकंद-समझौते का उस प्रकार पालन नहीं किया जा रहा है, जिस प्रकार से किया जाना चाहिए। इस स्थिति में ताशकंद-समझौते का रेफरेंस देकर संविधान के मरे हुए अनुच्छेद 370 को हटाने के संबंध में उसको बीच में लाना कहाँ तक उचित है ?

मैं विशेष रूप से जो बात कहना चाहता हूँ, वह यह है कि जब श्री हाथी यह कहते हैं कि संविधान के जितने भी अनुच्छेद हैं, उनके आधार पर जम्मू-कश्मीर राज्य हमारा अभिन्न अंग है, तो मैं मोटी-सी भाषा में उनसे यह पूछना चाहता हूँ कि जम्मू-कश्मीर की जनता की हृदय की भावना का सही प्रतिनिधित्व इस सदन में बैठे हुए जम्मू-कश्मीर के छह सदस्य करते हैं, या आप लोग करते हैं, जो जम्मू-कश्मीर के अतिरिक्त भारत के दूसरे भागों के निवासी हैं और जम्मू-कश्मीर की जनता से जिनका उतना संपर्क नहीं पड़ता है, जितना कि उन लोगों का पड़ता है। इसी सदन में उपाध्यक्ष जी, जम्मू और कश्मीर के 6 प्रतिनिधि सदस्य हैं, छह में से पाँच व्यक्ति वे हैं, जिन्होंने बड़े स्पष्ट भाव से यह बात कही है कि संविधान का अनुच्छेद 370 रखने में जम्मू-कश्मीर के लोगों के मन में बराबर यह संदेह बना हुआ है कि हिंदुस्तान की सरकार क्या हमारी स्थिति उसी प्रकार समझती है, जैसी भारत की दूसरे राज्यों की स्थिति समझती है या हमारी स्थिति में कुछ अंतर समझती है ?

जब जम्मू-कश्मीर के सब प्रतिनिधि यह बात कह रहे हैं तो मैं समझता हूँ कि श्री हाथी आज नहीं तो कल, इस बात को जरूर सोचेंगे। जैसा श्री समनानी ने कहा कि हमने ऐसा कौन-सा गुनाह और पाप किया है कि 18 साल से अब तक हमारे भविष्य को आपने बीच में लटकाकर रखा हुआ है ? परमात्मा के नाम पर हमारे लिए न सही, कम से कम हमारी इन संतानों पर तो तरस खाइए, संविधान के अनुच्छेद 370 को हटाकर जम्मू-कश्मीर के निवासियों के मन से उस संदेह को दूर कीजिए। मैं खुश होता यदि

श्री हाथी श्री समनानी के संदेह का किसी प्रकार निराकरण कर पाते। जब वह यह कहते हैं कि हमने संविधान के अमुक अनुच्छेद को लागू कर दिया है, इलेक्शन कमीशन का अधिकार बढ़ गया है, राष्ट्रपति-शासन का अनुच्छेद लागू हो गया है, मैं यह बात स्पष्ट भाषा में पूछना चाहता हूँ कि आप यह तो बताइए कि अभी कौन-से ऐसे और कानून शेष हैं जो जम्मू-कश्मीर में लागू नहीं हो पाए हैं ? और वे क्यों लागू नहीं हो सके ? इसका कारण मैं भारत सरकार से पूछना चाहता हूँ।

जम्मू-कश्मीर भारत का अभिन्न अंग है, जैसे दूसरे राज्य हैं, तो आप यह बताइए कि जब यहाँ कानून बनता है तो आप उसमें यह क्यों लिखते हैं–'एक्सेप्ट जम्मू एंड कश्मीर' ? ऐसी स्थिति में हम कैसे मानें कि आपके कानून वहाँ पर लागू हो रहे हैं। आप यह स्थिति अपने भाषण में स्पष्ट नहीं कर सके हैं।

दूसरी बात श्री हाथी ने अपने भाषण में कही और जिसको सुनकर मुझे आश्चर्य हुआ। इस बात को तो उस समय ही कह दिया था जबकि इस सदन में यह विधेयक आया था और उस समय श्री नंदा ने कुछ घोषणाएँ भी की थीं। मैं आशा कर रहा था कि गृह-कार्यमंत्री आज कुछ नई घोषणाएँ करेंगे, जो जम्मू-कश्मीर के लोगों के हृदयों को शांति देने वाली होंगी। इस सदन को पता लगेगा कि इस मरे हुए अनुच्छेद को वह हटा रहे हैं तथा भारत सरकार 18 सदस्यों में से 16 सदस्यों के समर्थन के बाद दो-तीन कदम तो आगे जाएगी, लेकिन मुझे दुःख है कि वही घिसे-पिटे शब्द दोहरा देने के अलावा, जो उस समय नंदा जी ने कहे थे, श्री हाथी कोई बात नहीं कह पाए हैं।

तीसरी चीज जो मैंने उस दिन भी कही थी और मैं अपेक्षा करता था कि हाथी साहब निश्चित रूप से उत्तर देंगे, आपने वहाँ राष्ट्रपति-शासन लागू करने का निश्चय किया था। तो क्या 18 महीनों में इस प्रकार की कोई स्थिति वहाँ पर नहीं आई, जिसमें यह सोच सकते कि जम्मू-कश्मीर में राष्ट्रपति का शासन लागू करने के संबंध में कोई कार्रवाई करते ? यह स्थिति तब ही आ जानी चाहिए थी जब वहाँ घुसपैठिए आए थे। आप यह कहते थे कि घुसपैठियों का पता चला अगस्त में, जबकि आपने उनके खिलाफ कार्रवाई करनी शुरू की। लेकिन जम्मू-कश्मीर के चीफ मिनिस्टर ने कहा है कि हमने मई महीने में भारत सरकार को खबर दे दी थी कि जम्मू-कश्मीर में घुसपैठिए आ गए हैं। सवाल यह है कि जम्मू-कश्मीर के चीफ मिनिस्टर सही बोलते हैं या भारत सरकार के गृहमंत्री सही बोलते हैं ? दोनों में से किसका वक्तव्य सही है–इस बात का भी निर्णय होना चाहिए।

जम्मू-कश्मीर के गृहमंत्री अभी कुछ दिन पहले अपनी असेंबली में कहते हैं कि हमको तीन साल पहले यह पता था कि पाकिस्तान हमला करने वाला है। पाकिस्तान हमले की तैयारी कर रहा है। इतनी सारी सूचनाएँ रखने के बाद भी हम इस प्रकार सोते रहे। घुसपैठिए वहाँ पर बराबर आते रहे और आपको कोई पता नहीं। तीन-तीन गुप्तचर विभाग वहाँ पर बैठे रहे। इन कानूनों को लागू करने का लाभ क्या हुआ ?

आज जो स्थिति जम्मू-कश्मीर की है, तथा वहाँ के कांग्रेस के भी मेम्बर माँग कर रहे हैं, वहाँ की दूसरी पार्टियों के सदस्य भी माँग कर रहे हैं कि जम्मू-कश्मीर की सरकार जम्मू-कश्मीर का एडमिनिस्ट्रेशन सँभालने में समर्थ नहीं है। भारत सरकार और कुछ न करे तो कम से कम इतना अवश्य करे कि सीमाओं की रक्षा का दायित्व अपने हाथ में ले। वह देखे कि किस तरह से इन्फिल्ट्रेटर्स वहाँ पर आते हैं और जाते हैं। यह भारत सरकार का दायित्व होना चाहिए। जम्मू-कश्मीर सरकार पर यह बात नहीं छोड़नी चाहिए। मैं सोचता था कि इन सब बातों के बारे में गृह-कार्यमंत्री अपने भाषण में उत्तर देंगे, लेकिन जयसुखलाल हाथी, जो विचारों में गंभीर हैं और शरीर से भी गंभीर हैं, आज उनके भाषण से जितनी निराशा हुई है, मैं समझता हूँ कि अब से पहले इस प्रकार उनके भाषणों से कभी निराशा नहीं हुई। लेकिन फिर भी उपाध्यक्ष जी, भारत सरकार जो भूल कर रही है, मैं उसको नहीं दोहराना चाहूँगा। पिछली बार भी जब यह विधेयक आया था तो मैंने कहा था कि मैं नहीं चाहता कि दुनिया के सामने यह बात जाए कि संविधान के अनुच्छेद को हटाने के लिए संसद में विधेयक आया और इस संसद के कुछ सदस्यों ने दलगत प्रभाव में आकर उसका विरोध किया और फिर वह पास नहीं हो सका। मैं राष्ट्र की एकता और जम्मू-कश्मीर के लोगों की भावना का भी अपमान नहीं होने देना चाहता। मैं चाहता हूँ कि सरकार अगर इस विधेयक को स्वीकार नहीं करती तो कम से कम इस प्रकार का आश्वासन दे, जैसा श्री हाथी ने कहा कि वह इस विधेयक की भावना से सहमत हैं, इतना तो बताइए कि इस मरे हुए अनुच्छेद को कब तक संविधान में रखा जाएगा ? क्या विशेष कठिनाई है जिसकी वजह से इस अनुच्छेद को आप नहीं हटा पा रहे हैं ? अगर यह कारण आप बता देते तो भी संतोष के लिए पर्याप्त होता।

इन शब्दों के साथ मैं, उपाध्यक्ष महोदय, सरकार जैसी भूल न करते हुए, इस विधेयक को वापस लेने की अनुमति चाहूँगा। यह विधेयक इस सदन में चाहे आज स्वीकार न हो सका, लेकिन सरकार अपने कर्तव्य से बच नहीं सकती। सरकार अपने कर्तव्यों को महसूस करे और इस बिल को स्वीकार नहीं करना चाहती तो कम से कम अनुच्छेद 370 को हटाने के बारे में अपनी घोषणा कर दे और जल्दी ही इस भूल का प्रायश्चित्त करते हुए सरकार अपनी ओर से इस प्रकार का विधेयक लाए।

सड़े अनुच्छेद का संविधान में औचित्य क्या ?

[जम्मू-कश्मीर विधेयक संशोधन प्रस्ताव पर चर्चा, लोकसभा, 8 मई, 1968]

अपने इस संशोधन को प्रस्तुत करते समय मैं इस विधेयक के मूल नाम पर भी आपत्ति करना चाहता हूँ, क्योंकि यह केंद्रीय सरकार के अनिश्चित मन और अनिर्णीत रुख का परिचायक है। भारत सरकार प्रारंभ से ही जम्मू-कश्मीर के संबंध में एक बहुत बड़ी भूल करती चली आ रही है। जिस समय जम्मू-कश्मीर रियासत का हिंदुस्तान में विलय हुआ, उस समय एक घटना घटी, जिससे सदन के अधिकांश सदस्य शायद परिचित हों या न हों। जम्मू-कश्मीर राज्य के उस समय के मुख्यमंत्री शेख अब्दुल्ला ने एक व्यक्ति को पाकिस्तान और एक व्यक्ति को हिंदुस्तान भेजा। जो सज्जन पाकिस्तान गए थे, वह इस समय जम्मू-कश्मीर के मुख्यमंत्री हैं—श्री गुलाम मुहम्मद सादिक। जो सज्जन हिंदुस्तान भेजे गए थे, वह इस समय संसद-सदस्य हैं—बख्शी गुलाम मुहम्मद। उन्होंने जिन्ना साहब से पूछा कि अगर कश्मीर पाकिस्तान के साथ मिलता है, तो हमें क्या मिलेगा ? इधर नेहरू जी से पूछा कि अगर कश्मीर हिंदुस्तान के साथ मिलता है, तो कश्मीर को क्या मिलेगा ? जिन्ना साहब ने तो बड़ा सीधा-सा जवाब दिया कि अगर कश्मीर पाकिस्तान के साथ मिलता है, तो जैसे पाकिस्तान के दूसरे भाग हैं, वैसे ही कश्मीर भी उसका एक भाग रहेगा। कुछ मिलने-मिलाने का सवाल नहीं है।

लेकिन भारत की ओर से आरंभ में ही यह भूल हुई कि यहाँ से उत्तर दिया गया कि अगर कश्मीर हिंदुस्तान के साथ मिलेगा, तो उसकी एक विशेष स्थिति मानी जाएगी। शेख अब्दुल्ला ने समझा कि पानी भारत के साथ मिलने में भरता हुआ दिखाई देता है। इसलिए हमारा हित इसी में है कि हम भारत के साथ रहें। उसके आधार पर उन्होंने जो भाषण दिए, न केवल यहाँ, अपितु संयुक्त राष्ट्रसंघ में, उनसे यही प्रतीत होता था कि भारत में कश्मीर का विलय अंतिम है। उसमें किसी प्रकार का संदेह नहीं है। वह पत्थर की ऐसी रेखा है जिसको दुनिया की कोई ताकत नहीं बदल सकती है।

लेकिन उसके बाद शेख साहब के इरादे धीरे-धीरे बदलने प्रारंभ हुए। उससे विवश होकर भारत सरकार को तीन बार उनको गिरफ्तार करना पड़ा। लेकिन तीनों बार सरकार ने किसी प्रकार के अंतिम निर्णय पर पहुँचे बिना, देशी और विदेशी दबावों में आकर शेख साहब को रिहा कर दिया। जेल से बाहर आकर उन्होंने जो रुख अपनाया, उसके बारे में वह उपमा कुछ हलकी हो जाती है—हमारे गाँवों में कहा जाता है कि बारह साल तक कुत्ते

की पूँछ को बाँस में दबाकर रखा गया, ताकि वह सीधी हो जाए, लेकिन बारह साल के बाद भी वह टेढ़ी की टेढ़ी ही निकली। दुर्भाग्य से उस व्यक्ति की अब भी वैसी ही स्थिति है, जिसका संबंध जम्मू-कश्मीर के साथ जुड़ा हुआ है।

शेख साहब ने फिर उसी प्रकार के जहरीले बयान देने शुरू कर दिए हैं। जम्मू-कश्मीर में उनका समर्थक एक अखबार निकलता है। उसने तो यहाँ तक खुल्लम-खुल्ला घोषणा करनी आरंभ कर दी है कि चूँकि भारत सरकार के नेता शेख अब्दुल्ला के वक्तव्यों और मंतव्यों पर ध्यान नहीं दे रहे हैं, इसलिए अब राज्य के लोगों को जिहाद या विद्रोह के लिए तैयार रहना चाहिए। उनकी ओर से भारत सरकार को इतनी खुली चुनौती दी जा रही है, लेकिन फिर भी भारत सरकार समझती है कि शायद इसका कोई प्रभाव नहीं होने वाला है, यह सामान्य-सी बात है, इससे राज्य या देश की स्थिति नहीं बिगड़ती।

दूसरा दुष्परिणाम इसका यह हो रहा है कि राज्य के अंदर पाकिस्तान-समर्थक तत्त्व ज्यादा प्रभावी हो गए हैं। आज तक जम्मू-कश्मीर में, खास तौर पर श्रीनगर की सड़कों पर कभी अयूब और जिन्ना के फोटो बिकते हुए देखे गए, लेकिन अब वहाँ पर अयूब और जिन्ना के फोटो बिकते हैं। 'पाकिस्तान जिंदाबाद' का नारा लगाना तो दूर की बात है, मुँह से भी इस प्रकार की बात नहीं कही जाती थी, लेकिन पिछले कुछ समय से ऐसी भी स्थिति वहाँ पैदा हो गई है। मुझे आश्चर्य होता है साम्यवादी सदस्यों पर, अभी कुछ दिनों पहले जब श्री गुलजारीलाल नंदा गृहमंत्री थे, इस सदन में जम्मू-कश्मीर के लिए अनुच्छेद 370 समाप्त करने संबंधी विधेयक आया था। इन लोगों ने खुले हृदय से उसका स्वागत किया था। एक-एक शब्द तुले हुए और दृढ़ता के साथ कहे थे। जम्मू-कश्मीर की एक-एक इंच धरती भारत की है, इस पर समझौता करने और बातचीत करने का कोई प्रश्न ही नहीं उठता। लेकिन उपाध्यक्ष महोदय, उस समय स्थिति यह थी कि रूस के भाग्यविधाता ख्रुश्चेव थे और ख्रुश्चेव की नीति जम्मू-कश्मीर के संबंध में वही थी जो हमारी नीति है। लेकिन आज जो स्थिति है, उसमें इनके मन भी धीरे-धीरे डाँवाडोल हो गए हैं। कभी कहते हैं—शेख अब्दुल्ला से बात करो, शेख की अपनी इंपॉरटेन्स हैं, जम्मू-कश्मीर की संदिग्ध स्थिति नहीं रखनी चाहिए। अगर इस प्रकार के वातावरण के कारण या अंतर्राष्ट्रीय दबाव में आकर हमने कोई दुर्बल निर्णय लिया तो मेरा कहना है कि हम देश के साथ बहुत बड़ा अन्याय करेंगे और उन शहीदों के साथ, जिन्होंने अपना जीवन इस धरती को भारत के साथ मिलाए रखने में दिया है, अपने परिवार को छोड़कर चले गए हैं, उनके साथ भी बहुत बड़ा अन्याय करेंगे।

अपने वक्तव्य को समाप्ति की ओर ले जाते हुए मैं केवल एक-दो अन्य विशेष बातों की ओर आपका ध्यान आकर्षित करना चाहता हूँ। यहाँ पर गृहमंत्री शुक्ला जी मौजूद हैं। इनको पता होगा कि गृह-मंत्रालय की सलाहकार समिति में भी यह चर्चा आई थी और इस सदन में भी यह चर्चा आई थी कि पीछे जम्मू-कश्मीर राज्य के अंदर जहाँ कभी भी

सांप्रदायिक तनाव नहीं हुआ वहाँ उस लड़की परमेश्वरी हाण्डू को लेकर भयंकर कांड हुआ। उसके लिए हमने कई बार सरकार से कहा और जम्मू-कश्मीर के पहले मुख्यमंत्री बख्शी गुलाम मुहम्मद ने भी कहा कि और कुछ नहीं करते तो कम से कम इतना अवश्य करें कि न्यायालय को कहें कि उसका निर्णय जल्द दे दे। लेकिन अभी तक वह समस्या संदिग्ध स्थिति में पड़ी हुई है। इसका दुष्परिणाम यह हो रहा है कि कश्मीर घाटी के जो हिंदू हैं, उनमें एक बड़ी अनिश्चित स्थिति पैदा हो गई है। मुझे उन कड़वे शब्दों में कहने की आज्ञा दें तो कई उनमें इस प्रकार के लोग हैं, जिन्होंने मेरे जैसे सामान्य व्यक्ति से आकर कहा कि कोई इस तरह का स्थान हमको ढूँढ़ दो, जहाँ हम कश्मीर घाटी छोड़कर इकट्ठे जाकर बस सकें और अपने बच्चों के भविष्य की व्यवस्था करें। इस प्रकार का विचार आज वहाँ पर उठने लगा है।

अंत में जो विशेष बात मैं कहना चाहता था, वह यह है कि सरकार पहले अपने अनिश्चित मन को ठीक करे। कभी यह अनुच्छेद लागू कर दिया, कभी वह अनुच्छेद लागू कर दिया; कभी यह कानून लागू कर दिया, कभी वह कानून लागू कर दिया, उससे बात नहीं बनेगी। मुँह से कहे कि जम्मू-कश्मीर भारत का अभिन्न अंग है और सदन में इस प्रकार का विधेयक लाए—यह कैसी विसंगति है ? जो कानून यहाँ पर लागू होता है, वही कानून जम्मू-कश्मीर में भी लागू होना चाहिए। गले हुए अनुच्छेद 370, जिसके लिए सरकार स्वयं कह चुकी है कि यह अनुच्छेद गल-सड़ चुका है, फिर भी उस सड़े हुए अनुच्छेद को आपने संविधान में रखा हुआ है। शरीर का एक भाग यदि गल जाए, तो उसका मवाद सारे शरीर में जहर फैला देता है। जिस अनुच्छेद में पुराने राजा-महाराजाओं की चर्चा है, उसको रखकर संविधान की पवित्रता को क्यों नष्ट करते हैं ? मेरा सुझाव है कि उस अनुच्छेद को तुरंत हटाइए और अच्छा प्रकार तो यह है कि जम्मू-कश्मीर को एक छोटा-सा नुमायशी टुकड़ा बनाकर मत रखें। जम्मू, लद्दाख, कश्मीर घाटी और हिमाचल प्रदेश—इनको मिलाकर सीमा-सुरक्षा के लिए एक मजबूत राज्य का निर्माण करें, जो देश की सुरक्षा के लिए महत्त्वपूर्ण योगदान दे सके—यही सुझाव मैं देना चाहता था।

कश्मीर को भारत का अभिन्न अंग बनाने के लिए अनुच्छेद 370 को हटाना आवश्यक

[जम्मू-कश्मीर की स्थिति पर चर्चा, लोकसभा, 22 नवंबर, 1968]

जम्मू-कश्मीर राज्य के संबंध में सरकार के निर्णयों और व्यवहारों से दुविधापूर्ण स्थिति अब तक रही है। पिछले बीस वर्षों में उस चिंताजनक स्थिति को लेकर यहाँ समय-समय पर चर्चाएँ चलती रही हैं। तीन-चार बार तो ऐसे प्रसंग भी आए हैं जिसमें मैंने स्वयं विधेयकों के रूप में, कभी प्रस्तावों के रूप में इस चर्चा को उठाया है। लेकिन आज जैसी चिंताजनक स्थिति है उतनी इससे पहले कभी नहीं थी। जानबूझकर मैं इस बात को यों कह रहा हूँ कि अब तक जम्मू-कश्मीर राज्य के संबंध में अमेरिका, जो ब्रिटेन का चश्मा लगाकर सोचता या देखता था, उसकी भावना ही दयनीय थी। लेकिन अब कुछ दिनों से रूस का मन भी जम्मू-कश्मीर राज्य के संबंध में हिल गया है। ताशकंद जाते समय हमारे भूतपूर्व प्रधानमंत्री श्री लालबहादुर शास्त्री यह आश्वासन देकर गए थे कि जम्मू-कश्मीर राज्य के संबंध में वहाँ पर किसी प्रकार की चर्चा नहीं की जाएगी। लेकिन ताशकंद-समझौते में प्रत्यक्ष रूप से न सही, अप्रत्यक्ष रूप से उस बात को सम्मिलित किया गया। इससे लगता है कि जहाँ शास्त्री जी पर कुछ और प्रकार के प्रभाव प्रयोग में लाए गए, वहाँ जम्मू-कश्मीर राज्य के संबंध में भी दबाव निश्चित रूप से वहाँ डाले गए। इसलिए इस संबंध में, आज जिस चिंताजनक समय में, इस सदन में हम विचार कर रहे हैं, ऐसी स्थिति पिछले 20 वर्षों में शायद कभी नहीं रही।

पहली भूल जम्मू-कश्मीर राज्य के संबंध में वह हुई जैसी एक अभी भूल यह सरकार नागालैंड के संबंध में भी कर रही है। जो हमारा घरेलू मामला है, उसको विदेश-मंत्रालय के साथ जोड़कर पृथक् कर रखा है। उसी प्रकार से भूल हुई जम्मू-कश्मीर राज्य के संबंध में, जिसको गृह-मंत्रालय के साथ रखना चाहिए, उस प्रश्न को विदेश-मंत्रालय या प्रधानमंत्री के मंत्रालय के साथ जोड़ा गया। हमारे देश की राजनीति की यह बहुत बड़ी भूल पहले से रही है कि सिद्धांतों से हटकर के यह व्यक्तिवादी अधिक रही। उसी का परिणाम यह रहा कि जब सारी देशी रियासतों का समाधान और उनके विलय का प्रश्न सरदार पटेल को सौंपा गया तो जम्मू-कश्मीर राज्य की समस्याएँ श्री जवाहरलाल नेहरू को सौंपी गईं। उसी के परिणामस्वरूप जम्मू-कश्मीर राज्य की वह हड्डी इतनी बुरी तरह से

आज तक हमारे गले में अटकी हुई है कि हम ढंग से उस प्रश्न का समाधान नहीं कर पाए।

जहाँ तक अनुच्छेद 370 का संबंध है, मुझे अच्छी तरह से याद है कि जिस समय गृहमंत्री श्री गोविंदवल्लभ पंत थे, उन्होंने श्रीनगर की एक सार्वजनिक सभा में कहा था कि कश्मीर के भारत में विलय का प्रश्न कभी का हल हो चुका है, अब चैप्टर को दोबारा नहीं खोला जाएगा। श्री जवाहरलाल नेहरू ने स्वयं इसी सदन में कहा था कि अनुच्छेद 370 काफी हद तक घिस चुका है। जो थोड़ा बहुत रह गया है वह आने वाले समय में जल्दी ही घिस जाएगा। गृहमंत्री नंदा जी ने दो बार यह कहा था कि बहुत कुछ तो हिंदुस्तान के कानून जम्मू-कश्मीर में लागू हो चुके हैं। जो रह गए हैं वे भी लागू हो जाएँगे। अब मैं वाजपेयी जी के इस कथन से सर्वांश में सहमत हूँ कि अनुच्छेद 370 जो गला-सड़ा है उस अनुच्छेद के लगे रहने से जम्मू-कश्मीर राज्य की जनता के मन में दुविधा बनी हुई है। जब हम भारत के अभिन्न अंग हैं, जैसे दूसरे राज्य हैं, तो भारत के संविधान में अनुच्छेद 370 पृथक् से रखने की क्या आवश्यकता थी ? इसलिए मेरा अपना निवेदन है कि जिस अनुच्छेद का बहुत-सा अंश समय के साथ-साथ अनुपयोगी हो चुका है तथा जो संविधान के अंदर नहीं रहना चाहिए था उस अनुच्छेद को पहले तत्काल समाप्त किया जाए। जो उस राज्य के निवासी हैं उनके मन से सबसे पहले इस दुविधा को समाप्त किया जाए।

दूसरी बात जम्मू-कश्मीर राज्य में जनमत लेने के संबंध में मैं कहना चाहता हूँ। पहले भी इसकी चर्चा एक बार मैंने की थी। आज फिर बलपूर्वक उस बात को दोहराना चाहता हूँ। श्री जवाहरलाल नेहरू ने जिस समय यह कहा था कि जम्मू-कश्मीर राज्य में लोगों की राय जानी जाएगी। मेरा अपना कहना यह है कि श्री जवाहरलाल नेहरू ने उस समय एक भूल की। अगर राय जाननी ही थी तो उसी तरह से तत्काल जाननी चाहिए थी जैसे जूनागढ़ में सरदार वल्लभभाई पटेल ने जूनागढ़ के लोगों की राय जानी थी।

दूसरी बात, जवाहरलाल नेहरू की यह व्यक्तिगत इच्छा थी या प्रधानमंत्री के रूप में आकांक्षा थी ? जो भी हो, हमने भारतीय संविधान का कहीं इसको अंग नहीं बनाया कि जम्मू-कश्मीर राज्य का विलय जम्मू-कश्मीर राज्य की जनता से पूछकर किया जाएगा। जम्मू-कश्मीर राज्य का भारत में विलय वहाँ के महाराजा ने उसी प्रकार से किया था जिस प्रकार से जयपुर, जोधपुर आदि दूसरी रियासतों के राजाओं ने किया था। आज शेख अब्दुल्ला या प्लेबेसाइट फ्रंट या उनके कुछ साथी उस गली-सड़ी कढ़ी के अंदर फिर से उबाल लाना चाहते हैं और जनमत-संग्रह की बात फिर दोबारा खड़ी करना चाहते हैं, परंतु फिर हिंदुस्तान की दूसरी रियासतें अगर इस बात को कहें कि जम्मू-कश्मीर में यदि जनमत हो सकता है तो फिर जयपुर, जोधपुर में जनमत क्यों नहीं हो सकता ? दुर्भाग्य से आज देशी रियासतों में रजवाड़ों की जो स्थिति है, वहाँ के वर्तमान शासन के कारण, वह भी सदन को विदित है। मैं उसकी चर्चा विस्तार से यहाँ नहीं करना चाहता। जैसे हमारे पीछे

बैठे हुए मित्र अभी ग्वालियर का नाम ले रहे हैं। वहाँ से उनका शायद कोई खास लगाव है। लेकिन यह ही स्थिति रही तो फिर मैं आपसे कहना चाहता हूँ कि जनमत केवल कश्मीर के अंदर ही नहीं होगा, या वह जनमत फिर देशी रियासतों में ही नहीं होगा। अगर जनमत कराना है ही तो फिर पाकिस्तान बनने से पहले कश्मीर से लेकर कन्याकुमारी तक और असम से लेकर द्वारिका तक का जो भारत था, वह सब एक मानकर जनमत होना चाहिए। हिंदुस्तान की जनता से पूछना चाहिए कि वह विभाजन चाहती भी है या नहीं ? इससे खान अब्दुल गफ्फार खाँ और उनके साथियों की इच्छा भी पूरी होगी और जनमत की भावना का आदर भी होगा। क्योंकि उस समय देश के भाग्यविधाताओं ने देश की जनता से पूछकर देश के विभाजन का निश्चय नहीं किया था। इसलिए जनमत की बात कहकर हिंदुस्तान के उस कड़वे और विषैले अध्याय को दोबारा न खोला जाए।

एक बात का कष्ट मुझे अवश्य है। गृहमंत्री चव्हाण भी यहाँ पर मौजूद हैं। किसी दूसरे राज्य में अगर कोई व्यक्ति इस प्रकार खुली चुनौती बगावत की देता, तो कहा जाता कि उस पर कार्यवाही की जाएगी, उस पर सख्त कानून लागू होंगे। लेकिन शेख अब्दुल्ला ने अभी पीछे श्रीनगर की कॉन्फ्रेंस में जिस नंगी भाषा का प्रयोग किया, उस पर सरकार चुप है। 'आजादी हिंदुस्तान की सरकार थाली में रखकर कश्मीर के लोगों को नहीं देगी, इसके लिए संघर्ष करना पड़ेगा। कश्मीर के लिए मेरा एक ही नारा है—या तो आजादी के लिए संघर्ष करो या फिर समाप्त हो जाओ, बार-बार इस सवाल को मत उठाओ।' मैं गृहमंत्री चव्हाण से जानना चाहता हूँ कि इस प्रकार की स्पष्ट आवाज़ें आने के बाद भी गृह-मंत्रालय क्यों इस बात पर चुप बैठा हुआ है ? क्यों इनको सहन करता चला जा रहा है ? क्या गृह-मंत्रालय के गुप्तचर विभाग ने इस प्रकार की रिपोर्टें नहीं दी हैं कि अभी भी कश्मीर के अंदर कुछ इस प्रकार के व्यक्ति हैं जो पॉलिटिकल कॉन्फ्रेंस से संबंधित हैं। मैंने पिछले अधिवेशन में कुछ इस प्रकार के कागजात सदन की मेज पर रखे थे जो पॉलिटिकल कॉन्फ्रेंस के एक नेता से संबंधित थे। पाकिस्तान से आर्थिक मदद लेने के लिए उन्होंने जिस प्रकार की भाषा का प्रयोग किया था—उसकी फोटोकॉपी मैंने यहाँ पर रखी थी।

मुझे खुशी है इस बात की कि श्री जयप्रकाश नारायण ने—वर्षों की टक्कर खाकर या कैसे उनके विचारों में सुधार हुआ है— उन्होंने कहा है कि जम्मू-कश्मीर का संविधान के अंतर्गत ही निर्णय होगा। लेकिन श्री जयप्रकाश नारायण ने दूसरी भी एक बात कही है। भारत सरकार इस प्रकार की स्थिति कश्मीर की घाटी में न आने दे कि जो ज्वालामुखी वहाँ फूटने वाला है उसकी देर तक उपेक्षा करे। हमारी सरकार की नीति हो गई है—समस्याओं को टालना। समस्याओं को टालना वह एक राजनीतिक बुद्धिमत्ता मानते हैं। वह समझते हैं कि जितना किसी प्रश्न को लंबा टालते चले जाओ, लोग उसको भूलते चले जाएँगे। लेकिन कुछ प्रश्न इस प्रकार के होते हैं जिनको टालने से लोग भूलते नहीं। वह भयंकर रूप लेकर सामने खड़े हो जाते हैं। इसलिए कश्मीर घाटी की स्थिति को टालना

नहीं चाहिए। उसके समाधान के लिए कुछ उपाय ढूँढ़ने चाहिए।

जहाँ तक वर्तमान सादिक साम्राज्य का संबंध है, उसमें जो स्थिति जम्मू-कश्मीर में इस समय है, मैं विस्तार से उनकी चर्चा नहीं करना चाहता। आज उनके मंत्रिमंडल में कौन-कौन ऐसे सदस्य हैं, जिनके सगे-संबंधी पाकिस्तान में बड़े अफसर हैं। मैं केवल इस बात की चर्चा करना चाहता हूँ कि जिस समय गृहमंत्री चव्हाण नेशनल इंटीग्रेशन कॉन्फ्रेंस के समय वहाँ पर मौजूद थे, उसी समय जम्मू-कश्मीर राज्य के एक मिनिस्टर हैं, जिनका एक अखबार वहाँ पर निकलता है—'चिनार'। यह अखबार उन दिनों नेशनल इंटीग्रेशन कॉन्फ्रेंस के खिलाफ अपने एडिटोरियल में किस प्रकार का जहर उगल रहा था, मैं उनके विस्तार में नहीं जाना चाहता। लेकिन एक बात अवश्य कहना चाहता हूँ, आज ही इस प्रकार का समाचार शायद आपको मिला है कि इसी प्रकार के व्यक्तियों का वहाँ की विधानसभा और विधान परिषद् के अंदर बहुमत होता चला जा रहा है। उन लोगों को देशभक्त माना जा रहा है। अभी परसों जो व्यक्ति वहाँ कौंसिल के लिए चुना गया है, सारा जम्मू-कश्मीर राज्य उनको जानता है। पाकिस्तान के साथ वह नमक का स्मगलिंग करते थे। लेकिन आज वह देशभक्त हो गए हैं और वहाँ की कौंसिल के लिए चुने गए हैं। इस प्रकार के व्यक्तियों के संबंध में हमें गहराई से सोचना चाहिए।

सन् '65 में पीछे पाकिस्तान के साथ भारत का संघर्ष हुआ। 18 करोड़ रुपया उन लोगों के लिए हमने दिया था, जो पाकिस्तान और भारत के संघर्ष से विस्थापित हो गए थे। इसमें से 12 करोड़ रुपया केवल जम्मू-कश्मीर के लिए था। इन विस्थापितों में जम्मू, उड़ी, पुंछ और राजौरी क्षेत्र के विस्थापित ज्यादा थे। क्या कभी गृहमंत्री ने पता लगाया है कि इस 12 करोड़ रुपए का वहाँ पर किस प्रकार वितरण हुआ, या यह 12 करोड़ रुपया कहाँ जाकर लगा। ये सारी बातें भारत सरकार की आँखें खोलने के लिए पर्याप्त होनी चाहिए।

अगर गृहमंत्री इस बात से खुश हैं कि जम्मू-कश्मीर के अंदर कांग्रेस की स्थापना हो गई है और वहाँ की सरकार कांग्रेस की सरकार है, जैसी दूसरे प्रदेशों में है तो मैं उनसे कहना चाहता हूँ कि वह धोखे में हैं। कांग्रेस की स्थिति क्या है ? शायद चव्हाण साहब को भी इसकी जानकारी होगी। ऑल इंडिया कांग्रेस कमेटी के प्रेज़िडेंट श्री निजलिंगप्पा जम्मू-कश्मीर राज्य के इतिहास में पहली बार श्रीनगर गए थे, लेकिन जम्मू-कश्मीर राज्य के मुख्यमंत्री का साहस नहीं हो सका कि श्री निजलिंगप्पा के लिए श्रीनगर के अंदर सार्वजनिक सभा करते। प्रधानमंत्री जी की जो सभा हुई, उसमें चुने हुए लोगों को ही एक बाग में बुलाया गया और वहाँ उनका भाषण कराया गया। मैं स्वयं श्री चव्हाण की बात कहता हूँ। जब मैं वहाँ से कॉन्फ्रेंस के बाद अंतिम दिन पहलगाम जा रहा था, रास्ते में देखा, 15-20 बड़ी-बड़ी कारें चली जा रही थीं। मैंने पूछा कि क्या है ? यह कैसा काफला है ? मालूम हुआ कि एक गाँव के अंदर गृहमंत्री चव्हाण साहब का भाषण होना है। जो

सादिक आज वहाँ के मुख्यमंत्री हैं, मैं उन्हीं के साम्राज्य की कहानी कह रहा हूँ। उनका साहस नहीं जो श्रीनगर में सार्वजनिक सभा करा सकते। आज वहाँ बलराज मधोक की सार्वजनिक सभा हो सकती है, शेख अब्दुल्ला की हो सकती है, अटल बिहारी वाजपेयी भाषण दे सकते हैं, लेकिन सादिक साहब, जो जम्मू-कश्मीर राज्य के मुख्यमंत्री हैं, वे सार्वजनिक सभा श्रीनगर शहर में नहीं कर सकते, जिनको आप कांग्रेसी कहते हैं। आप थोड़ा-सा इस बात पर गहराई से विचार कीजिए। मैं यह सरकार की दृष्टि से नहीं, आपके संगठन के हित की दृष्टि से भी कह रहा हूँ। इन लोगों के पिछले जीवन की पृष्ठभूमि क्या रही है ? सचमुच वे कांग्रेसी हैं या कोई छद्मवेशधारी हैं, जो कांग्रेस का आवरण ओढ़कर उसमें आते चले जा रहे हैं।

अभी पीछे अविश्वास प्रस्ताव के समय मैंने एक चर्चा की थी कि पाकिस्तान से जम्मू-कश्मीर का जो भाग लगता है, वहाँ पर मिलिटरी के रिटायर्ड आदमियों को बसाया जाए। इससे पाकिस्तानी आक्रमण और इस प्रकार की छोटी-छोटी घुसपैठ पर प्रतिबंध लगाया जा सकेगा। लेकिन मुझे अफसोस के साथ कहना पड़ता है कि राज्य के मुख्यमंत्री और उन्हीं के स्वर से स्वर मिलाकर बोलने वाले श्री अफजल बेग को उसमें भी सांप्रदायिकता दिखाई दी। उन्होंने इस प्रकार का वक्तव्य दिया कि यह राज्य में हिंदुओं को बसाने की भावना से कहा जा रहा है। हम सीमाओं की सुरक्षा की दृष्टि से बात कह रहे हैं, लेकिन वे उसको भी सांप्रदायिक रंग देकर सोचते हैं। क्या उनके हाथों में आप देश और राज्य को सुरक्षित मानते हैं ?

जहाँ तक उनके निजी व्यय का संबंध है, बक्शी साहब और उनके संबंधियों ने भी किस प्रकार अपने प्रधानमंत्रित्व काल में उस पद का दुरुपयोग किया, मैं उसका समर्थन नहीं कर सकता। लेकिन मेरा कहना यह है कि वर्तमान मुख्यमंत्री तो कहीं उसी रास्ते पर नहीं चल पड़े हैं। मैं उनके सगे-संबंधियों की बात अभी नहीं कहना चाहता। मैं केवल उनकी ही बात कहना चाहता हूँ। पिछले साल में अकेले कश्मीर के मुख्यमंत्री का जो टेलीफोन का बिल था, वह दो लाख रुपए था—जब उनसे पूछा गया कि दो लाख रुपए के ट्रंक-कॉल आपने कहाँ किए ? इतना ज्यादा व्यय किस प्रकार से हुआ ? तो कहने लगे—एक लाख रुपए मुख्यमंत्री की हैसियत से, पचास हजार रुपया होम मिनिस्टर की हैसियत से और पचास हजार रुपया शिक्षामंत्री की हैसियत से खर्च हुआ। यानी जब शिक्षामंत्री होते हैं तो कोई दूसरा रूप ले लेते हैं, जब गृहमंत्री होते हैं तो कोई दूसरा रूप ले लेते हैं और जब मुख्यमंत्री होते हैं तो कोई तीसरा ही रूप ले लेते हैं। क्या केंद्र में भी कोई मंत्री इस प्रकार का है जिसका ट्रंक-कॉल का बिल दो लाख रुपए आता हो ? क्या गृहमंत्री कभी इस बात को सोचते हैं कि वहाँ पर किस प्रकार से पैसे का दुरुपयोग हो रहा है ?

श्री वाजपेयी जी कह रहे थे कि पिछले 20 वर्षों में जम्मू-कश्मीर राज्य के लिए 300

करोड़ रुपया दिया गया। सभापति जी, मेरा कहना यह है कि जो तीन अरब रुपया जम्मू-कश्मीर पर व्यय किया गया, उसका परिणाम क्या निकला ? इस तीन अरब रुपए को सहयोग के रूप में, ऋण के रूप में या अनुदान के रूप में देने के बजाय यदि जम्मू-कश्मीर राज्य के लोगों को अपने पैरों पर खड़े होने की योजनाएँ बनाई जातीं तो उसका सदुपयोग हो सकता था। लेकिन तीन अरब रुपया हमने वहाँ ले जाकर रख दिया और उनके डिस्पोजल पर छोड़ दिया। वह जिस तरह से चाहें उसका उपयोग करें। जैसे दूसरे राज्यों को पैसे देते हैं और देखते हैं कि उसका सदुपयोग होता है या नहीं ? आपको जम्मू-कश्मीर राज्य के संबंध में भी उसी प्रकार से सोचना चाहिए था कि वहाँ पर पैसे का सदुपयोग होता है या नहीं होता है।

एक बात से मैं सहमत हूँ—जैसा मल्होत्रा जी कहते हैं कि वहाँ केंद्रीय सरकार को कुछ इस प्रकार से कारखाने बनाने की योजना बनानी चाहिए थी—मैं उससे भी आगे जाकर एक दूसरी बात कहना चाहता हूँ कि जम्मू-कश्मीर राज्य के जो शिक्षित युवक हैं, उनकौ जम्मू-कश्मीर राज्य की चारदीवारी तक सीमित न रखा जाए। उनको महाराष्ट्र में सर्विस मिले, उत्तर प्रदेश में सर्विस मिले, देश के दूसरे भागों का अंग उनको होना चाहिए, ताकि वे समझें कि भारत के दूसरे क्षेत्रों में हमारे प्रति क्या अपनेपन की भावना है। केवल राज्य की चारदीवारी तक उनको सीमित बनाकर न रखा जाए, दूसरे क्षेत्रों में भी उनको लगाया जाए।

एक और चीज जो मैं कहना चाहता हूँ—वह यह है कि जम्मू-कश्मीर राज्य में जो अल्पसंख्यक लोग हैं, उनके अंदर विश्वास पैदा करने के लिए भी वहाँ की सरकार का और केंद्रीय सरकार का दायित्व होना चाहिए। आज तक इतने दिन के बाद भी वह लड़की, जिसको लेकर श्रीनगर में कांड हुआ था, जिसकी हिंदुस्तान में ही नहीं, दुनिया में चर्चा चली, उस प्रश्न का समाधान नहीं हो सका है। क्या यह न्याय का तकाजा नहीं था कि गृहमंत्री जम्मू-कश्मीर राज्य पर बल देकर कहते कि वह लड़की जब तक न्याय न हो, किसी तीसरी पार्टी के हाथ में दे दी जाए। आज उसका परिणाम यह है कि जो वहाँ अल्पसंख्यक लोग हैं उनके अंदर एक अविश्वास की भावना पैदा हो गई है। वे यह समझने लगे हैं कि अगर इसी प्रकार की स्थिति यहाँ रही तो कहा नहीं जा सकता कि जम्मू-कश्मीर राज्य के अंदर हमारा भविष्य सुरक्षित रहेगा या नहीं। इसलिए राज्य की स्थिति के संबंध में दृढ़ निर्णय लेते समय, जो वहाँ पर थोड़े अल्पसंख्यक रह गए हैं, उनमें विश्वास जमाने के लिए, कुछ ऐसे भी निर्णय लेने होंगे जिससे कि उनका धर्म, उनकी भावनाएँ और उनकी परंपराएँ सुरक्षित रहें।

एक बात मैं निर्वाचन आयोग के संबंध में भी कहना चाहता हूँ। राष्ट्रीय एकता परिषद् की बैठक के समय में, जम्मू-कश्मीर विधानसभा का एक युवक एम० एल० ए० मुझसे मिलने के लिए आया। उसने कहा, शास्त्री जी, इसके अंदर भारत सरकार को क्या

दिक्कत थी, क्या कठिनाई इसके अंदर आ रही थी जो कश्मीर घाटी के अंदर 42 असेंबली की सीटें थीं, उनमें 22 सीट उन्होंने निर्विरोध घोषित करवा दीं। केवल 20 सीटों पर इलेक्शन हुआ। जिस ढंग के चुनाव हुए वहाँ, उनका परिचय अभी बख्शी जी दे ही रहे थे। अगर यह होता कि एक भी सीट निर्विरोध न रखकर, सभी का चुनाव होता, जिसमें कोई भी पार्टी चुनाव जीतकर आती, तो कश्मीर घाटी के लोगों के मन में यह विश्वास तो जमता कि चुनावों से गवर्नमेंट बदली भी जा सकती है। यह इस प्रकार का निष्पक्ष हथियार है जिसका समय आने पर उपयोग किया जा सकता है। आज यह भावना भी वहाँ लोगों में समाप्त हो रही है। जब एक जिम्मेदार युवक ने मुझसे ऐसी बात कही तो मैंने सोचा कि मैं इस बात को अपने शब्दों में गृहमंत्री के पास संसद के माध्यम से अवश्य पहुँचाऊँगा। हमें इस प्रकार का कोई अवसर नहीं देना चाहिए जिससे राज्य के किसी व्यक्ति के मस्तिष्क में इस प्रकार की भावना पनपे कि सरकार ने इस प्रकार के साधन तो हमें दिए, पर उनका सदुपयोग नहीं हो रहा है।

अब उपसंहार की ओर आते हुए, दो-एक बात और कहकर मैं समाप्त करूँगा। एक मुख्य बात ताशकंद-समझौते के संबंध में है, जिसके बारे में गृहमंत्री भी यहाँ पर कई बार कह चुके हैं और सरकार भी अपनी स्थिति को स्पष्ट कर चुकी है कि ताशकंद की भावना का पाकिस्तान पालन नहीं कर रहा है। ताशकंद-समझौते का भारत की ओर से तो पालन किया जा रहा है लेकिन पाकिस्तान उसको सम्मान नहीं देता। वह ताशकंद-समझौता जिसके लिए हमें श्री लालबहादुर शास्त्री जैसा प्रधानमंत्री खोना पड़ा, जिसके लिए भारत के सम्मान पर ठेस पहुँची, जिसके लिए हमारे सिपाही, जिन्होंने वहाँ पर बलिदान किए थे, उनके परिवारों में विपरीत प्रतिक्रिया हुई। लेकिन हमारी सद्भावना का पाकिस्तान ने लाभ नहीं उठाया। बल्कि उसको हमारी दुर्बलता मानकर ताशकंद-समझौते की एक-एक बात का वह उल्लंघन कर रहा है। जब ऐसी स्थिति वहाँ हो तो मेरी समझ में नहीं आता कि जिस भूमि को हमने हजारों जवानों का खून बहाकर प्राप्त किया था, खास तौर से हाजीपीर जैसा क्षेत्र, जो युद्ध की दृष्टि से एक विशेष महत्त्व वाला क्षेत्र था, उन तमाम क्षेत्रों को आज भी पाकिस्तान अपने अधिकार में किए बैठा है। भारत सरकार किसी प्रकार की चर्चा भी उसकी नहीं करती। जम्मू-कश्मीर का जो भाग हमारी सीमा का है, वहाँ पाकिस्तानी घुसपैठिए आते हैं, आकर तोड़-फोड़ करते हैं। जम्मू-कश्मीर की सरकार एकाध बार पकड़ लेती है, लेकिन फिर क्या परिणाम हुआ, उसकी जानकारी इस देश को नहीं मिलती। जब ताशकंद-समझौते से पाकिस्तान ही बँधा हुआ नहीं रहा तो भारत सरकार कब तक उस मरे हुए समझौते से बँधकर रहना चाहती है ? इसके अतिरिक्त जो हमारा शेष भाग 'आजाद कश्मीर' नाम से है उसकी चर्चा भारत सरकार कभी करती भी नहीं। मालूम यह पड़ता है कि सन् '47 में जो घोषणा हमारे भूतपूर्व प्रधानमंत्री श्री जवाहरलाल नेहरू और रक्षामंत्री ने की थी, आज की भारत सरकार शायद उस घोषणा को और आजाद कश्मीर को अपने

मस्तिष्क से भुला चुकी है। मानो वह आजाद कश्मीर सरकार को लेना ही नहीं है। क्या उसे किसी दूसरी सरकार को लेना पड़ेगा ? अगर आप नहीं भी लेते तो कम से कम उस भावना को तो जीवित रखिए, ताकि इन कुर्सियों पर जो दूसरे व्यक्ति आकर कभी बैठें तो वे उस भावना के अनुरूप निर्णय कर सकें और अपने देश के खोए हुए भाग को प्राप्त कर सकें। आजाद कश्मीर हमारा है, हम उसको प्राप्त करके ही रहेंगे। यह भावना मरने तो न दें।

तीसरी और आखिरी बात यह है कि कभी-कभी लोग कहते हैं कि आरंभ में एक भूल भारत सरकार से हुई थी। अगर उस समय जम्मू-कश्मीर के अंदर ऐसे उद्यमी और परिश्रमी लोग जो कि व्यापार बढ़ा सकते थे, उद्योग-धंधे खड़े कर सकते थे, उनको ले जाकर बसा दिया गया होता तो वहाँ की आज दूसरी स्थिति होती। पर अगर आज इस चीज को किया जाएगा तो निश्चित रूप से ही उसकी प्रतिक्रिया होगी। जम्मू-कश्मीर राज्य की आंतरिक स्थिति से परिचित होने के नाते मैं कहता हूँ कि आज उसको इस रूप में करने की आवश्यकता ही नहीं है। बल्कि उससे अच्छा दूसरा साधन एक और है। 45 लाख मुट्ठी-भर लोगों को एक प्रांत बनाकर शीशे की अलमारी में कब तक अलग रखेंगे ? आप इस प्रांत के आकार-प्रकार को बढ़ा दीजिए। हिमाचल और पंजाब को उसमें मिलाइए और अगर सुखाड़िया साहब तैयार हो जाएँ तो सीमावर्ती क्षेत्र की रक्षा के लिए राजस्थान को भी मिलाइए। इस प्रकार कश्मीर के लोग जालंधर में व्यापार करें और जालंधर के श्रीनगर में व्यापार करें। आपस में आदान-प्रदान हो, विचारों का भी और उद्योग-धंधों का भी। अगर आवश्यकता हो तो कुछ समय के लिए उस क्षेत्र की बागडोर केंद्रीय सरकार अपने हाथ में रखे। आज पंजाब में तो राष्ट्रपति-शासन है ही। उसी प्रकार कुछ दिन वहाँ भी हो। इस प्रकार का एक व्यावहारिक दृष्टिकोण वहाँ पर अपनाया जाए और उसको अपनाकर इस प्रकार से सीमावर्ती सुदृढ़ राज्य की स्थापना की जाए। मुझे उम्मीद है कि भारत सरकार, जो अब तब जम्मू-कश्मीर के बारे में भूलें करती रही है, अब उन भूलों को और आगे लंबी न चलाएगी। अपनी भूलों का प्रायश्चित्त करके जम्मू-कश्मीर राज्य को भारत का अभिन्न अंग बनाने के लिए अनुच्छेद 370 को तत्काल समाप्त करेगी तथा वहाँ की आंतरिक स्थिति को मजबूत बनाने के लिए सीमावर्ती क्षेत्रों में फौज के रिटायर्ड जवानों को ले जाकर बसाएगी भी।

5

विविध

खान अब्दुल गफ्फार से किया वायदा पूरा करे सरकार

शांति के लिए आणविक शक्ति के उपयोग का राग अलापना बंद करे सरकार

खान अब्दुल गफ्फार से किया वायदा पूरा करे सरकार

[खान अब्दुल गफ्फार की भारत-यात्रा के संबंध में आधे घंटे की चर्चा के दौरान दिया वक्तव्य, लोकसभा, 13 नवंबर, 1968]

मैं इस आधे घंटे की चर्चा के माध्यम से उस महान् व्यक्ति की कहानी इस सदन के सामने रखने जा रहा हूँ, जिसको महात्मा गांधी के जीवनकाल में ही हमारे देशवासियों ने सरहदी गांधी या सीमांत गांधी के नाम से पुकारा। यह कहानी उस व्यक्ति की है, जिसने गांधीजी के साथ कंधे से कंधा मिलाकर देश की अखंडता और स्वतंत्रता के लिए संघर्ष किया। यह चर्चा उस व्यक्ति की है, जिसने मुस्लिम सांप्रदायिकता के आगे कभी घुटने नहीं टेके और जो अपने लक्ष्य के लिए स्वतंत्रता के संघर्ष में भी देश में फकीर बना घूमता रहा और देश-विभाजन के बाद भी जिसको पाकिस्तान की जेलों में लगभग पंद्रह वर्ष तक कारावास की यातनाएँ सहनी पड़ीं। देश की स्वतंत्रता से पूर्व वह व्यक्ति बारह वर्ष तक अंग्रेजों की जेलों में रहा और बाद में पंद्रह वर्ष तक पाकिस्तान की जेलों में। जिस व्यक्ति के 27 वर्ष कारावास में व्यतीत हुए, जिसने अंत तक भारत-विभाजन का जमकर विरोध किया, इस आधे घंटे की चर्चा के माध्यम से मैं उस व्यक्ति की ओर इस सदन और इस सरकार का ध्यान दिलाना चाहता हूँ।

आपको याद होगा कि मुस्लिम लीग के अध्यक्ष मि० जिन्ना ने जब उनसे कहा कि आप कांग्रेस छोड़कर मुस्लिम लीग में आ जाएँ तो आपकी सभी इच्छाएँ पूरी कर दी जाएँगी। उस समय खान अब्दुल गफ्फार खाँ का यह उत्तर था कि हम पठान हैं और पठान कभी भी किसी प्रलोभन के आगे अपने निर्णय को नहीं बदला करते।

1947 में जिस समय सारे देश में सांप्रदायिकता की आग लगी हुई थी, उस समय भी उनके प्रांत, सीमांत प्रांत में बराबर शांति बनी रही, इसका बहुत बड़ा श्रेय सरहदी गांधी खान अब्दुल गफ्फार खाँ को है।

अपने जीवन के आखिरी हिस्से में यहाँ के कुछ व्यक्तियों को लिखे गए पत्रों में और अफगानिस्तान में कुछ व्यक्तियों के साथ हुई बातचीत में खान अब्दुल गफ्फार खाँ ने अपने दिल का दर्द प्रकट किया है। इस समय उनको दो बहुत बड़ी तकलीफें हैं। एक तो उन्होंने यह लिखा है कि जब कांग्रेस को राष्ट्रीय मुसलमानों की आवश्यकता थी, तो उस समय उनको लालकुर्ती दल, सरहदी पठान और खुदाई खिदमतगार आदि याद आते थे, लेकिन जिस समय देश के विभाजन का प्रश्न आया, उस समय किसी ने मुझसे पूछा तक नहीं और

जिन्ना और लियाकतअली खाँ के साथ बैठकर देश का विभाजन स्वीकार कर लिया। इसकी मुझे बहुत बड़ी तकलीफ है।

उन्होंने यह भी लिखा है कि कांग्रेस ने, जो देश के स्वतंत्रता-आंदोलन का नेतृत्व करती थी, हमसे यह वादा किया था कराची कॉन्फ्रेंस में कि हम पठानों की आजादी की लड़ाई उसी तरह लड़ेंगे, जिस तरह कि हम भारत की स्वतंत्रता की लड़ाई लड़ रहे हैं। लेकिन देश के स्वतंत्र होने और शासन में आने के बाद कांग्रेस अपने पुराने वादे को भूल गई, यह भी एक दुःख का विषय है।

मेरी अपनी राय यह है कि भारत सरकार ने पखतूनों या पठानों का साथ देकर उसी प्रकार एक बहुत बड़ी भूल की, जिस प्रकार उसने तिब्बत के मामले में अपने मुँह पर पट्टी बाँधकर की थी।

देश-विभाजन से पहले मि० जिन्ना ने राष्ट्र की परिभाषा करते हुए कहा था कि राष्ट्र वह होता है, जिसकी अपनी एक भाषा, संस्कृति और परंपरा हो। इसी आधार पर भारत की स्वतंत्रता के लिए संघर्ष करते समय हमने पठानों को यह आश्वासन दिया था कि अगर हम स्वतंत्र हो गए और पठानों को स्वतंत्रता न मिली तो हम अपनी स्वतंत्रता को उस समय तक अधूरा समझेंगे जब तक पठानों के मुक्ति-आंदोलन को सफलता नहीं मिलती है।

मैं समझता हूँ कि भारत सरकार ने अपने दो नैतिक दायित्वों को नहीं निभाया है। पूर्वी बंगाल में देश-विभाजन के समय से लेकर अब तक जो नरसंहार चल रहा है और लाखों की संख्या में हिंदुओं का बर्मान्तरण हुआ है, जिसका विवरण अभी कुछ दिन पहले पूर्वी पाकिस्तान के नेता श्री पुलिन डे ने प्रधानमंत्री को दिया था, उसके बारे में भारत सरकार बिलकुल मौन रही है। दूसरे, पख्तून आंदोलन के संबंध में कांग्रेस के नेताओं ने जो वादा किया था, उसकी उपेक्षा करके भी भारत सरकार ने अपना कर्तव्यपालन नहीं किया।

अगर कोई दूसरा देश संयुक्त राष्ट्रसंघ में पठानों की आजादी के प्रश्न को उठाता है, तो अपने वादों का स्मरण करते हुए भारत सरकार को सर्वांश में उसका समर्थन करना चाहिए। अगर कोई दूसरा राष्ट्र वहाँ पर इस प्रश्न को नहीं उठाता है, तो भारत को अपनी ओर से यह माँग करनी चाहिए कि पठानों की भाषा, संस्कृति और परंपरा सर्वथा भिन्न है। आज वे स्वतंत्र होकर जीना चाहते हैं। वे पाकिस्तानी भेड़ियों के शिकार होकर नहीं रहना चाहते हैं। इसलिए पख्तूनिस्तान में जनमत कराके वहाँ के लोगों को स्वतंत्र जीवन व्यतीत करने का अवसर देना चाहिए। इसी तरह भारत अपना कर्तव्यपालन कर सकता है। कभी-कभी हमारे मित्र कह देते हैं कि किस समय हमने पठानों के साथ यह वादा किया था। मैं 1947 से पहले की बात तो बाद में छेड़ूँगा, लेकिन देश के स्वतंत्र होने के बाद 26 सितंबर, 1947 को अपनी प्रार्थना सभा में गांधीजी ने जो शब्द कहे थे, उनको मैं ज्यों

का त्यों पढ़कर सुनाना चाहता हूँ। गांधीजी ने वे शब्द इस देश और भारत सरकार को संबोधित करते हुए कहे थे। गांधीजी ने कहा थाः 'पाकिस्तान सरकार यदि इनके (पठानों के) साथ न्याय नहीं करती है और अपनी भूल को नहीं सुधारती है, तो यह भारत सरकार का कर्तव्य हो जाता है कि उनके विरुद्ध होने वाले अन्याय का मुकाबला करे। मैं मानता हूँ कि इस प्रकार का मुकाबला कोई हँसी-खेल नहीं है, लेकिन फिर भी भारत को अपने नैतिक कर्तव्य का पालन करना चाहिए।'

24 अप्रैल, 1968 को इसी सदन में श्री समर गुहा के प्रश्न के उत्तर में सरकार की ओर से कहा गया कि भारत सरकार के पास इस बारे में कोई जानकारी नहीं है कि गांधीजी ने राष्ट्र की ओर से सीमांत गांधी को किसी प्रकार का वचन दिया था। जब यह बात अस्सी वर्ष के फकीर सीमांत गांधी के कानों तक पहुँची, तो उन्होंने अपने कुछ साथियों को पत्र लिखा कि कराची कॉन्फ्रेंस में प्रस्ताव और भाषणों के रूप में यह बात आई थी। अगर मुझे पता होता कि स्वतंत्र होने के बाद ये लोग अपने वादे से इस प्रकार मुकरने वाले हैं, तो मैं एक दस्तावेज पर इनके अँगूठे लगवा लेता, ताकि बाद में ये यह न कह सकते कि हमने कोई वादा नहीं किया था। अभी हाल में बादशाह खान के संबंध में दो पुस्तकें लिखी गई हैं। एक पुस्तक तो गांधीजी के निजी सचिव श्री प्यारेलाल ने लिखी है, जिसमें उन्होंने कहा है कि पठानों के साथ गांधीजी और कांग्रेस के नेताओं ने वादा किया था। दूसरी पुस्तक श्री तेंदुलकर ने लिखी है, जिसमें उन्होंने यह सिद्ध किया है कि उस समय के कांग्रेस के नेताओं ने पठानों के साथ यह वादा किया था और उस वादे को पूरा करना चाहिए।

लेकिन इस संबंध में एक बड़ी विचित्र बात और यह है कि एक ओर तो सरकार की ओर से कहा जाता है कि पठानों को दिए गए किसी वचन के संबंध में उसे कोई जानकारी नहीं है, और दूसरी ओर उसी सरकार की प्रधानमंत्री श्रीमती इंदिरा गांधी ने श्री तेंदुलकर की पुस्तक की भूमिका में ये शब्द कहे हैं :

"As one reads through the pages of Tendulkar's book, one is overcome by a feeling of shame. One can only hope that Badshah Khan in his compassion will forgive us for our failures."

मैं यह भी बता देना चाहता हूँ कि श्रीमती इंदिरा गांधी ने यह भूमिका व्यक्तिगत हैसियत से नहीं लिखी है। बल्कि यह भूमिका एक सरकारी पत्र पर लिखी गई है, जिस पर 'प्रधानमंत्री निवास' लिखा हुआ है। प्रधानमंत्री ने लिखा है कि हमको शर्म आनी चाहिए। लेकिन बादशाह खान दयालु हैं, वह हमारी भूल के लिए हमें क्षमा कर देंगे। प्रश्न यह है कि सरकार ने कोई वादा नहीं किया है, तो फिर शर्म किस बात की आ रही है ? कम से कम अब तो भारत सरकार को अपनी भूल सुधार लेनी ही चाहिए।

जब कच्छ-रण का सवाल आया, तो उसके संबंध में हुए समझौते को कार्यान्वित करने के बारे में श्री मोरारजी देसाई ने यहाँ कहा था, 'रघुकुल रीति सदा चली आई, प्राण

जाएँ पर वचन न जाई।' लेकिन पठानों के साथ जो वादा किया था, उसके संबंध में सरकार 'रघुकुल रीति' को क्यों भूल गई है ? कच्छ-समझौते के समय अपनी दुर्बलता के कारण सरकार को अपना वचन याद आ गया था, लेकिन पठानों को दिया गया वचन उसको क्यों नहीं याद आता है ?

अंत में मैं दो-तीन बातें खास तौर पर कहना चाहता हूँ। आज बादशाह खान अफगानिस्तान में रहकर अपना जीवन व्यतीत कर रहे हैं। इस समय उनकी आयु अस्सी वर्ष की है और वह अपनी जिंदगी के आखिरी हिस्से में हैं। अगर सरकार में वफादारी और नैतिकता का कुछ भी अंश है, तो भारत के लिए किए गए उनके त्याग का स्मरण करते हुए, अस्सी साल के इस फकीर की जिंदगी के आखिरी हिस्से में वह अपनी भूल का सुधार करे। हमारी उपेक्षा का रूप यह है और पाकिस्तान आज उनको कहता है, यह गद्दार हैं, भारत के एजेंट हैं। अब बताइए, वह कहाँ जाकर खड़े हों ? एक ओर हमारी यह उपेक्षा और दूसरी ओर पाकिस्तान भारत के सहयोगी होने के नाते, विभाजन का विरोध होने के नाते, उनके साथ में यह व्यवहार कर रहा है।

इसलिए मैं अंत में यह कहना चाहता हूँ कि उनके साथ हमने जो व्यवहार किया है, उस कलंक को भारत के माथे से धोने का एक ही प्रकार है, और वह प्रकार यह है कि इस समय भारत के सभी वर्गों की ओर से एक शिष्टमंडल बादशाह खान के पास जाना चाहिए, जो सारे देश का प्रतिनिधित्व करने वाला हो। वह उनको भारत आने का आमंत्रण दे। वह यह कहते हैं कि मैं तफरीह करने के लिए भारत आना नहीं चाहता। अगर मेरे मिशन में भारत सरकार कुछ सहारा लगाना चाहती है तो मैं जरूर आना चाहता हूँ। उनको हम पूर्ण आश्वासन देना चाहते हैं कि हम उनके मिशन में सहयोग देना चाहते हैं। उनको यहाँ लाया जाए और उनसे पूछा जाए कि उनकी माँग क्या है।

एक और बात जो कहकर मैं बैठ जाना चाहता हूँ, वह यह है कि इससे बड़ी लज्जा की कोई बात नहीं हो सकती कि बादशाह खान जैसा व्यक्ति, जिसने देश की आजादी में गांधीजी के कंधे से कंधा लगाकर हमारा साथ दिया और न केवल उन्होंने बल्कि सारे पठानों ने साथ दिया, उनके लिए 20 साल से चर्चा चल रही है। आज जब भारत सरकार के सामने इसका उत्तर देने का मौका आया है तो प्रधानमंत्री यहाँ उपस्थित नहीं हैं। मैं आदर करता हूँ अपने मित्र श्री बालीराम भगत का, मैं आदर करता हूँ अपने मित्र श्री सुरेंद्रपाल सिंह का, अपने विभाग की जिम्मेदारी को वह पूरी निष्ठा से निभाते हैं। लेकिन यह बात ऐसी नहीं थी कि इनको इतना हलके ढंग से लिया जाता। मैं समझता हूँ कि अगर प्रधानमंत्री जी की ओर से कोई आश्वासन दिया जाता तो बादशाह खान के लिए उसकी कीमत होती और दुनिया के लिए भी उसकी कीमत होती।

अंत में मैं यही कहना चाहता हूँ कि सरकार अपनी भूल का सुधार करे और आगे के लिए कोई ऐसा मार्ग अपनाए जिससे राष्ट्रीय संग्राम के एक योद्धा के मन में जो कुछ विपरीत रेखाएँ खिंच रही हैं, वह रेखाएँ मिट सकें।

शांति के लिए आणविक शक्ति के उपयोग का राग अलापना बंद करे सरकार

['अमेरिकी सरकार द्वारा पाकिस्तान को हथियार-आपूर्ति' विषय पर ध्यानाकर्षण प्रस्ताव पर चर्चा के दौरान, राज्यसभा, 18 फरवरी, 1975]

इस प्रस्ताव के तीन पक्ष विशेष हैं–अमेरिका, पाकिस्तान और भारत। जहाँ तक अमेरिका का संबंध है, वह इससे पहले भी 1965 में पाकिस्तान को हथियार देकर और 1971 में बंगलादेश के मुक्ति-आंदोलन में अपना 7वाँ बेड़ा भेजकर बहुत बड़ी गलती कर चुका है। अब तीसरी बार यह आग में घी डालने का काम उसने किया है जब पाकिस्तान को अमेरिका ने फिर हथियार देने का निर्णय लिया है। अमेरिका की इस अमैत्रीपूर्ण कार्यवाही का मैं स्वयं तथा अपने दल की ओर से सबसे पहले तीव्र शब्दों में निंदा करना चाहता हूँ। लेकिन जब मैं अपने दल शब्द का प्रयोग करता हूँ तो मैं अपने को संकुचित सीमा में बाँधता हूँ। मेरा अनुमान यह है कि इस प्रश्न के ऊपर इस सदन में जितने भी दल हैं वे सब एकमत हैं। सदन शब्द को कहकर मैं पूरे देश का प्रतिनिधित्व कर रहा हूँ कि सारा देश इस प्रश्न पर एक रोष के स्वर में बोल रहा है और सभी मिलकर तीव्र शब्दों में अमेरिका के इस निर्णय की निंदा करना चाहते हैं। मैं यह चाहता हूँ कि भारत सरकार अपनी ओर से अब या जब उचित समझे, एक इस प्रकार का प्रस्ताव इस सदन में और उस सदन में भी लाए और सर्वसम्मति से हमारा यह रोष या हमारे निंदा के शब्द दोनों सदनों की ओर से स्वीकृत होकर उस राष्ट्र को जाएँ, ताकि वह समझ सके कि अमेरिका के इस निर्णय के प्रति पूरे देश में कितना रोष और कितना असंतोष व्याप्त है।

जहाँ तक 1971 में उसको हथियार मिले हैं–मेरे आँकड़े अगर सही हैं तो–1971 तक, उप-सभापति जी, 2,700 मिलियन डॉलर के हथियार पाकिस्तान को अमेरिका से मिल चुके थे। लेकिन अब जो हथियारों का ऐग्रीमेंट हुआ है, इसमें किसी प्रकार की कोई सीमा नहीं रखी गई, जो ये हथियार मिलेंगे वह कितने के होंगे या किस प्रकार के हथियार होंगे। यह शब्द उन्होंने जरूर कहा है कि वह डिफेंसिव आर्म्स होंगे। लेकिन जहाँ तक मेरी अपनी जानकारी है, डिफेंसिव आर्म्स के ऊपर और आफेंसिव आर्म्स के ऊपर कोई विशेष प्रकार का स्विच लगा हुआ नहीं होता कि डिफेंसिव आर्म्स आक्रमण के लिए प्रयोग नहीं किए जा सकते। इससे पहले भी अमेरिका ने जब पाकिस्तान को शस्त्र दिए थे, पंडित जी उस समय प्रधानमंत्री थे। यहाँ से विरोध प्रकट किया गया था तो अमेरिका ने यह कहा था कि ये

जो हथियार पाकिस्तान को हमने दिए हैं वह भारत के विरुद्ध प्रयोग में नहीं आएँगे। लेकिन हुआ बिलकुल उलटा। जब आक्रमण हुआ तो वही हथियार और टैंक भारत के विरुद्ध प्रयोग में लाए गए। तो अमेरिका का यह कहना कि डिफेंसिव आर्म्स हैं, रक्षात्मक हथियार हैं, प्रहारात्मक हथियार नहीं हैं, यह उपहासास्पद है। अब स्थिति यह है कि अमेरिका ने कोई सीमा नहीं रखी है पाकिस्तान को हथियार देने की। लगता है कि पाकिस्तान आर्मी को अमेरिकन शस्त्रों से लैस करने की तैयारी की जा रही है और जैसा स्वयं आपने अपने वक्तव्य में कहा है कि अमेरिकी विदेशमंत्री डॉ० किसिंगर जब यहाँ पर आए थे तो उन्होंने अपनी प्रेस-कॉन्फ्रेंस में भी इस बात को कहा था कि पाकिस्तान को हथियार न देने का जो निर्णय 1971 से पहले का हमारा है, उस प्रतिबंध को हम हटाने नहीं जा रहे हैं। लेकिन फिर उन्होंने इस प्रकार का निर्णय लिया तो समझ में नहीं आता कि अमेरिका ने अपनी बुनियादी नीति में इस प्रकार का महत्त्वपूर्ण परिवर्तन क्यों किया। हालाँकि मैं यह जानता हूँ कि अमेरिका ने जब हथियारों पर प्रतिबंध लगाया हुआ था, उस बीच में भी अमेरिका से हथियार पाकिस्तान को आ रहे थे। ईरान से आ रहे थे या सऊदी अरब के माध्यम से आ रहे थे या तुर्की के माध्यम से आ रहे थे, लेकिन अमेरिकी हथियार बराबर उसको प्राप्त होते रहे। अब वह द्वार अमेरिका ने सीधा पाकिस्तान के लिए खोला है। मैं यह भी जानता हूँ कि जार्डन के अंदर पाकिस्तान की वायुसेना के अधिकारी, उनके पायलट जार्डन की एयरफोर्स के साथ मिलकर सैनिक अभ्यास कर रहे हैं। इसकी पृष्ठभूमि में मैं एक बात यह जानना चाहता हूँ कि यह जो महत्त्वपूर्ण परिवर्तन अमेरिकन नीति में हो रहे हैं, क्या आपने उनकी तह में, उनके मूल में जाने का प्रयास किया है। एक तो यह है कि जो अमेरिकन युद्धपोत हैं, अणु शस्त्रों से लैस उसके जहाज हैं और जो डियगो गार्शिया से हिंद महासागर में चक्कर लगा रहे हैं, मेरी अपनी जानकारी यह है कि पाकिस्तानी नौसेना के युद्धपोत भी उनके साथ अभ्यास में लगे हुए हैं। मेरी अपनी जानकारी में और समाचार-पत्रों में भी निकला कि अमेरिका ने स्वयं अरब देशों से तेल के प्रश्न पर लड़ाई तक की धमकी दी है। दूसरी ओर अमेरिका ने पाकिस्तान को सीधे तौर पर हथियार देने का निर्णय किया है। वियतनाम में भी युद्धविराम की जगह फिर युद्ध की काली घटाएँ मँडराने लगी हैं। अमेरिका पाकिस्तान को हथियार देकर विश्वयुद्ध के कगार की ओर ले जा रहा है, ऐसा लगता है।

दूसरे, मैं आपसे पूछना चाहता हूँ कि इस समाचार में कहाँ तक सत्यांश है कि पाकिस्तान के साथ जो यह शस्त्रों का समझौता हुआ है, अरब खाड़ी का कोई एक छोटा-सा सैनिक अड्डा है मकरान, ऐसा सुनते हैं, इसे अमेरिका को प्रयोग करने की अनुमति दी है। शस्त्रों के प्रयोग पर पैंटागन में खास तौर से चर्चा हुई थी। यह तो मैंने अमेरिका-पक्ष से संबंधित बात कही है, अब मैं पाकिस्तान-पक्ष से संबंधित बात कहता हूँ।

पाकिस्तान को अमेरिका ने कितनी मात्रा में हथियार दिए हैं ? यह प्रश्न इतना

महत्त्वपूर्ण नहीं है, जितना महत्त्वपूर्ण प्रश्न यह है कि पाकिस्तान को जब-जब अमेरिका या बाहर से मदद मिली, उसमें पाकिस्तान की क्या स्थिति हुई ? उपसभापति जी, सबसे पहले पाकिस्तान को अमेरिका द्वारा सहायता मिली 1954 में, जब आइजन हावर प्रेजिडेंट थे और उस समय शायद गुलाम मुहम्मद प्राइम मिनिस्टर थे। अमेरिका से सहायता मिलने का सबसे पहला परिणाम यह हुआ कि पाकिस्तान में ज्वार-भाटा आया और वहाँ की संविधान सभा भंग हुई। एक दूसरा पैक्ट अमेरिका से पाकिस्तान का और हुआ जिसमें पेशावर का हवाई अड्डा प्रयोग के लिए उन्हें देने का निर्णय हुआ। इसका परिणाम यह हुआ कि पाकिस्तान के अंदर वह शासन समाप्त हुआ और मिलिटरी शासन आया। अयूब साहब के हाथ में सत्ता आई। 1963 में जब इन्होंने पाकिस्तान को टैंक देने शुरू किए तब सैकिंड आर्म्स डिविजन, जो पाकिस्तान का था, वह अमेरिकन टैंकों के आधार पर बना। इसका परिणाम यह हुआ कि उसने भारत पर आक्रमण किया। चौथी बार 1968 में पाकिस्तान ने रूस से कुछ अपने संबंध बढ़ाने की कोशिश की। जिस पर रूस ने कहा कि हम कुछ हैलिकॉप्टर दे रहे हैं, कोई बड़े हथियार नहीं दे रहे हैं। लेकिन कुछ सहायता उसने रूस से जरूर ली। इसका परिणाम यह हुआ कि अयूब के हाथ से सत्ता हटकर याह्या खाँ के हाथ में आई। 1970 में थोड़ी-सी आँखमिचौली फिर चली, वन टाइम एक्सेप्शन के नाम से हथियारों के सिलसिले में। इसका परिणाम यह हुआ कि '71 की लड़ाई हुई। इसके बाद अमेरिका का सातवाँ बेड़ा बंगाल की खाड़ी में आया। परिणाम यह हुआ कि बंगलादेश मुक्त हुआ, लेकिन पाकिस्तान में याह्या खाँ की छुट्टी हुई और भुट्टो साहब के हाथ में सत्ता आई। जब अमेरिकन हथियारों की चर्चा चली, उसके बाद पाकिस्तान में एक नया ज्वार-भाटा आया और बलूचिस्तान में मार्शल-लॉ लागू हुआ, आवामी पार्टी पर प्रतिबंध लगा। खान अब्दुल गफ्फार खाँ, जो सारे देश के प्रमुख स्वतंत्रता-सेनानी हैं, उनके भविष्य की अटकलें लगाई जा रही हैं। इस तरह से पाकिस्तान में फिर जनतंत्र की समाप्ति की तैयारी हो रही है। मेरा कहना है कि जब-जब पाकिस्तान को बाहर से हथियार मिलते हैं या कोई सहायता मिलती है तो निश्चित रूप से पाकिस्तान में कोई न कोई ज्वार-भाटा आता है।

अब ध्यानाकर्षण प्रस्ताव का दूसरा पक्ष है—भारत। इससे संबंधित दो-तीन बातें पूछना चाहता हूँ। पहली बात तो यह कि जो शिमला-समझौता हुआ था, उस समझौते का ढोल हमारी सरकार ने जोर-जोर से पीटा। उसमें पाकिस्तान ही लाभ में रहा। पाकिस्तान ने अपनी जमीन भी वापस ले ली और 90 हजार से अधिक जो युद्धबंदी थे वे भी उन्होंने वापस ले लिए और इन दोनों के बाद पाकिस्तान ने जो अपनी आँख बदलनी शुरू की तो भारत सरकार जो जोर-जोर से ढोल पीट रही थी उसके अंदर कुछ कमी आई। मेरा कहना यह है कि हमारी विदेश नीति, जो आकाशी विदेश नीति है, कभी व्यावहारिक विदेश नीति भी बन पाएगी या नहीं ? इसका दोष स्वर्णसिंह, जो विदेशमंत्री थे, उन्हीं के ऊपर है या

प्रधानमंत्री पर भी है, इन बातों की चर्चा मैं नहीं करना चाहता हूँ। मैं इस बात की चर्चा अवश्य करना चाहता हूँ कि अभी जो पाकिस्तान के साथ हमारा बातचीत का सिलसिला शुरू हुआ, इसमें भारत सरकार बराबर यह कह रही है कि पाकिस्तान के साथ हमारे संबंध सामान्य हो रहे हैं और अमेरिका से जो कटुता बढ़ गई थी, वह दूर हो रही है। लगता है, हमारे विदेश-मंत्रालय का जो असेसमेंट है वह बहुत गलत है, क्योंकि अमेरिकी हथियार पाकिस्तान को मिलने से हमारी विदेश नीति की असफलता निश्चित रूप से सिद्ध होती है।

दूसरी बात मैं यह कहना चाहता हूँ कि अमेरिका में जो हमारे राजदूत कौल साहब बैठे हुए हैं, जिनके वक्तव्य प्रतिदिन हमें यहाँ देखने को मिल जाते हैं, आखिर उनकी उपलब्धियाँ क्या हैं ? क्या उनका कार्य सिर्फ यही है कि उन्होंने भारत को तीन लाख टन या चार लाख टन गेहूँ दिलवा दिया ? जब पाकिस्तान को अमेरिका ने हथियारों की सप्लाई कर दी, कौल साहब ने उसके एक दिन पहले कहा कि यह संभव नहीं हो सकता है कि अमेरिका की नीति में परिवर्तन आए। इसलिए मैं पूछना चाहता हूँ कि आखिर हमारे राजदूत, जो अमेरिका में बैठे हुए हैं, उनकी उपलब्धियाँ क्या हैं, जबकि इस प्रकार की बातें हो रही हैं ? तीसरी बात मैं यह कहना चाहता हूँ कि हमारे विदेशमंत्री ने कहा कि उन्होंने इस बारे में एक पत्र लिखा है। मैं यह नहीं जानना चाहता कि उस पत्र की भाषा किस प्रकार की है और न ही मैं यह चाहता हूँ कि उस पत्र की भाषा यहाँ पर पढ़कर सुनाई जाए, लेकिन मैं इतना अवश्य कहना चाहता हूँ कि वह एक प्रेम-पत्र तो है नहीं, निश्चित रूप से स्नेह-पत्र भी नहीं हो सकता, फिर क्या वह असंतोष-पत्र है ? क्या हम यह समझ लें कि वह विरोध-पत्र है ? जब इतना भयंकर कार्य होने जा रहा है और इतने बड़े पैमाने पर हथियारों की सप्लाई हो रही है। इस उप-महाद्वीप में फिर से युद्ध के बादल मँडराने की तैयारी हो रही है, तो आप कम से कम हमें इतना आश्वासन तो दें कि जो पत्र उनको गया है, उस पत्र के अंदर, इस देश के अंदर जो असंतोष और रोष है, निश्चित रूप से उसकी अभिव्यक्ति उसमें की गई है और इस देश की जनता उसकी निंदा करती है। यदि ऐसा नहीं है तो हम चाहते हैं कि कोई दूसरा पत्र उनको लिखा जाए, जो इन दोनों हाउसों की और पूरे देश की भावनाओं का प्रतिनिधित्व करने वाला हो।

तीसरी बात मैं अपने वक्तव्य को समाप्ति की ओर ले जाते हुए उपाध्यक्ष जी, यह कहना चाहता हूँ कि हमारी सरकार के अंदर एक ऐसी लॉबी भी है जो सरकार पर विशेष रूप से इस प्रकार का दबाव समय-समय पर डालती रहती है कि रक्षा साधनों का काफी विकास हो चुका है। लेकिन मैं चाहता हूँ कि दुनिया की बदलती हुई परिस्थितियों के अंदर जो तैयारियाँ हो रही हैं, उनको भी दृष्टि से ओझल न करें। चीन की निगाह हमारे ऊपर सीधी नहीं है। अमेरिका के अंदर रूस के विदेशमंत्री बैठकर अपनी बातचीत कर रहे हैं और उधर पाकिस्तान को हथियारों की धड़ाधड़ सप्लाई दे रहे हैं। ऐसी स्थिति में अब

समय आ गया है जब आपको थोड़ा-सा इस प्रकार के मित्रों की राय से सावधान होने की आवश्यकता है जो हमें रक्षा साधनों में कमी करने का समय-समय पर परामर्श देते हैं। दूसरी सबसे बड़ी बात जो मैं कहना चाहता हूँ, वह यह कि जहाँ हमें पाकिस्तान को अमेरिका द्वारा दिए जाने वाले हथियारों के संबंध में या चीन द्वारा दिए जा रहे हथियारों के संबंध में असंतोष प्रकट करना चाहिए, निंदा करनी चाहिए और रोष प्रकट करना चाहिए, साथ ही साथ एक वैकल्पिक मार्ग भी हमें निकालना चाहिए। वह वैकल्पिक मार्ग यह है कि अस्त्र और शस्त्र, इन दोनों दृष्टियों से हमें किसी दूसरे देश पर निर्भर न करना पड़े। जहाँ तक हमारी रक्षा-व्यवस्था का प्रश्न है, हमें यह नारा बंद कर देना चाहिए कि हम आणविक शक्ति का शांतिपूर्ण कार्यों के लिए प्रयोग करेंगे। जब हमारे वैज्ञानिकों के पास वह प्रतिभा है, हमारे देश की इच्छा है और हमारी रक्षा-व्यवस्था की यह माँग है और चारों तरफ से इस प्रकार की स्थिति बनती जा रही है तो मैं चाहता हूँ कि इस संबंध में हमें एक स्पष्ट दिशा बताई जाए। जब हमारे वैज्ञानिकों ने आपको आणविक विकास की दृष्टि से एक पूरी शक्ति दे दी है तो अब वह समय आ गया है जब इस देश के अंदर आणविक शक्ति का विकास रक्षा-व्यवस्था की दृष्टि से करना बहुत आवश्यक है। मैं चाहता हूँ कि आप इस संबंध में गंभीरतापूर्वक विचार कर इस सदन के माध्यम से देशवासियों को कोई उत्तर दें।

खंड दो : संसद के बाहर

कश्मीर के संदर्भ में

भारत और कश्मीर

साँप कब तक दूध पीता रहेगा ?

दो मजबूत कदम और

फिर चोट खाया साँप फन पटक रहा है

अमेरिका क्यों आग में घी डाल रहा है ?

अडिग भारत

कश्मीर के संदर्भ में

[आर्यसमाज, फतेहपुर में दिए गए भाषण के प्रमुख अंश]

जम्मू-कश्मीर के संबंध में कुछ कहने से पूर्व वहाँ की भौगोलिक और ऐतिहासिक स्थिति से आपका परिचय कराना चाहता हूँ। भारत के स्वर्ग—कश्मीर के बारे में पुराणों में किंवदंती लिखी है, कश्यप मुनि की तपस्या से प्रसन्न होकर जलीय प्रदेश में से प्रभु ने इस प्रदेश को निकाला। इसी कारण इसका नाम कश्यप मीर था, जिसका अपभ्रंश कश्मीर कहलाता है। महामुनि पाणिनी, ऋषि पातंजलि, राजकवि कल्हण और वीर बंदा बैरागी की जन्मदायिनी भूमि भी यह कश्मीर ही है।

कश्मीर की सुरम्य झीलें, पर्वतीय उपत्यकाएँ और कुंकुम क्यारियाँ आरंभ से ही कवियों और सौंदर्य-उपासकों के लिए आकर्षण का विषय रही हैं। इतिहासप्रसिद्ध बादशाह जहाँगीर ने शायद कुरान के बहिश्त की काल्पनिक दुनिया से संदिग्ध होकर ही धरती के स्वर्ग कश्मीर में अपनी कब्र बनवाना पसंद किया। जिस पर आज भी वहाँ लिखा है—

'गर फ़िरदौस बरुए ज़मीनस्त,
हमीनस्तो हमीनस्तो हमीनस्त।'

अर्थात्—पृथ्वी पर यदि कहीं स्वर्ग है तो वह यहीं है ! यहीं है !! यहीं है !!! शाहजहाँ ने भी—मरने के बाद पता नहीं कुरान वाला बहिश्त देखने को मिले या न मिले—यह सोचकर ही शालीमार बाग में अपनी बीवी के साथ बैठकर कुछ दिन जन्नत की झाँकियाँ ली थीं। भारतीय कवियों ने यहाँ की केशर पंक्ति को देख इस प्रदेश को भारत माँ के मस्तक पर सुहाग की बिंदी कहा है। सुप्रसिद्ध कवि श्री श्रीधर पाठक ने इसकी दिव्य विभूति को देखकर तो यहाँ तक लिखा था—

'यही अमरन को देश
बसत कहुँ यही पुरंदर।'

कश्मीर राज्य के चार प्रमुख भाग हैं—जम्मू, लद्दाख, गिलगित और कश्मीर, जिनका सम्मिलित क्षेत्रफल 82258 वर्गमील है। कश्मीर राज्य का इतिहास जहाँ बहुत-सी विचित्रताओं का इतिहास है, वहाँ भारत का सीमा प्रदेश होने के कारण भारत के लिए गौरव का भी इतिहास है। कितने ही विदेशी आक्रांताओं को हमने यहीं अपने में आत्मसात् किया है और

कितने ही विजय का अरमान लेकर आने वालों के दाँत खट्टे कर उन्हें छठी का दूध भी याद दिलाया है। भारत के मध्ययुगीन महाराजाओं में कनिष्क, महान् अशोक, हर्ष और अवंतिदेव एवं राजा रणजीतसिंह आदि की ध्वजाएँ यहाँ सदियों तक फहराती रही हैं, परंतु आज की स्थिति में परिणत होने का और ही एक इतिहास इस प्रदेश का है। अफगानिस्तान और सिंध के प्रदेश बगल में होने के कारण मुस्लिम आक्रांताओं ने इसको समय-समय पर बहुत क्षति पहुँचाई है। महमूद गजनवी और मुहम्मद बिन कासिम ने भी इस पर अपना अधिकार करने की असफल चेष्टाएँ कीं, परंतु अंत को मात खाकर चले गए। सबसे पहला आक्रमण तो नहीं, पर विश्वासघात शाहमीर नामक मंत्री ने राजा उदियानदेव के साथ किया, जब धोखे से उसका वध कराके स्वयं शासक बन बैठा व उसकी पुत्र-वधू को भी तिरस्कृत किया। उसके बाद कई मुस्लिम शासक आए और गए तथा इस सुंदर प्रदेश की शोभा नष्ट करते रहे। धर्म-परिवर्तन, मंदिरों का ध्वंस और अमानुषिक अत्याचारों को साधारण घटना मानकर हिंदुओं के हितों से सदियों तक खिलवाड़ करते रहे। उधर हिंदू और विशेषकर उनका अग्रगंता पुरोहित समाज रूढ़िवाद का शिकार बना हुआ था। जिस प्रकार शाहमीर ने विश्वासघात कर राज्य की गद्दी ले ली थी, उसी प्रकार चीनी सेनापति रतनजू कश्मीर आया और कुछ दिन तक सेना का नेतृत्व हाथों में रखने के बाद मुस्लिम शासक का कत्ल कर स्वयं गद्दी पर बैठ गया। यह रतनजू सेनापति प्रतिदिन मंदिर में गीता की कथा सुनने जाता था। एक बार कथावाचक से 'श्रेयान् स्वधर्मः विगुणः परधर्मादनुष्ठितात्' की व्याख्या सुनकर उसने बाद में उनसे पूछा, क्या आपके धर्म में मैं भी दीक्षित हो सकता हूँ ? पंडित जी ने बड़ी नम्रता से असमर्थता प्रकट कर दी। इस पर रतनजू ने यह निश्चय किया कि कल प्रातःकाल जो भी व्यक्ति सबसे पहले मेरे सामने आएगा, उसी के धर्म की मैं दीक्षा ले लूँगा। बुलबुलशाह नामक एक इस्लाम प्रचारक फकीर ने इस अवसर का लाभ उठाया। परिणाम यह हुआ, विद्रोही भावना-सी लिए हुए चीनी रतनजू से इस्लाम की उभरती हुई आग को और भी बल मिला। पंडितों के घर से वेद और उपनिषदों की पोथियाँ निकलवा-निकलवाकर श्रीनगर के पास की झील को पटवाना आरंभ किया, जिसका वह भाग आज भी वटमजार के नाम से प्रसिद्ध है। उसके कुछ दिन बाद यह प्रकृति की क्रीड़ास्थली अहमदशाह दुर्रानी के हाथों में रही और बाद में 1656 में अफगानिस्तान वालों का उस पर अधिकार हो गया। अफगानिस्तान वालों ने तो धर्म-परिवर्तन, मंदिर ध्वंस और अनाचार की ही घटनाएँ (जो इस्लाम के मूल में ही संभव है, सिखाई जाती हों) केवल नहीं कीं, अपितु चोटियों को सिर से निकालकर उसमें मिर्चें भरवाना, बाद में उनके सिर कटवाकर गेंद की तरह ठोकरें लगाना और जीवित व्यक्तियों को बोरों में बंद कर झील में फेंक देते थे। जब वह तड़प-तड़पकर मरते थे, तब वह अत्याचारी शासक किनारों पर बैठकर अट्टहास किया करते थे। निरंतर चल रही इस दुर्गतिपूर्ण अवस्था को देखकर कश्मीर राज्य के हिंदुओं ने बगल के पराक्रमी राजा

रणजीतसिंह तक अपनी पुकार पहुँचाई, जिसे सुनकर उन्होंने अफगानियों को निकाल बाहर किया और कश्मीरी नागरिक शांति और संतोष की साँस लेने लगे। अफगानिस्तान वालों से कश्मीर खाली कराने में महाराजा रणजीतसिंह की सेना के सेनापतियों में वर्तमान युवराज कर्णसिंह के पूर्वज श्री गुलाबसिंह की साहसिक कार्रवाइयों से प्रसन्न होकर जम्मू का प्रदेश रणजीतसिंह जी ने उन्हें पुरस्कार-रूप में भेंट किया। लद्दाख और गिलगित को उन्होंने अपने बाहुबल और बुद्धि-कौशल से मिला लिया था। कश्मीर घाटी का प्रदेश सिखों की किसी भूल से अंग्रेजों के हाथों में चला गया था। उसे अस्सी लाख रुपए में खरीदकर कश्मीर राज्य का एक सुदृढ़ शासन के रूप में निर्माण किया। इन्हीं गुलाबसिंह के योग्य पुत्र महाराजा रणवीरसिंह जी अपने पिता के देहावसान के बाद 1857 में गद्दी पर बैठे। एक ऐसा भी अवसर इनके शासनकाल में आया जब इनकी न्यायप्रियता और शासन-कुशलता से प्रभावित कश्मीरी मुसलमानों के नेता उनके पास गए और सामूहिक रूप से हिंदू होने की प्रार्थना की, महाराजा ने बड़े हर्षपूर्वक उनका स्वागत किया, पर कश्मीरी पंडित-समाज तैयार न हुआ, जिसकी प्रतिक्रिया फिर किस रूप में होनी थी, यह सब जान सकते हैं।

कश्मीर राज्य को, भारत का सीमांत प्रदेश होने के कारण, मैं उसे भारत का सिंह-द्वार भी कहता हूँ। भारत अखंड होकर जब एशिया-भर में अपनी विजयपताका लहराएगा और एशिया का अग्रगंता बनेगा तब यह ही वह प्रदेश होगा, जिसे सर्वसाधनसंपन्न राजधानी बनाया जाएगा और यहीं बैठकर एशिया के बाजारों को न केवल प्रभावित किया जाएगा, अपितु एशिया की ओर आँख टेढ़ी करने वालों को भी मिट्टी में मिलाया जा सकेगा। कश्मीर राज्य भारत की दृष्टि से ही नहीं, अपितु अंतर्राष्ट्रीय दृष्टि से भी बहुत महत्त्व रखता है, क्योंकि रूस, चीन, तिब्बत, अफगानिस्तान और पाकिस्तान की सीमाएँ भी इससे टकराती हैं, जिस कारण अपने-अपने गुटों में बँटे हुए वे देश ललचाई दृष्टियों से इधर देख रहे हैं और किसी समय भी हमारी असावधानी का अनुचित लाभ उठाना चाहते हैं। पाकिस्तान, जो बाह्य दृष्टि से कश्मीर के संबंध में भारतीय सरकार के गले की हड्डी बना हुआ है, सुना जाता है, अपने विधान के प्रारूप में उसने कश्मीर और जूनागढ़ को भी अपना अंग मानने का दुस्साहस किया है। इसके अतिरिक्त भी हमारे उदारमना अग्रगंताओं की शिथिल नीति के कारण गिलगित वाला महत्त्वपूर्ण प्रदेश आजाद कश्मीर के नाम से पाकिस्तान की छत्रछाया में साँस ले ही रहा है, जहाँ ऐंग्लो-अमेरिकी गुट अपने अड्डे बनाकर तृतीय महायुद्ध के स्फुलिंग चारों ओर छिटकाने की तैयारी कर रहा है। और यही है वह कारण, जिससे सुरक्षा परिषद् में कश्मीर की समस्या पाँच साल के बाद भी, वहाँ का वातावरण उक्त गुट से प्रभावित होने के कारण, नहीं सुलझ पा रही। उनका स्वार्थ इसी में है, या तो उसका हल पाकिस्तान के पक्ष में हो, सो एकदम से बिलकुल ऐसी जीवित मक्खी भी निगलने का साहस नहीं कर पा रहे। पर दूसरा रूप है, देर तक उस प्रश्न को टाले रखना। उसे वह कर ही रहे हैं और इस पर भी पाकिस्तानी कभी छुट-पुट हमले करते

रहते हैं। हमारा गिलगित वाला इतना स्वर्णिम और महत्त्वपूर्ण प्रदेश दबाए बैठे हैं, लेकिन हमारे भाग्यविधाता उसके प्रतिकार में या तो कभी विरोध की चिट्ठी लिख देते हैं अथवा सार्वजनिक सभाओं में यह भाषण दे देते हैं कि उधर से हमला होगा तो हम कभी सहन नहीं करेंगे। अरे भाई ! हमला और किसे कहते हैं ? कोई हमारे घर का हिस्सा दबाकर बैठ जाए और हम द्वार पर खड़े होकर यह कहें, हमला होगा तो हम उसका जवाब देंगे ? हमला किसी आसमान टूट पड़ने का नाम है या धरती फट पड़ने का नाम ? और फिर यह तो अभी पीछे की ही घटना है, जब कश्मीर राज्य विधानसभा में एक प्रश्न का उत्तर देते हुए वहाँ के गृहमंत्री ने कहा था—विराम-संधि के बाद पाकिस्तान की ओर से 277 हमले हुए हैं, जिनमें 114 व्यक्ति मारे गए और 2, 48000 का धन आक्रमणकारी लूटकर ले गए।

थोड़ी देर के लिए बाह्य समस्या को भी यदि हम भूलें तो उससे भी भयंकर जो आंतरिक दुर्बलता कश्मीर राज्य में चल रही है, जिसके कारण जम्मू की प्रजापरिषद् और लद्दाख के लामा लोग तड़प रहे हैं और निरंकुश अब्दुल्लाशाही का शिकार होते जा रहे हैं उसे तो सँभालना नैतिक और राजनीतिक दोनों ही दृष्टियों से परम आवश्यक था। घर में यदि एकता होती है तो बाह्य आपत्तियों का डटकर सामना किया जा सकता है। हैदराबाद का उदाहरण हमारे सामने प्रत्यक्ष प्रमाण है, जिसकी पुलिस कार्यवाही के पश्चात् आंतरिक सुदृढ़ता को ध्यान में रखकर लौहपुरुष पटेल ने कहा था, यदि हैदराबाद की जनता ने हमारा साथ न दिया होता तो संभव है, इतनी सुगमता से हम अपने अरमानों में शीघ्र सफलता प्राप्त न कर पाते। परंतु कश्मीर राज्य की स्थिति आज उससे सर्वथा विपरीत है। वहाँ के अधिकांश नागरिक पुकार-पुकारकर कह रहे हैं, हम, हमारा धर्म और हमारी भावी पीढ़ियाँ वर्तमान शासकीय नीति के हाथों में सुरक्षित नहीं हैं। उधर, कश्मीर के प्रधानमंत्री शेख मुहम्मद अब्दुल्ला साहब और उनकी कमर ठोंकने वाले भारत के भी चंद नेता न्याय की माँग कर रही जम्मू-लद्दाख की जनता को सांप्रदायिक, जमींदारों का आंदोलन, शासकों को विपत्ति में डालने की नीयत वाले, पाकिस्तान की वकालत करने वाले और डोगराशाही को फिर से कश्मीर में लाने का स्वप्न देखने वाले, कहकर बदनाम करने की चेष्टा कर रहे हैं। पर कहते समय किसी कवि की वे पंक्तियाँ उन्हें याद रहती हैं या नहीं—

'सचाई छिप नहीं सकती कभी झूठे उसूलों से।
सुगंधि आ नहीं सकती कभी कागज़ के फूलों से।'

शेख अब्दुल्ला अभी पीछे हैदराबाद कांग्रेस के अवसर पर आए और कांग्रेस विषय-समिति में एक घंटे से अधिक का उनका एक भाषण भी हुआ। उसमें आपने कहा, जम्मू में चल रहा आंदोलन बंदूकों और गोलियों से भी अधिक भयावह है, क्योंकि वह मनोवृत्तियों का आंदोलन है। मेरा अपना भी यह ही मत है कि वह आंदोलन वास्तव में मनोवृत्तियों का ही आंदोलन है, पर देखना तो यह है कि किसकी मनोवृत्तियों में विकार

है ? शेख महोदय और उनके साथियों की अथवा प्रजापरिषद् और लामा लोगों की मनोवृत्तियाँ ठीक नहीं हैं ? पहले तो मनोवृत्तियों का अंतर समझाने के लिए आपको एक घटना स्मरण कराऊँ, जिससे आप यह समझ जाएँगे कि मनोवृत्ति कहते किसे हैं ? अली बंधुओं में से एक भाई की मृत्यु आज से कुछ साल पहले लंदन में हुई थी, उन्होंने मरने से पूर्व अपने साथियों को बुलाकर कहा, 'मरने के बाद मेरी कब्र मदीने की बगल में बनवाई जाए।' ठीक उसी प्रकार लंदन में एक और भारतीय नेता का भी देहावसान हुआ, जिनका नाम था—स्पीकर विट्ठलभाई पटेल। उन्होंने भी मरने से पूर्व अपने कुछ साथियों को बुलवाया और कहा, 'देखो भाई ! यदि मेरे शव का प्रबंध भारत ले जाने का किसी प्रकार न हो सके तो मुझे यहाँ जला दिया जाए, पर मेरी राख भारत की गंगा में ले जाकर प्रवाहित की जाए।' मैं इसको मनोवृत्ति का ही अंतर कहता हूँ, भले ही वह धार्मिक विश्वासों के आधार पर हो। दोनों ही एक देश में पैदा हुए हैं, एक ही देश के अन्न और जल का सेवन कर उसकी धरती में लोट-लोटकर शारीरिक पुष्टता प्राप्त की है। एक ही देश की धरती के ऊपर और आकाश के नीचे उन्मुक्त वातावरण में दोनों ने साँसें ली हैं, पर एक मरने के बाद मदीना की बगल में जाना चाहता है और दूसरा गंगा की धाराओं में समाना चाहता है, यह है मनोवृत्ति का अंतर। ठीक यही रूप है आज कश्मीर में शेख अब्दुल्ला के शाह अब्दुल्ला बनने के लिए धीरे-धीरे उठते हुए पगों और मुस्लिम पोषक मनोवृत्तियों का और दूसरी ओर जम्मू और लद्दाख को भारत का शीघ्र से शीघ्र अभिन्न अंग बनाने की माँग कर रही प्रजापरिषद् की माँगों का। अब जरा बुद्धि की कसौटी पर रखकर तोलिए तो कि किसकी मनोवृत्तियाँ खराब हैं ? प्रजापरिषद् की इन माँगों में कहाँ है डोगरा राज्य को वापस लाने अथवा जमींदारों को फिर से बढ़ावा देने या फिर सांप्रदायिकता की गंध ? और फिर शेख साहब जो अपनी पवित्रता और प्रेम की दुहाई देकर यह कहते हैं, 'लोग मुझसे कहते हैं, मैं गोलमेज कॉन्फ्रेंस करूँ और उसमें प्रजापरिषद् के नेताओं को बुलाऊँ। भला यह कैसे हो सकता है, जिनके हाथ सन् 1947 के खून में रँगे हैं, मैं उनसे कैसे हाथ मिला सकता हूँ, मैं तो गांधीजी के मार्ग का अनुसरण कर रहा हूँ।' लेकिन क्या शेख साहब बताएँगे कि उनके हाथों को कौन-सा खून लगा है। मैं भी कहता हूँ, उनके हाथों को खून लगा है, परंतु खून लगा है उन पाकिस्तानी दरिंदों का, जो भारत के नंदन वन कश्मीर की श्री उजाड़ने का विचार रखते थे या फिर जो मीरजाफर और जयचंद बनकर घर में ही आग लगाने पर तुले हुए थे। यदि उनका खून हाथों को लगाना अपराध है तो भारत की सेना को क्या कहा जाएगा ? वह क्या वेद-मंत्र सुनाने गई थी ? उसने भी तो वह ही कार्य विशाल स्तर पर वहाँ किया, जिसे जम्मू और कश्मीर को भारत का अभिन्न अंग मानने वाले उन व्यक्तियों ने किया, जिनसे अब्दुल्ला हाथ नहीं मिलाना चाहते। और फिर पहली बात तो यह है, इस बात को कहते समय शेख साहब सन् 1931 के उस भयंकर दंगे को भूल जाते हैं, क्या जिसको कराने में मिस्टर बैकफील्ड (जो कश्मीर राज्य में नियुक्त अंग्रेज

रेजीडेंट) उस समय आपकी पीठ पर थपकियाँ लगा रहे थे और जनाब की भी देख-रेख में यह सब कुछ हो रहा था और राजौरी में जो भयंकर कांड नवंबर, सन् 1947 में हुआ, उस समय तो राज्य की बागडोर भी श्रीमान् के ही हाथ में थी। बार-बार सूचना मिलने और भेजे जाने पर भी कोई सहायता वहाँ न भेजी गई और तहसील की चारदीवारी में बंद निरीह हिंदू कई हजार की संख्या में गोलियों से भून डाले गए। ऐसी कितनी ही घटनाएँ कई स्थानों पर हुईं, परंतु उस समय शेख साहब के हाथ पता नहीं कौन-सी मुहब्बत में रँगे जा रहे थे ? इस्लामी मुहब्बत के रंग में अथवा इंसानी मुहब्बत में ? सन् 1931 की घटनाओं से कश्मीर राज्य ने आपको नौकरी से हटा दिया जो किसी भी शांति रखने वाली शासन सत्ता को करना ही पड़ता है। परंतु फिर क्या था ? बाद में तो अलीगढ़ मुस्लिम यूनिवर्सिटी में लगे हुए विषैले इंजेक्शनों ने खुलकर खेलना आरंभ कर दिया और मुस्लिम कॉन्फ्रेंस के नेता शेख मुहम्मद अब्दुल्ला अपनी-सी पर उतर आए। दूसरी राउंडटेबिल कॉन्फ्रेंस में जब अंग्रेजों ने गांधीजी से यह कहा, "अगर हम भारत को आजादी दे भी दें तो इन रियासतों का क्या होगा ?" गांधीजी तो चुप हो गए, इसका उत्तर ही क्या देते ? पर कश्मीर के महाराजा हरीसिंह ने खड़े होकर कहा, "अगर रियासतों के ही कारण आजादी रुकती है तो हम भारत में मिल जाएँगे और हम राजाओं के लिए सौभाग्यशाली होगा वह दिन जब हम गद्दियों से उतरकर स्वाधीन भारत की सेना में वीर सैनिक बनकर भी कार्य करेंगे।' महाराजा हरीसिंह के इस भाषण से मुस्लिम नेताओं ने कश्मीरी मुस्लिम जनता को उभारा और कहा, हरीसिंह तो हमें भारत को बेचना चाहता है। महाराजा ने किसी प्रकार अंग्रेजी सेना आदि का सहयोग लेकर उस दंगे को दबाया जो उनके राउंड टेबल कॉन्फ्रेंस से लौटने से बहुत पूर्व ही आरंभ हो गया था। किसी प्रकार जब पहला दंगा समाप्त हुआ तो सन् 1936 में फिर गोवध करके, जो कश्मीर राज्य में सर्वथा बंद था, उसी प्रकार के दंगों का आरंभ दुबारा करना चाहा, परंतु महाराजा की बुद्धिमत्ता और उसके कुछ दिन बाद 1937 में होकर गए राज्य के प्रधानमंत्री स्वर्गीय गोपालस्वामी आयंगर की नीति-कुशलता से वे अपने अरमानों में सफल नहीं हो पाए। आरंभ में ही मुस्लिम कॉन्फ्रेंस के नेता शेख साहब एक बार उनसे मिलने गए और अपना नाम लिखकर अंदर भिजवाया—'शेरे कश्मीर शेख मुहम्मद अब्दुल्ला'। आयंगर उसे पढ़कर सुनते हैं, बहुत हँसे और चपरासी से कहा, "जरा पहले इन शेरों से यह पूछकर आओ कि शेर के रहने की दो ही जगह होती हैं—जंगल की झाड़ियाँ या सरकस के कठघरे। दोनों में से कहाँ रहना इन्हें पसंद है ?' कुछ दिन बाद फिर सीधे ढंग से उनसे मिलने गए, जिस पर स्वर्गीय आयंगर ने उन्हें एक नेक राय दी, यदि आप मुझसे या महाराजा से कुछ सुविधा लेना चाहते हैं तो केवल मुसलमानों के नाम से कोई आंदोलन या प्रतिनिधित्व हमारे पास मत लाइए। आयंगर महोदय की इस सम्मति का लाभ उठा उन्होंने मुस्लिम कॉन्फ्रेंस का जामा उतारकर सन् 1938 में नेशनल कॉन्फ्रेंस का चोला धारण कर लिया। पर मुस्लिम कॉन्फ्रेंस समाप्त कर दी गई हो, सो बात नहीं, उसे

उनके दूसरे साथी चौधरी गुलाम अब्बास चलाते रहे, जो कबायली ब्रांड पाकिस्तानी हमले के समय अपनी विषाक्त कार्यवाहियों के कारण गिरफ्तार कर लिए गए थे। परंतु शेख अब्दुल्लां साहब ने बागडोर हाथ में आते ही उन्हें मुक्त कर दिया और आज वे आजाद कश्मीर के नेता बने बैठे हैं। इसी नेशनल कॉन्फ्रेंस के नेता रहते हुए शेख महोदय ने एक-दो बार कश्मीरी मुसलमानों की ओर संकेत करके ये नारे भी लगाए, "हरीसिंह के पूर्वजों ने अस्सी लाख रुपए में कश्मीर खरीदा है, सो चंदा करके उसे दे दो और कश्मीर ले लो।" बाद में गांधीजी के 'भारत छोड़ो' नारे की तरह 'कश्मीर छोड़ो' का भी नारा महाराजा के लिए लगवाया गया, जिसमें गांधीजी के नारे की भाँति न कोई तुक थी, न कोई संगतपना था। गांधीजी का नारा तो विदेशी शासकों के लिए था, पर हरीसिंह तो कोई विदेशी शासक नहीं थे। स्वयं गांधीजी तक भी उस 'कश्मीर छोड़ो आंदोलन' से सहमत नहीं थे। बढ़ती हुई अब्दुल्ला महोदय की प्रवृत्तियों पर रोक लगाने के लिए जब शासन ने उन्हें अपने कारावास का अतिथि बना दिया तो नेहरू जी भी उनसे सहानुभूति व्यक्त करने वहाँ गए। शासन से बार-बार चेतावनी दिए जाने पर भी उन्होंने जब राज्य की सीमा में प्रवेश किया ही, तब कुछ घंटों के लिए राज्य ने उन्हें नजरबंद कर दिया, जो उन्हें बहुत बुरा लगा और वह कसक अभी भी गई नहीं है। 22 अक्तूबर, सन् 1947 को पाकिस्तान की ओर से कश्मीर पर हमला हुआ। कर्नल स्कॉट जो पहले कश्मीर राज्य की फौजों का सर्वोच्च अधिकारी था, वह हमले से कुछ दिन पूर्व पाकिस्तान चला गया था और वह ही उस हमलावर सेना का नेतृत्व भी कर रहा था। क्योंकि वह कश्मीर की घाटियों और ऊबड़-खाबड़ प्रदेशों एवं मार्गों से पूर्ण परिचित था, अतः साहस कर आगे बढ़ता जा रहा था। इधर हाल तो राज्य की सेना ही कितनी थी और उसके भी अधिकांश मुस्लिम सिपाही उन लुटेरों के साथ मिलते जा रहे थे। तीसरी ओर पंजाबी मुसलमान जो भागकर आ गए थे, उन्होंने भी अवसर का पूरा लाभ उठाया और आंतरिक अशांति में खुलकर भाग लिया। मुट्ठी-भर फौज करती भी तो क्या ? रियासती सेना में कुछ मुसलमान ऐसे भी थे, जिन्होंने कश्मीर की रक्षा के लिए आत्मोत्सर्ग किया, जिनमें मकबूल शेरवानी को हम नहीं भूल सकेंगे, पर ऐसे थे, अंगुलियों पर ही गिनने योग्य। पाकिस्तानी सेना कबायलियों की आड़ में जब बेरोक-टोक-सी बढ़ती चली आ रही थी और उपरोक्त आंतरिक दुर्बलताएँ उस अग्नि में घी डाल रही थीं तब महाराजा की प्रार्थना पर भारतीय सेना 27 अक्तूबर को हवाई मार्ग से श्रीनगर पहुँची और जाते ही दुश्मन पर टूट पड़ी। ढाई महीने बराबर बर्फ में गल-गलकर और उच्चतम पर्वतशृंगों पर आत्माहुति देती हुई भारतीय सेना ने जब शत्रु के पैर उखाड़ दिए और वह 'बचाओ-बचाओ' के नारे लगाता हुआ भाग खड़ा हुआ और भारतीय तोपों की गड़गड़ाहट जब पाकिस्तानी क्षेत्रों में पहुँचने लगी, झट हमारे नेताओं ने पाकिस्तानी शासकों के कहने से लड़ाई पहली जनवरी, सन् 1948 को बंद करा दी। भारतीय सैनिक 'लड़ाई बंद करो' का आदेश पाकर तड़पकर रह गए। जब हजारों सैनिकों

ने अरबों रुपया और अपार शक्ति लगाकर दुश्मन को धकेला था और लड़ाई में जरा गर्मी आई थी तब 'रुक जाओ' के आदेश पहुँच गए। और फिर अब, जबकि राज्य का महत्त्व-पूर्ण गिलगित वाला प्रदेश अभी उनके ही हाथ में था। दूसरी उससे भी भयंकर भूल यह हुई कि एकदम यू०एन०ओ० में उस केस को भेज दिया गया। वहाँ जाकर उस बंदर- बाँट कमेटी में जो होना था, वह उस समय भी सब जानते थे और आज तो आँखों से देख रहे ही हैं। परंतु उससे भी भयंकर तीसरी भूल हुई जब, जबकि 'कश्मीर की वैधानिक मान्यता भारत संघ में मिलने की जनमत लेने के बाद होगी', ऐसी बात हमारे भाग्यविधाता कह बैठे। महाराजा हरीसिंह ने भारत संघ में मिलने का जो निश्चय किया और संधि-पत्र लिखा, वह वही था जो भारत में लय होने वाली अन्य रियासतों का था। कश्मीर के राजा और प्रजा किसी ने भी जनमत की चर्चा तक नहीं छेड़ी थी, उनके लिए तो भारत में विलीन होना एक दैवीय वरदान था, फिर अंतर्राष्ट्रीय साख की चिंता में हमारे नेता यह क्या कह बैठे ? हैदराबाद का भी प्रश्न यदि यू०एन०ओ० में भेज दिया जाता और यह ही जनमत आदि के पचड़े वहाँ भी खड़े कर दिए जाते, तो क्या वह समस्या आज तक भी हल हो सकती थी ? सीमाप्रांत के पाकिस्तान या हिंदुस्तान में जाने के जनमत का क्या परिणाम निकला ? क्या देश के नेता नहीं जानते थे ? मेरा अपना स्पष्ट विचार यह है कि अंतर्राष्ट्रीय साखों के आदर्शवाद की पिटारी से निकलकर व्यवहारवाद की दुनिया में आया जाए और यू०एन०ओ० से उस केस को एकदम वापस लेकर जनमत के बिना ही इस कश्मीर को पूर्ण रूप से भारत में लय किया जाए और शीघ्र ही सैन्य-प्रयोग से गिलगित वाले प्रदेश को भी अपने अधिकार में लिया जाए। कोई हम पर हमला करेगा तो हम हमला करेंगे या फिर विरोध-पत्र भेज देने की ही शिथिल नीतियों के परिणाम ये हैं ? आज हमारे ही भाइयों के साथ लंका और अफ्रीका में कितने अपमानित व्यवहार हो रहे हैं और गोवा तथा पांडिचेरी में हमारी जड़ में बैठकर पुर्तगाल और फ्रांस वाले फिर से बारूद जमा करने लगे हैं। तटस्थ रहने की भी नीति अच्छी है। रहना चाहिए, परंतु तटस्थता भी उसी की कुछ अर्थ रखती है, जिसमें कुछ स्वत्व हो। नदी-किनारे के घास-फूस और सारहीन तिनके यदि यह कहें कि हम तो तटस्थ हैं, उनका कोई मूल्य नहीं। किसी भी हलके से बहाव में लहरों के साथ-साथ हो लेंगे ! पर हाँ ! हिमालय यदि कहे, मैं तटस्थ हूँ, तो उसके कहने में बल है और अर्थ है। और फिर महाराजा हरीसिंह की जो भारत में सम्मिलन की लिखते हैं, उसमें जनमत-संग्रह और विभाजित कश्मीर कहाँ है ? और ना ही वहाँ प्रजा ने कभी जनमत चाहा है।

तत्कालीन गवर्नर जनरल लार्ड माउंटबेटन के नाम वह ऐतिहासिक पत्र जिसमें महाराजा ने प्रार्थना की कि कश्मीर का भारत के साथ पूर्ण रूप से विलीकरण कर दिया जाए।

मान्यवर लार्ड माउंटबेटन जी,

मैं आपको (यूर एक्सीलेंसी) सूचित कर रहा हूँ, कि मेरी रियासत में एक अत्यंत गंभीर स्थिति उत्पन्न हो गई है और इस कारण मैं प्रार्थना करता हूँ कि आपकी सरकार से मुझे तत्काल सहायता भेजी जाए।

जैसा कि यूर एक्सीलेंसी जानते हैं, रियासत जम्मू और कश्मीर का अभी तक भारत या पाकिस्तान किसी के साथ भी विलीकरण नहीं हुआ। भौगोलिक दृष्टिकोण से मेरी रियासत दोनों देशों से मिली हुई है। इसके आर्थिक तथा सांस्कृतिक गहरे संबंध दोनों देशों से बराबर हैं। इसके अतिरिक्त मेरी रियासत की सीमाएँ सोवियत रूस से भी मिली हुई हैं और अपने विदेशी संबंधों में भारत तथा पाकिस्तान की सरकारें इस बात की उपेक्षा नहीं कर सकतीं।

मैं यथोचित अवधि में इन बातों पर अधिकाधिक ध्यान देकर निर्णय करना चाहता था कि मेरी रियासत को दोनों देशों में से किसी के साथ मिलना चाहिए अथवा इन दोनों देशों तथा स्वयं मेरी रियासत का हित दोनों देशों के साथ मैत्रीपूर्ण संबंध रखते हुए मैं अपनी रियासत को स्वच्छंद रखूँ ?

यही कुछ सोचकर मैंने भारत तथा पाकिस्तान की सरकारों से एक 'ज्यों की त्यों' संधि करने की प्रार्थना की। पाकिस्तान ने इसे स्वीकार कर लिया और भारत ने यह इच्छा प्रकट की कि वह इस विषय में मेरे प्रतिनिधियों से और बातचीत करना चाहती है। परंतु नीचे बताई गई स्थिति उत्पन्न होने के कारण मैं ऐसा न कर सका। वस्तुतः इस 'ज्यों की त्यों' संधि के अनुसार रियासत के डाक-तार विभाग को पाकिस्तान ही चला रहा है।

यद्यपि हमने पाकिस्तान के साथ 'ज्यों की त्यों' संधि कर रखी है, परंतु उसने खाद्य-पदार्थ, नमक, पेट्रोल आदि को रियासत में आने से बंद कर दिया।

कबायलियों, सादे वस्त्र पहने सैनिकों तथा लूटमार करने वाले मनचलों को, जो आधुनिकतम अस्त्र-शस्त्रों से सुसज्जित थे—पाकिस्तान की ओर से—पहले पुंछ की ओर और फिर भारी संख्या में सीमाप्रांत में जिला हजारा से मिले हुए रामकोट की ओर से रियासत में घुस जाने की पूर्ण स्वच्छंदता दे दी गई। इसके परिणामस्वरूप रियासत की थोड़ी-सी सेना को यत्र-तत्र एक ही समय में शत्रु का प्रतिकार करने के लिए फैलाना पड़ गया तथा आक्रांताओं द्वारा की जा रही प्राण, धन और संपत्ति की भीषण हानि को रोकना अत्यंत कठिन हो गया। महुरा के बिजलीघर को, जो सारे श्रीनगर को बिजली प्रदान करता है, जला दिया गया। उन नारियों की संख्या देखकर, जिन्हें पाकिस्तानी लुटेरों ने अपहरण किया तथा जिनका सतीत्व लूटा गया—मेरा हृदय खून के आँसू रोता है। ये बर्बर शक्तियाँ, जो रियासत पर खुली छोड़ दी गई हैं, अब बिना किसी रोक-टोक के मेरी रियासत की ग्रीष्म ऋतु की राजधानी श्रीनगर को विजय करने और उसके उपरांत संपूर्ण रियासत पर छा जाने की इच्छा से आगे बढ़ी आ रही हैं।

कबायलियों का इतनी भारी संख्या में उत्तर-पश्चिमी सीमाप्रांत जैसे दूरस्थ स्थान से मोटर-ट्रकों में मानसहरा-मुजफ्फराबाद रोड के द्वारा रियासत में बलात् प्रवेश करना तथा उनका आधुनिकतम हथियारों से सशस्त्र होना स्पष्ट प्रकट करता है कि यह सब कुछ उत्तर-पश्चिमी सीमाप्रांत सरकार तथा पाकिस्तान सरकार की मदद के बिना नहीं हो सकता।

मेरी सरकार की ओर से बार-बार इस बात की अपीलें करने पर भी कि इन आक्रांताओं को रोका जाए या मेरी रियासत में इनका प्रवेश बंद किया जाए, इसका कोई प्रबंध नहीं किया गया। सच तो यह है कि रेडियो पाकिस्तान तथा पाकिस्तानी समाचार-पत्रों ने इन घटनाओं के समाचार भी दिए हैं। पाकिस्तान रेडियो ने तो एक अस्थायी कश्मीर सरकार की स्थापना का समाचार भी दिया है। मेरी प्रजा ने आम तौर पर इनमें कोई भाग नहीं लिया है।

रियासत में इस वर्तमान स्थिति तथा भीषण आतंक को दृष्टिगोचर रखते हुए मेरे लिए इसके सिवाय और कोई उपाय न रहा कि भारत सरकार से सहायता के लिए प्रार्थना करूँ ! स्वभावतः जब तक मेरी रियासत का उससे नियमित विलीकरण न हो—वह कोई सहायता नहीं भेज सकती। अतएव मैंने ऐसा ही करने का निश्चय कर लिया है तथा इस पत्र के साथ मैं विलीकरण संबंधी वैधानिक मसविदा आपकी सरकार की स्वीकृति के लिए भेज रहा हूँ। यदि मैं ऐसा न करूँ, तो सिवाय इसके और कोई मार्ग नहीं कि मैं रियासत को जालिम दरिंदों की दया पर छोड़ दूँ तथा इस आधार पर कोई भी रियासत न तो जीवित रह सकती है, न ही इस वस्तुस्थिति को सहन किया जा सकता है। जब तक मेरी जान में जान है, मैं अपनी रियासत में ऐसी अवस्था कभी उत्पन्न न होने दूँगा और निश्चय ही अपनी रियासत की रक्षा करने के लिए अभी मेरे भीतर जान बाकी है।

मैं यूर एक्सीलेंसी की सूचना के लिए यह भी लिख दूँ कि मेरी अभिलाषा अपनी रियासत में तत्काल एक मध्यवर्ती सरकार स्थापित करने तथा शेख अब्दुल्ला को इस भीषण स्थिति में अपने प्रधानमंत्री के सहयोग से इस उत्तरदायित्व को निभाने के लिए कहने की है।

यदि मेरी रियासत को बचाने की आपकी इच्छा है, तो तत्कालिक सहायता श्रीनगर पहुँचनी चाहिए। श्री मेनन को इस भीषण स्थिति का पूरा-पूरा ज्ञान है तथा यदि और अधिक विवरण की आवश्यकता हुई, तो वे आपको भली भाँति समझा सकेंगे।

अभिवादन और शुभकामनाओं के साथ,

(हस्ताक्षर)
हरिसिंह

प्रजापरिषद् के आंदोलन का जहाँ तक संबंध है, उसका उद्देश्य कश्मीर का विभाजन

नहीं है, अपितु जम्मू और लद्दाख को तो वह इसलिए भारत में मिलाने का आंदोलन कर रहे हैं कि कभी कालांतर में इन प्रदेशों की सभ्यता और संस्कृति भी सुरक्षित न रहे और यह भी किसी अन्य रूप में ही हो जाएँ। जिस प्रकार अब्दुल्ला महोदय कई बार यह कह चुके हैं कि हम भारत में मिल तो जाते, पर कश्मीरी मुसलमान यह सोचकर काँप उठता है कि नेहरू जी के बाद हमारा क्या होगा ? पर यदि वहाँ के मुसलमान को यह भय है तो वहाँ के हिंदू को इसी प्रकार का संदेह आपकी ओर से होना भी तो स्वाभाविक है।

और फिर शेख साहब जिनकी मनोवृत्तियों की ओर से हर समझदार व्यक्ति आज संदेह में पड़ा हुआ है, वह अकारण ही नहीं, अपितु उसके भी कुछ कारण हैं। जहाँ उनकी सन् 1931 से लेकर अब तक की गतिविधियाँ ही इसका प्रत्यक्ष प्रमाण थीं, वहाँ शासन-सूत्र हाथ में आते ही उन्होंने जो सुधार किए हैं उनसे तो उन विचारों पर और भी मुहर लग जाती है। सबसे पहला सुधार आपने यह किया कि जमींदारियाँ बिना किसी मुआवजे के समाप्त कर दीं। इसे बहुत-से व्यक्ति अब्दुल्ला साहब का प्रगतिशील पग कहते हैं, परंतु कितने हैं जो इस रहस्य से भी परिचित हैं ? उन जमींदारों का बहुत बड़ा भाग हिंदू हैं और कुछ चंद अंगुलियों पर गिनने योग्य ही ईसाई-मुसलमान और अन्य मतावलंबी हैं। शेख साहब नहीं चाहते थे कि मुसलमानों की जेब का एक भी पैसा हिंदू जमींदारों के पास जाए। दूसरे, कश्मीरी हिंदू व्यापारी अधिक थे। कश्मीर का व्यापार ही दो केंद्रों से होता था—लाहौर और अमृतसर से, सो लाहौर केंद्र तो पाकिस्तान में चले जाने से समाप्त ही हो गया, रह गया अमृतसर, वहाँ पाकिस्तान की सीमा निकट होने से कोई विशेष व्यापार ही नहीं रहा। तीसरे, फिर कश्मीरी हिंदू मोटर और ट्रकें आदि चलाकर अपना निर्वाह करते थे, उनको शेख मिनिस्टरी ने राष्ट्रीयकरण कर अपने हाथ में ले लिया, यह जीविका का साधन यों समाप्त हुआ। चौथी जीविका थी नौकरियाँ, सो उसके लिए शेख साहब ने बैठते ही कहा—महाराजा हरीसिंह ने नौकरियों में हिंदू बहुत भर रखे थे, इसलिए मैं अब पहले मुसलमानों को लेकर उसका अनुपात पूरा करूँगा। इसका परिणाम यह है कि कश्मीर में एक बी०ए० पास हिंदू का अब्दुल्ला सरकार में कोई स्थान नहीं और एक मिडिल फेल मुसलमान का स्वागत किया जाता है। इसका पुष्ट प्रमाण उस समय और मिला जब जम्मू प्रांतीय नेशनल कॉन्फ्रेंस के ही सेक्रेटरी श्रीकृष्णदेव सेठी ने कश्मीर विधानसभा में ही बजट पर आम बहस शुरू करते हुए प्रशासन पर यह आरोप लगाया कि राज्य में जो नौकरियाँ हिंदुओं के लिए सुरक्षित रखी गई हैं उन पर एक विशेष वर्ग अधिकार करता जा रहा है। शेख साहब ने जब उस वर्ग का नाम स्पष्ट पूछना चाहा तो श्री सेठी ने कहा—आप सब जानते हैं, मेरा संकेत किस वर्ग से है। कश्मीर राज्य की अपनी एक यूनिवर्सिटी बनाकर उर्दू को आवश्यक भाषा बना दिया गया, हिंदी यदि है भी तो उसकी पुस्तकें जो राज्य सरकार ने तैयार कराई हैं उसमें अरबी-फारसी के शब्दों की भरमार है और हिंदी की पुस्तकें लीथो पर बहुत भद्दी छपी हुई एवं महँगी हैं। आर्य कन्या पाठशालाओं में जहाँ उर्दू का

विषैला साहित्य स्पर्श भी नहीं कर पाता था, वही विषैला साहित्य आवश्यक रूप में कन्याओं को पढ़ना पड़ेगा। गाय, जिसका वध तो दूर, उसकी ओर जिस कश्मीर राज्य में आँख उठाकर भी देखना अपराध था, आज खुलकर गोवध वहाँ किया जाता है। और एक सबसे बड़ी बात, जिसके कारण जम्मू और लद्दाख वाले जिससे शीघ्रातिशीघ्र भारत में मिलने का आग्रह कर रहे हैं, वह है उन दोनों प्रदेशों को मुस्लिमबहुल बनाने की नीति। जम्मू में लगभग 12 लाख हिंदू रहते हैं और लद्दाख में लगभग 50 हजार बौद्ध रहते हैं। शेख अब्दुल्ला अभी पीछे भारत के राष्ट्रपति से यह समझौता करके गए थे, जो कश्मीरी मुसलमान पाकिस्तान चले गए हैं, उनको हम दोबारा लाकर अपने यहाँ बसाएँगे। परंतु कश्मीर से कौन मुसलमान पाकिस्तान गया ? इस समझौते की आड़ में पूर्वी पंजाब के वे मुसलमान जो कल तक इधर उपद्रव करते थे और आज पाकिस्तान में हैं, उन्हें धड़ाधड़ लाकर जम्मू और लद्दाख में बसाया जा रहा है, जिससे यथाशीघ्र ही वहाँ की भी जनगणना मुस्लिमबहुल हो जाए, फिर भारत में मिलने का प्रश्न ही उन दोनों प्रदेशों का स्वतः समाप्त हो जाएगा। अभिप्राय यह कि शेख महोदय और उनके साथी धीरे-धीरे इस प्रकार का वातावरण बनाते जा रहे हैं, जिससे किसी हिंदू को कहना भी न पड़े और वह स्वयं ही कश्मीर खाली करके चले जाएँ। पीछे जब मौलाना मसूदी ने लद्दाख की कुछ तहसीलों में मुसलमानों का बहुमत बताया था तो उस पर लद्दाख के लामा कुशिक बकुल ने कहा—लद्दाख में अभी तो कहीं मुस्लिम जनसंख्या अधिक नहीं है। पर हाँ ! मसूदी साहब के यह कहने से हमें भय हो गया है कि कहीं सन् 1961 की जनगणना में वह अधिक न हो जाए ? होना तो यह चाहिए था कि जिस प्रकार पश्चिमी पंजाब के उजड़े हुए भाइयों को गवर्नमेंट ने पहले पूर्वी पंजाब में स्थान दिया उसी प्रकार गिलगित वाले प्रदेशों से उजड़े हुए हिंदुओं को पहले जम्मू-लद्दाख और शेष कश्मीर में बसाया जाता, परंतु ऐसा न करके पूर्वी पंजाब के अहरार और लीगियों को बसाया जा रहा है और वहाँ के मूल निवासी आज भारत के विभिन्न भागों में विपत्ति के दिन काट रहे हैं। राजौरी के तहसीलदार ने जिन मुसलमानों के नाम वहाँ की तहसील की चारदीवारी में एकत्रित हिंदुओं को मरवाने की योजनाएँ बनाने वालों में लिखे, वह तो आज शेख साहब की बगल में कश्मीर की संविधान सभा के सदस्य बनकर बैठे हैं और जो राष्ट्रीय हैं, जिनके परिवार कश्मीर को बचाने में मौत के मुँह में चले गए वे सांप्रदायिक कहे जाकर जेल के सींखचों में बंद हैं। कश्मीरी सेनापति जनरल राजेंद्रसिंह जी, जो पाकिस्तानी फौजों का सामना करते हुए वीरगति को प्राप्त हुए, उनका स्मृति-दिवस मनाना भी अपराध है। कश्मीर संविधान सभा के चुनाव में प्रजापरिषद् के दो-चार को छोड़कर उनकी सर्वप्रियता त्याग-तप और सेवाओं से भयभीत होकर पचासों के नामजदगी के आवेदन-पत्र ही मनमाने कारण निकालकर रद्द कर दिए गए। अब बताइए, इन चंद बातों के बाद भी कोई निष्पक्ष मस्तिष्क अब्दुल्ला की मनोवृत्ति पर कैसे न संदेह प्रकट करे ? मंदिरों को, जिनके साथ लाखों की संपत्तियाँ लगी

हुई थीं, उन्हें हड़पने की इच्छा और मौलवियों को दी जा रही सुविधाएँ किस बात का प्रमाण हैं ?

और इस पर भी फिर शेख महोदय की गर्वोक्तियाँ देखिए, जब वे और उनके साथी कहते हुए आगा-पीछा भी कुछ नहीं सोचते और बोलते हैं—(1) यह जम्मू और उसकी सहानुभूति में हो रहे आंदोलन सांप्रदायिक हैं, (2) यह जमींदारों का आंदोलन है, (3) इससे पाकिस्तान की वकालत होती है, (4) यह डोगरा शासन को फिर से लौटाने की चाल है। यदि यह आंदोलन सांप्रदायिक है तो जरा मुझे बताइए, क्या तिरंगे झंडे को कश्मीर का झंडा बनवाना भी सांप्रदायिक है ? या उच्चतम न्यायालय (सुप्रीम कोर्ट) को कश्मीर में मान्यता मिलना भी सांप्रदायिक है ? या फिर भारत के विधान में, जिसकी स्वीकृति पर शेख महोदय और उनके साथियों के हस्ताक्षर हैं, उसमें कुछ सांप्रदायिकता है ? जिसे कश्मीर में भी लागू कराने की प्रजापरिषद् की माँग है ? अथवा फिर राष्ट्रपति डॉ० राजेंद्रप्रसाद जी में कुछ सांप्रदायिकता है, जिनके विशेषाधिकार कश्मीर में भी लागू करने की वहाँ के निवासी माँग कर रहे हैं ? आखिर वह सांप्रदायिकता क्या है जो इस आंदोलन के साथ है ? और यदि भारतीय जनसंघ के नेता डॉ० श्यामाप्रसाद मुकर्जी या हिंदू महासभा के श्री निर्मलचंद चटर्जी का उस आंदोलन से सहानुभूति रखना सांप्रदायिकता है तो प्रजा समाजवादी पार्टी के नेता आचार्य कृपलानी और फारवर्ड ब्लॉक के जनरल मोहनसिंह जी को क्या कहा जाएगा ? और फिर जिस आंदोलन या जिन व्यक्तियों को सांप्रदायिक कहा जाता है, वे ऐसा कहने वाले जरा मैदान में आकर पहले यह तो बताएँ कि सांप्रदायिकता की परिभाषा क्या है ? कहीं ऐसा न हो कि सांप्रदायिकता की व्याख्या करने के बाद श्रीमानों के ही दामनों में से वह बदबू उठ रही हो ? और आश्चर्य तो यह है कि जो इस देश को अपना देश कहें, जो इस राष्ट्र के सीमा-विस्तार और अखंडता के लिए प्राण-पण से प्रयत्नशील हों और अपना सर्वस्व देकर भी भारत को गौरवशाली देखना चाहते हों वे तो सांप्रदायिक कहलाते हैं और जो भारत में रहकर दिन-रात गीत गाते हों अरब और येरूसलीम के, सांस्कृतिक संबंध जिनके भारत से बाहर जुड़े हुए हों, जिनकी विषैली प्रवृत्तियों से देश में पाकिस्तान बना और आज भी लंका में विभीषण का कार्य कर रहे हैं, वे राष्ट्रीय कहलाते हैं। पता नहीं वह कौन-सा शुभ दिन आएगा जब राष्ट्रप्रेमी को राष्ट्रभक्त और राष्ट्रद्रोही को राष्ट्रशत्रु समझने की बुद्धि हमारे भाग्यविधाताओं को आएगी ? जो शेख अब्दुल्ला कश्मीर राज्य को एक पृथक् स्टेट बनाकर शाह अब्दुल्ला बनने के स्वप्न ले रहे हैं और हर बात में भारत से भिन्नता कहीं सीधे और कहीं आड़ में आकर बनाए हुए हैं, वह तो पूरे राष्ट्रीय और जो राष्ट्रप्रेमी कश्मीर को पूर्णरूपेण भारत में लय करके नेहरू जी को न केवल भारत के, अपितु कश्मीरमिश्रित भारत के प्रधानमंत्री के रूप में देखना चाहते हैं, वे सांप्रदायिक हैं ? शेख साहब और उनके साथियों की मुस्लिम पोषक नीति तो राष्ट्रीयता से भरी हुई है। वे लोग जिन्होंने मीरपुर, पुंछ, राजौरी के हिंदुओं

के रक्त में अपने हाथ रँगे और आज नेशनल कॉन्फ्रेंस के नेता बनकर कश्मीर असेंबली में बैठकर मूँछों पर ताव दे रहे हैं, वे तो सच्चे राष्ट्रीय और जो उनकी गत और वर्तमान कुचालों से अपने और अपनी पीढ़ियों को बचाना चाहते हैं, वे सांप्रदायिक हैं ? दूसरी बात यह कही जाती है कि यह आंदोलन प्रजापरिषद् की आड़ में जमींदारों का आंदोलन है। परंतु जरा सोचिए, यदि जमींदारों का यह आंदोलन होता तो उसके तीन ही आधार हो सकते थे। या तो जमींदार आंदोलन करके छीनी जा रही भूमियों को कुछ दिन के लिए और टलवा देते, या फिर भारत के लोग उनके इस भारत में मिलाने के आंदोलन से प्रसन्न होकर उन्हें उनकी जमींदारी वापस कर देते अथवा फिर जमींदारी नहीं तो उनका कुछ मुआवजा मिल जाता। परंतु ये तो तीनों बातें ही वहाँ नहीं हैं। जहाँ तक आंदोलन करके जमींदारी समाप्ति को टालने का प्रश्न है, वह तो आंदोलन से बहुत पहले ही छीनी जा चुकीं और जहाँ यह संभावना है, भारतीय शासक संभव है, प्रसन्न होकर हमारी जमींदारी हमें वापस कर दें तो वह जब यहीं वालों की नहीं छोड़ रहे और जमींदारी समाप्ति को एक सिद्धांत के रूप में मान चुके हैं तब भला यह कैसे हो सकता है कि जो जम्मू वालों को छोड़ देंगे ? और रही बात मुआवजे की सो उसे प्रजापरिषद् के नेता बार-बार यह कह चुके हैं, हमें केवल आप भारत में मिला लीजिए, अब्दुल्ला साहब की कृपा पर मत छोड़िए, हम मुआवजे की एक पाई भी नहीं चाहते। बहुत संभव है, प्रतिक्रिया रूप में यह आंदोलन जमींदारों ने छेड़ा हो ? परंतु खिसियानी बिल्ली खंभा नोचे की प्रवृत्ति लेकर यदि जमींदार ऐसा करते तो वह प्रतिक्रिया इतनी लंबी और गंभीर कदापि-कदापि नहीं हो सकती थी और न ही भारत के समझदार मस्तिष्क उसके साथ सहानुभूति ही प्रदर्शित कर सकते थे। तीसरी एक बात यह कि इस आंदोलन से पाकिस्तान की वकालत हो रही है, ऐसा कहना उस आंदोलन की सच्चाई से निषेध करना नहीं है, अपितु उसे बदनाम करने का एक नारा मात्र है, जिसे बिना सोचे-विचारे लीडर लोग लगाते फिर रहे हैं। मेरा अपना विचार यह है कि इस आंदोलन से तो पाकिस्तान की वकालत बिलकुल नहीं हो रही, अपितु बिना किसी आधार के देश पर बार-बार सांप्रदायिकता के लांछन लगाने से पाकिस्तानी दावों के लिए गवाहियाँ अवश्य मिल रही हैं। जिस देश में ईसाई-पादरी-यहूदी और वे मुसलमान, जिन्होंने कल पाकिस्तान बनवाया, चैन से बैठकर रोटी खा रहे हों, कोई टेढ़ी आँख से भी उन्हें न देखता हो, उस पर चंद मुसलमानों को प्रसन्न करने के लिए बार-बार सांप्रदायिकता का दोषारोपण करना पाकिस्तानी दावों में बिना पैसे की गवाहियाँ देना नहीं है तो और क्या है ? और रही बात यह कि वह इस तरह डोगरा शासन को फिर से वापस लेना चाहते हैं, सो न उनकी माँगों में है और न उनके मस्तिष्क में है। इसे तो एक व्यर्थ की बकवास के अतिरिक्त और कुछ नहीं कहा जा सकता।

शेख साहब अपने भाषणों में इस बात की भी कई स्थानों पर चर्चा कर चुके हैं, "लोग मेरी नीयत पर इसलिए भी संदेह करते हैं क्योंकि मैं मुसलमान हूँ, पर इसे मैं क्या

करूँ, मुसलमान तो मैं हूँ ही और मुझे अपने मुसलमान होने पर गर्व भी है। लेकिन याद रखिए, कश्मीर की समस्या जब भी हल करेंगे तब कश्मीर के मुसलमान ही हल करेंगे। और आज आपको उनकी नीयत पर शक हो रहा है, उस दिन यह संदेह कहाँ चला गया था जब कश्मीर राज्य के हिंदू और सिक्खों को इन्हीं मुसलमानों ने बचाया था।" शेख साहब की ये बातें सुनने में तो बहुत अच्छी लगती हैं परंतु क्या शेख जी यह भी बताएँगे कि किस दिन कश्मीरी हिंदुओं और सिक्खों को मुसलमानों ने बचाया ? उन्होंने तो, जैसा मैं पहले कह चुका हूँ, कबायली और पाकिस्तानी सैनिकों के साथ मिलकर कश्मीर को पाकिस्तान का अंग बनाने में योग दिया और हिंदुओं की धन संपत्ति ही नहीं, अपितु नारियों का भी खुलकर अपहरण कराया, जो देवियाँ आज भी मुरझाए हुए फूलों की तरह आजाद कश्मीर में अपनी अंतिम घड़ियाँ गिन रही हैं। पर हाँ, हिंदू और सिक्ख बचाए, लेकिन किसने ? सरदार पटेल की सेना ने और उन अमर सेनापतियों के सहस्रों वीरगति प्राप्त सैनिकों ने, जिनकी विधवा पत्नियों ने छलछलाई आँखों से राष्ट्रपति राजेंद्रप्रसाद जी से अभी पीछे परमवीर चक्र और महावीर चक्र प्राप्त किए हैं। शेख जी ! आपके साथियों ने इन्हें कब बचाया ? और फिर इस समस्या को तो वैसे भी हिंदू और मुसलमान की दृष्टि से, किसने किसको बचाया, कभी आपको दावे के रूप में प्रस्तुत नहीं करना चाहिए। यदि ये ही युक्तियाँ देंगे तो भी कश्मीरी मुसलमानों और कश्मीर को बचाने का श्रेय भी उन भारतीय वीरों को ही है, जिन्हें भारतीय संस्कृति का प्रेम वहाँ खींचकर ले गया था। और उसका कोई मुआवजा आपसे नहीं माँगा। और इस पर भी आप कहते हैं, हम भारत में मिल तो जाते पर जब तक फिरकापरस्ती भारत से नहीं मिट जाती तब तक हम कैसे मिलें ? पर क्या शेख साहब बताएँगे कि आज जो भारत में फिरकापरस्ती दीख रही है उस दिन यह फिरकापरस्ती कहाँ चली गई थी, जब पाकिस्तानी तोपों की गड़गड़ाहट आपके कान फाड़ रही थी और आप श्रीनगर के हवाई अड्डे पर खड़े होकर पटेल की सेना की प्रतीक्षा कर रहे थे, उस दिन भारत में सांप्रदायिकता नहीं थी क्या ? जब हम एक-एक दाने को तरसते थे और कश्मीरियों को अन्न की कमी नहीं होने दी ? यहाँ राशन कार्ड लेकर दुकानों पर एक-एक गज कपड़े को परेशान थे और कश्मीर को कपड़े का अभाव अनुभव न होने दिया ? भारत के बड़े-बड़े बाँध बनने को पड़े थे और लगभग दो अरब रुपया लगाकर कश्मीर को बचाया, सहस्रों सैनिकों ने बलिदान दिया, जिनका रक्त आज भी कश्मीर की घाटियों से नहीं सूख पाया है। क्या यह सब भारत ने सांप्रदायिकता के ही आधार पर किया ? पर शेख साहब, आपको क्या कहें। जब अपना ही सोना खोटा है तो सुनार को क्या दोष देना। सांप्रदायिकता का नारा आपने तो केवल दोहराया है। बाकी है तो यह उन भारतीय नेताओं के मस्तिष्क की ही उपज, जिनके द्वारा पीठ थपथपाने से आज आप इतना बढ़-बढ़कर भाषण दे रहे हैं। इन्हीं की उदार नीति के कारण आप ही नहीं, भारत में भी कितने ही विषैले कीटाणु फिर से सिर उठाने लगे हैं और कुछ पहले भी अभी

सुरक्षित हैं। मुस्लिम लीग को संतुष्ट करने की जिस नीति ने देश में पाकिस्तान बनवाया वह ही नीति अब कश्मीर की राजनीति को उलझाने पर तुली है। शेख अब्दुल्ला की यह मनोवृत्ति पाकिस्तान की माँग करने वाले मुसलमानों से भिन्न नहीं है बल्कि उससे सांप्रदायिक भावना को बराबर प्रोत्साहन मिल रहा है। यहीं तक नहीं, कश्मीर के महाराजा हरीसिंह, बड़ौदा के गायकवाड़ और रीवाँ के गुलाबसिंह तो अपराधी होने से हटा दिए गए, परंतु पता नहीं हैदराबाद के उस्मान अली और भोपाल के नवाब में कौन-से सुरखाब के पर लगे हुए हैं जो आज भी राजप्रमुख और दूसरे प्रकारों से बने बैठे हैं ? पर क्योंकि उनका एक मजहब विशेष से संबंध है अतः वे क्षम्य हैं। महाराजा हरीसिंह का यदि यह अपराध था कि उसने कश्मीर को जब भारत में मिलाया, जब पाकिस्तानी तोपें बिलकुल कानों पर बोलने लगीं। लेकिन क्या नवाब उस्मान अली ने भी तब ही हैदराबाद को भारत में मिलाया जब पुलिस कार्रवाई हुई ? उसने मिलाना तो दूर, साढ़े तीन दिन बराबर भारत का सामना किया। तब फिर अपराधी मानकर हरीसिंह को अगर गद्दी से उतारा जाता है तो मीर उस्मान अली, जिसने जवाहरलाल जी की सेना पर तलवार उठाई, उसे न केवल पदच्युत किया जाना था, अपितु न्यायालय में खड़ा करके वही दंड देना था जो किसी शासन के विपरीत शस्त्र-प्रयोग करने वाले को देना चाहिए। पर यह सब कहें तो किससे ? सिवाय उस जनता के जो उन्हें बनाती है।

जम्मू वाले और हर समझदार आदमी कहता है कि जम्मू-कश्मीर राज्य का ध्वज वह ही तिरंगा होना चाहिए जो भारत का है। परंतु इसके विपरीत शेख साहब क्या कहते हैं, जिस तरह स्कॉटलैंड का झंडा अलग है फिर भी वह ब्रिटिश साम्राज्य के अंतर्गत है, इसी तरह कश्मीर का झंडा पृथक् रहने में क्या आपत्ति है ? दूसरे फिर हमने इसी झंडे को हाथ में लेकर कश्मीर की आजादी की लड़ाई लड़ी है, इसलिए भी हम अपना राज्यचिह्न इसी झंडे को रखना चाहते हैं और यों भारत के तिरंगे झंडे का भी हम सम्मान करेंगे ही। पर जरा यह सोचिए, जब वह स्कॉटलैंड का उदाहरण देते हैं तो क्या कश्मीर की भिन्नता स्कॉटलैंड की तरह ही सुरक्षित रखना चाहते हैं ? यदि कहिए हाँ ! तो कोई भी समझदार मस्तिष्क कभी भी इस भिन्न रूप में कश्मीर राज्य को भारत के लिए स्थायी शांति का कारण नहीं मान सकता। प्रजापरिषद् और अन्य न्यायसंगत माँग करने वाली संस्थाएँ जम्मू-कश्मीर राज्य का उसी तरह भारत में विलय चाहती हैं जैसे अन्य राज्यों का हुआ है। जहाँ तक यह युक्ति दी जाती है कि हमने इस झंडे को हाथ में लेकर कश्मीर की आजादी की लड़ाई लड़ी है तो मैं पूछता हूँ, उस दिन यह झंडा और इसे लेकर लड़ने वाले कहाँ थे जब पाकिस्तानी सैनिक कश्मीर को अपने में मिलाने पर तुले हुए थे। उस समय यदि भारत की वीर वाहिनी, जिसने भारत का तिरंगा हाथ में लेकर शत्रुओं से कश्मीर की भूमि को बचाया, न पहुँची होती तो यह लाल हल वाला झंडा भी पता नहीं कहाँ होता और इसे लेकर कश्मीरी आजादी की लड़ाई लड़ने का दंभ रचने वाले कहीं खान अब्दुल गफ्फार खाँ के बगल वाली

कोठरी को सुशोभित न कर रहे होते ? अरे भाई ! यह तो आपका नैतिक कर्तव्य था, जिस तिरंगे से प्रेरणा लेने वाली भारतीय सेना ने आपके कश्मीर को बचाया, उसे ही कश्मीर का राज्य-ध्वज मानकर अपनी कृतज्ञ प्रवृत्ति का परिचय देते। और फिर आप विशेष अवसरों पर जो भारतीय ध्वज को फहराने की बात कहते हैं, तब क्या इससे भी विशेष अवसर कोई हो सकता था जब युवराज कर्णसिंह ने सदरे-रियासत की सबसे पहले पहल शपथ ग्रहण की थी ? यह ही प्रश्न है भारत के विधान के संबंध में। जब अन्य राज्यों को उसे स्वीकार करने में कोई आपत्ति न हुई तब आपको ही ऐसी क्या आपत्ति है जो पृथक् विधानसभा बनाकर अलग विधान बनाने पर लाखों रुपया नष्ट किया जा रहा है ? और यदि भारत के विधान में कुछ कमी थी तो उसकी स्वीकृति और मान्यता में आप और आपके साथियों ने क्यों हस्ताक्षर किए थे ? स्पष्ट है कि उसके लागू होने पर आप अपनी मनमानी नहीं कर सकते थे। यही बात प्रमुख न्यायालय के संबंध में भी है, यदि आप बिलकुल राष्ट्रीय और दोषों से सर्वथा परे हैं तो सुप्रीम कोर्ट को मान्यता देने में क्यों आपको हिचक हो रही है ? जम्मू वालों का आंदोलन निराधार, सांप्रदायिक और प्रतिक्रियावादी यदि है तो क्यों नहीं निष्पक्ष जजों की वस्तुस्थिति के अध्ययन की माँग को मान लिया जाता ?

जम्मू-आंदोलन को दबाने के लिए जो उपाय कश्मीर शासन या शेख मिनिस्टरी काम में ला रही है उसकी निंदा स्वयं प्रधानमंत्री नेहरू जी से लेकर कम्युनिस्ट सदस्यों तक ने भी की है। पर क्या कश्मीर सरकार ने अपना वह ढंग बदल दिया ? एक ओर तो शेख जी कहते हैं, मैं तो गांधीजी का अनुयायी हूँ और उसी मार्ग पर चल रहा हूँ। पर क्या गांधीजी ने लाठी-गोली और पाशविकता से आंदोलनों का दमन करना बताया था। एक ओर तो आप यह भी कहते हैं—प्रजापरिषद् तथा अन्य समाज-विरोधी तत्त्वों के साथ मेरी नीति घृणा की नहीं है। मेरी नीति यह है कि सब गलत मार्ग से चलने वाले तत्त्वों को प्रेम की वास्तविक शक्ति से जीता जाए। पर आखिर वह कौन-सा आपका प्रेम शास्त्र है जिसमें लाठी और गोलियों की बौछारें भी निहित हैं ? याद रखिए, स्वार्थ लिप्सा अथवा भावावेश में छेड़े गए आंदोलन हलके तौर-तरीकों से दब सकते हैं। जिस आंदोलन को चलते-चलते तीन मास होने को आए वह इतना साधारण नहीं है जिसे लेक्चरों और निरर्थक नारों से दबाया जा सके। यही नहीं, जो आंदोलन गोलियों से भी नहीं दबा और दिन दूना बल पकड़ता जा रहा है तथा सहस्रों नागरिक जिसके लिए जेलों में सड़ रहे हैं, वह असाधारण आंदोलन कैसे कहा जा सकता है ? शेख साहब ! मनुष्य के रक्त से होली खेलने वाली सत्ताएँ अधिक देर नहीं ठहर सकी हैं। यदि जलियाँवाले बाग में लगे हुए खून के छींटे अंग्रेज की तानाशाही को लड़खड़ा सकते हैं, तो जम्मू के निरीह नागरिकों के ये बलिदान, जो कश्मीरी पुलिस की गोलियों का शिकार हुए हैं, अपना प्रभाव लाए बिना नहीं रह सकते। समय आ गया है जब निरंकुश अब्दुल्लाशाही को भी यह समाप्त करके ही दम लेंगे। अच्छा हो, भारतीय नेताओं के सत्परामर्श से आप अपनी हठीली प्रवृत्ति का परित्याग

कर शांत मस्तिष्क से उस समस्या को सुलझाएँ। शासक के लिए कभी भी दुराग्रही प्रवृत्तियाँ शोभा नहीं देतीं। और फिर प्रजापरिषद् का आंदोलन तो वैसे भी शांत, वैध और अहिंसक ढंग से चल रहा है, जब हिंसात्मक ढंग अपनाने वाले साम्यवादियों से सही मार्ग अपनाने का आश्वासन देने मात्र पर ही नेहरू जी मिल सकते हैं और बात कर सकते हैं, तब प्रजापरिषद् वालों को बार-बार यह कहना, 'मैं उनसे नहीं मिल सकता या नहीं सुन सकता' यह अच्छा नहीं है। जिन गांधीजी की आप दुहाई बार-बार देते हैं उन्होंने तो शत्रु से भी मित्रता करना सिखाया था। और फिर जिन जमींदारों को मुआवजा न देकर आपने उनके परिवारों को एक अजीब विपत्ति में डाल दिया है अथवा जम्मू-लद्दाख वालों की आर्थिक स्थिति को डाँवाडोल बना दिया है, उससे नेहरू जी तक को भी कष्ट है, इन सबका क्या प्रतिकार आपने सोचा है ? भारत के राष्ट्रपति से जो आप समझौता करके गए हैं उसे अमल में लाते हुए अभी क्यों हिचक है ? नेहरू जी के साथ यदि पूर्ण रूप से आपको आत्मीयता है तो जैसे उनके भारत में बंगाली-मद्रासी-आसामी सबने ही हिंदी को मान्यता ही नहीं, सर्वोपरि मान लिया है, फिर आपके राज्य में उर्दू का बोलबाला कर उसके साथ परकीयपन क्यों बरता जा रहा है ? यदि हिंदी में इतने ही काँटे थे तो भारतीय पार्लियामेंट में राष्ट्रभाषा हिंदी स्वीकृत होते समय एक हाथ की बजाय दोनों हाथ उठाकर कौन-सा नाटक खेला था ? जब भारत में सभी राज्यों के सब ही प्रधान शासकों के नाम राजप्रमुख हैं तब आपके सदरे-रियासते शब्द को चिपटाने का हम क्या अर्थ समझें ?

जम्मू का यह शांतिपूर्ण आंदोलन तब आरंभ हुआ जब उनका धैर्य सीमा को लाँघ गया। अन्यथा उन्होंने इससे पूर्व और भी वैध उपाय किए, कोई एकदम तो यह सत्याग्रह आरंभ हो ही नहीं गया। सबसे पहले मार्च, 1948 के आरंभ में सरदार पटेल तक जम्मू का एक प्रतिनिधिमंडल पहुँचा और उसी मास में शेख अब्दुल्ला को भी जम्मू के साथ उनकी पक्षपात-भरी कार्यवाहियों के लिए स्मृति-पत्र भेजा गया। अप्रैल में जवाहरलाल जी से यह लोग मिले और कश्मीर का कच्चा चिट्ठा उन्हें बताया, उसके बाद फिर सन् '51 में भी स्वयं पं० प्रेमनाथ डोगरा नेहरू जी से मिले और बढ़ते हुए असंतोष से उन्हें अवगत कराया। फरवरी, सन् '52 में तिरंगा ध्वज सब स्थानों पर लहराया जाए, इसको लेकर छात्रों ने एक आंदोलन छेड़ा, जिसमें कई विद्यार्थी मारे भी गए। जून, सन् '52 में माननीय राष्ट्रपति डॉ० राजेंद्रप्रसाद जी को फिर एक स्मृति-पत्र दिया गया, जिसमें शेख साहब की सारी गतिविधियों की ओर भी राष्ट्रपति का ध्यान आकर्षित किया गया। बाद में कुछ भी सुनवाई न होती देखकर वैध आंदोलन आरंभ हुआ जो आज एक प्रकार से जम्मू और उससे बाहर भी चल रहा है, जिसमें समझदार हिंदू और मुसलमान सब साथ हैं। न केवल जेल जाने वालों में, अपितु जो व्यक्ति निरंकुश अब्दुल्लाशाही का सामना करते हुए गोली से मारे गए हैं उनमें भी उन्होंने अपना प्रमुख पार्ट अदा किया है ? पीछे भारत के उपराष्ट्रपति डॉ० राधाकृष्णन् जी ने राज्यपाल और राज्यप्रमुखों के सम्मेलन में अपने

व्यापक विदेश-भ्रमण की चर्चा करते हुए कश्मीर का प्रश्न उठाकर कहा कि पाकिस्तान का यह तर्क तो विदेशी लोगों के गले झट उतर जाता है कि भारत का विभाजन हिंदू और मुस्लिमबहुल आबादी की बहुलता के आधार पर हुआ है। इसी कारण कश्मीर की आबादी मुस्लिमबहुल होने के कारण उस पर हमारा अधिकार है, परंतु भारतीयों का यह तर्क सच होते हुए भी उनकी समझ में नहीं आता कि पाकिस्तान बनने के बाद भी आज चार करोड़ मुसलमान भारत में रहते हैं और भारत के शासन की नीति असांप्रदायिक है। इसी से कश्मीर भारत का अंग बनकर रहने में कोई असंगतता नहीं है।

डॉ० राधाकृष्णन् द्वारा उपस्थित की गई आज की इस समस्या का मूल कारण हिंदू और मुसलमानों को पृथक् न मानते हुए भी कांग्रेस की पुरानी मुस्लिम तोषिणी नीति पर भारत सरकार का फिर से चलना है।

अंत में मैं अपने भाषण को उपसंहार की ओर ले जाते हुए आपसे कहना चाहता हूँ—भारत को बाह्य दृष्टियों से कितने ही विदेशी गिद्ध ललचाई आँखों से देख रहे हैं, चारों ओर तनाव और भय का वातावरण है, ऐसी स्थिति में सीमा प्रदेश के मुख्य भूभाग कश्मीर को आंतरिक सुदृढ़ता प्रदान करना आवश्यक है। भारत और कश्मीर के शासकों को सत्ता के मद में वहाँ की न्याययुक्त माँगों को ठुकराना नहीं चाहिए। अन्यथा तो वह ही बात होगी जैसे एक मेल ट्रेन के डिब्बे में बैठा हुआ कोई यात्री यदि एक बोतल शराब चलती गाड़ी में पी ले, तो नशे में डिब्बे के अन्य साथी यात्रियों को ही हानि पहुँचाएगा, परंतु यदि उस ट्रेन का ड्राइवर दो बोतल शराब चढ़ाकर नशे में मस्त होकर चलाएगा और अंधा होकर दौड़ेगा तो एक डिब्बे के ही नहीं, गाड़ी में बैठे हजारों मनुष्यों के जीवन से खेल खेलेगा। भारत राष्ट्र की गाड़ी के ड्राइवर कहीं सत्ता की उसी शराब को पीकर अपने मानसिक संतुलन को न खो बैठें, अन्यथा छत्तीस करोड़ की किस्मत की गाड़ी लड़खड़ा उठेगी और उसका दायित्व उन पर ही होगा ? मैं तो दयानंद महर्षि का अनुयायी होने के नाते इतना ही नहीं, यह भी चाहता हूँ कि कश्मीर के भारत में पूर्ण विलय के बाद आर्यसमाज को भी अपने कार्य का मुँह कुछ समय के लिए उधर मोड़ देना चाहिए, जिससे राजनीतिक एकता के साथ ही साथ सांस्कृतिक एकता भी स्थापित हो सके और फिर से कश्मीर की घाटियों से वेद-मंत्रों के गान और उपनिषदों के वाक्य सुनाई देने लगें। सारा कश्मीर अखंड भारत का अभिन्न अंग बनकर विभोर होकर कह उठे—भारत माता की जय !

भारत और कश्मीर

('मेरे सपनों का भारत' पुस्तक में प्रकाशित लेख)

भारत का उत्तरी सीमावर्ती राज्य कश्मीर भारत माता के मस्तक पर सुहाग की बिंदी है। हिमालय की गोद में बसे इस राज्य का पुराणों में तो बड़ा विचित्र वर्णन आया है—कश्यप नाम के कोई ऋषि थे जिनकी तपस्या के हेतु जल में से यह पर्वतीय भाग निकला, जिस कारण इसका नाम कश्मीर पड़ा है। यहाँ की कुंकुम क्यारियाँ, यहाँ की झीलें, यहाँ के झरने और वनस्पतियाँ एक से एक होड़ लेती हुई ऐसी प्रतीत होती हैं मानो प्रकृति का सारा सौंदर्य यहीं बिखर पड़ा हो। न केवल वनस्पतियाँ अपितु यहाँ की रमणियाँ भी विधाता की कलाप्रियता का मूर्त रूप हैं। इसी केकय राज्य (कश्मीर का प्राचीन नाम) की राजकुमारी कैकेयी को अयोध्यापति दशरथ ने किसी जुलूस में देखा और भविष्य का बिना विचार किए उसके सौंदर्य पर इतने आसक्त हुए जो विवाह की उस अंतिम शर्त को भी उसके पिता से स्वीकार कर बैठे, इसी के बच्चों को मेरे बाद अयोध्या की गद्दी मिलेगी। प्रसिद्ध मुस्लिम बादशाह जहाँगीर की कब्र, जो कश्मीर में ही है, उस पर आज भी फारसी की यह दो पंक्तियाँ लिखी हैं—

गर फ़िरदौस बरुए ज़मीनस्त।
हमीनस्तो हमीनस्तो हमीनस्त।।

अर्थात् यदि संसार में भूमि पर कहीं स्वर्ग है तो यहीं है ! यहीं है !! यहीं है !!! किसी समय में कश्मीरी ब्राह्मणों का पांडित्य भारत के लिए गौरव का विषय रहा है। वर्तमान संस्कृत व्याकरण के आदि प्रवर्तक महामुनि पाणिनी, योगशास्त्र के रचयिता महर्षि पातंजलि और राजतरंगिणी के कवि कल्हण की जन्मदायिनी भूमि कश्मीर ही है। इस सुंदर प्रदेश का क्षेत्रफल 82258 वर्गमील है। कश्मीर के चार भाग हैं—जम्मू, लद्दाख, गिलगित और कश्मीर। जम्मू हिंदूबहुल राज्य है, लद्दाख में बौद्धों की संख्या अधिक है और गिलगित व कश्मीर में मुसलमानों की। पहले कश्मीर भी हिंदूबहुल प्रदेश ही था, परंतु शाहमीर नाम का एक सेनापति, जिसके पूर्वजों की हिंदुओं से किसी बात पर चल पड़ी थी, उसने तत्कालीन राजा सहदेव की पुत्रवधू को अपने घर में डाला और सेना के प्रभाव का उपयोग कर बुलबुलशाह फकीर के सहयोग से इस्लाम का प्रचार आरंभ किया। एक-एक साथ 75 मन तक यज्ञोपवीत जलाए गए, श्रीनगर के पास की झील का वह भाग जहाँ वेद

और उपनिषद् ग्रंथों को ब्राह्मणों के घरों से निकाल-निकालकर पाटा गया था आज की वटमजार के नाम से प्रसिद्ध है। राजा रणजीतसिंह ने वीरता से प्रसन्न होकर जम्मू राज्य महाराजा हरिसिंह के पूर्वजों को इनाम में दिया था। लद्दाख और गिलगित उनका विजित प्रदेश है और महाराजा गुलाबसिंह ने अंग्रेजों से 80 लाख रुपए में यह कश्मीर वाला प्रदेश मोल लिया था। कश्मीर की आय के मुख्य साधनों में केसर, ऊन, लकड़ी और फल विशेष उल्लेखनीय हैं। कश्मीर राज्य का आर्थिक, धार्मिक और प्राकृतिक दृष्टियों से महत्त्व होने के कारण इसका एक सबसे बड़ा महत्त्व राजनीतिक भी है, क्योंकि कश्मीर के पाँच कोनों से टकराती हुई तिब्बत, रूस, पाकिस्तान, अफगानिस्तान, सिंक्यांग की सीमाएँ भी हैं। झेलम, रावी, चिनाव आदि कई प्रमुख नदियाँ भी इसी राज्य की गोद में होकर बहती हुई पाकिस्तान को हरा-भरा करने निकलती हैं। फिरोजपुर के नहरी पानी की भाँति पाकिस्तान इनकी ओर से भी आशंकित है। कभी ऐसा न हो, भारत इनका मुँह तोड़ दे और सारा पाकिस्तान फिर सूखकर अरबिस्तान न बन जाए।

अमेरिका आदि देशों की ओर से जो पाकिस्तान सरकार को बढ़ावा मिल रहा है और जिस कारण सुरक्षा परिषद् में भी कश्मीर का प्रस्ताव पाकिस्तान के अनुकूल बहुमत से स्वीकृत हुआ है, उसका एक मुख्य कारण यह भी है। कश्मीर का वह गिलगित वाला प्रदेश जो आज 'आजाद कश्मीर' नाम से है वहाँ एंग्लो-अमेरिकी गुट अपने हवाई अड्डे स्थापित कर सके, जिससे एशिया पर हमला करने को सीधा मार्ग मिल जाए। भारत यह चाहता है, न अमेरिका के हवाई अड्डे वहाँ बनें और न एशिया के किसी के भी बनें, जिससे तृतीय महायुद्ध के स्फुल्लिंगों से भारत बच सके। इस प्रकार कश्मीर का प्रश्न भारत और पाकिस्तान के मध्य का प्रश्न नहीं रहा, अपितु अंतर्राष्ट्रीय प्रश्न हो गया है। गिलगित वाला वह प्रदेश तो जिसका सामरिक महत्त्व विशेष है, आजाद कश्मीर नाम से है ही, शेष कश्मीर में अब्दुल्ला सरकार अब है जो आर्थिक और विदेशी मामलों में किसी रूप में (पूर्ण रूप से नहीं) भारत के साथ अपने को कहती है, अन्यथा तो अपनी स्वतंत्र विधानसभा बनाए बैठी है, राज्य का पृथक् झंडा बना लिया है और भारत से मिले रहने का आश्वासन देते हुए भी स्वेच्छाचारिता की हद की हुई है। इसी अब्दुल्ला सरकार के विरोध में प्रजापरिषद् ने, जिसके नेता पं० प्रेमनाथ डोगरा हैं, आज अपना एक आंदोलन छेड़ा हुआ है, जिसे कुचलने में अब्दुल्ला सरकार अपने हर प्रकार के उपाय काम में ला रही है और नेहरू जी के भारत की पुलिस भी उनके दमन हेतु बुलाई गई है। प्रजापरिषद् का कहना है—शेख अब्दुल्ला सरकार के हाथ में हिंदुओं का भविष्य ही सुरक्षित नहीं, अपितु वह पृथक् एक स्वतंत्र राज्य कश्मीर को बनाकर शाह अब्दुल्ला बनने के स्वप्न ले रहे हैं। इसी आधार पर प्रजापरिषद् ने जो सत्याग्रह आरंभ किया है उसकी मुख्य तीन माँगें इस प्रकार हैं—

1. कश्मीर राज्य का भारत में वैधानिक रूप से पूर्ण रूप में विलय होना चाहिए और कश्मीर की स्थिति भारत के अन्य अंगभूत राज्यों जैसी हो।

2. कश्मीर में एक ही ध्वज (झंडा), जो भारत का है, रहना चाहिए।

3. भारत का केंद्रीय विधान और कानून वहाँ भी लागू हो।

इधर नेहरू सरकार की स्थिति बड़ी असमंजस वाली हो गई है, व्यूह बनाकर स्वयं ही उसमें फँसती जा रही है। तीन भूलें इतनी भयंकर हो गईं जिनको न छोड़ते बनता है, न चालू रखते ही बनता है। पहली भूल तो उस दिन हुई जब स्वयं अहिंसा के पुजारी महात्मा गांधी ने कबायलियों की आड़ में पाकिस्तान के हमले से कश्मीर को बचाने के लिए महाराजा हरिसिंह की पुकार पर भारतीय सेना की पीठ ठोंककर 27 सितंबर को शत्रुओं से कश्मीर खाली कराने को भेजा। हमारी सेनाएँ वहाँ गईं और कश्मीर की दुर्गम घाटियों में सहस्त्रों सैनिक बर्फ में गल गए, कई प्रमुख सेनापति पाकिस्तानी गोलियों का निशाना बन गए, दो अरब रुपए के लगभग भारत की अमूल्य संपत्ति नष्ट हुई, परंतु भारत की वीरवाहिनी ने पाकिस्तानी आक्रांताओं के दाँत खट्टे कर दिए और कश्मीर की इंच-इंच भूमि शत्रुओं से रिक्त कराने में एक ही दो सप्ताह रहे थे, ज्यों ही भारतीय सेना की तोपों की गड़गड़ाहट रावलपिंडी और कराची से टकराई, झट मियाँ लियाकतअली बोले, अच्छा, युद्ध बंद करके समझौता कर लो और हमारे भोलानाथ समझौता कर बैठे और एकदम युद्धबंदी के आदेश दे दिए गए। हमारे सैनिक तड़पकर रह गए, जब हम बर्फीली घाटियों में युद्ध करना भली प्रकार जान गए और शत्रुओं के पाँव उखड़ने लगे थे तथा युद्ध में जरा गरमी आई थी तब यह आदेश आ गए। कश्मीर की लड़ाई मिस्र, चीन, अराकान और अफ्रीका जैसे प्रदेशों की समतल लड़ाई के समान तो थी ही नहीं, पर्याप्त कठिन लड़ाई थी। एक-एक मील आगे बढ़ने के लिए दस-दस मील की पहाड़ियों का चक्कर काटना पड़ता था। शत्रु द्वारा की गई गोलाबारी में एक-एक इंच के लिए संघर्ष करना पड़ा। और फिर कश्मीर पर पाकिस्तान का हमला एक सुनिश्चित योजना थी, जिसे वह कुछ दिन तक कबायलियों के हमले कहकर टालता रहा, पर ओवर डिक्सन की रिपोर्ट से यह तथ्य और भी भली प्रकार स्पष्ट हो गया। कश्मीर पर हमला एक साथ एबटाबाद तथा भमरी मार्ग से श्रीनगर को लक्ष्य बनाकर किया गया, मुजफ्फराबाद पर उनका अधिकार हो गया तथा उधर कोहाला के पुल पर भी कब्जा कर दोमेल में आकर दोनों ओर की फौजें मिल गईं। कश्मीर सेना का भूतपूर्व सेनापति मेजर जनरल स्टाट रिटायर होकर उधर जा मिला और वह पाकिस्तानी फौजों का नेतृत्व कर रहा था, इधर रियासती सेना के अधिकतम मुस्लिम सिपाही मुजफ्फराबाद में ही पाकिस्तानी सेना में मिल चुके थे। मेजर जनरल राजेंद्र सिंह जी (कश्मीरी) जो कश्मीर राज्य सेना का उस समय संचालन कर रहे थे, थोड़े-से सिपाहियों को लेकर मुजफ्फराबाद, दोमेल तथा उड़ी तक शत्रुओं का सामना भी करते रहे, पर आखिर कब तक ? अंत में यह वीर सेनापति मातृभूमि कश्मीर की रक्षा के लिए अपने सैनिक सहित युद्धस्थल में मारे गए और दुश्मन बढ़ते-बढ़ते बारामूला तक पहुँच गया।

श्रीनगर जाने की तीन सड़कों में से रावलपिंडी और एबटाबाद की दो सड़क

पाकिस्तान के अधिकार में थीं और पठानकोट होकर जम्मू के मार्ग से श्रीनगर पहुँचने वाली सड़क भारत के अधिकार में थी, परंतु वह बिलकुल अस्त-व्यस्त थी, जिसको 24 घंटे में नया पुल बनाकर तैयार किया गया। कर्नल राय के सेनापतित्व में श्रीनगर हवाई अड्डे पर उतरते ही हमारी फौज पड़ोस में पड़ी शत्रु की छावनियों पर टूट पड़ी और उन्हें पत्तन तक भगाकर दम लिया। उसके बाद आँधी की तरह बढ़ती हुई भारत की इस वीरवाहिनी ने दोमेल, उड़ी, मुजफ्फराबाद और कोंहली के प्रदेश खाली करा दिए और फिर पुंछ की ओर अपना मुँह फेरा, क्योंकि शत्रु का बढ़ाव उधर ही था। रियासती सेना के एक सिपाही की भूल से वहाँ का वह पुल टूटने से भारतीय सेना को लॉरियों द्वारा जो राहायता भेजी गई वह समय पर न मिल सकी और इस तरह मीरपुर कोटली शत्रु के अधिकार में ही रह गया। इतने पर भी विराम-संधि यदि भारतीय सिपाहियों के हाथ न रोक देती और अंतर्राष्ट्रीय साख की भूख हमारे नेताओं को कुछ दिन और न लगी होती तो आज सारा कश्मीर शत्रु से खाली होता। भारत माता के इन रणबाँकुरे सपूतों ने बर्फ में गल-गलकर 12 हजार फीट की ऊँचाई पर 4-4 मील लंबी सड़कें बना, लेह और लद्दाख में 21 हजार फीट की ऊँचाई पर बाबा मेहरसिंह ने उड़ान करके, सप्ताहों तक भूखे रहकर जो दुश्मन को टैंकों से रगड़ा है, सारा विश्व उसे देखकर आश्चर्य में है।

दूसरी महती भूल हुई उस दिन जब कश्मीर की समस्या बिना दूरदर्शिता से सोचे यू० एन० ओ० में भेज दी गई। सुनते हैं, जिस दिन महात्मा गांधी ने इस समाचार को सुना तब बहुत ही आंतरिक कष्ट उन्हें भी हुआ था। यदि हैदराबाद के प्रश्न को भी कश्मीर की तरह सुरक्षा परिषद् में भेजा जाता तब क्या उसका परिणाम होता, हर बुद्धिमान बता सकता है। जो अंग्रेज भारत छोड़ने के बाद भी रावलपिंडी और दूसरे स्थानों पर कमिश्नर बनकर बैठा है, भारतीय सेना के भूतपूर्व सेनापति आचिनलेक, जो कभी व्यापार के बहाने और कभी किसी के बहाने कराची के चक्कर लगा रहे हैं, और वह अमेरिका जिसके स्वार्थ कश्मीर के पाकिस्तान के साथ रहने में हैं, यह एंग्लो-अमेरिकी गुट, जिसका बहुमत सुरक्षा परिषद् में है, इससे और न्याय की आशा ? गत दिसंबर में जो प्रस्ताव सुरक्षा परिषद् में स्वीकृत हुआ है वह स्पष्ट बताता है, उनका क्या इरादा है ? बंदर के हाथों से आज तक कभी रोटी के बँटवारे हुए हैं ?

तीसरी भूल उस दिन हुई जब कश्मीर में जनमत-संग्रह को नेहरू जी एकदम हाँ कह बैठे ? कभी फ्रंटियर में भी तो इसी तरह का जनमत माँगा था, जहाँ विशुद्ध कांग्रेसी मंत्रिमंडल डा० खान साहब का था, लेकिन आज वह सीमाप्रांत पाकिस्तान में है और उसके नेता जेलों में हैं। कौन नहीं जानता, मुसलमान मजहब के नाम पर आगा-पीछा कुछ नहीं सोचता। जब सीमाप्रांत को वह पाकिस्तान में जाएगा या हिंदुस्तान के लिए मत-संग्रह हुआ और मुल्लाओं के वह उभरते हुए नारे लगे, गीता को वोट दोगे या कुरान को ? मंदिर को वोट दोगे या मस्जिद को ? उनका क्या परिणाम निकला ? इसी से शायद पं० प्रेमनाथ

कह रहे हैं, यदि कश्मीर में जनमत कराना ही तुम्हें अभीष्ट है तो कम से कम जम्मू और लद्दाख को तो बचा लो, इन्हें तो अब्दुल्ला के रहम पर न छोड़ो। लद्दाख का लामा बकुल और जम्मू के पं० प्रेमनाथ डोगरा दोनों यही चाहते हैं।

इधर महाराजा हरीसिंह को हटाकर उनके लड़के युवराज कर्णसिंह को सदरे-रियासत बना कश्मीरी जनता के आँसू पोंछकर अब्दुल्ला अपनी मिनिस्टरी बनाए बैठे हैं। स्मरण रहे, यह वह ही अब्दुल्ला हैं जो पहले एक स्कूलमास्टर थे और बरसों तक मुस्लिम कॉन्फ्रेंस के अध्यक्ष रहे। संवत् 1988 विक्रमीय अर्थात् सन् '31 के उस भयंकर दंगे को अभी कश्मीरी भूले नहीं हैं, जिसका नेतृत्व यही श्रीमान् कर रहे थे और हिंदुओं को अपार धन-जन की हानि उठानी पड़ी थी। गोलमेज कॉन्फ्रेंस में भारत को स्वाधीनता देने विषयक प्रस्ताव का समर्थन जब महाराजा हरिसिंह ने भी किया तब यह प्रश्न उठा—फिर इन रियासतों का क्या होगा जो भारत में हैं ? उन्होंने कहा, हम भी भारत में मिल जाएँगे और तब उसकी प्रतिक्रिया उक्त दंगे के रूप में हुई, जिसको सहयोग देने स्यालकोट के रास्ते कुछ बेलचाधारी भी गए। उसके बाद सन् '35 के लगभग आज के भारत के रक्षामंत्री श्री गोपालस्वामी आयंगर कश्मीर के प्रधानमंत्री बनकर पहुँचे और उन्हें कहा, केवल मुस्लिम नाम पर आंदोलन छेड़कर कोई आप प्रभावित करने वाली माँग राज्य से शायद पूरी न करा सकेंगे ? जिसके बाद नेशनल कॉन्फ्रेंस के रूप में उस आंदोलन को इन्होंने चलाया। चौ० गुलाम अब्बास, जो इस समय आजाद कश्मीर में हैं, उन्होंने उस संस्था को बाद में भी उसी रूप में जीवित रखा। उसी अवस्था में जब इनकी कार्यवाहियाँ कश्मीरी शासन के विपरीत चल रही थीं, महाराजा हरिसिंह ने बड़ी निगरानी आरंभ करा दी। बाद में नेशनल कॉन्फ्रेंस अन्य देशी राज्यों में प्रजापरिषदों की भाँति भारतीय राष्ट्रीय महासभा (कांग्रेस) से भी अपना कुछ संबंध रखने लगी। इसी बीच में कुछ इतने अधिक राजद्रोहात्मक आंदोलन इन्होंने किए जिससे महाराजा को इन्हें जेल भेजना पड़ा। नेहरू जी को कश्मीरी होने के कारण कुछ आत्मीयता यों तो स्वाभाविक है ही, दूसरे कांग्रेस के प्रमुख नेता होने के कारण जब अब्दुल्ला साहब का पक्ष लेने कश्मीर पहुँचे तो पहले राज्य से चेतावनी इन्हें मिली और बाद में कुछ समय नजरबंद भी रखा गया। इसी से अब्दुल्ला के साथ और भी निजीकरण-सा उन्हें हो गया।

महाराजा हरिसिंह ने जो भी पग उठाए वह सारे ही ठीक थे, ऐसा लिखना हमें कदापि अभिप्रेत नहीं, वह तो एक समय आना ही था जब राजाओं के विपरीत प्रजा को क्रांति करनी थी। परंतु उसकी आड़ में कश्मीरी आंदोलन में जो एक मजहबी रूप था, जो अब और भी खुलकर सामने आ रहा है, निंदनीय तो यह था। महाराजा हरिसिंह से यदि यह भूल हुई कि उन्होंने कश्मीर को उस समय भारत में मिलाया जब पाकिस्तान की तोपें कश्मीर पर गड़गड़ाने लगीं, लेकिन क्या हैदराबाद के निजाम से भी यह ही भूल हुई ? उसने तो भारत की तोपों की ध्वनि सुनकर ही नहीं हैदराबाद का विलय स्वीकार किया,

अपितु भारत का डटकर सामना भी किया। दूसरे, महाराजा हरिसिंह चाहे कितना ही अपराधी सही परंतु यह तो संसार जानता है, तब भारत के कोने-कोने में खून की होली खेली जा रही थी और कश्मीर के बगल में ही नरसंहार चल रहा था, उस मुस्लिमबहुल रियासत कश्मीर को हरिसिंह जैसे चतुर शासक ने इतना सँभाल रखा जो खून का एक छींटा भी किसी को न लग पाया, यह क्या कुछ साधारण बात है ? इसके विपरीत निजाम राज्य में जो विशेष सेनाएँ और आंदोलनकारी बुला-बुलाकर हत्याएँ, लूटमार और धर्म-भ्रष्टता की कार्यवाहियाँ जिनके संरक्षण में हुईं वह मीर उस्मान अली क्या कम अपराधी हैं ? परंतु वाह रे न्याय ! हरिसिंह क्योंकि अब्दुल्ला को जेल में और नेहरू जी को नजरबंदी में रख चुका है, वह तो पूना में पड़ा कश्मीर जाने योग्य भी नहीं रहा और निजाम राजप्रमुख बनकर मूँछों पर ताव दे रहे हैं।

जिन शर्तों पर कश्मीर में विरामसंधि हुई थी, पाकिस्तान ने उनमें से एक भी शर्त पूरी नहीं की। न तो कश्मीर क्षेत्र से उसने अपनी सेनाएँ ही हटाईं और न कश्मीर के स्थान पर भ्रष्ट हिंदुओं को ही पुनः बसाने का प्रयत्न किया, फिर ऐसी स्थिति में मतगणना कैसी ? सीमा प्रांत तथा पंजाब के लाखों मुस्लिम कुछ तो उधर आजाद कश्मीर में बस रहे हैं, इधर अभी नेहरू जी से जो शेख अब्दुल्ला पीछे समझौता करने गए थे कि जो कश्मीरी मुसलमान पाकिस्तान चले गए हैं, उन्हें फिर बसाया जाए, इस आड़ में पंजाबी मुसलमान ला-लाकर इधर बसाए जा रहे हैं। मुजफ्फराबाद, भिंबर, मीरपुर और पुंछ के अभागे हिंदू कुछ राजस्थान और उत्तर प्रदेश में हैं तथा कुछ बंबई के चेंबूर आदि कैंपों में पड़े हुए जाने कहाँ-कहाँ दिन काट रहे हैं ? न्याय तो यह है कि जिस प्रकार पश्चिमी पंजाब से उजड़े हुए पंजाबियों को पूर्वी पंजाब में बसाने का यत्न किया गया उसी प्रकार पश्चिमी कश्मीर के सताए गए हिंदुओं को जम्मू और श्रीनगर क्षेत्र में बसाया जाता। परंतु अंधे के आगे रोना अपने ही नैन खोना है, कहें तो किससे ?

आरंभ से ही अब्दुल्ला और उनकी सरकार के जो पग उठ रहे हैं वह विपरीत दिशा में जाते से दृष्टिगोचर हो रहे हैं। सबसे पहला क्रांतिकारी सुधार आपने यह किया कि जमींदारी बिना किसी प्रकार के मुआवजे के समाप्त कर दीं। जिन जमींदारों ने इतने दिन आनंद उड़ाए हैं अब उन्हें क्या अधिकार है जो एक पैसा भी वह लें, इतने दिन में जो मौज उड़ाई है, यह ही क्या कुछ कम है ? सुनने में तो यह बात बहुत ही अच्छी लगती है और प्रतीत होता है, अब्दुल्ला बड़े प्रगतिशील नेता हैं जो जमींदारों को कुछ भी नहीं दिया। परंतु कितने व्यक्ति हैं जो इस रहस्य से परिचित हैं कि उन जमींदारों का अधिकांश भाग हिंदू हैं और इसलिए यह निश्चय किया गया। लेकिन जमींदार हिंदू हों या मुसलमान, यदि मुआवजा नहीं पाता और अपना निजी उसका और कुछ काम भी नहीं, यहाँ तक कि दो बीघे जमीन भी जोत में नहीं, तब क्या उसे हाथ में प्याला लेकर भीख माँगने छोड़ा जाए या बंदूकें लेकर डाका मारने ? और फिर इस प्रकार के प्रगतिशील पग क्या भारत के अन्य

प्रांत नहीं उठा सकते थे, वह सब क्या जमींदारों पर विशेष कृपालु थे ? परिणाम उसका यह है कि उनकी परिवारिक स्थिति आज डाँवाडोल है। रही बात नौकरियों में हिंदुओं के लेने की, उसके लिए अब्दुल्ला यह तर्क देते हैं कि महाराजा के समय में हिंदू नौकरियों में अधिक आ गए थे इसलिए अनुपात पूरा करने के लिए पहले मुसलमान को लिया जाएगा। इसी कारण कश्मीर के सरकारी दफ्तरों में एम०ए० पास हिंदू के लिए कोई स्थान नहीं और मिडिल फेल मुसलमान के लिए है। कश्मीरी हिंदू, जो व्यापारी मनोवृत्ति प्रधान थे, वह व्यापार कुछ तो राज्य सरकार ने अपने हाथ में लिए और कुछ पाकिस्तान बनने से ठप्प हैं। कश्मीर का व्यापार लाहौर और अमृतसर दो स्थानों से मुख्य रूप में होता था, सो लाहौर का तो अब कोई प्रश्न ही नहीं रह गया, रहा अमृतसर, सो भारत-पाकिस्तान सीमा पर होने से अमृतसर की मंडियों का काम रुपए में दो आने भी नहीं। कुछ हिंदू बसें-ट्रकें आदि चलाकर पेट पालते थे, उसे अब्दुल्ला सरकार ने राष्ट्रीयकरण कर अपने हाथ में ले लिया। अभिप्राय यह है, किसी भी हिंदू को बलपूर्वक वहाँ से हटाने की आवश्यकता नहीं है, वह स्वयं ही परिस्थितियों से विवश होकर कश्मीर छोड़ आएँगे।

एक बार किसी सरकारी समारोह में भारत का राष्ट्रीय ध्वज (अशोक चक्रांकित तिरंगा) नीचे खंभे पर और कश्मीरी झंडा (लाल कपड़े पर हल वाला) जब ऊपर लहराता हुआ कुछ स्वाभिमानी कश्मीरी युवकों ने देखा तो वह उस अपमान को न सहन कर सके और आग्रह किया कि इस भारतीय झंडे को ऊँचा उठाया जाए। इसी के कारण आज कश्मीर सुरक्षित है और इसी के सम्मान की रक्षा के लिए भारत के सहस्रों सिपाही, जिनका रक्त भी अभी कश्मीरी घाटियों से नहीं सूख पाया है, जीवन अर्पण कर चुके ब्रिगेडियर उस्मान, कर्नल बुटालिया और राजेंद्रसिंह जी जैसे कुशल सेनानायक वीरगति को प्राप्त हुए। भारत ने अपनी आवश्यक योजनाओं को बंद कर लगभग दो अरब रुपया यहाँ लगाया, यह भारतीय झंडे का नहीं, भारत का अपमान है। परंतु किसने सुनना था ? उसका समझदार छात्र और कश्मीर की दूरदर्शी जनता ने सरकार से वैध आंदोलन द्वारा भी माँग की जिसके लिए उन्हें लाठी और बेतों का सामना करना पड़ा और महीनों जेलों में रहे।

तीसरा पग रनवीरसिंहपुरा का शेख साहब का वह भाषण था जिसमें उन्होंने कहा, 'जब तक भारत से फिरकापरस्ती नहीं मिटेगी तब तक हम नहीं मिलेंगे।' जब नेहरू जी ने अब्दुल्ला के इस पूरे भाषण को पढ़कर यह विचार व्यक्त किया, मुझे अब्दुल्ला का यह वक्तव्य पढ़कर खुशी नहीं हुई तो झट आप दूसरा वक्तव्य देते हैं, मेरा अभिप्राय यह नहीं था, प्रेस ट्रस्ट ने मेरे भाषण को ठीक नहीं दिया। भला बताइए, प्रेस ट्रस्ट जैसी एक निष्पक्ष संवादवाहिनी संस्था क्यों ऐसा करने लगी थी, उसका इसमें क्या स्वार्थ था ? पर इंदौर में तो नेहरू जी स्वयं थे, जब आपने कहा, हम सेक्यूलर भारत के साथ हैं। तो क्या आज भारत सेक्यूलर नहीं ? यदि है, तो क्यों नहीं पूर्ण विलय कर देते ? पर श्रीमान् जी ! आज जो चाहे कहिए, पर क्या उस दिन भारत में सांप्रदायिकता नहीं थी जब आप श्रीनगर के

हवाई अड्डे पर खड़े पटेल की सेना की प्रतीक्षा कर रहे थे। जिस दिन भारत एक-एक दाने के लिए तरसता था और कश्मीर को अन्नाभाव का अनुभव भी नहीं होने दिया, एक-एक गज कपड़े को यहाँ परेशानी थी और कश्मीर की दुकानों को सस्ते भावों पर कपड़ा दे-देकर पाट दिया। उस दिन भारत में सांप्रदायिकता नहीं थी ? इंदौर अधिवेशन में यह भी आपने कहा, भारत को आवश्यकता हो तो सेना रखे अन्यथा बुला ले। परंतु जब पाकिस्तानी तोपें आपके कानों को फाड़ रही थीं उस दिन भी यदि इसी गर्वोक्ति को सुना देते तो पता लगता क्या बात है ? अब्दुल्ला साहब, भारत में तो न कभी सांप्रदायिकता रही और न रहेगी, जैसा माननीय राष्ट्रपति राजेंद्रप्रसाद जी ने 14 दिसंबर को ईसाइयों के एक समारोह में सर थॉमस शताब्दी-दिवस पर कहा—भारतीय संस्कृति एवं परंपरा में सांप्रदायिकता शब्द ही विदेशी (बाहरी) है। हमारे देश में सांप्रदायिकता कभी नहीं रही और न भारतीय इसके आदी हैं। परंतु कभी आपने अपने अंदर झाँककर देखा है, आप स्वयं तो उस दलदल में फँसकर सावन के अंधों की तरह हरा ही हरा नहीं देख रहे हैं ? शेख सादी ने आप जैसों को ही संबोधित करके यह लिखा है—

तू जो ग़ैरों की तरफ़ करता है अंगुश्तनुमाई।
तुझे ध्यान रहे अंगुलियाँ तीन झुकी हैं तेरी तरफ़।।

दूसरों पर अंगुली उठाने वाले के उसी हाथ की तीन अंगुलियाँ उसकी ओर झुककर उसे भी कुछ कहती हैं। पर आपसे शिकायत भी क्या करें, जब अपना ही सोना खोटा हो तो सुनार को क्या दोष दें ? अच्छी तरह हमें पता है, आप किसके बल पर कूद रहे हैं ? अभी पीछे आपने जम्मू के अपने एक भाषण में कहा, हमने जवाहरलाल के भारत से मिलकर रहना मंजूर किया है, शुकरजी-मुकरजी के हिंदुस्तान के साथ नहीं। क्या जवाहरलाल का कोई और हिंदुस्तान है और मुकरजी का कोई और है ? प्रजातंत्री विधान में जिस कुर्सी पर आज नेहरू जी बैठे हैं, कल को मुकरजी भी बैठ सकते हैं, तब क्या आपकी स्थिति रहेगी ? स्पष्ट है, अभी कुछ और ऐसी दुर्बलताएँ हैं जिन्हें आप भारत के साथ रहकर पूरा करना चाहते हैं। पीछे देहली में आप समझौता करने आए और कर गए। कश्मीर विधानसभा में उस समझौते की चर्चा करते हुए आपने कहा, कश्मीर में राष्ट्रपति को विशेषाधिकार तो होंगे, परंतु वह हमारी असेंबली के विपरीत न हों, सुप्रीम कोर्ट का न्याय भी माना जाएगा परंतु जमींदारी समाप्ति को वह न छुए, तिरंगा राष्ट्रध्वज भी रहेगा, पर कश्मीरी झंडा भी साथ-साथ लहराएगा, आर्थिक संबंधों में कोई पूछताछ का अधिकार न होगा आदि-आदि। भला बताइए, फिर समझौता किसे कहते हैं ? यह तो ठीक ऐसा ही हुआ जैसा किसी जीते हुए राष्ट्र ने विजित राष्ट्र से समझौता किया हो ? कश्मीर राज्य असेंबली के निर्वाचन काल में प्रजापरिषद् के कार्यकर्ताओं के चुनाव के आवेदन-पत्र एक-एक करके—किसी में बाप का नाम ठीक नहीं है, किसी में आवेदक का नाम ठीक नहीं

है, किसी में आयु ठीक नहीं है—यों करके दो-एक को छोड़कर सारे आपने रद्द करा दिए। इससे क्या समझें ? रक्षामंत्री गोपालस्वामी आयंगर में और नेहरू जी में आप 36 का अंतर बताते हैं। संभव है, आयंगर महोदय को आप पुराने संबंधों के कारण अथवा और किसी प्रकार से उतना प्रभावित न कर सके हों ? या वह ही आपको पूरा न समझ पाए हों ? कुछ भी हो शेख साहब ! इतना तो निस्संकोच भाव से भारतीय निष्पक्ष जनता कह सकती है, आप भले ही कश्मीर को पूर्ण रूप से भारत में लय न करें पर पाकिस्तान से आप कभी नहीं मिल सकते। उधर पाकिस्तानी लुटेरों की दुर्गति-भरी वह कार्रवाइयाँ, जिनसे कश्मीरी मुस्लिम जनता भी आसानी से उधर मुँह नहीं उठाना चाहेगी और दूसरे मनुष्यता के पुजारी सीमांत गांधी अब्दुल गफ्फार खाँ के साथ जो व्यवहार निरपराध होते हुए हो रहा है, उसे आप अनुभव करते ही हैं। परंतु साथ ही इधर आपके वकुल गति से धीरे-धीरे उठते हुए यह पग जम्मू और लद्दाख में मुसलमानों को धड़ाधड़ बसाकर उन्हें मुस्लिमबहुल बनाने के स्वप्न, लद्दाख और जम्मू के बीच के भागों में मुसलमानों को, और ऐसी मनोवृत्ति वाले मुसलमानों को बसाना, जिससे वह दोनों प्रदेश कभी आपस में मिल न सकें, क्या अर्थ रखता है ? और अब जबकि हिंदू को इतना अपंग कर दिया जो वह स्वयं छोड़कर वहाँ से चला आए।

नेहरू जी, शेख साहब आप और आपके साथी बख्शी गुलाम मोहम्मद आदि प्रजा-परिषद् की पीछे लिखी माँगों और आंदोलन को सांप्रदायिक कहते हैं, परंतु साथ ही यह भी तो बताइए, सांप्रदायिक माँगें यह हैं कैसे ? आंदोलन कुचलने को जो उपाय बरते जा रहे हैं और मौत के घाट छंब आदि स्थानों में जो लोग उतारे जा रहे हैं तो क्या इससे कश्मीर सरकार आंदोलन को कुचल सकेगी ? यदि कश्मीर सरकार सही मार्ग पर है तो क्यों नहीं प्रमुख न्यायालय के न्यायाधीशों से जाँच कराई जाती ? आंदोलन के मुख्य उद्देश्य से जनता का ध्यान हटाने का संगठित प्रयास अब्दुल्ला सरकार और भारत के उत्तरदायित्वपूर्ण नेता दोनों क्यों कर रहे हैं ? इस विषय में डॉ० श्यामाप्रसाद मुकर्जी के दो तर्क बहुत युक्तिसंगत हैं, पहला—यदि जम्मू और कश्मीर राज्य भारतीय संघ का अंग है तो क्या वहाँ के व्यक्तियों द्वारा भारतीय विधान, जिसके निर्माण में शेख अब्दुल्ला और उनके मित्र भी सम्मिलित हुए थे, उसे लागू करने की माँग अनुचित है ? दूसरा—जो लोग प्रजापरिषद् के आंदोलन को सांप्रदायिक कहते हैं उन्हें कश्मीर के प्रधानमंत्री शेख अब्दुल्ला से यह पूछना चाहिए कि उन्होंने भारतीय विधान के आधारभूत अनुच्छेदों को क्यों स्वीकार किया ? और अब राज्य को भारत में विलय होने से क्यों रोकते हैं ?

जैसा प्रजापरिषद् के बारे में यह कहा जा रहा है कि वह फिर से महाराजा हरिसिंह को गद्दी पर बिठाना चाहते हैं, सो ऐसा न उनकी माँगों में है और न कभी उन्होंने कहीं कहा ही है। प्रजापरिषद् के आंदोलन को तो नेहरू जी भी सांप्रदायिक-प्रतिक्रियावादी और शस्त्रादि प्रहार करने वालों का आंदोलन कहते हैं, पर लद्दाख के लामा कुशक बकुल को

क्या कहेंगे ? लामा ने नई दिल्ली में 'हिंदुस्तान टाइम्स' के प्रतिनिधि को यह बताया कि लद्दाख के लोग भारत से सीधा संबंध चाहते हैं। उनकी इच्छा है, उनका शासन केंद्र से हो, क्योंकि उनका विश्वास है कि उनका धर्म और संस्कृति इसी प्रकार सुरक्षित रह सकती है। लामा ने नेहरू जी को इसी आशय का पत्र भी भेजा था, पर उन्होंने उत्तर दिया—ऐसा करना संभव नहीं है। लामा ने कहा, चाहे लद्दाख भारत से सीधे मिले अथवा कश्मीर का भाग रहे परंतु हम यह चाहते हैं, घरेलू मामलों में स्वतंत्र रहें। हम बहुत पेचीदे शासन की अपेक्षा अपने यहाँ सीधा-सादा पंचायतीराज पसंद करते हैं। लामा ने अंत में यहाँ तक भी कहा—यह स्पष्ट बात है, लद्दाख ऐसे कश्मीर में कदापि न रहेगा जो भारत से पृथक् और स्वतंत्र रहे। अब बताइए, लामा बकुल के शब्दों में उसका लद्दाख अब्दुल्ला और उनकी सरकार के लिए क्या कह रहा है ? इसे भी सांप्रदायिक कहकर टाला नहीं जा सकता।

भारत सरकार और कश्मीर सरकार के प्रतिनिधियों में जो समझौता राजगद्दी समाप्त करने के बारे में हुआ था उसमें कश्मीर और भारत की अर्थ और न्याय-व्यवस्था, नागरिकता और राष्ट्रीय झंडे की एकता या एकीकरण के सिद्धांत भी स्वीकार किए गए थे, परंतु इन्हें कार्यान्वित नहीं किया गया। यदि ऐसा हो जाता तो भी संभव है, यह आंदोलन इतना न बढ़ता। यह हर व्यक्ति चाहता है कि कश्मीर में संप्रति किसी प्रकार की अराजकता न फैले जिससे पाकिस्तान को झूठे आंदोलन का अवसर मिले अथवा जब तक सुरक्षा परिषद् में यह समस्या है तब तक वर्तमान सरकार के पैर लड़खड़ा जाएँ। परंतु इसका यह भी अभिप्राय नहीं कि शेख मिनिस्टरी की सही आलोचनाओं पर भी कुफ्र के फतवे दिए जाएँ और जनता की वास्तविक भावनाओं को भी दबाया जाए। यदि ऐसा किया गया तो उसका परिणाम उलटा भी हो सकता है।

जम्मू में चल रहा प्रजापरिषद् का आंदोलन अब साधारण नहीं रहा, जिसे धमकियों, डंडों और पुलिस की गोली से देर तक दबाकर रखा जा सके। जिस समय यह पंक्तियाँ लिखी जा रही हैं, इसी असाधारण स्थिति पर विचार करने सदरे-रियासत युवराज कर्णसिंह देहली आए हुए हैं। कश्मीर के बारे में आरंभ में जो भूलें हो गई हैं अब उसके आंतरिक हलों में उसकी पुनरावृत्ति नहीं होनी चाहिए। पोट्टि रामुलु के देहांत के बाद जैसे आंध्र प्रांत बनने की घोषणा एकदम हो गई उसी प्रकार इस बढ़ते हुए आंतरिक असंतोष को हद तक ले जाना ठीक नहीं, उसके बाद यदि कुछ हुआ तो वह उतनी शोभा की भी बात नहीं रहेगी ? उधर सुरक्षा परिषद् में चल रहे प्रश्न का इतने वर्षों बाद अब एंग्लो-अमेरिकी प्रस्ताव से जो हल हुआ है उससे सब ही समझदार क्षेत्रों में निराशा आ गई है। आशा तो पहले भी जैसी थी वह सब जानते ही हैं। सर जफरुल्ला की युक्तियों का खंडन करते हुए श्रीमती पंडित ने जो भारत की स्थिति रखी है और कहा है, इस रूप में इस प्रस्ताव को भारत कभी नहीं मान सकता, इससे बाह्य स्थिति में जटिलता आनी और स्वाभाविक है। हम चाहते हैं, उससे पहले आंतरिक शांति स्थापित करने के लिए जनता की उचित भावनाओं का स्वागत किया जाए।

साँप कब तक दूध पीता रहेगा ?

['नवभारत' में प्रकाशित लेख]

विभाजन के बाद गांधीजी ने जब पाकिस्तान को पचपन करोड़ रुपए देने की बात कही और न देने पर आमरण अनशन की धमकी दी तो देश और सरकार दोनों ही उस समय भारी असमंजस में फँस गए। जो खूनी होली उस समय पाकिस्तान में चल रही थी भारत में उससे चारों ओर भयंकर रोष फैला हुआ था। उस पर गांधीजी का पाकिस्तान से वह प्यार आसानी से किसी के गले नहीं उतर रहा था। सरकार में भी अंदर ही अंदर तेजी से कुछ फुसफुसाहट चल रही थी। पर गांधीजी के उस दूरगामी निर्णय के आगे सरकार और देश दोनों को ही झुकना पड़ा।

गांधीजी अंत तक भारत-विभाजन के समर्थक नहीं थे। पाकिस्तान बनने के बाद भी बहुत दिनों तक उन्हें यह आशा बँधी रही थी कि ये सब कुछ मजहबी पागलपन में हुआ है। इसकी उम्र बहुत लंबी नहीं है। अपना जीवन खतरे में डालकर उन्होंने इसी के लिए पाकिस्तान जाने का कार्यक्रम भी बनाया था। उत्तर प्रदेश, बिहार और पंजाब आदि राज्यों में जो मुसलमान पाकिस्तान को जन्नत समझकर चले गए थे, गांधीजी तक उनकी करुण कहानियाँ बराबर पहुँच रही थीं। जो हिंदू पाकिस्तान से उजड़कर भारत आए थे उनके घरों और संपत्ति पर वहाँ के मुसलमानों ने अधिकार कर लिया। यहाँ से जो पहुँचे वह बेचारे सड़कों पर डेरा डाले पड़े थे। गांधीजी यह पचपन करोड़ रुपए भेजकर उनकी सहायता करना चाहते थे। उनका विश्वास था, इसी तरह शायद उन्हें अपनी भूल का अहसास हो जाए।

भारत से अपने साथ कुछ हिंदू परिवारों को वहाँ ले जाकर बसाने और वहाँ से मुस्लिम परिवारों को भारत वापस लाने का कार्यक्रम भी गांधीजी का था। पर अचानक ही वे बीच में ही चल बसे। इस तरह वह बात तो उनके साथ ही समाप्त हो गई। उसके बाद खून से लथपथ राष्ट्र को सँभालने का काम इतना बड़ा था जो उसमें सबको उलझना पड़ा। फिर भी उस पचपन करोड़ रुपए की बात तो जैसे-तैसे कुछ समझ में आती है, लेकिन उसके बाद अपने घर में अँधेरा रखकर तीस साल तक लगातार अपनी बिजली पाकिस्तान को दिए चले जाना, अपने कल-कारखाने रोककर लाखों टन कोयला देना और अपनी धरती प्यासी छोड़कर पहले पाकिस्तान के खेत हरे-भरे रखने की बात आसानी से किसी की समझ में नहीं आती। देशवासी चकित हैं, आखिर यह उदारता कहीं जाकर

रुकेगी भी या चलती ही रहेगी ?

सेना के एक वरिष्ठ अधिकारी ने सिंधु जल-समझौते के संबंध में भी भारत सरकार को उस समय एक नोट भेजा था जब इच्छोगिल नहर बननी प्रारंभ ही हुई थी। उस अधिकारी ने स्पष्ट लिखा था कि यह पानी की नहर नहीं बन रही है, हमारे पैसे से हमारा गला काटने की तैयारी हो रही है। पर हमारे नेताओं को उस समय यह विश्वास नहीं हुआ। उन्होंने कहा, भला कहीं नहर की आड़ में भी मोर्चे लगते देखे हैं ?

अपने पैर कुल्हाड़ी

पर अब तो वह भाँड़ा फूट ही गया। प्रधानमंत्री से लेकर हमारे सिपाहियों तक ने यह देख लिया कि वह कितना मजबूत मोर्चा वर्षों पहले लगाया गया था। पाकिस्तान आठ करोड़ की नई किस्त लेने के लिए कुछ पश्चिमी राष्ट्रों द्वारा भारत पर दबाव डलवा रहा है। विश्व बैंक की प्रविष्टियाँ खतरा कहकर उसको भी मजबूर कर रहा है। कहीं यदि उस चक्कर में फिर सरकार फँसी तो यह शत्रु के हाथ में अपनी गर्दन कटाने के लिए अपने हाथ से तलवार देना होगा। यह दलील भी कि पहले भारत सरकार को यह विश्वास हो जाए कि पाकिस्तान इस धन को भारत पर हमला करने में खर्च नहीं करेगा, तब हम किस्त देने की बात सोचें, कुछ वजनी नहीं मालूम पड़ती। मान लो, आज यह मान भी लें तो कल झूठों का यह सरदार अपनी बात पर टिका रहेगा इसकी क्या गारंटी है ? शर्त भी रखी जाए तो कुछ सोच-समझकर तो रखी जाए।

राष्ट्रीय और अंतर्राष्ट्रीय जो भी समझौते होते हैं, यह तो दोनों ओर की सद्भावना पर ही निर्भर करते हैं। एक ऐसा राष्ट्र जिसकी दृष्टि में कायदा-कानून और नैतिकता का कोई मूल्य ही नहीं है, उसके साथ कौन-सा समझौता निभ सकता है। यह कहना कि विदेशी मुद्रा में भुगतान न कर भारतीय मुद्रा में भुगतान करेंगे, सिर के पीछे से नाक पकड़ना है। किसी भी रूप में यदि यह भारी रकम आज की स्थिति में पाकिस्तान को दी गई तो देश में इसकी गंभीर प्रतिक्रिया होगी। कभी यदि सुदूर भविष्य में दोनों देश खुले हृदय से निकट आए (जिसकी आशा बहुत कम है) तो इस पर फिर नए सिरे से ही विचार हो सकेगा। पाकिस्तानी हमले के बाद तो अब यह समझौता रद्दी कागज ही है।

यही बात भारतीय नदियों के पानी की भी है। राजस्थान में एक-एक बूँद पानी को धरती तरस रही है। उधर बगल में पाकिस्तान हमारे उसी पानी से पलकर हम पर हमला कर रहा है। अमेरिका के सिंचाई-साधनों के एक विशेषज्ञ अभी भारत आए थे। राजस्थान की उर्वरा धरती देखकर उन्होंने कहा, यदि यहाँ पाइप लाइन बिछाकर पानी लाया जाए तो कभी भारत का यह सबसे समृद्ध भाग होगा। गंगानगर की ओर जहाँ थोड़ी-बहुत ऐसी व्यवस्था हो गई है, वहाँ इसके अच्छे परिणाम देखने में आए हैं। पाइप लाइन बिछाने में दस करोड़ रुपए के लगभग व्यय होने का उनका अनुमान है। पाकिस्तान को दी जाने

वाली यह रकम क्यों न उधर खर्च की जाए। बेकार पानी का उपयोग भी इससे हो जाएगा और दुश्मन के हाथ में जाने वाला हमारा पैसा भी भले काम में लग जाएगा।

साँप का सँपोलिया

कश्मीर में शेख अब्दुल्ला की गिरफ्तारी के बाद सन् '53 से उसको तो जेल में शहंशाहों की तरह रखा ही, उसके परिवार को भी दिल खोलकर खर्च दिया गया। शेख का लड़का तारिक अब्दुल्ला, जिसे पाक ने संयुक्त राष्ट्रसंघ में आज अपना भोंपू बनाया है, उसे भी लंदन में भारी छात्रवृत्ति देकर भारत के पैसे से पढ़ाया गया। पढ़ते समय ही यों तो लंदन के कुछ पत्रों में वह अपने शरारत-भरे बयान देता रहता था। पर अब तो बिल्ली बिलकुल साफ ही थैले से बाहर आ गई है। उन वक्तव्यों की ओर पीछे जब सरकार का ध्यान खींचा जाता था तो वह यह कहकर छोड़ देती थी कि लड़का है, उसका क्या महत्त्व है। पर यह पता नहीं, कभी-कभी साँप से सँपोलिया ज्यादा खतरनाक होता है। न्यूयॉर्क में जो जहाँ उसने भारत के विरोध में उगला है, क्या चोट खाकर भारत सरकार ने उससे अब भारतीय नागरिकता के अधिकार वापस ले लिए ? या अब भी वह भारत का ही नागरिक है ? उसकी इन हरकतों पर सरकार को उसके या उसके पिता की संपत्ति से अपनी वह रकम वसूल करनी चाहिए जो उसकी शिक्षा पर व्यय हुई है।

चुप रहने अथवा उपेक्षा कर देने से समस्या का समाधान नहीं है। इस तरह के साँपों को जितना दूध पिलाया जाएगा उतना ही वह उलटा भारत को डसेंगे। कश्मीर में और भी अंगुलियों पर गिने जाने लायक इसी तरह दो-तीन व्यक्ति हैं जो राज्य सरकार की उदारता की नीति का अनुचित लाभ उठा रहे हैं। कुछ प्रमुख व्यक्तियों का हाथ उनकी कमर पर होने से आज भी मनमानी करने से वह बाज नहीं आते। अभी समय है जब अपने और पराए की पहचान करना सीख लें। अपने चारों ओर निगाह डालकर देखें, कहीं हमारा आदर्शवाद व्यावहारिकता से बहुत दूर तो नहीं जा रहा है ? देश के किसी कोने में भी छल-प्रपंच से चले आए शत्रुओं को बाहर निकालने में यदि कोई हमें रोकता है तो वह आज कैसे हमारा हितैषी माना जाएगा ?

दो मजबूत कदम और

(बंगलादेश के संदर्भ में, मुक्ति-संघर्ष के दौरान)

कबूतर की तरह आँख बंद करने अथवा शुतुरमुर्ग की तरह रेत में सिर गाड़ लेने से मुसीबत टलती नहीं। हिम्मत के साथ सामना करने से ही वह दूर होती है। संघर्षों से बचने के बहाने खोजने की राष्ट्रों को कभी-कभी बहुत महँगी कीमत चुकानी होती है। यद्यपि अपनी ओर से संघर्षों को आमंत्रित करना समझदारी नहीं है। लेकिन जब सिर पर संघर्ष थोप दिया जाए तो उससे भागना भी बुद्धिमत्ता नहीं है। हमने टकराव टालने के लिए ही प्रारंभ में बंगलादेश को मान्यता नहीं दी। पर इससे संघर्ष टला कहाँ ? वह तो और तेजी से सिर पर आकर खड़ा हो गया।

बंगलादेश की जनता का उत्साह भी उस समय नया-नया था और मार्गदर्शन के लिए उनके अपने नेता भी उनके सिर पर मौजूद थे। आज तो वह बेचारे भी दिल के टुकड़ों की तरह सब इधर-उधर बिखर गए। कोई कहीं गिरा, कोई कहीं गिरा। कुछ प्रमुख नेता जेलों में बंद हैं और कुछ गोलियों से भून दिए गए। गिनती के दस-पाँच बच गए हैं। वह किसी अज्ञात स्थान पर बैठकर स्वतंत्र बंगलादेश की सरकार का संचालन कर रहे हैं। सात करोड़ में से एक करोड़ बंगवासी शरणार्थी बनकर भारत चले आए। जो वहाँ रह गए हैं उन पर भी मौत की छाया मँडरा रही है। मार्च में जब आवामी लीग का आंदोलन प्रारंभ हुआ था उस समय पाकिस्तानी सेना की एक डिवीजन वहाँ थी। अब पाँच डिवीजन नई और पहुँच गई हैं। दुनिया-भर में जो इस अभूतपूर्व नरसंहार की चर्चा हुई—उसका बंगलादेश को या भारत को कितना लाभ मिला ? यह तो कभी भविष्य ही अच्छा बताएगा। पर पाकिस्तान ने अपने पर हमले की आशंका का शोर मचाकर दुनिया-भर से विशेषकर अमेरिका से अच्छी मात्रा में हथियार इकट्ठे कर लिए हैं।

भारतीय नेता कहते हैं—हम हर स्थिति का सामना करने को तैयार हैं। पाकिस्तान ने यदि छेड़छाड़ की तो हम चुप नहीं बैठे रह सकते। पर यह पता नहीं छेड़छाड़ से उनका अभिप्राय क्या है ? पीछे श्रीनगर हवाई अड्डे पर पाकिस्तान का मिराज लड़ाकू विमान नीचे आकर आठ मिनट तक चित्र लेता रहा। संसद में रक्षामंत्री ने इसके संदर्भ में बताया, हमारी वायु सीमा का सैंतीस बार इससे पहले भी विभिन्न क्षेत्रों में पाकिस्तान उल्लंघन कर चुका है। असम क्षेत्र में गोलाबारी करके हमारी सौ से ऊपर सेना के जवान भी पाकिस्तानी सैनिकों ने भून दिए। पंजाब, कश्मीर और राजस्थान के सीमावर्ती क्षेत्रों में खंदकें खोदकर

और बंकर बनाकर उनकी सेना हमले की तैयारी भी कर रही है। अब यह सब छेड़छाड़ नहीं है तो और क्या है ? कल फिर 1965 की तरह जब तक पाक विमान दिल्ली पर आकर चक्कर न काटें तब तक क्या छेड़छाड़ नहीं मानी जाएगी ?

एक करोड़ के लगभग भूखे-नंगे-बीमार और अपाहिज व्यक्ति, जिनमें अधिकांश हिंदू और कुछ मुसलमान भी हैं, शरणार्थी बनाकर पाकिस्तान ने जबरदस्ती हमारे घर में धकेल दिए। इसे हमला नहीं कहेंगे तो और क्या कहेंगे ? किसी देश की आर्थिक और प्रशासनिक व्यवस्था ठप्प कर दी जाए, यह भी तो युद्ध का ही एक प्रकार है। हमारे पुनर्वास मंत्री के शब्दों में, जल्दी ही शरणार्थियों की संख्या एक करोड़ से भी अधिक होने की संभावना है। बजट में दो महीने पहले ही साठ करोड़ की व्यवस्था इनके लिए की गई थी। वह राशि तो कभी की समाप्त हो गई। सरकार ने डेढ़ सौ करोड़ की संसद से और स्वीकृति लेना तय किया है। बाहर से तो केवल दो करोड़ से कुछ ऊपर नकद रुपया और 13.1 करोड़ डॉलर का सामान, दवा-दारू आदि मिले हैं। इससे क्या सहारा लगने वाला है ? पाकिस्तान का अपना भी आर्थिक ढाँचा यद्यपि काफी चरमरा गया है, पर कहीं उसके यह इरादे तो नहीं हैं—हम तो डूबे हैं सनम, तुमको भी ले डूबेंगे। भारत का भी आर्थिक ढाँचा पहले मिला दिया जाए और फिर बाद में उसके सामरिक ढाँचे पर चोट की जाए। लेकिन उसके इरादे चाहे जो कुछ भी हों ? हमें तो अपनी योजना अपने हिसाब से तैयार करनी चाहिए। छेड़छाड़ तो आज नहीं, महीनों पहले ही वह शुरू कर चुका है। अब तो उसका उत्तर कैसे और कब देना है, उस पर निर्णय हो जाना चाहिए।

अपनी झेंप मिटाने के चक्कर में भले ही कोई आज न माने, पर यह सच्चाई है—बंगलादेश को प्रारंभ में ही मान्यता न देकर भारत से बहुत बड़ी भूल हुई है। कुछ बड़े राष्ट्रों के चक्कर में आजकल-आजकल करते हुए एक सुनहरा मौका हमने हाथ से खो दिया। पर अब उसकी सफाई देते रहने अथवा उस पर पछतावा करते रहने से भी कोई लाभ नहीं है। इस राष्ट्रीय संकट को दलगत स्वार्थों से जोड़ना भी अपने संकुचित मस्तिष्क का परिचय देना है। ऐसे समय में एक-दूसरे पर कीचड़ उछालना अथवा एक-दूसरे के विरुद्ध नारेबाजी और प्रदर्शन करना भी अपनी उन ऐतिहासिक भूलों को दोहराना हो जाएगा—जिनमें कभी फँसकर हमने तीसरे के हाथ में अपनी गर्दन दे दी थी। आज तो महाभारत के उस प्रसंग को फिर से याद करना हितकर है—जब युधिष्ठिर ने कौरवों को इंगित करके कहा था—

'वयं पंच, वयं पंच, वयं पंच शर्त च ते।
परैः सह विवादे तु वयं पंचात्तरं शतम्।।'

भले ही हम पांडव पाँच भाई हैं और कौरव सौ हैं। लेकिन तीसरी किसी शक्ति के मुकाबले में हम एक सौ पाँच हैं। उस समय हम अलग-अलग नहीं रह सकते। स्वर्गीय

लालबहादुर शास्त्री ने 1965 में पाकिस्तान के साथ हुए संघर्ष में सबको साथ लेकर चलने की बुनियाद डाली थी। आखिर देश तो यह सबका ही है। चोट लगने पर अपने घर में भले ही हम एक-दूसरे को दोष दे लें। पर दुनिया तो पूरे देश से ही जवाब तलब करेगी। क्यों तुमने ऐसा मौका आने दिया जो इस महान् देश की प्रतिष्ठा धूल में मिल गई ?

प्रधानमंत्री के ही शब्दों में–बंगलादेश की समस्या आज भारत की समस्या बन गई है। एक करोड़ शरणार्थियों के भारत आने के बाद अब कोई नहीं कह सकता–यह पाकिस्तान का घरेलू मामला है। विश्व के लगभग सब ही प्रमुख राष्ट्रों के प्रतिनिधि भी स्वयं अपनी आँखों से शरणार्थियों की दयनीय स्थिति और समस्या की भयंकरता को देख गए हैं। इस्लामी देशों के प्रतिनिधिमंडल को, जो अपना एक आँख का चश्मा लगाकर भारत आ रहा था, उसे जरूर यहाँ उस रूप में नहीं आने दिया गया। सरकार ने यह अच्छा समझदारी का काम किया। अपनी सीमा पर संयुक्त राष्ट्र प्रेक्षक तैनात न होने देने का निर्णय भी राष्ट्रीय स्वाभिमान के अनुकूल ही है। तीन महीने से तो संयुक्त राष्ट्रसंघ के कानों में तेल पड़ा रहा। अब जब पाकिस्तान अपनी मुसीबत धकेलकर भारत में भेज चुका है तो उसे प्रेक्षक भेजने की सूझी है। इन सब चक्करों से दूर रहकर अब तो बंगलादेश की समस्या के समाधान में दृढ़ता के साथ दो कदम उठाने की जरूरत है।

पहले एक तारीख निश्चित करके पाकिस्तान को और दुनिया को कह देना चाहिए, उस दिन तक यह सब शरणार्थी ससम्मान वापस ले लिए जाएँ। इनकी सुरक्षा और इनके निर्वाह की अपेक्षित व्यवस्था वहाँ होनी चाहिए। भारत देर तक यह बोझ नहीं सँभाल सकता। यद्यपि जो शरणार्थी यहाँ आए हैं उनका मन उसी स्थिति में वहाँ जाने को कहता है–जब बंगलादेश की सत्ता शेख मुजीबुर्रहमान के हाथ में हो। पाकिस्तान के वर्तमान सैनिक तानाशाहों के हाथों में वह अपना जीवन सुरक्षित नहीं समझते। इधर भारत भी यह कह चुका है–जानबूझकर हम इन्हें मौत के मुँह में धक्का नहीं दे सकते।

ऐसी हालत में दूसरा उपाय फिर यह रह जाता है–पाकिस्तान से पूर्वी बंगाल की धरती का सातवाँ भाग भारत को दिलाया जाए। जहाँ इन मुसीबत के मारे शरणार्थियों को बसाया जा सके। सातवाँ भाग जानबूझकर इसलिए मैंने लिखा है, क्योंकि बंगलादेश की आबादी सात करोड़ है। इनमें से एक करोड़ उन्होंने अब इधर भेज दिए। उनके रहने को कम से कम उसी अनुपात से धरती का सातवाँ भाग तो मिलना ही चाहिए। यह तो एक ऐसी उचित और अहिंसक माँग है, जिस पर किसी को कोई आपत्ति नहीं हो सकती।

पर यदि पाकिस्तान न तो ससम्मान अपने अभी हाल में आए एक करोड़ नागरिक ही वापस लेता है और न ही पूर्वी बंगाल का सातवाँ भाग उन्हें रहने के लिए देता है। तब फिर भारत अगला और अंतिम पग उठाने के लिए स्वतंत्र है। यह स्पष्ट और मजबूत भाषा में सरकार को दुनिया को बता देना चाहिए। संघर्ष में चोट जरूर लगती है, पर जातियाँ और देश संघर्ष की भट्ठी में से ही कुंदन बनकर निकलते भी हैं। धनहानि और जनहानि

भी संघर्षों में होती है। पर जनहानि तो आज भी युद्धस्तर जैसी ही हो रही है। जनहानि की बात जरूर विचारणीय है। लेकिन अपमानित होकर कायरों का जीवन व्यतीत करने से तो बहादुरों की मौत मरना कहीं ज्यादा अच्छा है।

दुनिया की राजनीति बड़ी तेजी से बदलने जा रही है। माओत्सेतुंग श्री निक्सन से मुलाकात की घोषणा का लाभ उठाकर पहले झपट्टे में ही कुछ छोटे राष्ट्रों को तिब्बत की तरह हजम करने की फिराक में है। बंगलादेश और पश्चिमी बंगाल से परे भारत के पूर्वी भाग पर भी उनकी गिद्ध दृष्टि है। अभी कुछ ज्यादा नहीं बिगड़ा है, बेटी बाप के घर है। तिब्बत की भूल फिर दोबारा न दोहराई जाए। चीनी राक्षस के मुँह में तिब्बत जाते समय पहले तो आदर्शों की टोकरी हम सिर पर उठाए फिरते रहे। बाद में दलाईलामा और उनके साथियों को शरण देने की सद्बुद्धि उदय हुई। बंगलादेश की माँग अभी गरम है। मुक्ति फौज आज भी वहाँ लोहा ले रही है। उन्हें मान्यता देकर उनकी कमर पर अपना हाथ रखने में संकोच नहीं करना चाहिए। सुबह का भूला शाम को घर आ जाए तो उसे भूला नहीं कहा जाता।

फिर चोट खाया साँप फन पटक रहा है

[बंगलादेश मुक्ति के बाद]

सपने प्रायः बहुत कम पूरे होते सुने गए हैं। पर बंगलादेश का स्वप्न–जो उस धरती के साढ़े सात करोड़ निवासियों ने कभी देखा था–वह साकार हो गया। दुनिया में एक नए राष्ट्र का उदय हो गया। जनसंख्या की दृष्टि से यह दुनिया का आठवाँ राष्ट्र रहेगा। बंगलादेश बनने से भारत को एक और पड़ोसी मित्र मिल गया और उन्हें भी भारत जैसा सुख-दुःख का साथी एक संरक्षक राष्ट्र मिल गया। बंगलादेश की नींव में हजारों भारतीय जवानों की हड्डियाँ लगी हैं। उन्हीं के अपने शब्दों में–दुनिया की कोई भी शक्ति अब हमारी इस मैत्री को तोड़ नहीं सकती।

नौ महीने पहले कौन जानता था, इस धर्मयुद्ध का क्या परिणाम होगा ? पर शहीदों का खून जब आज तक कहीं बेकार नहीं गया तो यहाँ भला वह कैसे रंग न लाता। अविभाजित भारत की स्वाधीनता के लिए, जहाँ से क्रांतिकारियों की एक लंबी शृंखला बनी हुई चली आई, वह क्षेत्र भला स्वयं कैसे देर तक खूँखार भेड़ियों का शिकार बनकर रह सकता था। श्री और संपदा दोनों ही उनकी लूट ली थीं। 67 प्रतिशत विदेशी मुद्रा अर्जित करने वाला बंगलादेश कंगाल होता जा रहा था और 33 प्रतिशत विदेशी मुद्रा कमाने वाले मालामाल होते जा रहे थे। सेना और केंद्रीय उच्च सेवा के पद पश्चिमी पाकिस्तान वालों ने अपने लिए सुरक्षित रख छोड़े थे। योजनाबद्ध ढंग से जिन्ना के अनुयायी बंगाल के सांस्कृतिक स्वरूप को मिटाने पर तुल गए थे। बंगलाभाषियों के गले में शासन के डंडे से जबरदस्ती उर्दू की हड्डी ठूँसी जा रही थी। रवींद्र संगीत के प्रसारण पर प्रतिबंध लगा दिया था। इस तरह शताब्दियों और सहस्राब्दियों से साथ रहते चले आ रहे भाई को भाई से तलवार की नोक पर अलग किया जा रहा था। भला वहाँ कब तक न यह कहर टूटता।

पश्चिमी पाकिस्तान की तरह पूर्वी बंगाल से भी प्रारंभ में तो हिंदुओं को ही धक्का देकर बाहर किया गया। तीन बार ऐसी परिस्थिति वहाँ पैदा की गई, जिनमें लगभग आधा करोड़ अल्पसंख्यक मजबूर होकर भारत चले आए। सरदार पटेल तो पहली बार ही, जब वहाँ से हिंदू निकाले जा रहे थे, तब ही उस ऑपरेशन की तैयारी करने लगे थे जो अब पच्चीस साल बाद हुआ है। पर नेहरू-लियाकत समझौते में बात दब गई। अब नौ महीने

पहले स्वयं वहाँ के बहुसंख्यकों की भी जब नाक तक पानी पहुँच गया तो शेख मुजीबुर्रहमान को स्वाधीन बंगलादेश का ही नारा देना पड़ा। प्रांतीय स्वायत्तता आदि की माँगें भी आवामी लीग को छोड़नी पड़ीं। इस पर पाकिस्तानी तानाशाहों ने जो कत्लेआम वहाँ किया उसमें न हिंदू देखा और न मुसलमान देखा। दोनों का खून एक साथ मिलकर बहा। पच्चीस साल पहले हिंदुओं के खून में रँगी नोआखाली और ढाका की धरती ने इस बार सम्मिलित खून बहाकर गांधीजी की आत्मा को श्रद्धांजलि अर्पित की।

बंगलादेश के रूप में साठ प्रतिशत पाकिस्तान की समाप्ति उतनी आश्चर्यजनक नहीं है, जितना उसका इतने दिन तक टिके रहना आश्चर्यजनक था। फिरकापरस्ती और नफरत की बुनियाद पर कैसे कोई राष्ट्र अब तक खड़ा रहा ? जिन परिस्थितियों में देश का विभाजन हुआ वह बहुत ही दर्दनाक थीं। मुस्लिम लीग और अंग्रेज दोनों ने देशवासियों के गले पर अँगूठा रखकर पाकिस्तान बनवाया था। लाखों लोग घर से बेघर हो गए और लाखों बेगुनाह मौत के घाट उतर गए। उस दृश्य की कल्पना करने से ही आज रोंगटे खड़े हो जाते हैं। जब काफिलों पर काफिले मुसीबत की गठरियाँ सिर पर रखे हुए भारत चले आ रहे थे। विभाजन तो कोरिया का भी हुआ, वियतनाम का भी हुआ और जर्मनी का भी हुआ, पर जो तबाही और बर्बादी देश के विभाजन में भारतीयों को देखनी पड़ी वैसी अन्यत्र कहीं नहीं हुई। मजहब को आधार मानकर मुस्लिम लीग के द्वि-राष्ट्रवाद के सिद्धांत ने एक बार इस देश की जड़ें ही हिला दीं। पर भगवान् के घर में भी देर तो है अंधेर नहीं है। द्वि-राष्ट्रवाद के उस सिद्धांत की कब्र भी आज पाकिस्तान में ही बनी।

भारत ने अपने पड़ोसी की इस मुसीबत को अपनी मुसीबत मानकर उसका पूरा साथ दिया। कब तक खूँखार दरिंदों द्वारा इंसानियत की चीर-फाड़ होते टुकुर-टुकुर देखता रहता ? सारा देश पारस्परिक मतभेदों और कठिनाइयों को भुलाकर अपनी सरकार के साथ एक फौलादी दीवार बनकर खड़ा हो गया। ऐसे अवसर कम ही देखने में आते हैं जब कश्मीर से कन्याकुमारी तक पूरे देश में एक ही स्वर सुनाई दे। लेकिन इस देश की धरती में प्रारंभ से ही कुछ ऐसे कण विद्यमान थे जो ऐसे अवसरों पर देशवासी अपने आप ही कंधे से कंधा लगाकर खड़े हो जाते हैं। पहले 1962 के चीनी आक्रमण में भी ऐसा ही हुआ और 1965 के पाकिस्तानी आक्रमण में भी यह ही देखने को मिला। अब तो कभी-कभी डर यह लगने लगता है कि देशप्रेम की इस भावना को किसी की नजर न लग जाए ? इसके लिए बलिदानों की राख कभी-कभी माथे पर जरूर लगाते रहना चाहिए।

मुक्तिवाहिनी का साथ देने में भारतीय सेनाओं को जिन कठिन संघर्षों से गुजरना पड़ा वह आज इतिहास का स्वर्णिम पृष्ठ बन गए हैं। पिछले दो संघर्षों से भी कहीं अधिक बढ़-चढ़कर भारतीय सेनाओं ने अपना पराक्रम इस मुक्ति-संग्राम में दिखाया। हमारी तीनों सेनाओं की व्यूह-रचना से चीन और अमेरिका जैसे देश भी दाँतों तले अंगुली दबाकर रह गए। अमेरिका के सातवें बेड़े और चीनी पनडुब्बियों ने पीछे हटने में ही अपनी

गनीमत समझी। सेनाओं की इस विजय ने भारत को आज दुनिया के गिने-चुने शक्तिशाली राष्ट्रों की श्रेणी में लाकर खड़ा कर दिया है। हमारे पड़ोसी छोटे-छोटे राष्ट्र और विशेषकर दक्षिण-पूर्वी एशिया के देशों को इससे एक नया सहारा लगा है।

अब सेनाओं के इस यश को स्थायी रखने के लिए भी देशवासियों को कुछ उपाय सोचने होंगे। पाकिस्तान से तीसरी बार हुए इस संघर्ष के अनुभव भारत को और भी अधिक सुदृढ़ बना सकते हैं। खैरात में मिले हथियार और अपने देश में बने हथियारों में जमीन और आसमान का अंतर होता है। हौसला और हिम्मत भी उससे सौ गुनी बढ़ जाती है। भारत के नेट विमान और विजयंत टैंक की मार आज दुनिया-भर में चर्चा का विषय बन गई है। चीन और अमेरिका जैसा दुनिया का कोई सबल राष्ट्र यदि पाकिस्तान की कमर पर हाथ न रखे तो भारत को उधर से जल्दी अब कोई चिंता नहीं है। भुट्टो अपने बचे-खुचे देशवासियों का टूटता मनोबल सँभालने के लिए भले ही आपे से बाहर होकर बोलें। पर अभी अपनी पहली धूल झाड़ने में पाकिस्तान को बड़ा समय लगेगा। बंगलादेश के इसी संघर्ष में जैसे अमेरिका के सातवें बेड़े के समाचार ने एक बार देशवासियों को चिंतातुर कर दिया था, भविष्य में कभी वैसी स्थिति न आने पाए इसकी भी तैयारी अब करनी आवश्यक हो गई है। आज की दुनिया शक्ति की भाषा जितनी अच्छी समझती है उतनी शांति और सह-अस्तित्व की भाषा नहीं समझती। हमने पहले जिन परिस्थितियों में परमाणु अस्त्रों के निर्माण का मन नहीं बनाया था अब वह परिस्थितियाँ बदल गई हैं। भारत को अपने और अपने पड़ोसी राष्ट्रों की स्वाधीनता बनाए रखने के लिए भी आधुनिकतम अस्त्रों और शस्त्रों के निर्माण में हाथ खींचकर काम नहीं करना चाहिए। अणु बम जैसे अस्त्र संसार में आज विनाश के राक्षस न रहकर शांति के देवता बनते जा रहे हैं। शक्ति के क्षेत्र में जो देश हर दृष्टि से समृद्ध होगा उनकी शांति पर भी आसानी से कोई आँख नहीं उठा सकेगा।

इस संघर्ष के बाद पाकिस्तान के नेतृत्व में भी तेजी से परिवर्तन होना स्वाभाविक था। बंगलादेश के निर्माण से जंगखोर और अदूरदर्शी भुट्टो जैसे नेताओं की पतंग फिर ऊपर उठी है। सैनिक तानाशाह तो फिर भी कुछ आगा-पीछा देखकर निर्णय लेते हैं, पर भुट्टो जैसे नेताओं में तो उस बुद्धि का भी अभाव है। भले ही अपनी नाक कट जाए पर सामने वाले की नाक पर भी हाथ जरूर पड़ना चाहिए। यूँ भी बंगलादेश के स्वतंत्र हो जाने से वह चोट खाए साँप की तरह इधर-उधर फन पटक रहे हैं। बंगाल से हटने के बाद अब यह अपनी पूरी शक्ति यहीं केंद्रित करेंगे। चीन और अमेरिका जो अपने हथियारों की दुर्गति से खीझे हुए हैं, वह भी भुट्टोशाही की कमर थपथपाने में पीछे नहीं रहेंगे। स्वयं तो शायद सीधे संघर्ष में आने की नासमझी वह न करें, पर उनके घावों पर मरहम लगाने का कुछ तो उपाय सोचेंगे ही। इधर अरब राष्ट्रों का मजहबी जुनून भी धीरे-धीरे अँगड़ाई ले रहा है। यद्यपि स्वयं भी वह अपना मुँह पहले ही पिटवाए बैठे हैं। पर पाकिस्तान के आँख

फोड़ने के लिए अपनी-अपनी सामर्थ्य के अनुसार कुछ न कुछ तो वह भी मदद करेंगे ही। इन सब परिस्थितियों को ध्यान में रखकर ही हमें अब अपनी अगली तैयारियों की रूपरेखा बनानी होगी। इस विजय को विश्राम समझकर नहीं बैठना है।

राजनीति के अंतर्राष्ट्रीय क्षितिज का रंग भी अब बड़ी तेजी से बदल रहा है। पाकिस्तान का जन्मदाता ब्रिटेन जहाँ अपनी भूलों का अहसास कर रहा है, वहाँ तटस्थता के अलंबरदार मिस्र और यूगोस्लाविया जैसे देश खुलकर भारत-विरोधी षड्यंत्रों को संयुक्त राष्ट्रसंघ में समर्थन देने में आगे आ गए हैं। किसी को रूस के साथ भारत की मैत्री नहीं भायी तो किसी को मजहब की हिमायत मारे ले रही है। संयुक्त राष्ट्र महासभा के प्रस्ताव पर हुए मतदान में हमारे ही पड़ोसी कुछ राष्ट्रों की रहस्यमय अनुपस्थिति से वास्तविकता को समझने में बड़ी मदद मिली है। एक बार यह परदा उठने से कम से कम यह पता तो चल गया—कौन किसकी गोद में बैठा है, अन्यथा तो न जाने कब तक यह आँखमिचौली चलती रहती। बड़ों के चक्कर में अधिक पड़कर छोटों को भूल बैठना भी महँगा ही खेल है। रहीम ने संभवतः ऐसे ही अवसरों के लिए लिखा था—

'रहिमन देख बड़ेन को लघु न दीजिए डार,
जहाँ काम आवे सुई कहा करे तलवार।'

भारत द्वारा बंगलादेश को मान्यता देने के बाद केवल भूटान ही एक ऐसा देश था, जिसने मान्यता दी। अब तो और भी बहुत-से राष्ट्र उसे मान्यता देंगे और नाक रगड़कर मान्यता देंगे। बल्कि साढ़े सात करोड़ की आबादी वाले दुनिया के उस आठवें राष्ट्र को मान्यता देने में गौरव का अनुभव करेंगे। पर जब भारत ने मान्यता दी थी, उस समय कितने माई के लाल मैदान में निकलकर आए थे। हमारे स्वर में स्वर मिलाने वाले कितने थे ? पर सुबह का भूला शाम को भी घर आ जाए तो भी भूला नहीं माना जाएगा।

यहाँ हमें उन राष्ट्रों और व्यक्तियों का भी आभारी होना होगा जो अपने और पराए के विरोध की परवाह किए बिना अपना नैतिक समर्थन बंगलादेशवासियों को और भारत को देते रहे। ब्रिटेन, पश्चिमी जर्मनी और इजराइली संसद के प्रस्ताव एवं उनकी सरकारों द्वारा समय-समय पर दिए गए वक्तव्य हमारी हिम्मत बढ़ाने में अच्छे सहायक सिद्ध हुए। रूस और उसके समर्थक राष्ट्रों का योगदान तो इतिहास का विषय ही बन गया है। अमेरिकी राष्ट्रपति निक्सन ने जिस बेशर्मी से पाकिस्तान का पक्ष लिया उसी से उनके माथे पर लाखों हत्याओं का यह कलंकित टीका लगा। पर इस लंका में भी दो-तीन विभीषण तो निकले ही। सीनेटर एडवर्ड कैनेडी, एडपंड मस्की और ह्यूबर्ट हंफ्री ने निक्सन की राजनीति को नंगा करने में कोई कसर उठाकर न रखी। कहाँ तक वह अपने प्रयासों में सफल हुए, वह प्रश्न तो दूसरा है, पर भारत को दूसरा वियतनाम बनाने के स्वप्न लेने वाला अमेरिका का यह राष्ट्रपति अपने पाकिस्तानी-प्रेम से स्वयं अपने भविष्य को तो अंधकार

में मिला ही बैठा, पर दो देशों में कटुता की ऐसी खाई उसने खोद दी है जिसे पाटने में अभी पता नहीं कितना समय लग जाएगा।

लड़ाई के मोर्चों पर हुई पाकिस्तान की हार को कूटनीति के मोर्चों पर सँभालने की भी शायद वह कोशिश करे। भारतीय जवानों ने अपना खून बहाकर जो क्षेत्र जीते हैं, उन्हें वापस कराने की चाल भी वह चले। पर देशवासी किसी भी बाहरी दबाव या प्रभाव में अपनी सरकार को अब 1965 की भूल नहीं दोहराने देंगे। भले ही एक बार जल्दी ही क्यों न फिर संघर्ष में जूझना पड़े। पर मर्यादा पुरुषोत्तम राम का यह देश मुँह से निकला वाक्य और कमान पर चढ़ाए तीर को फिर वापस नहीं ले सकता।

'द्विशरं नाभि संधत्ते
रामो द्विर्नाभिभाषते।'

पहले ही इस बार कह दिया था, न तो जीते हुए क्षेत्र वापस किए जाएँगे और न ताशकंद जैसे किसी समझौते के स्वाँग में फँसा जाएगा। पच्चीस-तीस लाख की आबादी का देश इजराइल पिछले छह साल से अपने कुछ क्षेत्रफल से भी तिगुनी धरती तीन देशों की दबाए बैठा है। यह सुरक्षा परिषद् और संयुक्त राष्ट्र महासभा के प्रस्ताव उसे भी कई बार आ चुके हैं। हमारी आबादी तो उससे डेढ़ सौ से भी अधिक गुना बड़ी है। फिर हमारे निर्णय उसी अनुपात से क्यों नहीं होंगे ?

अमेरिका क्यों आग में घी डाल रहा है ?

अभी तो छह साल पुराने अमेरिकी हथियारों के घाव ही पूरे नहीं भरे हैं। सेबर जैट विमान और पैटन टैंकों की कहानी अभी पूरी तरह भारतीयों को याद है। अमेरिका ने पाकिस्तान को आधुनिकतम विमान और टैंक ही केवल नहीं दिए थे, भूमिगत हवाई अड्डे भी उनके देश में बनाए थे। पेशावर में स्वयं अमेरिकन वैज्ञानिकों ने अपनी देख-रेख में एक विशालकाय राडार-केंद्र स्थापित किया था। पर यह सब कम्युनिस्टों का बढ़ाव रोकने के लिए ही व्यवस्था है, भारत पर हमला करने के लिए नहीं। लेकिन 1965 में पाकिस्तान ने खैरात में मिले इन सब साधनों का उपयोग भारत के विरुद्ध किया। स्वयं अमेरिका को स्वीकार करना पड़ा—पाकिस्तान ने हमारी सहायता और संधि का दुरुपयोग किया है। लेकिन यह समझ में नहीं आता, अमेरिका अब फिर दोबारा आँखों पर पट्टी बाँधकर क्यों यह खतरनाक खेल खेलने जा रहा है ? भारत को नीचा दिखाने के लिए पाकिस्तान तो अपने को पहले ही रूस और चीन के हाथों गिरवीं रख चुका है। क्या अमेरिका चाहता है कि भारत भी मजबूर होकर उसी रास्ते पर चले ? अपनी अखंडता और स्वाधीनता की रक्षा के लिए वह भी इन दोनों देशों का मोहताज हो जाए ?

पर कभी यदि ऐसा हुआ तो अमेरिका को यह नहीं भूल जाना चाहिए—अगर भारत में साम्यवाद की जड़ें नीचे चली गईं तो फिर अमेरिका में भी उस हवा को फैलने से कोई ताकत नहीं रोक सकेगी। एशिया में भारत ही एक ऐसा देश बचा है जो अब तक इस दानव से लोहा ले रहा है। दक्षिण-पूर्वी एशिया के छोटे-छोटे देशों की तरह कहीं यदि उसके पैर भी लड़खड़ा गए तो स्थिति काबू से बाहर हो जाएगी। यूरोप के देशों में तो धीरे-धीरे वह हवा चल भी पड़ी है। आधा जर्मनी तो उनके हाथों में चला ही गया है। फ्रांस भी हड़तालों का शिकार बना हुआ है। ऐसी ही स्थिति कुछ अन्य देशों की भी बनती जा रही है। लेनिन ने दुनिया से चलते समय अपने सहयोगियों को यह कहा था—यूरोप में लाल झंडा फहराने से पहले उसे चीन और भारत में फहराया जाए। साम्यवाद को संघाई और कलकत्ते होकर पेरिस पहुँचाना ठीक रहेगा।

पच्चीस मार्च को पूर्वी बंगाल में कत्लेआम जारी होने के बाद भी पाकिस्तान ने अमेरिका से अच्छी मात्रा में हथियार खरीदे हैं। अमेरिका के पत्र 'न्यूयॉर्क टाइम्स' ने यदि यह रहस्य न खोला होता तो भारत को कानोंकान भनक भी नहीं पड़नी थी। हमारे राजदूतावास और सतर्कता विभाग तब सक्रिय होते हैं जब कोई उन्हें आकर स्वयं समाचार

दे जाए। जब तक हथियारों से लदे यह जहाज उनके बंदरगाह में ही नहीं, उनकी समुद्री सीमा में भी हैं, तब तक भी वह रोके जा सकते हैं। पाकिस्तान को स्पष्ट कहा जा सकता है—अमेरिका आग में घी डालने के लिए हथियार नहीं दे सकता। सौदे की खरीद के समय जो परिस्थितियाँ थीं, वह बदल गई हैं।

यद्यपि पाकिस्तान द्वारा शस्त्रों की यह खरीद और भी कई देशों से जारी है। अमेरिका के हथियार उसे न भी मिलें तो भी उसका कुछ अधिक नहीं बिगड़ेगा। अकेला चीन ही भारत को नुकसान पहुँचाने के लिए पाकिस्तान को हृदय खोलकर मदद देने के लिए तैयार है। सुनते हैं, चीन ने परमाणु बम और प्रक्षेपणास्त्र भी पाकिस्तान को दिए हैं। उधर रूस भी पाकिस्तान को आधुनिकतम हथियार पहले से ही देता आ रहा है। फ्रांस से भी पाकिस्तान ने पीछे लड़ाकू मिराज विमान खरीदे थे। यह वह ही विमान थे जो अरब राष्ट्रों पर हमले के समय इजराइल ने इस्तेमाल किए थे। पश्चिमी जर्मनी और ब्रिटेन भी कभी सीधे और कभी ईरान और टर्की के माध्यम से टैंक और विमान आदि पाकिस्तान को देते रहे हैं। पर आज जिन परिस्थितियों में अमेरिका यह सशस्त्र सहायता पाकिस्तान को दे रहा है उससे भारत में चिंता व्याप्त होनी स्वाभाविक है। इससे भारत से ही नहीं, निरीह बंगवासियों से भी गिन-गिनकर बदले लिए जाएँगे। मानवता की रक्षा का दम भरने वाली यह अमेरिकन सरकार क्या अपने हाथों से उसका गला घोंटने की तैयारी कर रही है ?

भारतीय राजदूतावास के अतिरिक्त सर्वोदयी नेता श्री जयप्रकाश नारायण और विदेशमंत्री सरदार स्वर्णसिंह भी अमेरिका के उच्च अधिकारियों से मिलकर सारी स्थिति स्पष्ट कर चुके हैं। संयुक्त राष्ट्रसंघ के कुछ प्रतिनिधि भी भारत आकर सारी स्थिति अपनी आँखों से देख चुके हैं। सीनेटर कैनेडी जैसा निर्भीक व्यक्ति बराबर अपनी सरकार को चेतावनी दे रहा है। इस पर भी अमेरिका यदि भारत को नीचा दिखाने पर उतारू ही है तो फिर भारत को भी दोनों देशों के राजनीतिक संबंधों पर फिर से विचार करना पड़ेगा। चोर को कहें चोरी कर और साह को कहें जागता रह, यह कौन-सी नीति है ? पाकिस्तान को वह खून बहाने के लिए हथियार दे रहा है और भारत को हैजे के टीके और कंबल भेज रहा है। भारत जहाँ प्रतिदिन लगभग पौने चार करोड़ रुपया इन शरणार्थियों पर खर्च कर रहा है वहाँ थोड़ा और बोझ बर्दाश्त कर ले। अर्थव्यवस्था जहाँ इतनी बिगड़ी है वहाँ और थोड़ी बिगड़ जाएगी। पर अमेरिका यदि समझदारी का परिचय नहीं देता तो फिर शरणार्थियों के आँसू पोंछने के लिए जो सहायता उसने दी है उसे सधन्यवाद वापस कर देना ही श्रेयस्कर है। अमेरिका की इस दोरुखी नीति से तो लगता है, बंगलादेश में हुए इस नरसंहार पर संयुक्त राष्ट्रसंघ के मौन में भी कुछ उसका हाथ जरूर है। पाकिस्तान के पाँच खूँखार भेड़ियों ने मिलकर पाँच लाख आदमी मौत के घाट उतार दिए और दुनिया की किसी भी अदालत में उनकी सुनवाई नहीं हुई। संयुक्त राष्ट्रसंघ यदि ऐसे अवसरों पर भी

कुछ काम न आ सका तो इस ढकोसले का क्या लाभ ? केवल अमेरिका और उसके सहयोगी राष्ट्रों के हितों की देख-रेख के लिए ही यदि यह संगठन बना है तो वह दिन दूर नहीं जब इसका अंत भी लीग ऑफ नेशंस की तरह हो जाएगा।

इधर हमें भारत की असफल विदेश नीति और कूटनीति पर भी दृष्टिपात करना होगा। चीन और पाकिस्तान के हमलों में पहले भी दो बार इस नीति की असफलता ने देश को भारी हानि पहुँचाई है। दुनिया भारतीय पक्ष से पूरी तरह परिचित ही नहीं हो पाई। विदेशों में हमारा प्रचारतंत्र भी शून्य के बराबर है। बंगलादेश के मुक्ति-आंदोलन में तो हमारी विदेश नीति का दिवाला-सा ही निकल गया है। विदेशों से लौटने के बाद संसदीय कांग्रेस दल में स्वयं विदेशमंत्री ने अपनी असफलता को स्वीकार भी किया बताते हैं। लेकिन इससे वर्तमान और भविष्य के संबंधों का तो कोई समाधान नहीं हुआ। हमें अपनी विदेश नीति को आदर्शवाद के आसमान से उतारकर व्यावहारिकता के धरातल पर खड़ा करना होगा।

मित्र की परीक्षा संकट में ही अधिक होती है। अमेरिका के अतिरिक्त अरब देशों को भी पीछे हम अच्छी तरह परख चुके हैं। उनकी निगाह में पारस्परिक संबंधों और अहसानों का कोई मूल्य नहीं है। फिर भी न जाने क्यों भारत सरकार मुस्लिम देशों में मुसलमान मंत्रियों को भेजने की भूल दोहरा रही है ? इस तरह के प्रदर्शन का तो उन देशों में और उलटा असर बैठेगा। यूँ भी इन पिटे हुए देशों के सामने बार-बार गिड़गिड़ाना कहाँ की समझदारी है ? कुछ तो इस विशाल राष्ट्र के स्वाभिमान का ध्यान रखना ही चाहिए। आज की दुनिया अनुनय-विनय की अपेक्षा ताकत की भाषा कहीं अधिक अच्छी समझती है।

अडिग भारत

"अमेरिका और रूस तो क्या, एक बार सारी दुनिया भी अगर हमारी विरोधी हो जाएगी तो भी हम अपने निर्णय पर डटे रहेंगे। मरना होगा तो मरेंगे। पर जो इलाका अब जीत लिया है उसे फिर वापस करने का कोई सवाल ही पैदा नहीं होता। भले ही इसमें कितनी हानि क्यों न उठानी पड़े। कम से कम आने वाली पीढ़ी तो यह कहेगी—हमारे पूर्वज लड़ते-लड़ते मर गए पर अन्याय के आगे नहीं झुके।"

ये शब्द थे देश के दूसरे प्रधानमंत्री श्री लालबहादुर शास्त्री के। संसद के विरोधी दलों के नेताओं के साथ संयुक्त राष्ट्रसंघ के महासचिव श्री ऊ थांट के उन प्रस्तावों पर विचार हो रहा था, जिनमें जीते हुए क्षेत्र वापस करने और युद्ध से पूर्व की स्थिति कायम करने का सुझाव था। शास्त्री जी जानते थे—श्री ऊथांट के प्रस्तावों को मान लेने का सेना और देशवासियों के मनोबल पर कितना विपरीत प्रभाव होगा ? बाद में फिर ताशकंद में किन परिस्थितियों में वह समझौता हुआ और उसको अमल में लाने की क्या योजना उनके मन में थी ? वह सब बातें अज्ञात के गर्भ में ही दबी रह गईं।

भारत का दुर्भाग्य प्रारंभ से ही यह रहा, जो विभाजन के बाद भी यह क्षेत्रफल और आबादी दोनों में पाकिस्तान से लगभग पाँच गुना बड़ा देश है। इसीलिए जब भी कोई छेड़छाड़ पाकिस्तान करता है तो दुनिया के बड़े राष्ट्र भारत को ही दोषी समझते हैं। स्वतंत्रता के कुछ ही दिन बाद 1947 में जब कश्मीर पर पाकिस्तान का आक्रमण हुआ तब और 1965 के आक्रमण में भी दुनिया वालों के सोचने का ढंग उलटा ही रहा। आज भी पाकिस्तान के इस बर्बर आक्रमण में उनकी आँखों पर वह ही पुराना चश्मा चढ़ा हुआ है। हमारे राजदूत, कुछ प्रमुख मंत्री और स्वयं प्रधानमंत्री भी उन्हें असलियत बताने उनके घर पर गए। पर उनके बहरे कानों में कोई आवाज नहीं पहुँची। पहुँचती भी कैसे, जब पहले से ही निहित स्वार्थों की रुई अपने कानों में उन्होंने ठूँस रखी थी। कई प्रमुख देशों के संसद सदस्य और नेता स्वयं अपनी आँखों से भी आकर सारी स्थिति देख गए। उन्होंने भी अपनी-अपनी सरकारों को समझाया, पर उनके चिंतन का पतनाला जहाँ का तहाँ ही रहा।

दस करोड़ से अधिक शरणार्थियों का भारी बोझ अपने कंधों पर लेने के बाद भी आठ महीने तक भारत ने अपनी सहनशीलता का परिचय दिया। उसकी अर्थतंत्र की कमर झुककर दोहरी हो गई और सारे विकास कार्यक्रम भी ठप्प हो गए। पर चीन और अमेरिका के हथियारों का मद भला पाकिस्तान को कैसे चुप बैठने देता ? भारत के प्रमुख हवाई

अड्डों पर एक साथ हमला करके वह भारतीयों के धैर्य का बाँध तोड़कर ही माना। पंचतंत्र में पंडित विष्णु शर्मा ने लिखा है—बंदर स्वभाव से ही चंचल होता है। ऊपर से कोई उसे शराब पिला दे ? पाकिस्तान की भी यही स्थिति है। उसका निर्माण ही भारत-विरोध के आधार पर हुआ है। अमेरिका ने हथियार देकर उसे और मदहोश कर दिया। लेकिन जब से चीन का हाथ उसकी कमर पर रखा गया है तब से तो वह शांत बैठ ही नहीं सका। कभी गाली-गलौच और कभी छेड़छाड़ बनाए ही रखता है।

हवाई हमलों के बाद भारत का हाथ उठते ही सुरक्षा परिषद् और संयुक्त राष्ट्र महासभा में अमेरिका और चीन की भाग-दौड़ प्रारंभ हो गई। आठ महीने से सब सोते रहे और पाकिस्तान की पिटाई प्रारंभ होते ही सबकी नींद खुल गई। भारत भी अब यह अच्छी तरह समझ गया है कि पाकिस्तानी बछड़ा कौन-से खूँटे के बल पर कूद रहा है ? दुनिया के यह बड़े देश एक ओर तो हथियारों की खेप पर खेप भेजकर युद्ध की आग में घी डालने का काम कर रहे हैं और दूसरी ओर शांति का पाठ भी पढ़ा रहे हैं। धैर्य की भी तो आखिर एक सीमा हीं होती है। भारत पैसा शांतिप्रिय देश आखिर कब तक इन हरकतों को बर्दाश्त करता। रक्षामंत्री ने पहले ही कहा था—इस बार न तो जीते हुए क्षेत्र ही वापस किए जाएँगे और न ताशकंद जैसे किसी झाँसे में फँसने की भूल दोहराई जाएगी। भारत को पाकिस्तान की ओछी हरकतों से उलझते हुए पच्चीस साल हो गए। भूतपूर्व विदेशमंत्री श्री छागला ने ठीक ही कहा है—पाकिस्तान न केवल हिंदुस्तान के लिए, अपितु मानवता के लिए भी अभिशाप बन गया है। इस मुसीबत से भारत को एक बार पूरी ही तरह छुट्टी ले लेनी चाहिए।

दुनिया के कुछ प्रमुख राष्ट्र इसलिए भी पाकिस्तान की कमर पर अपना हाथ रखकर उसे उकसाते रहते हैं—कहीं भारत एशिया की बड़ी शक्ति बनकर न खड़ा हो जाए। इसके लिए किसी न किसी मुसीबत में इसे फँसाए रखो। कई शताब्दी पूर्व भारत ने एक बार जब अपना धार्मिक अभियान प्रारंभ किया तब लंका, बर्मा, नेपाल, स्याम, कंबोडिया जैसे छोटे देश तो दूर चीन और जापान जैसे देश भी उसके शिष्य हो गए थे। कल कहीं यदि शक्ति की दौड़ में भी निश्चिंत होकर यह देश उठ खड़ा हुआ तो फिर गजब ढा देगा। इसीलिए समय-समय पर अपने ढंग के दाँव-पेच वह चलते रहते हैं। भूटान, सिक्किम, तिब्बत, लंका, बर्मा, नेपाल आदि भारत से लगते हुए मुट्ठी-मुट्ठी-भर लोगों के देश तो आज भी भारत को जहाँ अपना धार्मिक गुरु मानते हैं वहाँ अपनी रक्षा के लिए भी भारत की ओर आशा-भरी दृष्टि से देखते हैं। लंका में तो अभी कुछ ही दिन पूर्व जब वर्तमान सरकार के विरुद्ध विद्रोह हुआ तब भारत ने ही अपनी सेनाएँ भेजकर उसे दबाया था। नेपाल के पहले महाराज त्रिभुवन के विरुद्ध हुए राणा के विद्रोह का भी लगभग ऐसा ही इतिहास है। सिंधवृत्त के प्रधान शासक दलाई लामा भारत की शरण में हैं ही।

पर भारत के इन पड़ोसी देशों में चीन ने भी कुछ समय से अपनी घुसपैठ प्रारंभ की

है। तिब्बत तो आज पूरी तरह उसके मुँह में है ही। उधर लंका, बर्मा और नेपाल में भी चीनी एजेंट अच्छी संख्या में सक्रिय हैं। दक्षिण-पूर्वी एशिया में सिंगापुर, थाइलैंड, वियतनाम और कंबोडिया के लिए भी चीन समस्या बना हुआ है। पाकिस्तान को खुलकर मदद करने के पीछे भी चीन का वह ही विस्तारवादी रुख काम कर रहा है। वह जानता है कि एशिया में पाकिस्तान तो कभी नई शक्ति बनकर खड़ा हो नहीं सकता। उसे तो दूसरों की पकी-पकाई खाने की आदत पड़ गई है। जब कभी उठेगा तो भारत ही तूफान बनकर उठेगा। इसलिए जहाँ भारत के दूसरे सीमावर्ती देशों की कमर पर अपना हाथ रखा जाए वहाँ पाकिस्तान को सदा भौंकने और काट खाने की भी आदत डालकर रखा जाए।

आरंभ में दस-पंद्रह साल तो चीन ने भारत को भी भाई-भाई का नारा लगाकर भ्रम में डाले रखा। पर 1962 में उसकी इस भ्रातृभावना की कलई खुल गई। हिमालय की वह उपत्यकाएँ और घाटियाँ जो न जाने कब से वन्य जंतुओं के निर्बाध विश्राम के लिए सुरक्षित थीं, वह भी चीनी आक्रमण ने झिंझोड़कर रख दीं। हजारों-हजारों फुट ऊँची चोटियाँ, जिन पर आज तक किसी ने हाथ नहीं डाला था, वह भी एक बार खून में नहा गईं। नेपाल और लद्दाख के जंगलों में हाहाकार मच गया। उसी के परिणामस्वरूप भारत को अपनी सेना में नई माउंटेन डिवीजन (पर्वतीय टुकड़ी) पृथक् खड़ी करनी पड़ी। आज हिमालय की उन्हीं बर्फानी चोटियों पर खड़े भारतीय जवान उस दिन की प्रतीक्षा में हैं जब चीन से फिर एक बार दो-दो हाथ हों।

यों पाकिस्तान जब से चीन के निकट आया है तब से साम्यवाद और मुस्लिम संप्रदायवाद में भी एक नया गठजोड़ हुआ है। पाकिस्तान की बुनियाद क्योंकि भारत-विरोध के आधार पर पड़ी है, इसलिए दुनिया में जो भी कोई भारत का थोड़ा बहुत विरोधी है, वह आज उसका मित्र बन गया है। अन्यथा तो कहाँ इस्लामी कठमुल्लापन और कहाँ उग्र साम्यवाद ? दोनों में प्रारंभ से ही 36 के अंक वाली भिन्नता रही है। चीनी प्रभाव के छोटे-छोटे अलवानिया जैसे देश भी मौके बे मौके उसी स्वर में बोलते रहते हैं। संयुक्त राष्ट्र महासभा में अभी पीछे उनका भी रंग देखने में आया। नेपाल, बर्मा और लंका के अतिरिक्त पश्चिमी बंगाल के सीमावर्ती क्षेत्रों में भी चीनी एजेंटों ने भारतीय प्रजातंत्र को चुनौती दे रखी है। मार्क्सवादी और नक्सलवादी नामों से जो हिंसा और तोड़-फोड़ की घटनाएँ पश्चिमी बंगाल में पीछे हुईं उनमें चीन का स्पष्ट हाथ था ही। अब पाकिस्तान की कमर टूटते देखकर फिर चीन ने गुर्राना शुरू कर दिया है।

अरब राष्ट्र भारत की कठिन घड़ियों में पहले-पहले तो बगलें ही झाँकते थे। पर अब तो वह भी खुलकर पाकिस्तान की कमर पर जा चढ़े हैं। मजहबी जुनून उनमें भी अँगड़ाई ले रहा है। रबात कॉन्फ्रेंस में भारत के साथ जो व्यवहार हुआ उसकी चोट ही अभी तो नहीं भरी थी, पर इस बंगलादेश के संघर्ष में तो एक-एक करके सब ही परखे गए। मिस्र, जिसके लिए स्वेज नहर पर ब्रिटेन का विरोध भारत ने मोल लिया और इजराइल के साथ

हुए संघर्ष में भी कर्नल नासिर की मरहम-पट्टी करने में जो देश सबसे आगे था, वह मिस्र आज उलटा भारत को ही उपदेश दे रहा है। सऊदी अरब, इराक और ईरान भी उसी स्वर में राग अलाप रहे हैं। पाकिस्तान की पान इस्लामी राष्ट्रों का संगठन बनाने की योजना भले ही अभी व्यवस्थित रूप न ले पाई हो, पर सोचने का ढंग धीरे-धीरे सबका उसी तरह का होता जा रहा है। फिर भी पाकिस्तान को रुपए-पैसे अथवा हथियार की मदद ही तो वह कर सकते हैं। लेकिन हिम्मत और हौसला तो अपना ही उसे इस्तेमाल करना पड़ेगा। सऊदी अरब अपने हवाई जहाजों के स्क्वैड्रन भेजकर पाकिस्तान की नष्टप्राय वायुसेना को खड़ा करने में लगा है। एक अन्य राष्ट्र, जिसकी वायुसेना के विमानचालकों ने भारत में ही प्रशिक्षण लिया, वह भी सुनते हैं, पाकिस्तानी विमान चला रहे हैं। आगरा पर हुए पहले दिन के हमले में उन्हीं का हाथ था।

पश्चिमी राष्ट्र प्रारंभ से ही पाकिस्तान को अपना लाड़ला बेटा मानकर उसके खून माफ करते आए हैं। अमेरिका ने 1962 के चीनी हमले में जरूर हिंदुस्तान की ओर अपना दोस्ती का हाथ बढ़ाया था, पर 1965 के पाकिस्तानी आक्रमण में फिर वह अयूब खाँ के साथ खड़ा हो गया। इस संघर्ष में तो अमेरिकी शासन ने पाकिस्तान को मदद देने में कोई कसर उठाकर ही नहीं रखी। इतना जरूर है—अभी अपने सैनिक उसने नहीं भेजे। पर दक्षिण वियतनाम में हुई दुर्गति के बाद वह शायद आसानी से अब कहीं सैनिक भेजने की नासमझी नहीं करेगा। इन राष्ट्रों की पाकिस्तान समर्थक नीति से ऊबकर ही भारतीय नेताओं को यह कहना पड़ा—अपना भविष्य हम अच्छा समझते हैं। अगले कदम क्या उठाने हैं, इसके लिए अब हमें उनके उपदेशों की कोई जरूरत नहीं है। संयुक्त राष्ट्रसंघ पर जिस तरह यह राष्ट्र हावी है, उससे भी उस महान् संस्था का खोखलापन अब बाहर प्रकट होने लगा है। यदि यही स्थिति रही तो कहीं पहले बने लीग ऑफ नेशंस की तरह इसकी भी समाप्ति जल्दी न हो जाए ?

भारत ने चीनी आक्रमण के बाद शस्त्रों के निर्माण में भी अच्छी प्रगति की है। पाकिस्तान के 1965 के हुए दूसरे आक्रमण में जब ब्रिटेन और अमेरिका ने अपने देश में बने हथियारों के अतिरिक्त पुर्जे देने पर रोक लगा दी थी तब तो हमारी आँखें और भी अधिक खुल गईं। उसी समय से भारत युद्ध-सामग्री के निर्माण में आत्मनिर्भर होने का प्रयत्न कर रहा है। भारत में बना जेट विमान और विजयंत टैंक तो आज दुनिया में चर्चा का विषय बन गए हैं। मिग विमानों का निर्माण-कार्य भी अपने अंतिम चरण में है। ऐसी ही स्थिति और भी कुछ आधुनिकतम शस्त्रों की है। इतना जरूर है इससे हमें अपनी कुछ विकास योजनाओं का मुँह भी रक्षा साधनों की ओर मोड़ना पड़ा। पर क्षेत्र की अखंडता और प्रभुसत्ता की रक्षा तो सबसे पहले करनी ही है। इसके लिए अणु अस्त्रों की होड़ में भी खड़े होना पड़ा तो भी देश नहीं झुकेगा। पौने दो सौ साल की लंबी जद्दोजहद के बाद देश स्वतंत्र हुआ है। इस स्वतंत्रता को किसी असावधानी में गँवा बैठना इतिहास को

कलंकित करना हो जाएगा।

अमेरिका का पाकपरस्त रवैया इस संघर्ष में तो और भी अधिक खुलकर सामने आ गया है। भारत में विकास-कार्यक्रमों के लिए स्वीकृत राशि भी उसने रोक ली है। संभव है, उसके मस्तिष्क में भी इसी पर भारत का भविष्य निर्भर करता है ? पर अमेरिका यह याद रखे, भारतीय जनता अपने रक्त की आखिरी बूँद देकर भी अपनी स्वाधीनता और अखंडता की रक्षा करेगी। भले ही हमारे विकास में और दस-बीस साल की देर हो जाए। पर किसी के दबाव या प्रभाव में आकर भारतीय जनता पाकिस्तान की बेहूदा हरकतें बर्दाश्त करने को अब तैयार नहीं है। युद्ध के परिणामों से भी हम अच्छी तरह परिचित हैं। नेताजी सुभाषचंद्र बोस के वह वाक्य अभी हम भूले नहीं है जो उन्होंने मोर्चे की ओर कूच करते हुए अपनी सेना के अधिकारियों और जवानों को संबोधित करते हुए कहे थे–

'आजादी का इतिहास नहीं काली स्याही लिख पाती है,
इसके लिखने के लिए खून की नदी बहाई जाती है।'

देश आज हर तरह के संघर्ष और बलिदान के लिए तैयार है। इसके बढ़े हुए कदम अंगद के पैर बन गए हैं। दुनिया की बड़ी से बड़ी शक्ति भी भारत के निर्णयों को प्रभावित नहीं कर सकती। पाकिस्तान ने जो संघर्ष तीसरी बार हम पर थोपा है, उसका मुँहतोड़ जवाब देना भारत के स्वाभिमान और भविष्य दोनों ही दृष्टि से बहुत जरूरी था। इस साँप की कमर अगर न तोड़ी जाती तो फिर-फिर यह परेशान करता।

पाकिस्तान की चोट का दर्द उसके समर्थक राष्ट्रों को भी महसूस हो रहा है। वह इसे अपनी हार मानकर, संभव है, कुछ और हाथ-पैर भी मारें। पर भारत उनको ही नहीं, दुनिया को संकट के इस चक्रव्यूह में अडिग खड़े रहने का अपना निर्णय घोषित कर चुका है। प्रधानमंत्री के वह शब्द भारतीय स्वाभिमान की प्रतिध्वनि हैं, जिनमें उन्होंने कहा–अब वह दिन लद गए जब कुछ बड़े राष्ट्र जैसे चाहें दूसरे राष्ट्रों की नकेल मोड़ देते थे। हम अपने भाग्य का निर्णय स्वयं करेंगे। लड़ाई कब और कैसे बंद करनी है, इसका फैसला संयुक्त राष्ट्र महासभा का प्रस्ताव नहीं कर सकता। इसका फैसला भारत की पचपन करोड़ जनता ही अब करेगी।

खंड तीन : फाइल से

पच्चीस साल से उलझा प्रश्न—कश्मीर ?

भारत में कश्मीर-विलय संदेह से परे

भुट्टो और कश्मीर

हमारे प्रजातंत्र की सबसे अधिक कमजोर कड़ी :
राष्ट्रीय चरित्र का अभाव

संविधान के अनुच्छेद 370 का निराकरण

जम्मू-कश्मीर आंदोलन पर कुछ युक्तिसंगत सम्मतियाँ

पच्चीस साल से उलझा प्रश्न—कश्मीर ?

कुछ दिनों से कश्मीर की राजनीति में फिर एक नया तूफान उठ रहा है। यों तो प्रारंभ से ही कश्मीर भारत के लिए दर्दे-सिर रहा, पर अब चौथी बार शेख अब्दुल्ला को कश्मीर में खुला छोड़ देने से और पाकिस्तान की नेशनल असेंबली में श्री भुट्टो द्वारा कश्मीरियों को खूनी क्रांति के लिए खुला आह्वान करने से कश्मीर फिर एक बार दुनिया की चर्चा का विषय बन गया है। देखा जाए तो बंगलादेश की मुक्ति के बाद भारत और पाकिस्तान में कश्मीर ही अब मुख्य रूप से विवाद की जड़ रह गया है। यदि उसका कोई स्थायी समाधान शिमला में निकल आता तो भारतीय उपमहाद्वीप में शांति का मार्ग प्रशस्त हो सकता था। भारत और पाकिस्तान दोनों इस विवाद का हल निकल आने से देर तक टकराव से बच सकते थे।

कश्मीर की विशेष भौगोलिक और सामरिक स्थिति होने से अमेरिका, रूस और चीन जैसे बड़े राष्ट्र भी प्रारंभ से ही यह चाहते रहे हैं—यह महत्त्वपूर्ण भाग उसी देश पर रहे जो जरूरत पड़ने पर उन्हें अपने अड्डे बनाने की वहाँ अनुमति दे सके। पूरा न रहे तो कम से कम आधा-चौथाई तो रहे ही। भारत से तो उन्हें यह आशा है नहीं जो किसी के अड्डे वहाँ बनने दे। इसलिए उनका झुकाव शुरू से ही पाकिस्तान के पक्ष में रहा है। रूस कभी पूरे कश्मीर को भारत का अभिन्न अंग मानता था। उसने भी पिछले कुछ वर्षों से अपने रुख में परिवर्तन कर लिया है। अब वह कश्मीर को दोनों देशों का विवाद कहने लगा है। सुनने में तो यहाँ तक भी आ रहा है कि वर्तमान युद्धविराम-रेखा को ही अंतर्राष्ट्रीय रेखा मानने का सुझाव भी रूस ने रखा है।

कश्मीर के संबंध में इन बड़े राष्ट्रों का मन प्रारंभ से ही साफ नहीं रहा। संयुक्त राष्ट्रसंघ में जब पहली बार कश्मीर का सवाल उठा तो जो प्रस्ताव वहाँ स्वीकृत हुआ उसमें स्पष्ट कहा गया था—

'पाकिस्तानी सेनाओं को तुरंत कश्मीर की धरती खाली कर देनी चाहिए और स्थिति को सामान्य बनने में मदद देनी चाहिए।'

अमेरिका को उस समय भारत से कुछ अपने ढंग की आशाएँ रही होंगी। पर भारत की तटस्थ नीति से उसकी वह आशाएँ धूमिल हो गईं। बाद में तो फिर अमेरिका और उसके समर्थक राष्ट्र पाकिस्तान के पक्ष में खुले ही बोलने लगे। उसी का परिणाम है जो आज पच्चीस साल बाद भी संयुक्त राष्ट्रसंघ में कश्मीर की गाड़ी जहाँ की तहाँ अटकी

खड़ी है।

इधर भारत से भी कश्मीर के संबंध में कुछ छोटी भूलों के अतिरिक्त दो बड़ी भूलें हुईं। पाकिस्तान का पहला हमला कश्मीर पर 1947 में हुआ। भारतीय सेनाओं ने संकेत मिलते ही हमले का मुँहतोड़ जवाब दिया। कबायलियों की आड़ में लड़ रहे पाकिस्तानी सैनिकों को खदेड़कर पीछे कर दिया, पर जब लड़ाई में जरा गर्मी आई और उन्हें लगा कि कश्मीर के साथ कहीं थोड़ा-बहुत पाकिस्तान भी न चला जाए तो पाकिस्तानी प्रधानमंत्री मियाँ लियाकतअली के सुझाव पर लड़ाई बीच में रोककर समझौते की बात चल पड़ी। उस समय यदि बीच में न रुका जाता तो कश्मीर की यह हड्डी, जो पिछले पच्चीस साल से गले में अटक रही है, कभी की निकल चुकी होती। दूसरी भूल 1965 में हुई, जब ताशकंद में समझौता हुआ। हाजीपीर आदि कई महत्त्वपूर्ण चौकियाँ लेने में भारतीय सेनाओं को बड़ी शक्ति लगानी पड़ी थी। जवानों का खून पानी की तरह वहाँ बहा था। यदि उस समय जीते क्षेत्र वापस न किए जाते तो आज पूरा कश्मीर अपने अधिकार में होता। फिर नए सिरे से मोर्चे न खोलने पड़ते।

शिमला शिखर-सम्मेलन में कश्मीर के 480 वर्गमील क्षेत्र को वापस न करने का निर्णय सही दिशा में एक पग है। लेकिन आगे चलकर किसी समझौते में यदि पाक अधिकृत कश्मीर का कोई भी महत्त्वपूर्ण भाग उन पर रह गया तो झंझट ज्यों का त्यों बना रहेगा। चीन और पाकिस्तान हमारे अपने घर में बैठकर ही हम पर हमलों की योजना बनाएँगे। इस्लामाबाद और पीकिंग के बीच कश्मीर होकर स्थल-मार्ग से जो कड़ी जुड़ गई है, वह तलवार बराबर हमारे सिर पर लटकती रहेगी।

उधर शेख अब्दुल्ला फिर आपे से बाहर हो रहे हैं। कहनी-अनकहनी सभी कहते फिर रहे हैं। तीन बार पहले भी इन्हें खुला छोड़कर परीक्षण किया जा चुका है। दो बार नेहरू जी के समय में और एक बार शास्त्री जी के समय में। चौथी बार अब श्रीमती इंदिरा गांधी के प्रधानमंत्रित्व काल में फिर शेख साहब को उसी तरह के परीक्षण के लिए छोड़ा गया है। सीधे-सादे कश्मीरियों को आज जिस ढंग से वह उभार रहे हैं, यदि उसका शीघ्र ही कोई उपाय न निकाला गया तो यह खेल महँगा बैठ सकता है। भारतीय सेना और भारत सरकार की इस तरह खुली गालियों और अनर्गल आलोचना का अवसर देना विद्रोह की कमर थपथपाना हो जाएगा। अभी कुछ दिन पहले ही तो सरकार यह कानून बनाकर चुकी है—देश के किसी भी भाग को पृथक् करने की साजिश देशद्रोह मानी जाएगी। फिर शेख के मामले में क्यों मौन साधा जा रहा है ? कश्मीर को एक पृथक् राष्ट्र बनाने की शेख साहब की योजना कोई नई नहीं है। सरदार पटेल तो इसे शुरू में ही भाँप गए थे। पर कश्मीर की रियासत उनके अधिकार-क्षेत्र से बाहर थी, इसलिए कुछ कर न सके। मन मसोसकर रह गए। बाद में फिर नेहरू जी और श्री रफी अहमद किदवई भी 1953 में उसी परिणाम पर पहुँचे जो छह साल पहले सरदार की आँखों में देखा था।

शेख साहब को अपनी पहली गिरफ्तारी की चोट भी रह-रहकर कसकती है। उसी संदर्भ में कभी उन्हें 1947 का कश्मीर का वह जमाना याद आता है जब नेहरू जी के दम पर वह सर्वेसर्वा बने बैठे थे। कभी अपने को कश्मीरी जनता का स्वयंभू नेता कहते हैं। कभी सुरक्षा, विदेश और संचार सेवाओं को छोड़कर शेष सभी मामलों में कश्मीर को स्वतंत्र बनाने का दिन में ही स्वप्न लेते हैं। लेकिन शेख साहब यह क्यों भूल जाते हैं कि भारत में कश्मीर का विलय भी उसी संधि-पत्र के आधार पर हुआ है जिस पर हस्ताक्षर करके देश की और साढ़े तीन सौ रियासतें भारत में मिली हैं। बाद में फिर जम्मू-कश्मीर संविधान सभा ने उस पर अपनी स्वीकृति की मुहर भी उन्हीं के प्रधानमंत्री काल में लगाई है। क्या यह उनके गले पर अँगूठा रखकर करवाया गया था ?

1935 के गवर्नमेंट ऑफ इंडिया ऐक्ट में संशोधन करने के बाद ही देशी रियासतों का भारत में विलय हुआ था। ब्रिटिश संसद के उस ऐक्ट में स्पष्ट लिखा था—

'किसी राज्य के तत्कालीन शासक द्वारा निष्पादित प्रदेश संलेख के अनुसार उस राज्य का भारत संघ में विलय पूर्ण तथा अंतिम माना जाएगा।'

उसी आधार पर देशी रियासतें भारत में मिलीं। भारतीय संविधान में कश्मीर की विशेष स्थिति संबंधी अनुच्छेद केवल इसलिए कुछ समय को रखा गया क्योंकि उन दिनों रियासत में युद्ध का वातावरण बना हुआ था। संविधान सभा में ही एक वरिष्ठ सदस्य श्री हसरत मोहानी ने कश्मीर की विशेष स्थिति का कारण जब जानना चाहा तब श्री गोपाल स्वामी आयंगर ने कहा—

'राज्य में एक सशस्त्र आक्रमण होकर चुका है, जो कहीं-कहीं अभी भी जारी है। स्थिति अभी तक असामान्य बनी हुई है। असामान्य स्थिति में राज्य का प्रशासन-तंत्र भी असामान्य ढंग से चलाना होगा। इस प्रश्न को लेकर हम कुछ उलझ गए हैं। नहीं कहा जा सकता अभी कितनी देर उसमें और उलझे रहना पड़े। राज्य में शांति स्थापित होते ही यह अस्थायी व्यवस्था समाप्त हो जाएगी।'

ब्रिटिश सरकार के रियासतों संबंधी उसी ऐक्ट के आधार पर यदि देशी रियासतें चाहतीं तो अपने राज्य में संविधान सभा बनाकर उस विलय की पुष्टि कर सकती थीं। भारत संघ में रहने अथवा स्वतंत्र रहने की स्थिति में अपने यहाँ विधानमंडल का गठन भी कर सकती थीं। पर कश्मीर को छोड़कर और किसी रियासत ने अपने इस अधिकार का प्रयोग नहीं किया। कश्मीर में भी शेख साहब के आग्रह पर ही संविधान सभा बनी। जिसने राज्य का पृथक् संविधान बनाया। पर इस संविधान की प्रस्तावना में भी लिखा है—

'हम जम्मू तथा कश्मीर राज्य के लोग इस राज्य के सीधे भारत में विलय के, जो 26 अक्तूबर, 1947 को हुआ, अनुसरण में इस राज्य की भारत संघ के साथ उसकी अभिन्न अंग के रूप में वर्तमान संबंधों की आगे परिभाषा करने का दृढ़ संकल्प लिए हुए हैं।'

इसी संविधान के अनुच्छेद 3-ए में फिर इसी बात को दोहराया गया और कहा

गया—'जम्मू तथा कश्मीर राज्य भारत का अभिन्न अंग है और अभिन्न अंग रहेगा।'

परंतु भविष्य में कभी भी कश्मीर विधानसभा कोई उसमें हेर-फेर न कर सके इसके लिए भी उन्होंने राज्य के संविधान में एक लक्ष्मण-रेखा खींच दी। अनुच्छेद 147 में स्पष्ट यह लिख दिया—

'संविधान के अनुच्छेद 3 और 5 (इसमें राज्य के लिए भारतीय संसद को विधि बनाने का अधिकार दिया गया है) के उपबंध अथवा भारतीय संविधान के वह उपबंध जो इस राज्य में लागू होते हैं उनमें परिवर्तन करने वाला कोई भी विधेयक अथवा संशोधन विधानमंडल की किसी भी सभा में पेश अथवा पुनःस्थापित नहीं किया जा सकेगा।'

आश्चर्य यह है, संविधान सभा के ये सब निर्णय शेख अब्दुल्ला के प्रधानमंत्री काल में ही हुए, उस बासी कढ़ी में उबाल देकर फिर पता नहीं क्या नई सौदेबाजी करना चाहते हैं।

शेख की सौदेबाजी की यह आदत नई नहीं है। प्रारंभ में जब शेख अब्दुल्ला गद्दी पर बैठे तब ही उन्होंने भारत और पाकिस्तान दोनों जगह अपना एक-एक प्रतिनिधि भेजकर उनकी थाह लेनी चाही। किसके साथ रहने में हमारा अधिक लाभ है ? नेहरू जी से मिलने बख़्शी गुलाम मुहम्मद को दिल्ली भेजा और जिन्ना साहब से मिलने श्री गुलाम मुहम्मद सादिक को कराची भेजा। अपने यह प्रतिनिधि भेजकर दोनों से उन्होंने यह पुछवाया—यदि कश्मीर आपके साथ रहे तो उसका क्या भविष्य होगा ? श्री जिन्ना ने तो एक वाक्य में साफ कह दिया—जो स्थिति पाकिस्तान में सिंध, पंजाब और फ्रंटियर की है, वही कश्मीर की भी रहेगी। पर नेहरू जी ने रियासत में उन दिनों चल रहे तनाव को ध्यान में रखकर कहा—भारत में कश्मीर की विशेष स्थिति रहेगी। शेख साहब ने सोचा, पानी यहाँ कुछ भरता दिखाई देता है। भारत के साथ रहने में ही अधिक लाभ है। इसलिए कश्मीर के भारत में विलय की दुहाई फिर जोर-जोर से चीखकर देने लगे। संयुक्त राष्ट्रसंघ में कश्मीर का पक्ष प्रस्तुत करते हुए 5 फरवरी, 1948 को उन्होंने कहा—

'रियासत की जनता ने भारत संघ में मिलने का निर्णय बहुत सोच-समझकर किया है। यह निर्णय किसी दबाव या प्रलोभन में आकर नहीं किया गया है। कश्मीरी जनता का स्वेच्छा से लिया गया यह निर्णय है।'

बाद में फिर बिल्ली धीरे-धीरे थैले से बाहर होने लगी। राज्य के प्रधानमंत्री पद का लाभ उठाकर उन्होंने अपने पंजे जमाने प्रारंभ कर दिए। राज्य में बाहरी व्यक्तियों को जमीन-जायदाद खरीदने पर रोक लगाने के अतिरिक्त उनके प्रवेश की भी सीमित व्यवस्था कर दी। पाक अधिकृत कश्मीर से उजड़कर जो लोग जम्मू-क्षेत्र में बसे थे उनमें और जम्मू के मूल निवासियों में भी भेद की दीवार खड़ी कर दी। डॉ० श्यामाप्रसाद मुकर्जी का उसी के लिए बलिदान भी हुआ। कुछ वर्षों बाद जब उनके इरादे साफ ही झलकने लगे तब विवश होकर भारत सरकार को उन्हें अपने पद से हटाना पड़ा और जेल में बंद करना

पड़ा।

देखा जाए तो कश्मीर रियासत के भारत में देर से विलय में भी शेख अब्दुल्ला एक प्रमुख कारण रहे। पहला कारण तो 15 अगस्त, 1947 को गुरदासपुर जिले की पठानकोट तहसील के बारे में रेडक्लिफ कमीशन का मौन धारण करना था। विभाजन के समय पठानकोट का भविष्य अनिर्णित था। जब तक पठानकोट भारत को न मिलता तब तक कश्मीर से भारत आने का कोई मार्ग ही न था। दूसरा मुख्य कारण कश्मीर का पहला प्रधानमंत्री शेख अब्दुल्ला को बनाना था। महाराजा हरिसिंह शेख की पुरानी सांप्रदायिक गतिविधियों से अप्रसन्न थे। उनका विचार था, भले ही किसी और व्यक्ति को प्रधानमंत्री बना दिया जाए पर शेख अब्दुल्ला को न बनाया जाए। मुस्लिम कॉन्फ्रेंस, जो आगे चलकर नेशनल कॉन्फ्रेंस बनी, उसकी गतिविधियाँ अपने जन्म से ही राज्य में सांप्रदायिक सद्भाव मिटाने में सहायक रहीं। शेख अब्दुल्ला उन दिनों उसके प्रमुख नेता थे। लेकिन भारत सरकार और नेहरू जी का विचार था—शायद इसमें महाराजा हरिसिंह की व्यक्तिगत इच्छा या अनिच्छा ही तो केवल कारण नहीं है ? बाद में जब शेख साहब बेनकाब हुए तो पंडित जी को भी असलियत पता चली। महाराजा हरिसिंह रियासत छोड़कर बंबई चले गए। श्री मेहरचंद महाजन, जो बाद में सर्वोच्च न्यायालय के मुख्य न्यायाधीश बने, वह उन दिनों कश्मीर के दीवान थे। भारत सरकार को शेख के संबंध में उन्होंने भी कुछ नई जानकारी दी, पर निर्णय लेने का काम तो दिल्ली वालों को ही करना था।

जनमत-संग्रह की बात सबसे पहले तत्कालीन जनरल लार्ड माउंटबेटन ने कही। नेहरू जी ने भी कहीं एक-दो स्थानों पर उसे अपने ढंग से दोहरा दिया। पर भारतीय संविधान सभा ने या संसद ने कभी उस पर अपनी मोहर नहीं लगाई। केवल मात्र वह तत्कालीन गवर्नर जनरल की एक राजनीतिक आकांक्षा मात्र ही थी। उसका कोई कानूनी महत्त्व भारत के लिए नहीं था। पर एक बार नेहरू जी ने उस आकांक्षा का भी संसद में बड़े स्पष्ट शब्दों में समाधान करते हुए कहा—जो लोग जनमत-संग्रह की बात कहते हैं वे यह क्यों भूल जाते हैं, कश्मीर में एक बार नहीं, तीन बार जनमत-संग्रह किया जा चुका है। जनमत-संग्रह के दो प्रकार हैं। एक तो केवल इसी बात को लेकर राज्य में जनमत-संग्रह कराया जाए। पर इससे जो सांप्रदायिक तनाव वहाँ भड़केगा उसका देश के दूसरे भागों में प्रभाव हुए बिना नहीं रह सकता। अभी पहला ही घाव नहीं भरा है। दूसरा, विलय के बारे में कश्मीर की जनता की मंशा जानने के लिए जनमत संग्रह कराया जा सकता है। मगर कश्मीर में इसे आधार मानकर अभी चुनाव हुए हैं। वहाँ की जनता ने उन लोगों को भारी बहुमत से जिताया है, जो कश्मीर के भारत संघ में विलय के समर्थक हैं। कश्मीरी जनता ने एक बार नहीं, तीन बार उन्हें जिताया है। फिर और जनमत-संग्रह की गुंजाइश कहाँ रह जाती है।

श्री नेहरू के उस वक्तव्य से शेख साहब उन दिनों बौखला उठे। श्रीनगर में अपने

एक भाषण में उन्होंने कहा—नेहरू जी का यह कहना बिलकुल बेबुनियाद है कि कश्मीरी अवाम की राय जानी जा चुकी है। यहाँ जल्दी ही रायशुमारी का कोई फैसला यदि नहीं किया गया तो हमें अपना फैसला खुद करने के लिए मजबूर होना पड़ेगा। सैनिकों की बंदूक की नोक से देर तक किसी को दबाकर नहीं रखा जा सकता। कश्मीर के लाखों बाशिंदे अपने इस बुनियादी फैसले के अजीम मिशन को लेकर आगे बढ़ रहे हैं कि—कश्मीर हमारा है और हम खुद इसका फैसला करेंगे।

सरदार पटेल ने तो विभाजन के तत्काल बाद ही कश्मीर-समस्या का एक सीधा-सा हल सुझाया था। उनका कहना था—सीमाप्रांत और पंजाब के कश्मीर से लगने वाले भागों से जो शरणार्थी उजड़कर भारत आ रहे हैं उनमें से कुछ को वहाँ बसा दिया जाए। राज्य की अर्थव्यवस्था पर भी उसका अनुकूल प्रभाव होगा और कश्मीर का स्वरूप भी धीरे-धीरे बदल जाएगा। पर अब पच्चीस साल बाद तो उस तरह का भी कोई पग उठाना संभव नहीं है। उधर से आए लोग भी देश के भिन्न-भिन्न भागों में बस गए हैं और आज ऐसा करने की दुनिया में भी अच्छी प्रतिक्रिया नहीं होगी। अब तो एक ही प्रकार है—जिस तरह देश की दूसरी रियासतों का भारत के अन्य राज्य में विलय किया गया है, उसी तरह जम्मू-कश्मीर राज्य का भी पंजाब अथवा हिमाचल प्रदेश में विलय कर दिया जाए। संविधान से अनुच्छेद 370 भी इसके लिए हटाना बहुत आवश्यक है।

बंगलादेश बन जाने से पाकिस्तान कश्मीर में उसका बदला लेना चाहता है। इसके लिए पाकिस्तानी राष्ट्रपति श्री भुट्टो को शिमला-समझौते की स्वीकृति के समय नेशनल असेंबली में दिया गया जहरीला भाषण आँख खोलने के लिए पर्याप्त है। श्री भुट्टो ने शेख अब्दुल्ला और मौलवी फारुख को कश्मीर में इसी क्रांति के लिए भड़काते समय पाकिस्तान से हर तरह के समर्थन का वचन भी उन्हें दिया है। भुट्टो साहब एक ओर भारत से युद्ध करने के सपने देखते हैं और युद्ध करना खाला जी का घर भी नहीं मानते और दूसरी ओर कश्मीर पर दाँत भी पीस रहे हैं। वह खुद तो बेचारे कश्मीर में क्या आकर लड़ेंगे ? चीन और अमेरिका ने ही कहा होगा—बिल में तुम हाथ दो, मंत्र हम पढ़ेंगे। पर बंगलादेश से कुछ तो सबक उन्हें लेना चाहिए। उस समय यह दोनों कहाँ चले गए थे ? अमेरिका का सातवाँ बेड़ा आया पर वह भी खेल खत्म होने पर। नियाजी और फरमान अली तक को भी न निकाल सका। बेचारा अपना-सा मुँह लेकर लौट गया। अब कश्मीर में ही और कौन-सा नया तीर वह मारेंगे ? सिवाय थोड़े-बहुत हथियार या हवाई जहाज देने के। लेकिन भारत कश्मीर को नया वियतनाम बनने का अवसर ही क्यों दे। प्रधानमंत्री श्रीमती इंदिरा गांधी ने जहाँ कई और खतरे मोल लिए और उनमें सफल रहीं, वहाँ अब कश्मीर-समस्या का भी उन्हें स्थायी और सम्मानपूर्ण समाधान शीघ्र कर ही लेना चाहिए। देश के पूर्वी भाग से जैसे संकट टाला है, उसी तरह पश्चिम का यह कोना भी खाली करा लें।

भारत में कश्मीर-विलय संदेह से परे

[1964 में लिखा एक अप्रकाशित लेख]

इसमें तनिक भी संदेह नहीं है कि जम्मू तथा कश्मीर का भारत संघ के साथ पूर्ण रूप से विलय हो चुका है तथा इसमें अपवाद अथवा प्रतिरोध का कोई प्रश्न नहीं है। किसी अन्य भूतपूर्व भारतीय राज्य के विलय के समान ही यह विलय संपूर्ण है। इस मामले में तथ्य इस प्रकार हैं :

> राज्यों के विलय के प्रयोजनार्थ भारत और पाकिस्तान दोनों में भारत सरकार अधिनियम, 1935 में संशोधन किया गया था। संक्षिप्त रूप में संशोधन में दिया गया है कि किसी राज्य के तत्कालीन शासक द्वारा निष्पादित प्रवेश संलेख के अनुसार उस राज्य का भारत संघ से विलय पूर्ण तथा अंतिम होगा। जम्मू और कश्मीर राज्य के तत्कालीन शासक द्वारा हस्ताक्षरित संलेख सहित समस्त राज्यों के लिए प्रवेश संलेख का प्रारूप एक जैसा ही था। अतः समस्त मामलों में प्रभाव भी एक जैसा ही है।
>
> लार्ड माउंटबेटन (भारत के तत्कालीन गवर्नर जनरल) को लिखे गए अपने दिनांक 26 अक्तूबर, 1947 के पत्र में कश्मीर के महाराजा ने अपने जम्मू और कश्मीर राज्य को भारत संघ के साथ मिलाने का प्रस्ताव किया था और लार्ड माउंटबेटन ने उत्तर दिया था कि भारत सरकार विलय को स्वीकार करने के लिए तैयार है। तद्नुसार, प्रवेश संलेख पर महाराजा द्वारा हस्ताक्षर किए गए जिसको भारत के गवर्नर जनरल ने स्वीकार किया। इस संलेख के परिणामस्वरूप ही हमारे संविधान की प्रथम अनुसूची में, जिसमें 'भारत' का गठन करने वाले विभिन्न राज्यों का उल्लेख किया गया है, जम्मू और कश्मीर राज्य का विशिष्ट रूप से वर्णन किया गया है।

इसमें कोई संदेह नहीं है कि उस समय विद्यमान किन्हीं विशेष परिस्थितियों के कारण जम्मू और कश्मीर के बारे में कुछ विशेष उपबंध बनाए गए थे जो कि संविधान के अनुच्छेद 370 में दिए गए हैं।

जम्मू और कश्मीर राज्य के बारे में कुछ विशेष उपबंधों की व्यवस्था करते समय वह अनुच्छेद यह भी स्पष्ट करता है कि विलय संपूर्ण है और इसमें एक शब्द भी ऐसा नहीं है, जिससे यह आशय निकले कि विलय अल्पकालीन अथवा अस्थायी है।

परंतु पाकिस्तान इस बात का ढिंढोरा पीटता फिरता है कि कोई वैध विलय नहीं हुआ है और यह केवल अल्पकालीन था।

हमारे देश में भी कुछ ऐसे प्रतिष्ठित व्यक्ति हैं जो यह कहते हैं कि जम्मू तथा कश्मीर के लोगों की इच्छा का अभी तक इस बारे में जानना बाकी है कि वे राज्य का विलय भारत से अथवा पाकिस्तान से चाहते हैं अथवा इनमें से किसी के भी साथ नहीं चाहते। वे अपने ये तर्क हमारे प्रधानमंत्री तथा अन्य मंत्रियों के कुछ इस आशय के वक्तव्यों के आधार पर देते हैं कि लोगों की इच्छा को ध्यान में रखा जाएगा। यद्यपि प्रवेश संलेख के निष्पादन हो जाने के पश्चात् दिए गए किसी वक्तव्य को न तो कोई वैधिक मान्यता प्राप्त है और न ही इससे विलय पर तनिक भी प्रभाव पड़ता है, तथापि मैं जोरदार शब्दों में तथा स्पष्ट रूप से कहता हूँ, वह सब कुछ पूरा हो चुका है।

मैं इस सभा का तथा ऐसे कुछ सज्जनों का माननीय श्री एन० गोपालस्वामी आयंगर द्वारा, जोकि उस समय भारत सरकार के मंत्री थे, संविधान सभा में दिए गए वक्तव्य की ओर ध्यान दिलाना चाहूँगा, जिस समय अनुच्छेद 306-क (जो अब अनुच्छेद 370 है) के समावेश का प्रस्ताव प्रस्तुत किया जा रहा था, जिसके अनुसार प्रारूप संविधान में जम्मू और कश्मीर राज्य के लिए विशेष उपबंध की व्यवस्था की गई है। उस समय एक माननीय सदस्य श्री हसरत मोहानी ने माननीय श्री एन० गोपालस्वामी आयंगर से पूछा था, "श्रीमन्, यह भेदभाव क्यों ?" जिसका यह अर्थ था कि जम्मू और कश्मीर राज्य के साथ अन्य राज्यों से भिन्न बर्ताव क्यों किया जा रहा है ? माननीय सदस्य ने उत्तर दिया कि "भेदभाव का कारण यह है कि उस राज्य पर किए गए कुछ सशस्त्र आक्रमणों के कारण कश्मीर में विशेष परिस्थितियाँ उत्पन्न हो गई हैं" और फिर उन्होंने कहा, "कि हम उस बात से भी सहमत हो गए हैं कि विधानसभा (जिसका अभिप्राय जम्मू तथा कश्मीर राज्य की विधानसभा से है) के माध्यम से लोग राज्य का संविधान तैयार करेंगे और इस राज्य के लिए भारत संघ का क्षेत्राधिकार प्राप्त करेंगे।"

अब हमें यह देखना है कि जम्मू तथा कश्मीर की विधानसभा ने इस मामले में क्या किया है ? हमें पहले जम्मू तथा कश्मीर के संविधान की प्रस्तावना को देखना है। उसमें स्पष्ट दिया हुआ है, "जम्मू तथा कश्मीर राज्य के लोग उस राज्य के भारत के साथ विलय के, जो 26 अक्तूबर, 1947 को हुआ था, अनुसरण में उस राज्य की भारत संघ के साथ उसके एक विभिन्न अंग के रूप में वर्तमान संबंधों की आगे परिभाषा करने का दृढ़ संकल्प लिए हुए···इन शब्दों पर ध्यान दीजिए कि हम जम्मू तथा कश्मीर राज्य के लोग हैं और केवल उस राज्य के महाराजा ही नहीं।"

अनुच्छेद 3 इस प्रकार है :

"जम्मू तथा कश्मीर राज्य भारत संघ का एक अभिन्न अंग है और अभिन्न अंग रहेगा।"

जैसा कि अनुच्छेद 1 (2) में दिया हुआ है, यह अनुच्छेद तुरंत लागू हो गया था। यदि हम जम्मू तथा कश्मीर के संविधान को पढ़ें तो हमें अन्य राज्यों की तरह उस राज्य पर भी भारत संघ के तथाकथित अधिकार क्षेत्र (ओवर लार्डशिप) का पता लगेगा। कुछ-एक उदाहरणों से मैं अपनी बात स्पष्ट कर दूँगा।

(1) अनुच्छेद 5 में यह दिया हुआ है कि संसद को इस राज्य के लिए विधियाँ बनाने का अधिकार है।

(2) अनुच्छेद 47 द्वारा विधानसभा के सदस्यों की संख्या एक सौ निर्धारित कर दी गई है। और अनुच्छेद 48 में यह दिया हुआ है कि पाकिस्तान अधिकृत क्षेत्र के पाकिस्तान के कब्जे से मुक्त होने पर उस क्षेत्र के लोग 25 सदस्य भेजेंगे। तब तक सदस्यों की संख्या केवल 75 ही रहेगी।

(3) अनुच्छेद 88 में यह उपबंध किया गया है कि उनके विधानमंडल में उच्चतम न्यायालय की आलोचना नहीं की जा सकती।

(4) अनुच्छेद 92 संवैधानिक शासन ठप्प हो जाने के बारे में है जबकि सदरे-रियासत उद्घोषणा द्वारा शासन व्यवस्था अपने हाथ में ले लेगा, परंतु उसके उप-अनुच्छेद 5 में कहा गया है कि उप-अनुच्छेद 1 के अंतर्गत कोई भी उद्घोषणा भारत के राष्ट्रपति की सम्मति से की जाएगी।

यह तो कार्यपालिका के बारे में है। न्यायपालिका शाखा में भी इसी प्रकार होता है। अनुच्छेद 95 में कहा गया है कि उच्च न्यायालय का प्रत्येक न्यायाधीश भारत के राष्ट्रपति द्वारा नियुक्त किया जाएगा। उच्च न्यायालय के न्यायाधीश को उसके पद से हटाने का अधिकार भारत के राष्ट्रपति को प्राप्त है। अनुच्छेद 86 में यह उपबंधित है कि उच्च न्यायालय के न्यायाधीश के लिए भारत का नागरिक होना आवश्यक है।

उस समय के गवर्नर जनरल ने महाराजा को जो पत्र लिखा, जिसमें उन्होंने कहा, मेरी सरकार की यह इच्छा है कि ज्यों ही कश्मीर में अमन-अमान कायम हो जाए और आक्रमणकारियों को वहाँ से निकाल दिया जाए तो राज्य के प्रवेश का मामला जनता को निर्णय के लिए सौंपा जाएगा, इस नारे में लोगों के विचार कुछ स्पष्ट नहीं हैं। मैं तो पहले ही कह चुका हूँ कि लोगों ने अपना फैसला बता दिया है। यहाँ एक और बात का ध्यान रखना होगा। वहाँ ये शब्द प्रयोग किए गए हैं—'मेरी सरकार की यह इच्छा है' और माइकल ब्रेशर ने अपनी पुस्तक 'दि स्ट्रगल फॉर कश्मीर' के पृष्ठ 38 पर इनका निम्नलिखित रूप में उल्लेख किया है :

"इस संबंध में यह बात ध्यान में रखनी होगी कि माउंटबेटन ने महाराजा को सूचित किया था कि यह 'इच्छा' उनकी (भारत की) इस नीति के अनुकूल है कि जिस राज्य के प्रवेश का मामला विवादास्पद रहा है वह विवाद उस राज्य की जनता की इच्छा के आधार पर तय किया जाए। इसका इस ऐक्ट के वैध होने पर कोई प्रभाव नहीं पड़ेगा,

जिस पर भारत द्वारा प्रवेश लेख के सरकारी तौर पर स्वीकार कर लिए जाने से मुहर लग गई थी।"

सभा को यह बात बताना सर्वथा सुसंगत नहीं है कि इस समय पाकिस्तान में शेख अब्दुल्ला का कितना सम्मान था। पाकिस्तान के तत्कालीन प्रधानमंत्री श्री लियाकतअली खाँ ने कहा था, "जबकि एक ओर यह क्विजलिंग (शेख अब्दुल्ला) कई वर्षों से कांग्रेस के एजेंट के रूप में अपने व्यक्तिगत लाभ की खातिर जनता के जीवन, सम्मान और स्वतंत्रता की सौदेबाजी कर रहा है, वहाँ दूसरी ओर कश्मीर के सच्चे नेता जेल में सड़ रहे हैं।"

उसी शेख की अब मूर्ति के रूप में वहाँ पूजा की जा रही है।

भुट्टो और कश्मीर

शिमला से लौटने के बाद पाकिस्तानी राष्ट्रपति श्री भुट्टो ने कश्मीर के संबंध में तीन बातें तीन स्थानों पर कही हैं। नेशनल असेंबली में शेख अब्दुल्ला और मौलवी फारुख को खूनी क्रांति के लिए उभारकर पाकिस्तान की हर तरह की मदद का भरोसा दिया है। इसके बाद कराची में कश्मीर-प्रश्न को संयुक्त राष्ट्रसंघ में फिर से उठाने की बात कही। अब हैदराबाद सिंध में एक नई तीसरी बात फिर कही है—शिमला-समझौते में प्रधानमंत्री श्रीमती गांधी ने कश्मीर को विवादास्पद प्रश्न माना है। जबकि सही स्थिति इससे सर्वथा भिन्न है। शिमला-समझौते के बाद दिल्ली में हुई अपनी प्रेस-कॉन्फ्रेंस में प्रधानमंत्री और संसद में शिमला-समझौते पर हुई बहस में विदेशमंत्री स्पष्ट कह चुके हैं—आजाद कश्मीर भारत का अभिन्न भाग है। उस पर समझौते का कोई सवाल ही पैदा नहीं होता। कुछ भी कहते समय पाकिस्तानी राष्ट्रपति भुट्टो यह न भूल जाएँ कि शिखर-सम्मेलन दोनों देशों के सुखद भविष्य-निर्माण की दिशा में अपने ढंग का नया प्रयास है। इन वक्तव्यों से पहले ग्रास में ही वह मक्खी गिराने की बात न करें।

शिमला-सम्मेलन से देश और विदेश दोनों में भारत और पाकिस्तान की हवा बदली है। अनिश्चित काल तक दोनों देशों में अपने हथियार बेचने की मंडी बनाए रखने वाले देश भी चक्कर में हैं—हमारे यह स्थायी ग्राहक हमारे बिना ही कैसे शांति-वार्ता करने लगे ? कभी कोई कल्पना करता था—हजार साल तक लड़ने की बात कहने वाले मियाँ भुट्टो भी इतना बदल सकते हैं ? हथियारों की लड़ाई को कभी वह दार्शनिक और राजनीतिक लड़ाई की संज्ञा भी दे सकते हैं। आज तक तो श्री भुट्टो के रवैये से किसी को यह उम्मीद थी नहीं। वैसे अब भी उनका पूर्ण हृदय-परिवर्तन हो गया है, इसमें भी संदेह ही प्रगट किया जा रहा है। पर 'मरता क्या न करता' वाली बात है। बंगलादेश हाथ से जाने के बाद सिंध और बलूचिस्तान दोनों प्रांतों में हालत पतली देखकर शायद उन्होंने सोचा हो—अब भारत से मिलकर बैठने में ही भला है। इससे कुछ दिन तो गद्दी सुरक्षित रह जाएगी। अन्यथा तो पता नहीं कब सेना में से और कोई नया खाँ आकर निकाल बाहर करे ? इस तरह समझौता-वार्ताओं द्वारा कुछ तो समय कटेगा। पर भारत ने खुले हृदय से मैत्री का हाथ आगे बढ़ाया है। उसकी इच्छा है—पाकिस्तान भी उसी तरह खुले मन से समस्याओं के समाधान में अग्रसर हो। श्रीमती गांधी का कहना है कि शिमला-सम्मेलन तो अभी शुरुआत है। शांति की दिशा में यह पहला पग है। इससे अभी एकदम किसी बड़े

परिणाम पर पहुँचना ठीक नहीं है।

पाकिस्तान के समर्थक राष्ट्र भी अब यह अच्छी तरह समझने लगे हैं—पाकिस्तान वह नहीं रहा जो साल-भर पहले था और भारत भी अब वह नहीं रहा जो 1962 में था। इस बार फिर कहीं टकराव हो गया तो रहा-सहा शीराजा भी पाकिस्तान का न बिखर जाए ? यही सोचकर उसके मित्र राष्ट्र चुप हैं। क्योंकि स्वयं तो वह देश अपनी सेनाएँ भेजकर पाकिस्तान की कमर में बैसाखी लगाने से रहे। वियतनाम में ही अपनी सेनाएँ भेजकर अमेरिका जितना पछताया है, वह कभी जब वहाँ युद्ध समाप्त होगा तो पता चलेगा ? हथियारों की मदद वह और चीन दोनों जरूर कर सकते हैं और कर भी रहे हैं। पर सिर्फ हथियार ही अगर लड़ सकते होते तो वह सेठ अच्छा-खासा जागते हुए भी न लुट जाता जिसके घर में पाँच सौ से लेकर ढाई हजार तक की तलवारें और बंदूकें रखी की रखी रह गईं। चोरों ने उसके घर में आकर जब सामान लूटना शुरू किया तो चारपाई पर लेटा-लेटा वह खूँटियों पर टँगी उन तलवारों और बंदूकों को देखकर कहता रहा—चल पाँच सौ वाली, चल हजार और चल ढाई हजार वाली। पर चलाने वाले के हाथ में आए बिना उन्हें कहाँ चलना था। चोर जब सारा सामान लूटकर चले गए तो गुस्से में भरकर उठा और तलवार जमीन पर फेंककर लात मारते हुए बोला—बेशर्म ! इसी दिन के लिए तुझे खरीदा था ? दीवार पर टँगी-टँगी तमाशा देखती रही। तलवार पर पैर लगने से सेठजी उलटे अपने पैर में और घाव कर बैठे। भुट्टो साहब के देश की भी वही हालत बनी। बंगलादेश के मुक्ति-संग्राम में चीनी, अमेरिकी और फ्रांसीसी पनडुब्बियों और तोपों पर उन्हें बड़ा अभिमान था। समय आने पर उन्हें अपने करतब दिखाने के स्वप्न बहुत दिनों से पाकिस्तान में लिए जा रहे थे। लेकिन वह तो सब ठंडी पड़ी रहीं। उनके चलाने वाले बंगाली औरतों की इज्जत लूटने में मस्त थे। उन्हें चलाता तो कौन चलाता ?

अमेरिकी हथियारों की पहले भी इसी तरह 1965 में जो गत बनी इससे अमेरिका वाले काफी खीझे हुए थे। भारत में बने चिड़िया से नेट विमान ने सैबरजेट विमानों को जहाँ देखा, मार गिराया। यही हालत उनके पैटन टैंकों की भी हुई। जहाँ जरा-सी कीचड़ देखी, वहीं अड़कर वह खड़े हो गए। खेमकरन और खालड़ा के क्षेत्रों में तो उनका श्मशान-सा ही बन गया। फिर भी अमेरिका ने सोचा एक दाँव और लगाकर देख लिया जाए। लेकिन इस बार तो वह भी शायद कानों पर उँगली टेक गया होगा, अब खाई सो खाई आगे राम दुहाई। पड़ोसी होने के नाते अब चीन पर पाकिस्तान की निगाह लगी है। गिलगित होकर एक सीधी सड़क भी पेचिंग से इस्लामाबाद तक चीन ने बनाई है। पर बंगलादेश में पाकिस्तान की कलई खुलने के बाद चीन भी शायद सोच रहा हो—दोस्ती भी करें तो किसी मजबूत से तो करें। कमजोर की तो दोस्ती भी बवाले जान ही होती है। लेकिन भारत से भी बात वह करे तो कैसे करे ? पंडित नेहरू के शब्दों में—1962 में दोस्त बनकर भारत की पीठ में जो छुरा उसने घोंपा था, उसके घाव ही अभी तक नहीं भरे हैं। साढ़े चौदह

हजार वर्गमील धरती पर आज भी उसका अधिकार है। सोचता होगा, इसे वापस करने में कहीं उसकी मूँछ नीची न हो जाए ?

चीन के भरोसे पर ही पाकिस्तान शायद कश्मीर वालों को भी खूनी क्रांति के लिए उभार रहा है। शेख अब्दुल्ला और मौलवी फारुख का नाम लेकर उन्होंने कहा—बिरादर ! अब नहीं तो कभी नहीं। कमर कसकर उठो, फिकर मत करो। हम हर तरह से तुम्हारी मदद करेंगे। भले ही उसकी कितनी ही महँगी कीमत क्यों न हमें चुकानी पड़े। यह बातें उन्होंने उस भाषण में कही हैं, जो शिमला-समझौते के पक्ष में राष्ट्रीय असेंबली में हो रहा था। पर पाकिस्तानी राष्ट्रपति ने कहते समय यह नहीं सोचा, यदि भारत भी कहीं ऐसा ही आश्वासन सिंधियों और पठानों को दे दे तो उसका क्या परिणाम होगा ? आग तो वहाँ पहले ही लगी हुई है। थोड़ा-सा घी और छिड़कने की देर है। ढाका के मैदान में दिया गया शेख मुजीबुर्रहमान का भाषण भी शायद कहते समय उन्हें याद नहीं रहा ? कश्मीर में यदि आग लगी तो उसकी लपटें क्या रावलपिंडी और इस्लामाबाद को झुलसाने से रुक जाएँगी। कश्मीर का शेष साढ़े तीस हजार वर्गमील भाग, जो आजाद कश्मीर के नाम से पिछले पच्चीस सालों से पाकिस्तान के कब्जे में है, वह हो सकता है शिखर-वार्ताओं से मिले या न मिले। पर शेख और फारुख ने यदि खूनी क्रांति की तो उसमें वह जरूर मिलकर रहेगा। पिछले संघर्ष में पंजाब और सिंध की 5139 वर्गमील धरती लेने के बजाय कहीं यदि लाहौर या कराची दोनों से कोई एक शहर भारत के हाथ में आ जाता तो कश्मीर आसानी से खाली कराया जा सकता था। पर बंगलादेश पर शक्ति केंद्रित होने से उधर अधिक ध्यान ही नहीं दिया जा सका। पर अभी ज्यादा क्या बिगड़ा है ? बेटी अभी तो बाप के घर ही है। हम ही तो नहीं लड़ना चाहते। पाकिस्तान ने ही यदि टक्कर मारी तो देश कैसे चुप बैठा रहेगा ? लेकिन एक बात वह भी अच्छी तरह समझ ले—कश्मीर में पाकिस्तान ने कुछ भी हलकी हरकत यदि इस बार की तो परिणाम की जिम्मेदारी उसकी ही होगी।

यह भी समझ में नहीं आता कि पाकिस्तान को रह-रहकर कश्मीर का यह दर्द उठता क्यों है ? आखिर उसका कश्मीर से रिश्ता क्या है ? कश्मीर के तत्कालीन शासक महाराजा हरिसिंह ने भारत संघ में विधिवत् उसका विलय किया है। कश्मीर की संविधान सभा में उसकी पुष्टि की है। राज्य में तीन बार हुए निर्वाचनों में कश्मीर को भारत का अभिन्न अंग मानने वाले भारी बहुमत से विजयी हुए हैं। शेख अब्दुल्ला के ही शब्दों में, जो उन्होंने 5 फरवरी, 1948 को संयुक्त राष्ट्रसंघ में कहे थे—

> "रियासत की जनता ने भारत संघ में मिलने का निर्णय बहुत सोच-समझकर किया है। यह निर्णय किसी दबाव या प्रलोभन में आकर नहीं किया गया। कश्मीरी जनता का स्वेच्छा से लिया गया यह निर्णय है।"

इसके बाद फिर और कौन-सी बात रह जाती है। पाकिस्तान कैसे चौधरी कश्मीर में बन रहा है ? कश्मीर पर भारत और पाकिस्तान का विवाद तो केवल इतना ही

है—तथाकथित आजाद कश्मीर, जिसे पाकिस्तान हथियाए बैठा है, वह उसे सुलह-समझौते से वापस करेगा या टेढ़ी उँगली से ही घी निकालना पड़ेगा। अपना घर तो सँभलता नहीं, कश्मीर की फिकर में घुले जा रहे हैं। काजी जी को शहर का अंदेशा मारे ले रहा है।

शिमला-समझौते के समर्थन में पाक नेशनल असेंबली में दिया गया भुट्टो साहब का साढ़े तीन घंटे का भाषण भी विरोधाभासों का पुलिंदा है। कश्मीर का केस पाकिस्तान 1948 से ही हार चुका, यह भी वह स्वयं कहते हैं और कश्मीर का रोना भी रोये जा रहा है। संयुक्त राष्ट्रसंघ ने पिछले पच्चीस वर्षों में कश्मीर में कुछ करके नहीं दिया। यह शिकायत भी उन्हें है और कश्मीर-समस्या सुलझाने के लिए सशक्त अंतर्राष्ट्रीय संगठन की भी दुहाई दे रहे हैं। भारत से फिर युद्ध करना रहे-सहे पाकिस्तान को भी खतरे में डालना है। पाकिस्तान के जंग-पसंद लोगों को यदि मेरी यह बात पसंद न हो तो अपना कोई दूसरा राष्ट्रपति चुन लें। एक ओर तो उनका टैंपरेचर इतना नीचे उतर गया और दूसरी ओर कश्मीरियों को उभारकर अपनी पुरानी भड़ास भी जी-भरकर वहाँ उन्होंने निकाली। कहते समय यह भी नहीं सोचा कि भारत में शिमला-समझौते के पक्ष में जो वातावरण बन रहा है उसे इससे कितनी ठेस पहुँचेगी ? दरअसल उनकी ही नहीं प्रायः हर लंबे भाषण देने वाले की यह कमजोरी होती है। सुनते-सुनते लोग जब उकताने लगते हैं तो कोई हँसी या ज्यादा जोश की बात कहकर वक्ता फिर सभा को गरम करना चाहता है। उसी में कुछ असंबद्ध बातें भी मुँह से निकल जाती हैं। जिम्मेदार राजनीतिज्ञों को हाल तो लंबे भाषण नहीं देने चाहिए। यदि देने भी हों तो लिखकर देने चाहिए। विशेषकर नीति संबंधी भाषणों में तो बहुत ही सावधानी अपेक्षित है। पर भुट्टो साहब तो जब सुरक्षा परिषद् और रेडियो पर भी घंटों-घंटों मौखिक ही बोलते हैं तो फिर नेशनल असेंबली बेचारी की क्या बिसात है ?

भारतीय उपमहाद्वीप में तनाव कम करने और बंगलादेश सहित तीनों देशों को निश्चिंत होकर अपने आर्थिक विकास में लगने के विचार से ही समझौतों-वार्ताओं में भारत ने भाग लिया है। दुनिया में भी पुराने मतभेदों को आपसी बातचीत द्वारा मिटाने का एक नया दौर शुरू हुआ है। अमेरिका ने रूस और चीन दोनों की ओर दोस्ती का हाथ बढ़ाया है। इजराइल की प्रधानमंत्री श्रीमती गोल्डा मायर ने मिस्र के राष्ट्रपति को मिलकर बैठने की दावत दी है। उधर दोनों कोरिया एक होने की सोच रहे हैं। बर्लिन की दीवार निरर्थक बन गई है। ऐसे में भारत और पाकिस्तान यदि कोई सम्मानपूर्ण और स्थायी समझौता करने में सफल हो जाते हैं तो दोनों देशों के संबंधों पर उसके दूरगामी प्रभाव होंगे। पर इसकी बहुत बड़ी जिम्मेदारी पाकिस्तानी राष्ट्रपति श्री भुट्टो की ही है। कहकर मुकर जाना अथवा उसकी दूसरी व्यवस्था करना उनके बाएँ हाथ का खेल है। लेकिन इस बार फिर यदि उन्हीं पुराने हथकंडों से वह भारत से पेश आए तो पाकिस्तान को यह खेल महँगा बैठेगा। सद्भावना का उत्तर सद्भावना से देने में ही हित है।

हमारे प्रजातंत्र की सबसे अधिक कमजोर कड़ी राष्ट्रीय चरित्र का अभाव

राजनीति के प्रकांड पंडित चाणक्य से जब किसी ने पूछा—दुनिया की हाय-धुन, भाग-दौड़ और खींचातानी के पीछे क्या रहस्य छिपा है ? मनुष्य शांति से क्यों नहीं बैठता ? आखिर किसकी तलाश में यह भागा जा रहा है ? चाणक्य ने दो अक्षरों का उत्तर दिया—'सुख'। आराम से जीवन व्यतीत करने की लालसा ने इसे पागल बना रखा है। पर यह सुख मिलता कहँ। है ? जब यह पूछा तो उनका उत्तर था—धर्मपूर्वक जीवन व्यतीत करने से। अधर्मी व्यक्ति अपनी सांसारिक इच्छाओं और क्षणिक वासनाओं की पूर्ति तो किसी न किसी तरह कर लेता है, परंतु स्थिर सुख से वह वंचित ही रहता है। लेकिन धर्म के मूल सिद्धांतों अथवा धार्मिक मान्यताओं की कमर पर जब अर्थ का हाथ आ जाता है तो वह और भी तेजी से फैलने लगती है। बुद्ध के उपदेश भारत की चारदीवारी में ही सिमटकर रह जाते यदि उनकी कमर पर अशोक का हाथ न रखा गया होता। राजकुमार महेंद्र और राजकुमारी संघमित्रा उसके प्रचारक बनकर यदि एशियाई देशों की यात्रा पर न निकलते। ऐसी ही लगभग बात ईसा और मुहम्मद की विचारधाराओं की भी है। राज्याश्रय मिलने से ही वह दूसरे देशों तक आसानी से पहुँच सके। अर्थशास्त्र की आधारभित्ति है, व्यापार। सुदूर देशों से जब सामान का आयात-निर्यात होता है तो अर्थतंत्र की रीढ़ मजबूत होती चली आती है, पर व्यापार भी उन्हीं राष्ट्रों का अच्छा चमकता है जिनकी शासन सत्ता उनके अपने हाथ में हो। अंग्रेजों के समय में भारत सुई का भी बाहर से आयात करता था। इसीलिए चाणक्य ने कहा—व्यापार भी उन्हीं देशों का उभरता है जो स्वाधीन हों। उन्मुक्त हस्त और उन्मुक्त मस्तिष्क से वह अपने व्यापार की दिशा निर्धारित करते हैं। किस माल की खपत कहाँ अधिक है, इसके लिए मंडी तलाश करते हैं। पर जब प्रश्नकर्ता ने उनसे आखिरी प्रश्न और एक पूछा—स्वाधीन राष्ट्रों का स्वराज्य अक्षुण्ण कैसे रहता है ? तब उनका उत्तर था—चरित्र बल से। भ्रष्ट और स्वार्थी लोगों के हाथ में यदि सत्ता आ जाएगी तो स्वराज्य छिन जाएगा। चाणक्य ने अपनी इसी विचारधारा को सूत्रबद्ध करते हुए लिखा—

'सुखस्य मूलं धर्मः
धर्मस्य मूलं अर्थः
अर्थस्य मूलं वाणिज्यम्

वाणिज्यस्य मूलं स्वराज्यम्
स्वराज्यस्य मूलं चारित्र्यम्।।'

राष्ट्रीय संकल्प और राष्ट्रीय चरित्र मुट्ठी-मुट्ठी-भर लोगों के देशों को विश्व की प्रमुख शक्ति बनाकर खड़ा कर देता है। जापान और जर्मनी जैसे महायुद्ध के खँडहरों में दबे हुए देश आज दुनिया का नया चमत्कार बन गए। लेकिन जहाँ राष्ट्रीय चरित्र भाषणों, लेखों और उद्घोषों तक ही केवल सीमित हो जाता है, वहाँ एक क्या पंद्रह करोड़ की आबादी के नौ-नौ अरब राष्ट्र मिलकर भी पच्चीस लाख की आबादी वाले छोटे-से इजराइल को नहीं दबा पाए। भारतीय पराधीनता की पृष्ठभूमि में झाँककर देखें तो वहाँ भी पग-पग पर इसके चिह्न दिखाई पड़ेंगे। हमारी आपसी फूट और स्वार्थी मनोवृत्ति से ही तो अंग्रेज पौने दो सौ वर्षों तक यहाँ राज कर गए। पर जब राष्ट्रीय स्वाभिमान देश का उभरकर ऊपर आया तो वह चुपचाप बिस्तर बाँधकर अपने घर वापस लौट गए। पौने दो सौ वर्षों का वह इतिहास घृणा, द्वेष और कुत्सित स्वार्थपूर्ति की घटनाओं से भरा पड़ा है। उसे याद करके भी रोंगटे खड़े हो जाते हैं। मनुष्य इतना भी नीचे उतर सकता है जो अपना पेट भरने के लिए लाखों निरपराध प्राणियों को एक साथ मौत के मुँह में झोंक देगा, आसानी से यह कल्पना नहीं होती।

अकाल की विभीषिका कभी इस हद तक भी पहुँची होगी—जब आदमी और कुत्ते को जूठी पत्तल चाटने के लिए संघर्ष करना पड़ा होगा। माँ-बाप अपने सीने पर पत्थर रखकर बच्चों को भेड़-बकरी की तरह बाजारों में बेचेंगे। बागड़ (राजस्थान) के छप्पनियाँ अकाल की तो जरूर कुछ ऐसी ही बातें सुनने में आई थीं। जब लाला लाजपतराय एक ऐसे अबोध बालक को वहाँ से उठाकर लाए थे, जो मरी हुई माँ के स्तनों से दूध पीने के लिए छटपटा रहा था। लेकिन 1943 में जो दुर्भिक्ष बंगाल में हुआ उसने तो आगे-पीछे के सब रिकॉर्ड ही तोड़ दिए। तोड़ता भी क्यों न, यह अकाल भगवान् की ओर से नहीं, इंसान की ओर से आया था। अंग्रेजों की शै पर कुछ गल्ला सेठ अपनी तिजोरियाँ भरने में लगे थे, जबकि कई लाख आदमी मौत के घाट उतर चुके थे। पर काल-चंडिका इस पर भी अपना खप्पर लिए घूम रही थी। गोदामों में चावल भरा पड़ा था, पर खुदरा बिक्री की दुकानों पर मक्खियाँ भिनक रही थीं। कुछ व्यापारी थे जो एक के सौ बनाने में लगे थे। उनकी हविश की खोपड़ी अभी पता नहीं कितनी और खाली थी ?

लेकिन चंद व्यापारी जहाँ अपने इस जघन्य व्यवहार से मनुष्यता को कलंकित कर रहे थे वहाँ ऐसे भी व्यक्ति उस समाज में थे—जो अपनी शक्ति और सामर्थ्य के अनुसार दुखियों की सहायता करने में कुछ कसर उठाकर नहीं रख रहे थे। ऐसी एकता उन दिनों देखने में आई जो बहुत कम अवसरों पर देखने को मिलती है। स्वतंत्रता के बाद भी कई राज्यों में उसी तरह की दैवी विपत्तियाँ आईं। देश के दो-तीन प्रमुख राज्य तो आज भी बुरी तरह सूखे और अकाल की चपेट में हैं। इसमें सरकार और कुछ समर्थ व्यक्ति सहयोग भी

कर रहे हैं। पर कुछ गठकटे यहाँ भी अपनी आदत से बाज नहीं आ रहे। तब और आज में इतना अंतर तो जरूर हो गया, उस समय कुछ तिजोरियाँ भरने वाले सक्रिय थे, अब जेबें भरने वाले सक्रिय हैं। लोकतंत्र में दायरा कुछ बढ़ गया है। राजस्थान तो अकसर हर दूसरे-तीसरे साल ही सूखे और अकाल के जाल में फँस जाता है। केंद्र से जो धनराशि पीछे सहायता के लिए वहाँ भेजी गई वह सुनते हैं, नीचे तक पहुँचते-पहुँचते आधी भी न रही। जिन हाथों से होकर सहायता की राशि निकली उनमें चिपक-चिपककर ही वह सूक्ष्म होती चली गई। काल के मुँह में फँसे दुखियों का कौर हड़पने वाले इस तरह के लोगों को क्या कहा जाए ? उनके इस व्यवहार का परिणाम यह हो रहा है—देश में गैर-सरकारी स्तर पर सहयोग करने का जो उत्साह रहता था, वह भी मंद पड़ गया। अभी पीछे इसी तरह के सूखाग्रस्त क्षेत्र की एक सरकार ने राज्य में सहायता-कार्य के लिए कुछ प्रमुख उद्योगपतियों से सहयोग की अपील की। उन्होंने सरकार को सहयोग का पूरा आश्वासन भी दिया, पर शर्त यह रखी—स्थान और वहाँ की आवश्यकताएँ तो सरकार बता दे, व्यवस्था सब वह करेंगे। राज्य सरकार चाहती थी—यह लोग सहायता नकद दें, जिसे उन्होंने स्वीकार नहीं किया।

चीनी आक्रमण के दिनों में अरुणाचल (नेफा) में सैनिकों को खाने-पीने का सामान और गरम कपड़े भेजने का दायित्व उड़ीसा की एक विमान कंपनी को भी सौंपा गया। जिन लोगों की यह कंपनी थी उनमें उस राज्य के वरिष्ठ नेता भी भागीदार थे। कंपनी के विमान चालकों ने बड़ी मुस्तैदी से यह जिम्मेदारी निभाई। देश में चारों ओर उस कंपनी की वाह-वाह हुई। पर पता नहीं कैसे चंद दिनों बाद उस सामान का कुछ भाग कलकत्ता के बाजारों में बिकता हुआ भी पाया गया। ऐसी ही कुछ चर्चाएँ पीछे बंगलादेश से आए शरणार्थियों को मिली विदेशी सहायता सामग्री के संबंध में भी सुनी गईं। यह तो निश्चित कहना कठिन है वह कहाँ तक सच थी, लेकिन कुछ भी यदि उसमें सत्यांश है तो कहाँ जाकर इस पतन की पराकाष्ठा होगी ? हमारे चरित्र को क्या हो गया है ? जो मुसीबत के मारे शरणार्थी भी हमारी दया के पात्र नहीं रहे। अस्पतालों के मरीजों के लिए जो दूध या दवा आती है वह भी कई बार बाजारों में बिकती पकड़ी गई। मोर्चों पर लड़ने वाले जवान, जो देश के लिए अपना खून दें, उन्हें आटा-दाल, चावल भी हम शुद्ध न दे सकें। इससे अधिक हमारे राष्ट्रीय चरित्र का ह्रास और क्या होगा ?

घी असली नहीं, दूध असली नहीं, मक्खन असली नहीं। पंसारी की दुकान पर जाओ तो हल्दी, जीरा, नमक, धनिया, हींग, काली मिर्च, जो मनुष्य के दिन-रात के व्यवहार की चीजें हैं, वह भी असली नहीं मिलतीं। पीछे कलकत्ता में दमदम हवाई अड्डे के पास बसी गरीबों की एक कॉलोनी में मिलावटी तेल खाने से दो सौ आदमी पक्षाघात के शिकार हो गए। केंद्रीय स्वास्थ्य मंत्रालय के खाद्य दल ने अभी अपने एक प्रतिवेदन में बताया है कि जिन 111 खाद्य-पदार्थों की हमने परीक्षा की उनमें 68 में मिलावट थी। यह हालत तो तब

है जब सरकार इसकी रोकथाम के लिए कानून भी बना चुकी है। दिल्ली के पास शाहदरा में नकली इंजेक्शन बनाने वाला एक ऐसा कारखाना भी पकड़ा गया जो दवा की जगह पानी भरकर न जाने कब से बेच रहा था। पाकिस्तानी सीमा से लगते हुए राजस्थान के एक नगर में 1965 के बाद सेना का आधुनिकतम हवाई अड्डा बन रहा था। उसकी पूरी की पूरी छत उस समय बैठ गई जब नीचे से उसके सहारे की बल्लियाँ हटाई गईं। कुछ मजदूर भी उसमें दबकर मर गए। जाँच करने पर पता लगा, जो सीमेंट उसमें लगा था उसी में मिट्टी मिली थी। अब बताइए, दो-चार की नहीं, लाखों की जिंदगी से खिलवाड़ करने वाले इन मौत के व्यापारियों को क्या सजा दी जाए ? हजार-पाँच सौ का जुर्माना या महीने-दो महीने की जेल से इनका क्या बिगड़ने वाला है ? इसके लिए तो कुछ ऐसी ही कठोर व्यवस्था करनी होगी जैसा वह दूसरों की जिंदगी से खिलवाड़ करते हैं।

लेकिन अब तो सवाल यह है—राष्ट्र के शरीर पर लगे इस बदनुमा धब्बे को मिटाएगा कौन ? जिनके हाथ पहले ही उस कीचड़ में सने हैं वह तो और उसे गंदा कर देंगे। उसके लिए तो स्वच्छ चरित्र और ईमानदारी के साँचे में ढले राजर्षि टंडन और राजेंद्र बाबू जैसे बेदाग व्यक्तियों को ऊपर उठाना होगा। शासक का ईमानदार होना ही केवल पर्याप्त नहीं है, उसकी ईमानदारी दूर से झलके यह भी आवश्यक है। बड़े-बड़े राजनेताओं और समाज के पथ-प्रदर्शकों की गाथाएँ जब बंद कमरों से निकलकर चौराहों पर चर्चा का विषय बन जाती हैं तो देश का स्वस्थ वातावरण भी दूषित होने लगता है। हो सकता है उसमें कुछ राजनीतिक द्वेष से भी प्रेरित हों ? पर जो भी हो, देर तक उन पर रहस्य का पर्दा डाले रखना कहाँ की समझदारी है। हमारी संसदीय प्रणाली में ब्रिटिश संसद की अधिकांश परपंराओं को आदर्श माना गया है। पर मंत्रियों और राजनेताओं के आचरण पर आए धब्बों को हटाने में भी हमें उनका आदर्श अपनाना चाहिए। अभी हाल ही में वहाँ ऐसी ही एक घटना होकर चुकी है।

श्री मोडलिंग प्रधानमंत्री श्री हीथ की मंत्रिपरिषद् में गृहमंत्री थे। 18 जुलाई, 1972 को प्रधानमंत्री श्री हीथ ने हाउस ऑफ कॉमंस में श्री मोडलिंग के इस्तीफे की घोषणा की। इस्तीफे के कारणों का आरंभ 3 जुलाई को हुआ, जब वेकफील्ड (यार्कशायर) में जॉन पालसन नामक एक अंतर्राष्ट्रीय भवन निर्माता और कई व्यापारिक कंपनियों से संबद्ध व्यक्ति के दिवालियेपन की सार्वजनिक जाँच शुरू हुई। इस जाँच में अपना वक्तव्य देते हुए जॉन पालसन ने बताया कि—श्री मोडलिंग उनकी एक सहयोगी कंपनी के अवैतनिक चेयरमैन हैं और उन्होंने यह कहा है कि—वे ईस्ट ग्रीनस्टेड स्थित एडलिन जैनी थियेटर के लिए चंदे के रूप में लगभग आठ हजार पौंड वार्षिक दान देने का एक कागज-पत्र भरकर उन्हें दें। वह जानते थे—मोडलिंग की धर्मपत्नी, जो पहले एक अभिनेत्री थीं, इस थियेटर के लिए चंदा इकट्ठा कर रही थीं और श्री मोडलिंग भी इस थियेटर के ट्रस्ट को आर्थिक दृष्टि से मजबूत आधार प्रदान करने में दिलचस्पी रखते थे।

सार्वजनिक जाँच में जॉन पालसन के इस वक्तव्य के समाचार प्रकाशित होते ही श्री जरमी थोर्प, जो लिबरल ग्रुप के नेता थे, उन्होंने ब्रिटिश संसद में प्रस्ताव रखकर यह माँग की कि इस मामले की पूरी जाँच की जानी चाहिए। जाँच का कार्य तो बाद में शुरू हुआ लेकिन श्री पालसन के इस वक्तव्य मात्र से ही श्री मोडलिंग ने अनुभव किया कि चूँकि इस जाँच में उनका नाम एक थियेटर के लिए किसी निजी व्यक्ति के दान की राशि प्राप्त करने के सिलसिले में लिया गया है, इसलिए उसकी जाँच पूरी होने की अवधि के दौरान अपने पद पर उन्हें नहीं बने रहना चाहिए।

इसी संबंध में प्रधानमंत्री और उनके बीच स्थिति को स्पष्ट करते हुए पत्रों का आदान-प्रदान भी हुआ। जिन्हें 18 जुलाई, 1972 को श्री मोडलिंग के इस्तीफे के साथ ही प्रकाशित कर दिया गया। अपने पत्र में श्री मोडलिंग ने प्रधानमंत्री को लिखा—चूँकि इस जाँच का दायित्व अंततोगत्वा महानगरीय पुलिस पर है और गृहमंत्री के नाते मैं महानगर के लिए पुलिस की सत्ता और शक्ति के लिए जिम्मेदार हूँ। इसलिए मैं यह उचित समझता हूँ कि जब तक इस सारे भामले पर जाँच का कार्य चल रहा है तब तक मैं इस पद पर न रहूँ, क्योंकि इस सार्वजनिक जाँच में मेरा नाम लिया गया है।

आगे चलकर उन्होंने अपने पत्र में प्रधानमंत्री को यह भी लिखा कि आपने बड़ी कृपापूर्वक मुझसे यह कहा कि मैं इस बीच सरकार का कोई अन्य पद सँभाल लूँ। किंतु अपनी कर्तव्यनिष्ठा के नाते मैं कोई ऐसा पद सँभालना नहीं चाहता।

श्री मोडलिंग की व्यक्तिगत सच्चाई, ईमानदारी और योग्यता की भूरि-भूरि प्रशंसा करते हुए विरोधी दल के उपनेता श्री शार्ट ने हाउस ऑफ कॉमंस में उनके इस्तीफे पर हार्दिक खेद प्रकट करते हुए कहा—श्री मोडलिंग ने ब्रिटेन में सार्वजनिक सेवा करने वाले लोगों की सर्वोत्तम परंपरा के अनुसार ही अपना यह इस्तीफा दिया है।

लेकिन हमारे यहाँ तो यह बातें बहुत साधारण समझी जाती हैं। सैनिक दस्तावेजों की चोरी अथवा सैनिक-रहस्यों की जानकारी शत्रु देश को देने की कई घटनाएँ पीछे प्रकाश में आती रहीं। 1965 के भारत-पाक संघर्ष में कच्छ से राजस्थान की सीमा के कोर कमांडर जनरल रावले थे। बाड़मेर से आगे गदरा शहर तक भारतीय सेना का अधिकार हो चुका था। युद्ध की समाप्ति पर एक संसदीय शिष्टमंडल उस क्षेत्र का दौरा करने गया। जनरल रावले से उनकी आपबीती शिष्टमंडल के सदस्य सुन रहे थे। बातचीत जब समाप्ति की ओर आने लगी तो जनरल रावले से लेखक ने पूछा—एक बात यह और बताइए, इस युद्ध में सबसे बड़ी कठिनाई आपको क्या और कहाँ आई ? प्रश्न सुनकर जनरल कुछ रुके और बोले—यह तो आपने मेरी दुखती नस पर ही हाथ रख दिया। मैंने कहा, आप उत्तर न देना चाहें तो न दें। क्योंकि सेना के एक वरिष्ठ जनरल के नाते उत्तर देने में भी आपकी कुछ मर्यादाएँ हैं। पर बात कुछ और ही थी, जिसे संसद के सामने कहते हुए वह हिचक रहे थे। सँभलकर कहने लगे—सबसे बड़ी कठिनाई मेरी यह थी—कोई रहस्य यहाँ छिपा नहीं रहता

था। इसीलिए दिन का काम भी प्रायः रात को ही करना पड़ता था। जिलाधीश बाड़मेर भी हमारे साथ थे। उन्होंने बात को और अधिक स्पष्ट करते हुए कहा—यह तो कुछ झिझक रहे हैं, आप पहले मेरी आपबीती सुनिए ! यहाँ सीमा पर कुछ ऐसे लोग भी हैं जो इधर की उधर खबरें भेजने या उनसे मिलकर साँठ-गाँठ और तस्कर-व्यापार करने में अच्छे माहिर हैं। सुरक्षा की दृष्टि से उनके दो सरगना लीडरों को पकड़कर पुलिस ने जेल भेज दिया। यह हमें पता नहीं था कि इनकी कमर पर राज्य के कुछ बड़े लोगों का भी हाथ है। बाद में पता चला, दोनों को राज्य के दो प्रतिस्पर्धी वरिष्ठ मंत्रियों का संरक्षण प्राप्त है। गिरफ्तारी की खबर सुनते ही पहले एक अभियुक्त के समर्थक मंत्री महोदय यहाँ आए और उसे जेल से रिहा करवाकर बाजार में अपनी गाड़ी में बिठाकर निकले। बाद में फिर दूसरे मंत्री जी आए और उन्होंने भी ठीक वह ही नाटक दोहराया। इसमें अब क्या तो प्रशासन कर लेता और क्या सेना दखल देती। यहाँ तो इतना भी जो कुछ हो गया उसका श्रेय भी हमारे जवानों की देशभक्ति या देशवासियों के भाग्य को है। सुनकर बहुत देर तक हम लोग एक-दूसरे को देखते रहे। क्या बनेगा इस देश का ? बाड़ ही जब खेत खाने लगेगी तो रक्षा कौन करेगा ? प्रधानमंत्री शास्त्री जी को जब लौटकर यह बात बताई गई तो वह भी माथे पर हाथ मारकर रह गए।

अरब-इजराइल संघर्ष के तत्काल बाद लेखक यह जानने के लिए इजराइल गया, आखिर इन मुट्ठी-भर लोगों ने कैसे नौ अरब राष्ट्रों का मुँह फेर दिया ? उनकी इस सफलता का रहस्य क्या था ? वहाँ उनकी और तैयारियों और आधुनिकतम हथियारों के अतिरिक्त जिस बात ने सबसे अधिक प्रभावित किया, वह थी उनकी राष्ट्रभक्ति। मशीन की तरह हर व्यक्ति अपनी जिम्मेदारियाँ पूरी करने में व्यस्त था। दफ्तरों का समय वहाँ प्रातः आठ से शाम के पाँच बजे तक है। आठ बजे सरकारी कर्मचारी अपनी मेजों पर काम करते मिलेंगे। समय से कुछ पहले ही कार्यालय में कर्मचारी पहुँच जाते हैं। समय के बाद पहुँचने का तो सवाल ही पैदा नहीं होता। काम के लिए जो समय नियत है उसमें चाय-कॉफी तो बहुत दूर की बात है, जम्हाई लेकर घड़ी की सुई देखते हुए भी कोई नहीं मिलेगा। एक मेज से दूसरी मेज पर फाइल पहुँचाने के लिए चपरासी की जरूरत नहीं है। पहला अधिकारी स्वयं दूसरे अधिकारी को फाइल दे आएगा। अरबों के साथ हुए उस संघर्ष में रक्षामंत्री मोशे दायान की पुत्री मोर्चों से संवाद भेजने का काम कर रही थी। क्योंकि वह एक बड़े बाप की बेटी थी इसलिए घर में बैठकर ताश खेलती और गरीबों के बच्चे मोर्चों पर जाकर कटते यह उन्होंने नहीं सीखा।

बंगलादेश के मुक्ति-संघर्ष में अमेरिकी शासन और राष्ट्रपति निक्सन द्वारा पाकिस्तान की पीठ थपथपाने और हथियार देने की उनकी अपने देश में भी बड़ी तीखी आलोचना हो रही थी। सीनेटर कैनेडी और मेनगथर्न तो उस उभरते असंतोष के प्रतीक ही उन दिनों बन गए थे। इसी बीच श्री कैनेडी अपने एक सहयोगी के साथ बंगलादेश से आए एक

करोड़ शरणार्थियों की दयनीय स्थिति अपनी आँखों से देखने भारत आए। शरणार्थी शिविर देखने के बाद जब वह कलकत्ता में प्रेस के संवाददाताओं से बात कर रहे थे तो उनसे कुछ ऐसे प्रश्न भी पूछे गए जिनसे निक्सन प्रशासन की आलोचना हो। एक-आध प्रश्न को तो किसी तरह वह टाल गए। पर जब बार-बार संवाददाताओं ने घुमा-फिराकर उनसे उस तरह के प्रश्न किए तो उन्होंने स्पष्ट कहा—राष्ट्रपति निक्सन के हम विरोधी जरूर हैं, पर वह विरोध अमेरिका से बाहर नहीं है। यहाँ मेरे लिए वह ऐसे ही श्रद्धेय हैं जैसा मेरा राष्ट्र। मुझे उनसे या उनकी सरकार से जो कहना होगा, वह जी भरकर कहूँगा। पर कहूँगा अमेरिका पहुँचकर।

अंग्रेज भी पौने दो सौ साल भारत में राज कर गए। जितना चूसा जा सकता था उतना उन्होंने देश को चूसा भी। सदियों तक भी शायद अभी कमर सीधी नहीं हो सकेगी। इतना तबाह देश को उन्होंने कर दिया। पर एक गुण जो अंग्रेजों से सीखा जा सकता था वह था उनका राष्ट्रीय चरित्र। उसी के बल पर वह भारत में इतनी देर तक टिके रहे। रिश्वत, घूस, काला धन आदि जिन बुराइयों से आज देश त्रस्त है, कहीं वह भी इनमें फँस जाता तो उसे बहुत पहले अपना बोरिया बाँधना पड़ता। हमने अंग्रेजों से उनकी संसदीय प्रणाली और पुराने कानून तो जरूर उधार लिए, पर चरित्र और अनुशासन दोनों उन्हीं के साथ चले जाने दिए।

ऋणों का भारी बोझ राष्ट्र के कंधों पर आ जाने के बाद भी बाहरी चमक-दमक और फिजूलखर्ची से हमारा पीछा नहीं छूटा। जबकि दूसरे अपनी चादर की लंबाई देखकर ही पैर फैलाते हैं। राजेंद्र बाबू पहली बार जब राष्ट्रपति बने तो उन्होंने भारत स्थित सभी देशों के राजदूतों को एक बार भोजन पर बुलाया। तत्कालीन रूसी राजदूत के पास भोज में एक भारतीय मंत्री भी बैठे थे। रूसी राजदूत के कोट में पीछे कमर पर लगी थेगली देखकर उन्होंने कहा—लगता है, जल्दी में आप यह कोट बदलना भूल गए। वह समझ गया, इस पर लगी थेगली को देखकर ही शायद इन्हें तकलीफ हुई है। रूसी राजनयज्ञ ने उत्तर में कहा—मुझे मेरी सरकार निजी व्यय के लिए जो पैसा देती है उसमें हर दावत के लिए नए कोट बनवाना मेरे लिए कठिन है। यह तो थेगली लगा कोट है, कभी यदि जूट का बना कपड़ा भी पहनकर मुझे आना पड़े तो भी मैं उसे अपने गौरव की बात समझूँगा। मुझे अपने देश की आर्थिक स्थिति को ध्यान में रखकर ही व्यय करना होता है। लेकिन भारत जैसे गरीब देश के राजदूतों के विदेशों में जो ठाट-बाट हैं उसे देखकर तो लगता है कि कोई दर्द ही उन्हें देश की आर्थिक स्थिति का नहीं है।

भ्रष्टाचार तो अब लगता है, हमारे राष्ट्रीय जीवन का एक अंग ही बनता जा रहा है। दिल्ली महानगर परिषद् में सत्ताधारी दल के ही एक सदस्य ने तो पीछे यह प्रस्ताव सदन में रखा था—क्यों न रिश्वत को भी वैध घोषित कर दिया जाए ? हर जगह ही जब आज इसका बोलबाला है और बिना उसका प्रयोग किए कोई फाइल आगे नहीं सरकती तो

उसको वैध मान लेने में क्या हिचक है ? अब तक न्यायालय और सेना के क्षेत्र जरूर इससे वंचित थे, पर वहाँ भी अब सुना जाता है—निचले स्तरों पर इस बीमारी के कीटाणु पहुँचने लगे हैं। सरकारी दफ्तरों में सादगी और सद्भाव की प्रेरणा देने के लिए कहीं-कहीं राष्ट्रपिता गांधीजी के चित्र लगवा दिए गए हैं। उनमें ऐसे चित्र भी हैं जिनमें गांधीजी एक हाथ में डंडा लिए हैं और दूसरा हाथ उठाकर शांति का संदेश दे रहे हैं। दफ्तरों में बैठकर रिश्वत लेने वाले उस चित्र की भी व्याख्या अपने अनुकूल करने लगे हैं। कहते हैं, पाँच तक की इजाजत तो गांधी बाबा भी दे गए हैं। यह अगले की सामर्थ्य पर निर्भर करता है—वह एक के, सौ के या एक हजार के कौन-से पाँच देता है। प्रधानमंत्री श्रीमती इंदिरा गांधी के गरीबी हटाओ के नारे की भी उनकी अपनी अलग ही व्याख्या है। वह कहते हैं—श्रीमान जी ! आप अपनी गरीबी के साथ-साथ कुछ हमारी गरीबी का भी तो ध्यान रखें। इंदिरा जी तो सबकी ही गरीबी हटाना चाहती हैं। फिर आप हमारे बच्चों का ध्यान क्यों नहीं कर रहे ? राजा जी ने इन्हीं सब बातों से खिन्न होकर एक बार लिखा था—जब कुएँ में ही भाँग घुली हो तो कौन बच सकता है।

देश की आर्थिक स्थिति सुधारने के लिए आजकल कई चीजों का निर्यात भी भारत से हो रहा है। विदेशी मुद्रा के अर्जन का यह सबसे अच्छा उपाय है। लेकिन कई ऐसी चीजों का निर्यात भी यहाँ से हुआ जो भारत की रही-सही प्रतिष्ठा को भी ले बैठा। विदेशों के साथ व्यापार का तो सीधा-सा नियम यह है—माल समय पर पहुँचे, पूरा पहुँचे और उसकी किस्म गिरी हुई न हो। यहाँ माल दिखाएँगे कुछ और, भेजेंगे कुछ और। इसे वह व्यापारिक कौशल मानते हैं। पीछे आगरा से रूस को एक करोड़ रुपए के ऐसे जूतों का निर्यात हुआ, जिनमें अंदर चमड़े की बजाय गत्ता लगा हुआ था। उन्होंने जूतों का वह पूरा जहाज ही उलटा वापस कर दिया और फिर दूसरे देशों को वह ऑर्डर दिया। कई और घटनाएँ भी इस तरह की हुईं, जिनका भारत के निर्यात व्यापार पर बड़ा प्रतिकूल प्रभाव हुआ।

इधर पीछे विदेशी पर्यटकों के साथ कुछ ऐसी हलकी घटनाएँ देश के कई बड़े नगरों में हुई हैं जिन्हें सुनकर मारे शर्म के गर्दन झुक जाती है। बौद्ध देशों के यात्री इसलिए भारत आते हैं—यहाँ भगवान् बुद्ध ने जन्म लिया था। यूरोप आदि देशों में भी भारत के प्राचीन गौरवशाली अतीत से परिचित होने की लालसा जगी है। पर जब कोई उन पर्यटकों को ठगता है अथवा उनका बटुआ छीनकर भाग जाता है तो वह अपने देश में जाकर क्या कहते होंगे ? यह ही गौतम और गांधी का देश है ? भले ही ऐसा करने वाले दो-चार ही क्यों न हों, पर बदनाम तो पूरा देश ही उनसे होता है। दिल्ली में तो एक टैक्सी वाले ने विदेशी महिला का धन और इज्जत दोनों पहले लूटीं और बाद में गला घोंटकर उसको मार भी दिया। इन बातों से हमारा देश दुनिया में कितना बदनाम होता है, इसे हम यहाँ बैठकर शायद उतना न समझ सकें जितना दूसरे देशों में अपना यह चित्र देखकर ग्लानि होती है।

उधर दूसरे देश अपने राष्ट्र की छोटी से छोटी बदनामी का भी कितना ध्यान रखते हैं—इसका उल्लेख स्वामी विवेकानंद ने अपने यात्रा-वृत्तांत में लिखा है। स्वामी जी जापान के एक रेलवे स्टेशन पर फल खरीदना चाहते थे। सप्ताह में एक दिन वह केवल फल ही खाते थे। स्वामी जी ने बहुत खोजा, पर फल न मिले। उनके साथ एक जापानी युवक भी यात्रा कर रहा था। उसने स्वामी जी की परेशानी पूछकर अगले स्टेशन पर बाहर से फल लाकर उन्हें दे दिए। स्वामी जी ने जब उनका मूल्य देना चाहा तो उसने यही मूल्य माँगा—भारत जाकर आप किसी से यह न कहें—जापान में स्टेशनों पर फलों की व्यवस्था नहीं है। अन्यथा भारत से जापान आने वाले पर्यटकों पर इसका विपरीत प्रभाव होगा।

अंग्रेजी के किसी विद्वान् ने जर्मनी के बहुप्रचलित उस आदर्श वाक्य का अनुवाद करते हुए लिखा था—यदि मनुष्य संपत्ति खो बैठे तो समझो कुछ नहीं गया। वह तो हाथ का मैल है फिर आ जाएगी। पर यदि स्वास्थ्य बिगड़ जाए तो समझो कुछ गया। उसका सँभलना कठिन रहता है। लेकिन चरित्र यदि चला गया तब तो सब कुछ ही मनुष्य ने खो दिया। व्यक्ति हो चाहे राष्ट्र, अपना चरित्र खोकर वह कहीं के नहीं रहते।

संविधान के अनुच्छेद 370 का निराकरण

[विभिन्न नेताओं के वक्तव्य]

1. **श्रीनगर, 7 अगस्त :** कश्मीर के प्रधानमंत्री बख्शी गुलाम मुहम्मद ने भारतीय संविधान के अनुच्छेद 370 के निराकरण की माँग का उल्लेख करते हुए कहा कि यह कहना हास्यास्पद है कि कश्मीर राज्य की कोई पृथक् सत्ता है। 'कश्मीर भारत है तथा दोनों में शत-प्रतिशत एकता है। न तो राज्य सरकार और भारत सरकार और न ही नेशनल कॉन्फ्रेंस तथा भारतीय राष्ट्रीय कांग्रेस के बीच इस मामले में कोई दो राय हैं। जनसंघ, जिसका दृष्टिकोण मूलतः भिन्न है, चाहे कुछ भी कहता रहे।' *(हिंदुस्तान टाइम्स, दिनांक 8.8.1962)*

2. **नई दिल्ली, 6 सितंबर, 1962 :** गृह-कार्यमंत्री श्री लालबहादुर शास्त्री ने 6.9.62 को लोकसभा में कहा कि जम्मू तथा कश्मीर राज्य के शेष भारत के साथ एकीकरण की प्रक्रिया शनैः-शनैः चल रही है और 'इस महत्त्वपूर्ण प्रश्न पर कोई विवाद उठाना दुर्भाग्यपूर्ण होगा।' उन्होंने यह भी कहा कि इस मामले में कई संवैधानिक कठिनाइयाँ रही हैं। संविधान में यह निर्धारित किया गया है कि इस एकीकरण के लिए जम्मू तथा कश्मीर राज्य की स्वीकृति तथा परामर्श में विभिन्न कार्यवाइयाँ की जाएँगी। 'यह प्रक्रिया शनैः-शनैः चल रही है। हमारी प्रत्येक की अंतिम रूप से यही इच्छा है कि कश्मीर का भारत के साथ पूर्ण एकीकरण हो जाए।'

3. **नई दिल्ली, 21 सितंबर, 1963 :** जम्मू और कश्मीर में नवगठित नेशनल कांग्रेस के अध्यक्ष श्री मुहम्मद शफी कुरैशी ने कल यहाँ पर बताया कि उनका दल भारतीय संविधान के अनुच्छेद 370 को हटाने की माँग करेगा। एक पत्रकार सम्मेलन में बोलते हुए उन्होंने कहा कि इस अनुच्छेद को हटाए जाने से इस राज्य में एक प्रभावशाली लोकतंत्रात्मक विरोधी दल के निर्माण में सहायता मिलेगी। *(हिंदू, दिनांक 22.9.1963)*

4. **श्रीनगर, 2 अक्तूबर :** जम्मू तथा कश्मीर की नवगठित नेशनल कांग्रेस ने आज भारतीय संविधान के अनुच्छेद 370 के उन्मूलन की माँग की। इस दल का एक प्रतिनिधिमंडल हाल में श्री नेहरू और कांग्रेस अध्यक्ष श्री संजीवैया से मिला था कि भारतीय सत्तारूढ़ दल के साथ उक्त दल को संबद्ध कर दिया जाए। इस दल ने आज एक वक्तव्य जारी करके कश्मीर के शासक दल के लोगों द्वारा किए जाने वाले इस प्रचार की निंदा की कि यदि अनुच्छेद 370 निकाल दिया गया तो इस राज्य में मुसलमानों को जो बहुमत है

वह अल्पमत में बदल जाएगा। उसने जनता को आश्वासन दिया कि ऐसे भय का कोई कारण नहीं है कि इस अनुच्छेद के निकलने के बाद कश्मीर की सारी भूमि गैर-कश्मीरियों द्वारा खरीद ली जाएगी। *(हिंदुस्तान टाइम्स, दिनांक 3.10.1963)*

5. नई दिल्ली, 26 नवंबर : श्री जी०एम० सादिक ने 26.11.63 को गृह-कार्यमंत्री श्री नंदा से भेंट की और अनुच्छेद 370 के निराकरण के लिए आग्रह किया। कश्मीर के प्रधानमंत्री श्री शमशुद्दीन और बख्शी गुलाम मुहम्मद ने राज्य में 'आंतरिक राजनीतिक स्थिति' को ध्यान में रखते हुए कश्मीर की बिशेष स्थिति को जारी रखने की आवश्यकता पर बल दिया। श्री सादिक ने, जिनके साथ श्री ए०एम० तारिक, संसद-सदस्य भी थे, कहा बताते हैं कि अब राजनीति बदल गई है और अनुच्छेद को समाप्त किया जाना चाहिए, यह एक अस्थायी उपाय था और इसका शेष देश के साथ भावात्मक विलय शीघ्र पूर्ण करने के लिए इस अनुच्छेद को शीघ्र संविधान से निकाला जाए। *(फ्री प्रेस जरनल, 27.11.63)*

नई दिल्ली, 27 नवंबर : प्रधानमंत्री नेहरू ने लोकसभा को आज बताया कि संविधान के अनुच्छेद 370 के निराकरण के लिए राज्यसभा को पहल करनी चाहिए। इस अनुच्छेद को धीरे-धीरे समाप्त किया जा रहा है और इस दिशा में शीघ्र ही कुछ नए उपाय किए जाएँगे। श्री नेहरू ने बताया कि अनुच्छेद 370 एक अस्थायी व्यवस्था है और संविधान का कोई स्थायी भाग नहीं। पिछले कई वर्षों में कश्मीर के संबंध बाकी देश के साथ घनिष्ठ बनाने के लिए कई कार्य किए गए हैं। निस्संदेह कश्मीर भारत संघ का एक पूर्ण अंग है। कुछ विशेष व्यवस्था एकीकरण के मार्ग में बाधक नहीं हो सकती।

श्री स्वैल ने प्रधानमंत्री का ध्यान जब श्री सादिक द्वारा 'हिंदुस्तान टाइम्स' में लिखे गए इस लेख की ओर दिलाया कि अनुच्छेद 370 का निराकरण कुछ निहित हित वाले लोग चाहते हैं तो उन्होंने बताया कि लेख तो उन्होंने नहीं पढ़ा है लेकिन यह संभव हो सकता है कि इसके पीछे कुछ निहित हित हों। *(हिंदुस्तान टाइम्स, 28.11.63)*

श्री जी०एम० सादिक, वरिष्ठ उप-प्रधान, कश्मीर नेशनल कॉन्फ्रेंस ने कहा कि कश्मीर राज्य में विधि तथा व्यवस्था बनाए रखने के लिए अनुच्छेद 370 का निराकरण किया जाना आवश्यक है। *(हिंदुस्तान टाइम्स, 29.11.63)*

कश्मीर के प्रधानमंत्री गुलाम मुहम्मद सादिक ने आज वचन दिया कि उनकी सरकार कश्मीर और शेष भारत में एकता स्थापित करने के उद्देश्य से काम करेगी। उन्होंने कहा कि अनुच्छेद 370 का संशोधन किया जाएगा ताकि भारत में जो भी कानून लागू हैं वह भारत कश्मीर में भी लागू हो सकें। *(हिंदुस्तान टाइम्स, 2.3.1964)*

कांग्रेस संसदीय दल की कार्यपालिका समिति ने केंद्रीय सरकार से आग्रह किया कि वर्तमान अनिश्चितता को दूर करने के लिए कश्मीर का शेष भारत से पूर्ण विलय हो।

उन्होंने इस विषय में अनुच्छेद 370 के निराकरण संबंधी कार्यवाही का स्वागत किया। *(हिंदुस्तान टाइम्स, 5.3.1964)*

शेख अब्दुल्ला ने भी छागला द्वारा किए गए संविधान के निर्वचन पर टिप्पणी देते हुए कहा कि उनका निर्वचन त्रुटिपूर्ण है और अनुच्छेद 370 से इस बात की पुष्टि होती है कि केवल प्रतिरक्षा, वैदेशिक कार्यों और संचार के मामलों में कश्मीर का विलय भारत से हुआ है। शेष मामलों में सभी शक्तियाँ राज्य में निहित हैं। उन्होंने कहा कि कश्मीर राज्य का पूर्ण रूप से भारत में विलय तभी होगा जबकि राज्य के लोग जनमत द्वारा अपना निर्णय दे देंगे। *(हिंदुस्तान टाइम्स, 5.4.64)*

कश्मीर के प्रधानमंत्री श्री जी०एम० सादिक ने कांग्रेस संसद-सदस्यों के सामने भाषण देते हुए कहा कि अनुच्छेद 370 का तुरंत निराकरण होना चाहिए, चूँकि यह अनुच्छेद राज्य की प्रगति में बाधक सिद्ध हो रहा है। उन्होंने यह भी कहा कि राज्य के भारत में विलय के बारे में स्वयं राज्य की संविधान सभा ने निर्णय लिया था जोकि तब गठित हुई थी जब शेख अब्दुल्ला प्रधानमंत्री थे, इसलिए अब शेख अब्दुल्ला का उस विलय का विरोध करना अनुचित है। *(हिंदू, 21.5.64)*

कश्मीर के प्रधानमंत्री श्री सादिक ने पत्रकारों को बताया कि शेख अब्दुल्ला के विचार चाहे कुछ भी हों परंतु कश्मीर की वर्तमान संवैधानिक स्थिति में कोई परिवर्तन नहीं किया जाएगा। उन्होंने कहा कि अनुच्छेद 370 में आवश्यक रूपभेद करने अथवा इसका निराकरण करने के बारे में भारतीय विधिवेत्ताओं ने विचार करना इसलिए मुलतवी किया है चूँकि इस बीच में कुछ अन्य महत्त्वपूर्ण परिस्थितियाँ पैदा हो गई हैं। *(हिंदुस्तान टाइम्स, 13.5.64)*

जम्मू-कश्मीर आंदोलन पर कुछ युक्तिसंगत सम्मतियाँ

['धधकता कश्मीर' से]

आचार्य जे०बी० कृपलानी

ऊँचे पदों पर स्थित लोगों को सदा सोच-विचारकर बोलना चाहिए अन्यथा वे जनता के मन में हानिकर भ्रम भर सकते हैं। पिछले दिनों से शेख अब्दुल्ला जरूरत से ज्यादा भाषण दे रहे हैं और वे अपने विरोधियों के विरुद्ध आरोप लगाने में बहुत लापरवाही भी बरतते हैं। जोशीली निंदा अपने राजनीतिक विरोधियों को दबाने का उचित उपाय नहीं है।

अभी हाल में अपने दिल्ली के भाषण में शेख साहब ने जम्मूवासियों को 'देशद्रोही' तक कह दिया, ज़िनके साथ सब संबंध तोड़ देने चाहिए। किन्हीं नागरिकों को 'देशद्रोही' बताना एक गंभीर आरोप लगाना है। इस पर विचार किया जाना चाहिए। इतना ही नहीं तो विशेषज्ञ जजों की समिति ही यह तय कर सकती है कि अमुक व्यक्ति या समूह 'देशद्रोही' है या नहीं।

अपने विरोधियों के संबंध में सत्तारूढ़ लोगों का मत ज्यादा वजन नहीं रखता। नागरिक 'देशद्रोही' हुए बिना भी संविधान का उल्लंघन कर सकते हैं। हमें यह भी जाँच करनी होगी कि प्रजापरिषद् का आंदोलन क्या वास्तव में भारतीय संविधान के मूल सिद्धांतों के विपरीत है। आखिर उनकी माँगें क्या हैं ? वे भारत के साथ और निकट का संबंध चाहते हैं। वे चाहते हैं कि अन्य राज्यों की भाँति भारत के सर्वोच्च न्यायालय का अधिकार कश्मीर पर भी हो। वे कश्मीर में भारत का ही झंडा चाहते हैं। वे भारत-कश्मीर समझौते का पालन भी कराना चाहते हैं। (छह मास बीत गए परंतु अभी तक इस समझौते का पालन नहीं हुआ है) ये माँगें क्या (चाहे वे असामयिक ही क्यों न हों) भारतीय संविधान के मूल सिद्धांतों के विपरीत हैं ?

हमें उन गुप्त इच्छाओं पर भी विचार करना चाहिए जिनको वे आंदोलन के द्वारा पूर्ण कर सकते हैं। कहा जा सकता है कि प्रजापरिषद् एक हिंदू संस्था है और वह जम्मू में हिंदुओं की प्रभुता कायम करना चाहती है। क्या परिषद् के नेता या सदस्य कश्मीरी मुसलमानों पर छा जाना चाहते हैं ? यह अनुमान तो इतना मूर्खतापूर्ण है कि इसे जड़ से नष्ट कर देने की जरूरत है।

यदि यह जंगली विचार परिषद् के नेताओं में उत्पन्न हुआ ही होता तो भी भारत के संबंध घनिष्ठ करने से यह कभी पूरा नहीं होता।

अब प्रश्न यह है कि क्या परिषद् जम्मू में उपद्रव कराना चाहती है ? कहा जाता है कि इस आंदोलन को हिंदुओं के निहित स्वार्थों ने चलाया है। परंतु वास्तव में उपद्रव की स्थिति तो सदा ही और विशेषकर आजकल निहित स्वार्थों का अहित ही करती है। यह सोचना ही कठिन है कि देश के एक छोटे-से कोने में निहित स्वार्थ उपद्रव का लाभ उठाकर कुछ कर सकेंगे।

तब क्या परिषद् ने आंदोलन के लिए किन्हीं विदेशी शक्तियों से साँठ-गाँठ की है ? इस तरह की विदेशी शक्ति पाकिस्तान के अलावा कोई नहीं हो सकती। क्या एक हिंदू संगठन विभाजन से उत्पन्न परिस्थितियों में पाकिस्तान की सहायता लेने को तैयार भी होगा ? जम्मू के नेताओं ने बुद्धि से रिश्ता तोड़ दिया हो तभी यह संभव है।

कहा जाता है कि परिषद् की जड़ में संप्रदायवाद है और उसकी सब माँगें इसी भावना से हैं। नेशनल कॉन्फ्रेंस की जड़ को भी सांप्रदायिक कहना मूर्खता होगी।

मेरा विचार है कि आज के वातावरण में आंदोलन इसलिए पनप रहा है कि जम्मू की जनता विशेषकर हिंदू भविष्य के लिए चिंतित और भयभीत है। उसका भय दूर करने की जरूरत है। जम्मू प्रांत को स्वशासन देने से यह भय दूर हो सकता है। प्रधानमंत्री ने भी स्वीकार किया है कि आंदोलनकारियों की कुछ माँगें उचित हैं।

परिषद् की यह भी शिकायत है कि भारत ने कश्मीर के बीच हुआ समझौता अभी लागू नहीं किया है। इसकी जाँच करके उचित कार्यवाही की जानी चाहिए। मेरा मत है कि लोगों को मिलकर समस्याओं का शांतिपूर्ण हल निकालना चाहिए।

डॉ० श्यामाप्रसाद मुकर्जी

भारत की एकता के लिए यह घोषणा आवश्यक है कि कश्मीर सहित संपूर्ण भारत का कोई भी भाग केवल उस क्षेत्र के निवासियों का नहीं है, अपितु भारत का संपूर्ण प्रदेश भारत की समस्त जनता का है। यदि किसी भाग में रहने वाला भारतीय जनता का एक भाग भारत में नहीं रहना चाहता, तो वह अन्यत्र जा सकता है, किंतु उसे देश का अधिक विभाजन करवाने का कोई अधिकार नहीं है।

जम्मू की जनता तथा लद्दाख के लामा की यह माँग सर्वथा उचित है कि उक्त प्रदेशों का भारत में विलीनीकरण हो और उन्हें स्वायत्तशासन का अधिकार दिया जाए। श्री नेहरू की संसद में की गई यह घोषणा चौंका देने वाली है कि समस्त कश्मीर के भाग्य का निर्णय वहाँ की जनता करेगी। जम्मू और लद्दाख को भी उसी निर्णय के अनुसार भारत में विलय होना पड़ेगा या भारत से बाहर जाना पड़ेगा। इसके लिए उक्त प्रदेशों की जनता तैयार नहीं है और यह आंदोलन का एक मुख्य कारण है। श्री नेहरू की तुष्टिकरण नीति देश को विभाजन के मार्ग पर ले जा रही है, जिसको किसी भी मूल्य पर रोका जाना चाहिए।

भारत कश्मीर की रक्षा पर 50 करोड़ से अधिक खर्च कर चुका है तथा उक्त राज्य

की सुरक्षा तथा विकास के लिए करोड़ों रुपया प्रतिवर्ष खर्च किया जा रहा है। कश्मीर संबंधी वर्तमान अनिश्चित स्थिति के साथ भारत का भाग्य बाँधना अनुचित है। इसलिए देश के किसी भी भाग के विभाजन के विरुद्ध उपरोक्त घोषणा का किया जाना आवश्यक है। शेख अब्दुल्ला के कारण जम्मू और कश्मीर में कम्युनिस्ट पार्टी का जोर बढ़ता जा रहा है, जो विभाजन का समर्थक है।

जम्मू में अंतिम अधिकृत जनसंख्या के अनुसार 1300 व्यक्ति जेल में हैं और 14 सत्याग्रही मारे गए। अनधिकृत सूत्रों से पता चलता है कि मारे गए व्यक्तियों की संख्या इससे बहुत अधिक है। नेशनल मिलेशिया को चौंका देने वाली कार्रवाइयों का पता चला है। यह भी बताया जाता है कि जम्मू और कश्मीर के सैनिक दस्ते भारत भेजे जा रहे हैं और उनका स्थान शेख अब्दुल्ला की नेशनल मिलेशिया लेती जाएगी। इधर दिल्ली, पंजाब और अन्य स्थानों पर जो संघर्ष हमें अपना कर्तव्य समझकर छेड़ना पड़ा है, बराबर चल रहा है। हमारा सारा उद्देश्य कश्मीर समस्या पर जनता का ध्यान केंद्रित करना और उनकी सहानुभूति जागृत करना है जिससे हमारी सरकार अपनी गलती समझ सके और जरूरत से ज्यादा देर होने से पहले ही उसे सुधार सके।

स्व० श्री शरत्‌चंद्र बोस

गत दो वर्ष पूर्व इंडियन कांग्रेस के नेताओं ने अपनी अनिश्चित उत्साहपूर्ण नीति द्वारा फ्रंटीयर के उत्तर-पश्चिमीय प्रदेश में फैले पठानों के हाथ स्वाधीनता का सौदा करने का प्रयास किया, क्या इसे हम अनिष्टकारी नीति न कहेंगे। इसका करुणाजनक इतिहास स्वयं कश्मीर की ओर इससे पूर्व ही दृष्टि उठवाने को प्रेरित करता है। हम दावा करना नहीं चाहते कि इस समय पर्दों के पीछे भारत और पाकिस्तान या भारत व राष्ट्रसंघ के प्रतिनिधिमंडल आदि में किन-किन विषयों पर क्या-क्या विचार-विनिमय होते रहे हैं। किंतु फिर भी कश्मीर के संबंध में वहाँ की परिस्थितियों को देखते हुए यह भविष्यवाणी अवश्य की जाती है कि भारत में शस्त्रास्त्र, शक्ति एवं धन द्वारा प्रचुर सहायता प्राप्त करने के उपरांत भी वे ऐंग्लो-अमेरिकी ब्लाक के पदचिह्नों द्वारा अंकित मार्ग पर ही जाने की चेष्टा करेंगे। शेख अब्दुल्ला के ओजपूर्ण शब्द में 'कश्मीर का भविष्य भारत के साथ है' यह निश्चय समय पड़ने पर केवल शाब्दिक बवंडर मात्र ही रह जाएगा।

यह तो रहा कश्मीर का भाग्य, जरा जम्मू की ओर नजर उठाएँ कि क्या है ? क्या जम्मू का भाग्य कश्मीर के साथ बँधा है ? सदा ही देखने से पता चलता है कि भारत सरकार की शासन नीति रहस्यपूर्ण, अनिश्चित और अलक्ष्य ही रही है। एक ओर जबकि जनता में व्यग्रता उत्पन्न कर आक्रमणकारी को वहाँ से निकाल बाहर करने के लिए कशमकश चल रही थी, चूँकि उन लोगों से स्वाभिमान, धन एवं जीवन को ठेस पहुँचने का डर था, उन्हीं के साथ दूसरी ओर पाकिस्तान से गुप्त वार्ताएँ चल रही हैं। क्या वे शेरे

कश्मीर से आशा करते हैं कि पृथ्वी पर स्वर्ग कहलाने वाले कश्मीर व उसके छोटे-से प्रदेश जम्मू को सामान्य जनमत एवं शांति-वार्ताओं के समय विजय प्राप्त कराने में समर्थ हो सकेगा। जम्मू की दशा आज अत्यंत शोचनीय एवं अशांतिपूर्ण है। वहाँ की जनता के मस्तिष्क में यह भ्रम घर कर गया है कि सामान्य जनमत उनके हित में असंभव है, अतः भारत के लिए आवश्यक है कि जम्मू के भाग्य का निर्णय बिलकुल अलग ही किया जाना चाहिए।

इस प्रसंग पर भी सांप्रदायिकता का रंग चढ़ाने का प्रयास करना कहाँ तक उचित है जबकि स्वयं शेख अब्दुल्ला के अनगिनत अनुयायियों के आदर्शवादी शासन के पर्दे के पीछे भ्रष्टाचार, दलबंदी और कुवास के कीड़े बिलबिला रहे हैं—और जहाँ तक जम्मू की पृथक्ता से संबंध है, जनता में विष-वमन की कुचेष्टाएँ दिन-प्रतिदिन भँवर की गहराइयों में पनपाई जा रही हैं। हालाँकि प्रजातांत्रिक शासन जम्मू सरकार का सेना बिंदु है किंतु शीघ्रगामी एवं आरोहण नीति राज्य के अल्पसंख्यकों के लिए असंतोषजनक अवश्य है। धर्म-युद्ध ही शेख अब्दुल्ला के उत्साही अनुयायियों का एकमात्र प्रबल शस्त्र है, जोकि राज्य की सुव्यवस्थित सेना की भी परवाह नहीं करते। वहाँ झंडे द्वारा भी अल्पसंख्यकों को कोई स्थान या विशेष सुविधाएँ आदि प्राप्त नहीं।...

...लौकिक प्रजातंत्र और समाजवाद की अपेक्षा शेख साहब अपने निजी आदर्शवाद को कहीं अधिक महत्त्व देते हैं। सत्यवादिता के आधार द्वारा प्राप्त आदर्शवाद हठयोगिता और कर्कशता से कहीं अधिक कठिन होता है। वहाँ की बिगड़ी परिस्थितियों को देखते हुए यह संदेह है कि समय से पूर्व ही आवश्यक रोकथाम न बरती गई तो पाकिस्तानी व अमेरिकन गुट के सम्मुख जम्मू तो क्या—कहीं कश्मीर से भी हाथ धोना न पड़ जाए। प्रधानमंत्री महोदय शेख साहब के हृदय में कलुषित भावनाओं के प्रतिबिंब प्रत्यक्ष दृष्टिगोचर हो रहे हैं। विश्वस्त रूप से ज्ञात हुआ है कि रियासत जम्मू का वातावरण बड़ा ही विषैला हो चुका है क्योंकि चंद लोगों के मजबूत हाथों में स्वेच्छाचारी शासन सर उठाए उत्पात करने की निरंतर चेष्टाएँ कर रहा है।

वैसे तो अपने माननीय प्रधानमंत्री श्री नेहरू की शेख अब्दुल्ला के व्यक्तित्व के प्रति विशेष उत्सुकता केवल ताश के बावन पत्तों की चाल के अतिरिक्त कुछ नहीं, किंतु फिर भी इसमें कोई संदेह की गुंजाइश नहीं कि आज के कश्मीर का प्रश्न पहले से कहीं अधिक जटिल होता जा रहा है। बंबई की एक सभा में भाषण देते हुए शेख साहब ने फरमाया—'कश्मीरी जनता का निर्णय है कि वह भारत संघ में ही रहेगी और इसीलिए कोई शक्ति हमें दृढ़ निश्चय से दूर करने की सामर्थ्य नहीं रखती।' श्री मिहिरलाल चट्टोपाध्याय, सदस्य विधानसभा, का वक्तव्य भी, जो 18 मार्च को 'नेशन', कलकत्ते में प्रकाशित हुआ, विचारणीय है, जिसमें स्वार्थांधता के नग्न अस्थि-पंजरों का दिग्दर्शन कराया गया है। वक्तव्य में है कि—

व्यक्तित्व को इस पैमाने पर चढ़ाने की चेष्टा की गई, जिसके योग्य वह है नहीं। अब भी समय रहते उन्हें चाहिए कि वे अपने दृष्टिकोण को कम से कम जम्मू के हितार्थ अवश्य परिवर्तित करने का यत्न करें। यदि अभाग्यवश शांतिपूर्ण संधियों एवं वार्ताओं में कश्मीर को भेंट चढ़ा दिया गया तो भला जम्मूरिया सत को भी (कश्मीर के साथ) हाथ से निकलने देने में कौन-सी दूरदर्शिता होगी ? स्वाधीनता का मूल्य तो चुकाना पड़ेगा ही, इसलिए उचित तो यह है कि भारत सरकार की मंद और अयोग्य नीति का समर्थन न करें। जम्मू और कश्मीर ने स्वयं ही दृढ़ निश्चय कर भारत में विलय होना स्वीकार किया है, यदि इस संबंध में कहीं से सरकार की नीति ढीली पड़ी या वे कश्मीर एवं जम्मू के संकटमय वातावरण से तिल-भर लड़खड़ाए तो पिछली सारी चेष्टाएँ, शक्तियाँ और कठिन परिश्रम क्षण में ही विफल हो जाने की संभावनाएँ हैं और संदेह नहीं कि ऐसे समय पर सरकार को भी अपने अधिकारों से वंचित होना पड़े।

(मार्च, 1949 के 'नेशन' में प्रकाशित स्वर्गीय बोस की संपादकीय टिप्पणी 'मस्ताना जोगी' में प्रकाशित)

श्री एन०सी० चटर्जी

मैं ऐसे किसी आंदोलन अथवा संगठन का साथ कभी नहीं दे सकता जो समाजघाती या विध्वंसक हो। हमने प्रजापरिषद् के नेताओं को अपनी स्थिति बिलकुल स्पष्ट कर दी थी कि हम तभी तक उनका नैतिक समर्थन कर सकते हैं जब तक कि वे वैधानिक तरीकों से आंदोलन चलाते रहेंगे। हमें इस बात का पूरा विश्वास है कि प्रजापरिषद् का आंदोलन कानूनी और वैधानिक है और प्रजापरिषद् के नेताओं की यह माँग सर्वथा न्यायसंगत है कि जम्मू व कश्मीर राज्य पूर्ण रूप से भारत में विलीन हो जाए। यह कहना सत्य का गला मरोड़ना है कि पंडित प्रेमनाथ डोगरा और उनके साथी भारत के शत्रु हैं। यह आरोप लगाना तो बेपर की उड़ान और निरर्थक है कि वे पाकिस्तान के मित्र हैं। यह कैसे हो सकता है कि जो लोग यह माँग करते हैं कि कश्मीर संपूर्ण रूप से भारत में विलीन हो जाए, भारत के विधान को पूर्ण रूप से मान ले, और भारत की सुप्रीम कोर्ट को अंतिम एवं सर्वोच्च न्यायालय स्वीकार करे, वे पाकिस्तान के मित्र हों ? जो लोग यह माँग करते हैं कि पाकिस्तानी आक्रमणकारियों को कश्मीर से पूर्ण रूप से खदेड़ा जाए, पाकिस्तान के मित्र कैसे हो सकते हैं ? जो लोग भारत के राष्ट्रपति ही को एकमात्र राज्याध्यक्ष मानते हैं और भारत की राष्ट्रीय ध्वज़ा को ही राष्ट्रीय एकता का एकमात्र प्रतीक मानते हैं, वे पाकिस्तान के मित्र या भारत के शत्रु कैसे हो सकते हैं ?

अक्तूबर, 1948 से ही जम्मू व कश्मीर के लोग, भारत के साथ राज्य के संपूर्ण विलय की माँग करते रहे हैं, ताकि भारतीय विधान और सुप्रीम कोर्ट का तथा चुंगी की पाबंदियों के हटने का पूरा-पूरा लाभ उनको भी प्राप्त हो सके। पर उनको यह देखकर घोर निराशा हुई कि शेख अब्दुल्ला की सरकार की नीति राज्य की पृथक् इकाई पर जोर देने ही की

तरफ झुकती रही। शेख अब्दुल्ला द्वारा दिए गए कुछ भाषणों से यह प्रमाणित होता है कि वह एक गणराज्य के अंदर दूसरा स्वतंत्र गणराज्य स्थापित करने का उद्देश्य रखते थे। दुर्भाग्यवश, जवाहरलाल नेहरू की नीति से शेख अब्दुल्ला को प्रोत्साहन ही मिला।

जम्मू के नेताओं ने भी जल्दबाजी से काम नहीं लिया। मार्च, 1948 में उनका एक शिष्टमंडल सरदार पटेल से मिला। मार्च, 1949 में उन्होंने शेख अब्दुल्ला को एक स्मृति-पत्र पेश किया। उन्होंने भारत के प्रधानमंत्री को अप्रैल, 1949 में अपनी माँगें प्रस्तुत कीं। अपना मामला उन्होंने श्री गोपालस्वामी आयंगर, कांग्रेस के अध्यक्ष तथा कई अन्य भारतीय नेताओं के सम्मुख रखा, जिनमें संसद के कुछ सदस्य भी शामिल थे। उनकी मुख्य शिकायत यह थी कि जम्मू प्रांत भर में, जम्मू रक्षा नियम का अनुच्छेद 30 के लागू किए जाने के कारण नागरिक स्वतंत्रताओं का दमन हुआ। जून, 1952 में भारत के राष्ट्रपति को एक स्मृति-पत्र सौंपा गया, जिसमें प्रजापरिषद् की सभी माँगों पर प्रकाश डाला गया था। यह कहना सर्वथा गलत है कि प्रजापरिषद् का आंदोलन सरकार अथवा भारत की संसद के विरुद्ध लगाया गया है। जो नेता अब जम्मू व कश्मीर के भाग्यविधाता बने हुए हैं यदि उनके इस कथन में सच्चाई है कि वे जम्मू व कश्मीर का भारत में पूर्ण रूप से विलय चाहते हैं, तो अपने व्यवहार से उसका सांकेतिक परिचय देना उनके लिए कठिन नहीं होना चाहिए। जब मुझे दिल्ली में कश्मीर के अधिकारियों से इस समस्या पर बातचीत करने का सुअवसर प्राप्त हुआ तब मैंने उन्हें बताया कि वे एक गोलमेज सम्मेलन बुलाकर परिषद् के नेताओं के साथ राज्य की प्रमुख समस्याओं पर हार्दिक विचार-विमर्श करें। कश्मीर युग-युगों से भारत का एक आंतरिक अंग रहता आया है। हम पं० नेहरू और उनकी सरकार से आग्रहपूर्वक माँग करते हैं कि कश्मीर का मामला राष्ट्रसंघ से वापस ले लें।

□□